Teoria Geral da Administração

LUIS CÉSAR G. DE ARAUJO
ADRIANA AMADEU GARCIA

COLABORADORA
AMANDA GUSMÃO

Teoria Geral da Administração

Orientação para escolha de um caminho profissional

- Finanças
- Gestão de pessoas
- Marketing
- Operações e logística
- Organização
- Tecnologia da informação

SÃO PAULO
EDITORA ATLAS S.A. – 2010

© 2010 by Editora Atlas S.A.

1. ed. 2010 (4 impressões)

Capa: Leandro Guerra
Composição: Set-up Time Artes Gráficas

Dados Internacionais de Catalogação na Publicação (CIP)
(Câmara Brasileira do Livro, SP, Brasil)

Araujo, Luis César Gonçalves de
    Teoria geral da administração: orientação para escolha de um caminho profissional / Luis César Gonçalves de Araujo, Adriana Amadeu Garcia. – São Paulo: Atlas, 2010.

    Conteúdo: Finanças – Gestão de pessoas – Marketing – Operações e logística – Organização – Tecnologia da informação.
    Bibliografia.
    ISBN 978-85-224-6025-0

    1. Administração 2. Administração – Teoria I. Garcia, Adriana Amadeu. II. Título.

10-07827   CDD-658

Índice para catálogo sistemático:

1. Administração   658

TODOS OS DIREITOS RESERVADOS – É proibida a reprodução total ou parcial, de qualquer forma ou por qualquer meio. A violação dos direitos de autor (Lei nº 9.610/98) é crime estabelecido pelo artigo 184 do Código Penal.

Depósito legal na Biblioteca Nacional conforme Lei nº 10.994, de 14 de dezembro de 2004.

Impresso no Brasil/*Printed in Brazil*

Editora Atlas S.A.
Rua Conselheiro Nébias, 1384 (Campos Elísios)
01203-904 São Paulo (SP)
Tel.: (011) 3357-9144
www.EditoraAtlas.com.br

Recebam nosso sentimento de profunda admiração, carinho e respeito pela contribuição expressiva em muitos dos nossos bons e não tão bons momentos.

Sebastião Cezar Ferreira do Carmo	Arady Império Amadeu Garcia
Ronaldo Vicente Ferreira do Carmo (*in memoriam*)	Daniel Amadeu Garcia
Margarida Gorete Ferreira do Carmo	Danielle Silva Torres
Vitalino Elizeu Ferreira do Carmo	Diego Silva Torres
Laura Aparecida Ferreira do Carmo	Eleoni Silva Torres
Maria Scarlet Fátima do Carmo de Araujo	Rachel Soares Garcia
Tatiana Aparecida Fernandes do Carmo	Rui Otávio Bernardes de Andrade
Arturene Maria Lino do Carmo	Roberto Lasco Garcia

Sumário

Introdução, 1

1   **Trajetórias profissionais: consultor(a), executivo(a), empreendedor(a), empresário(a), magistério, 3**
    1.1   Preliminares, 3
    1.2   Consultor(a), 4
    1.3   Executivo(a), 10
    1.4   Empreendedor(a), 17
    1.5   Empresário(a), 23
    1.6   Magistério, 28
    1.7   Oportunidades do mercado, 29
    1.8   Concluindo, 37
    Estudo de Caso, 38
    Questões para debate – consultor(a), 39
    Questões para debate – executivo(a), 39
    Questões para debate – empreendedor(a), 40
    Questões para debate – empresário(a), 41
    Questões para debate – magistério, 42
    Questão única sobre todo o capítulo, 43
    Referências bibliográficas, 43

2   **Cotidiano das organizações: conhecendo funções, procedimentos, técnicas e o ambiente organizacional, 45**
    2.1   Preliminares, 45
    2.2   Conceituando administração, 46
    2.3   Trabalhando eficiência, eficácia e efetividade, 47

2.4 Funções do gestor, 49
2.5 Competências do gestor, 53
2.6 Habilidades do gestor, 55
2.7 Conhecendo o ambiente organizacional, 56
2.8 Manuais, 57
2.9 Retornando à organização, 60
2.10 Níveis administrativos, 61
2.11 Organograma, 63
2.12 Retornando à organização, 65
2.13 Etapas do estudo organizacional, 66
2.14 Projetos, 68
2.15 Elaboração específica de projetos, 69
2.16 Retornando à organização, 72
2.17 Fluxogramas, 73
2.18 Formulários, 75
2.19 Concluindo..., 78
Estudo de Caso, 79
Questões para debate, 80
Referências bibliográficas, 81

3 **Abordagens da teoria geral da administração, 83**
   3.1 Preliminares, 83
   3.2 Precedentes da administração científica, 84
      3.2.1 Principais filósofos: Sócrates, Platão e Aristóteles, 85
      3.2.2 Principais pensadores: Rousseau, Adam Smith, entre outros, 87
      3.2.3 Influência dos precedentes hoje, 90
   Estudo de Caso – Precedentes da Administração Científica, 91
   Questões para debate – precedentes da administração científica, 93
   Referências bibliográficas, 93
   3.3 Abordagem clássica, 94
      3.3.1 Administração Científica: Taylor e Ford, 95
      3.3.2 Teoria Clássica: Fayol, 102
      3.3.3 Comparando administração científica e teoria clássica, 107
      3.3.4 Contribuições da abordagem clássica, 107
      3.3.5 Abordagem clássica hoje, 108
   Estudo de Caso – Abordagem Clássica, 111
   Questões para debate – abordagem clássica, 112
   Referências bibliográficas, 113
   3.4 Abordagem comportamental ou Escola de Relações Humanas, 113
      3.4.1 Os estudos de Hawthorne, 115
      3.4.2 A motivação humana, 116
      3.4.3 Teorias da liderança, 120
      3.4.4 Teoria das decisões, 122
      3.4.5 Desenvolvimento Organizacional (DO), 124

   3.4.6 Abordagem comportamental hoje, 125
Estudo de Caso – Abordagem Comportamental, 127
Questões para debate – abordagem comportamental, 128
Referências bibliográficas, 129
3.5 Abordagem estruturalista, 129
   3.5.1 Teoria da burocracia de Max Weber, 130
   3.5.2 Críticas ao modelo burocrático de Weber, 132
   3.5.3 O estruturalismo de Amitai Etzioni, 133
   3.5.4 Abordagem estruturalista hoje, 134
Estudo de Caso – Abordagem Estruturalista, 135
Questões para debate – abordagem estruturalista, 136
Referências bibliográficas, 137
3.6 Abordagem sistêmica ou teoria geral dos sistemas, 137
   3.6.1 O estudo de Katz e Kahn, 140
   3.6.2 Abordagem sistêmica hoje, 143
Estudo de Caso – Abordagem Sistêmica, 145
Questões para debate – abordagem sistêmica, 146
Referências bibliográficas, 147
3.7 Abordagem contingencial, 147
   3.7.1 Modelos orgânico × mecânico de Burns e Stalker, 147
   3.7.2 O estudo de Lawrence e Lorsch, 148
   3.7.3 Distinguindo Teoria Geral dos Sistemas de Abordagem Contingencial, 149
   3.7.4 Abordagem contingencial hoje, 151
Estudo de Caso – Abordagem Contingencial, 152
Questões para debate – abordagem contingencial, 152
Referências bibliográficas, 153
3.8 Abordagens contemporâneas, 153
   3.8.1 Aprendizagem Organizacional (*Learning Organizations*), 154
   3.8.2 *Balanced Scorecard* (BSC), 155
   3.8.3 *Benchmarking,* 155
   3.8.4 *Coaching/Mentoring,* 155
   3.8.5 *Empowerment,* 157
   3.8.6 Gestão pela Qualidade Total (GQT), 158
   3.8.7 Organização e Gestão Horizontal, 158
   3.8.8 Reengenharia, 159
   3.8.9 Concluindo..., 159
Estudo de Caso – Abordagens Contemporâneas, 162
Questões para debate – abordagens contemporâneas, 163
Referências bibliográficas, 164

4 Áreas típicas das empresas, 165
 4.1 Preliminares, 165
 4.2 Finanças, 166
   4.2.1 Atividades típicas, 166

4.2.2 Perfil do profissional, 168
4.2.3 Visão de finanças na teoria das organizações, 171
4.2.4 Nova concepção, 172
4.2.5 Finanças: área fundamental para empresas do século XXI, 173
4.2.6 Concluindo..., 173
Estudo de Caso – Finanças, 174
Questões para debate – finanças, 175
Referências bibliográficas, 176
4.3 Gestão de pessoas, 177
    4.3.1 Atividades típicas, 178
    4.3.2 Perfil do profissional, 179
    4.3.3 Visão da Gestão de Pessoas na Teoria das Organizações, 181
    4.3.4 Nova concepção, 181
    4.3.5 Gestão de pessoas: área fundamental para empresas do século XXI, 183
    4.3.6 Concluindo..., 184
Estudo de Caso – Gestão de Pessoas, 184
Questões para debate – gestão de pessoas, 186
Referências bibliográficas, 187
4.4 *Marketing*, 187
    4.4.1 Atividades típicas, 188
    4.4.2 Perfil do profissional, 190
    4.4.3 Visão de marketing na Teoria das Organizações, 191
    4.4.4 Nova concepção, 193
    4.4.5 *Marketing*: área fundamental para empresas do século XXI, 194
    4.4.6 Concluindo..., 195
Estudo de Caso – Marketing, 195
Questões para debate – marketing, 197
Referências bibliográficas, 197
4.5 Operações e logística, 198
    4.5.1 Atividades típicas, 202
    4.5.2 Perfil do profissional, 203
    4.5.3 Visão de operações e logística na Teoria das Organizações, 205
    4.5.4 Nova concepção, 206
    4.5.5 Operações e logística: área fundamental para empresas do século XXI, 207
    4.5.6 Concluindo..., 208
Estudo de Caso – Operações e Logística, 208
Questões para debate – operações e logística, 209
Referências bibliográficas, 210
4.6 Organização, 211
    4.6.1 Atividades típicas, 212
    4.6.2 Perfil do profissional, 214
    4.6.3 Visão da organização na Teoria das Organizações, 215
    4.6.4 Nova concepção, 219
    4.6.5 Organização: área fundamental para empresas do século XXI, 220

   4.6.6 Concluindo..., 220
Estudo de Caso – Organização, 220
Questões para debate – organização, 222
Referências bibliográficas, 222
4.7 Tecnologia da Informação, 223
   4.7.1 Atividades típicas, 226
   4.7.2 Perfil do profissional, 230
   4.7.3 Visão da Tecnologia da Informação na Teoria das Organizações, 231
   4.7.4 Nova concepção, 232
   4.7.5 Tecnologia da Informação: área fundamental para empresas do século XXI, 233
   4.7.6 Concluindo..., 234
Estudo de Caso – Tecnologia da Informação, 235
Questões para debate – Tecnologia da Informação, 236
Referências bibliográficas, 237

5 **Mundo dos negócios: meios e modos para a conquista da excelência nas organizações, 239**
 5.1 Preliminares, 239
 5.2 Competitividade/sobrevivência, 241
 5.3 Estratégias, 247
 5.4 Modelo de ação estratégica, 249
 5.5 Liderança, 254
 5.6 Responsabilidade social, 269
 5.7 Ética empresarial e transparência, 272
 5.8 Estrutura e gestão horizontal e em rede *versus* estrutura hierárquica clássica, 275
 5.9 Concluindo..., 283
 Estudo de Caso, 284
 Questões para debate, 286
 Referências bibliográficas, 287

Bibliografia, 291

Índice remissivo, 299

Índice onomástico, 303

Lista de quadros e figuras

Quadro 1.1   Concreta internalização do trabalho de consultoria, 6
Quadro 1.2   Características da pessoa que empreende, 22
Quadro 1.3   Oportunidades do mercado, 30
Quadro 1.4   Suporte oferecido pelas incubadoras, 33
Quadro 1.5   Trajetórias alternativas e complementares, 37
Quadro 2.1   As funções do gestor, 52
Quadro 2.2   Fases para a elaboração de projetos, 70
Quadro 2.3   Características do projeto, 70
Quadro 3.1   Características da Organização Racional do Trabalho (ORT), 99
Quadro 3.2   Princípios de Ford, 101
Quadro 3.3   Os 14 princípios de administração de Fayol, 106
Quadro 4.1   O tesoureiro e o *controller*, 169
Quadro 4.2   Classificação das atividades de gestão de pessoas, 179
Quadro 5.1   Mundo dos negócios e as novas demandas, 241
Quadro 5.2   Forças que contribuem para aumentar a pressão sobre as organizações, 243
Quadro 5.3   Modelo de ação estratégica, 250
Quadro 5.4   Habilidades importantes num processo de mudança, 259
Quadro 5.5   Características de líderes (Drucker), 260
Quadro 5.6   Características de líderes (W. J. Reddin), 262
Quadro 5.7   Características de líderes (John Gardner), 264
Quadro 5.8   Características de líderes (Bengt Karlöf), 265
Quadro 5.9   Distinção entre líderes e gerentes, 266
Quadro 5.10 Tipos de liderança e sua configuração gráfica, 268
Quadro 5.11 Vetores da responsabilidade social das empresas, 272
Quadro 5.12 Esboço do modelo de Ostroff, 283

Figura 1.1	Razões que levam a empresa a decidir contratar um consultor, 9	
Figura 1.2	Rotinas para respostas ajudam no processo intuitivo, 15	
Figura 1.3	A distinção entre a pessoa que tem uma empresa convencional e aquela que empreende, 24	
Figura 1.4	As consequências de uma pessoa que empreende, 27	
Figura 1.5	Localização das incubadoras por região no Brasil, 34	
Figura 2.1	Relação entre as funções, 49	
Figura 2.2	Árvore de decisões, 50	
Figura 2.3	Competências do gestor, 54	
Figura 2.4	Habilidades do gestor, 55	
Figura 2.5	Níveis administrativos, 61	
Figura 2.6	Relação das habilidades do gestor com os níveis administrativos, 63	
Figura 2.7	Organograma representativo de uma estrutura convencional, 64	
Figura 2.8	Modelo de um projeto, 71	
Figura 2.9	Exemplos de fluxogramas, 73	
Figura 2.10	Exemplo de formulário, 77	
Figura 3.1	A dificuldade de se saber se existe uma teoria de administração, 83	
Figura 3.2	Momentos que marcaram a administração "prática", 85	
Figura 3.3	Linha do tempo a. C., 86	
Figura 3.4	Linha do tempo d. C., 88	
Figura 3.5	Perpetuação das propostas dos principais autores, 95	
Figura 3.6	Exemplo da racionalização do trabalho para a construção de uma mesa, 97	
Figura 3.7	Funções básicas das empresas segundo Fayol e atualmente, 104	
Figura 3.8	Mudança de foco, 114	
Figura 3.9	Ciclo motivacional, 117	
Figura 3.10	Pirâmide das necessidades de Abraham Maslow, 118	
Figura 3.11	Etapas do processo decisório, 123	
Figura 3.12	A origem da abordagem estruturalista, 135	
Figura 3.13	O ambiente e as organizações, 139	
Figura 3.14	Características de um sistema, 141	
Figura 3.15	Abordagens diferenciadas: sistêmica (a empresa analisa o ambiente e reage) e contingencial (a empresa analisa e deve reagir imediatamente), 150	
Figura 4.1	Relação entre a contabilidade e a administração financeira, 167	
Figura 4.2	Propaganda e vendas: uma parte do *marketing*, 188	
Figura 4.3	O *feedback* na organização, 192	
Figura 4.4	A evolução de operações e logística, 201	
Figura 4.5	Operações e logística, o intermediador, 206	
Figura 4.6	A extinção natural da área específica de Organização, Sistemas e Métodos (OSM), 212	
Figura 4.7	Estrutura horizontal em equipes com múltiplos processos, 218	
Figura 4.8	A empresa e seus intervenientes, 224	
Figura 4.9	Evolução da Tecnologia da Informação, 225	
Figura 4.10	Tecnologia da Informação: a nova revolução nas organizações, 228	

Introdução

Este livro é dirigido a futuros consultores, empreendedores, empresários, docentes e executivos de pequenas, médias e grandes empresas – não necessariamente em ordem de importância e, evidentemente, incluindo ambos os sexos. Apesar de tradicionalmente as posições funcionais serem sempre mencionadas no masculino, é vital salientar que, na verdade, todo o texto sempre se referirá a ambos os sexos, a não ser quando explicitado em contrário.

É também uma obra comprometida com a empresa brasileira, não importando seu tamanho, nem mesmo a sua importância no contexto nacional. É, acima de tudo, compromissada com a juventude em sua plenitude porque, hoje, homens e mulheres participam ativamente dos negócios no Brasil, em qualquer posição, seja como uma pessoa entre tantas outras, seja como uma pessoa de ação funcional diferenciada, às vezes, única na organização, em posição executiva-superior, empresário(a), empreendedor(a), ou mesmo atuando como professores em faculdades e universidades, por exemplo.

O mundo mudou e com ele mudaram as demandas pessoais. Antes, o ser humano procurava um bom emprego, uma boa posição funcional. Ser um bom executivo da estrutura superior de uma empresa multinacional já era o bastante. E a mulher tinha, basicamente, como único "emprego" ser "do lar". Ou, então, ocupar posições de nível auxiliar. Hoje, a mulher encontra espaços profissionais em todos os ramos do saber e em administração, economia e ciências contábeis a presença dela é reconhecidamente muito forte. A forte presença já é notada e comentada pela mídia: em posições executivas-superiores nas mais variadas formas de constituição organizacional (empresas privadas, empresas públicas, órgãos públicos, fundações, instituições sociais, filantrópicas, ONGs etc.), em ações empreendedoras, como empresária, no magistério ou mesmo atuando como consultora. E o homem tem as mesmas alternativas e não apenas a luta por uma boa posição funcional. Busca bem mais, como já comentamos. Portanto, esta obra é endereçada a ambos os sexos.

Ao longo da elaboração desta nossa contribuição ao mundo acadêmico algo vinha sempre à nossa mente: como encurtar a trajetória do alunado rumo ao seu destino profissional, agora, não com uma única trajetória e sim múltiplas opções. E encurtar de forma a não permitir uma simplificação das visões ditas teóricas e práticas. Tal encurtamento é necessário na medida em que as mudanças significativas acontecem a qualquer momento, em qualquer ponto do planeta, principalmente no mundo ocidental, afetando o nosso cotidiano e nem sempre de forma lógica, esperada. E você vai perceber a nossa insistência em provocar esse entendimento: tudo muda e muito rapidamente. Um exemplo claro que será facilmente percebido é a gradual, mas firme, alteração na dinâmica das organizações. A conhecida estrutura vertical hierárquica, na qual pouco mais de quinze a vinte gerentes marcavam o destino das suas organizações, mas, em alguns casos, muito lentamente. A estrutura e gestão horizontal e em rede dão agilidade à organização. Os 15 ou 20 gerentes permanecem com sua autoridade hierárquica, mas não são os únicos a decidir o melhor caminho para a organização. Equipes com poderes de decisão passaram a existir e a dar uma nova dinâmica ao dia a dia. E nosso desejo é que essa nova configuração seja rapidamente assimilada e aplicada o mais cedo possível. E, notem, essa proposta recente pode ser aplicada em qualquer tamanho de empresa e, curiosamente, será mais facilmente aplicada nas de pequeno e médio porte. É assim que buscaremos, ao longo do texto, permitir o alcance de uma significativa maturidade profissional um pouco antes do que num passado não tão recente, em que a necessidade dessa maturidade, digamos, precoce, não existia.

Os capítulos, todos, pressupõem que você esteja nos seus primeiros quatro períodos de curso e, portanto, nada foi escrito com o propósito de avançar no conhecimento acima do que é pedagogicamente correto. Não podemos adiantar a informação, sob pena de estarmos dificultando o necessário encadeamento de disciplinas.

Alguns registros adicionais e da maior importância: a efetiva participação da futura profissional no campo da gestão empresarial, Amanda Gusmão. E, para terminar, a contribuição de um número expressivo de alunos e alunas dos cursos de Administração da Fundação Getulio Vargas e da Unigranrio, ambas no Estado do Rio de Janeiro, ao longo das aulas nos dois últimos anos e também nas chamadas "conversas de corredor" muito comuns na FGV e Unigranrio.

O Autor

A Autora

1

Trajetórias profissionais: consultor(a), executivo(a), empreendedor(a), empresário(a), magistério

1.1 Preliminares

Quando as pessoas buscam o curso de Administração, muito poucas sabem as possibilidades que esta opção traz consigo. Aliás, o número de pessoas que buscam essa formação simplesmente acreditando ser uma forma de ampliar seu leque de concursos públicos a serem feitos e, mais ainda, da possibilidade de êxito certamente não compreende a complexidade dessa escolha. Note que para perceber tal realidade basta se questionar de uma forma bastante simples: quais as possibilidades de trabalho para uma pessoa graduada em Administração?

Uma resposta bastante aceitável pode ser a possibilidade de se tornar um grande executivo numa grande empresa, como mencionado. Porém, é só isso que a "especialização" possibilita? Sem menosprezar a profissão, mas são quatro anos estudando para ter uma única opção? Pense bem. Já parou para conversar com pessoas que se formaram há pouco tempo? Perguntou o que elas fizeram ou fazem profissionalmente? Caso afirmativo, é certo que obteve respostas como: trabalho como consultora, sou dona de uma empresa, sou empreendedora, ou mesmo sou pesquisadora, ou atuante no magistério. Evidentemente, há algumas combinações possíveis entre as alternativas/opções supracitadas, mas isso aparecerá ao longo do texto. O importante agora é notar que as alternativas de trajetórias profissionais vão além do cargo executivo.

Portanto, este capítulo tem como compromisso principal mostrar a participação e possibilidades em cada uma dessas alternativas, e não, pura e simplesmente, a da pessoa do executivo – ou seja, de quem se graduou e busca um salário adequado – que procura crescer na carreira como profissional de ponta, que ambiciona chegar ao topo da hierarquia ocupando cargos de direção. Pelo contrário, é propósito desta obra apontar as trajetórias alternativas e/ou complementares bastante prováveis no mundo dos negócios das organizações brasileiras. Além disso, e não menos importante, ao longo do texto será considerada a importância do sexo feminino, indiscutivelmente, hoje bastante presente em funções superiores no mundo dos negócios. Portanto, é nossa função acadêmica trazer para o leitor a convicção de saber que a mulher já exerce enorme influência nas organizações no Brasil e pelo mundo (ocidental, com certeza) afora. Assim, será apresentada a seguir a importância das possibilidades profissionais, a fim de que o leitor possa fazer sua escolha, pois não existe *a* melhor profissão, mas sim aquela que mais se ajusta a suas expectativas. Para tanto, se está considerando:

- a consultoria como sendo onde profissionais aconselharão e deverão deter a autoridade do saber, por não terem o poder de decisão;
- o cargo executivo como quem põe em prática as decisões superiores;
- a pessoa empreendedora que acredita em si, ousa e arrisca tudo;
- a pessoa que comanda a sua empresa, pequena ou não e que está sempre em processo de alguma negociação, checando opções e agindo (também arriscando, mas, não muito e nem tudo); e
- a pessoa que optou por trabalhar no magistério, buscando conhecimento e transmitindo o saber. Ela não é mais a toda poderosa, única conhecedora, mas um agente facilitador no processo de aprendizagem.

1.2 Consultor(a)

Apesar de ser demasiado querer que o alunado universitário imagine a consultoria como um caminho a seguir, essa trajetória é apontada, muitas vezes, como a melhor alternativa, antes mesmo da busca de uma posição numa multinacional qualquer. Todavia, é fato que o alunado nem sempre sabe o que se faz numa consultoria, por que existe e qual o uso uma empresa fará dela, consultoria. Ainda assim, é importante que o papel do consultor seja assimilado o mais cedo possível na formação acadêmica, prevendo o futuro que cada vez chega um pouco mais rápido.

Sendo assim, de forma sucinta, pode-se dizer que o trabalho de consultoria existe para aconselhar a empresa que faz a contratação para análise e encaminhamento de soluções de problemas os mais variados. E essa análise e busca de soluções implicam a aplicação e consequente disseminação da tecnologia adotada, com o propósito de deixar na empresa uma contribuição profissional que faça a pessoa ser lembrada por sua competência. Por assim dizer, podemos definir o trabalho de consultoria como um processo pleno de interatividade no qual um agente de mudança (e, sempre, agente externo à realidade sob investigação) se compromete a aconselhar competentemente as pessoas da organização do estamento superior ou não e envolvidas nos mais variados processos (quase sempre críticos) da organização.

Oliveira (2009), que nos ajudou na definição anterior, faz alguns destaques interessantes que melhor expressam a prática de consultoria. Porém nos permitimos fazer inclusões visando à concreta internalização do trabalho de consultoria, conforme o Quadro 1.1.

a) a consultoria constitui um conjunto de atividades, obrigatoriamente estruturadas e orientadas para um fim. Isso quer dizer que a pessoa do consultor deve ser bastante conhecedora de meios e modos de projetar um estudo na empresa. Não pode ser um profissional que vá pelo conhecido caminho de tentativa e erro, às vezes, possível, mas que não merece um comentário muito favorável;

b) prestar consultoria é agir como parceiro da empresa que contratou. O seu compromisso de trabalho inclui obrigatoriamente a destinação de boa parcela do seu saber para a memória da organização. É inadmissível que em consultoria alguém encerre seu trabalho sem ter estabelecido, concretamente, uma relação profissional positiva com as pessoas com as quais se envolveu durante o processo de intervenção. Até porque o desenvolvimento de um trabalho de qualidade implica a reciprocidade. Como mencionamos acima, o(a) consultor(a) é um agente de mudanças, mas externo à organização; sua vinculação é provisória e sem o registro trabalhista que o incluiria como pertencente à estrutura social, como se fora um ocupante de um cargo executivo. E, por ser agente externo olha a empresa por ângulos diferentes daqueles que exercem o seu trabalho cotidianamente e que se sentem parte da empresa. E entendemos que isso representa uma grande vantagem na identificação de falhas e de procedimentos inadequados, via de regra, não percebidos por profissionais regulares que atuam no cotidiano da organização. Convém reafirmar que é contratado por um certo período de tempo e findo esse período a renovação pode acontecer, mas sempre será entendido que seu compromisso se encerra na data contratada;

c) até aqui usamos a palavra *compromisso* mais de uma vez e vamos usá-la mais uma ainda porque o consultor o assume ao concordar em estudar a organização e apontar suas falhas, propondo soluções, que, se resultarem negativas, trarão problemas de toda ordem. E sua função, portanto, é de grande responsabilidade. Se não estiver consciente do papel que assume e do peso de seu aconselhamento e das suas propostas, pode, por falta de competência mesmo, comprometer a saúde da empresa. E teria sido melhor não aceitar o convite para a sua ação;

d) a pessoa na ação de consultoria é uma personagem de aconselhamento, como o próprio rótulo sugere. Ela, não pertencendo, por definição, ao quadro regular da empresa, não tem poderes formais para implementar nem pequenas mudanças, nem grandes revoluções. As ideias originadas de seu trabalho permitirão a visualização de um horizonte a ser considerado pela alta direção da empresa, mas, não necessariamente, conduzirão à adoção de projetos corretivos visando à melhoria contínua. Dessa forma, o consultor, ciente de seu papel e da qualidade esperada de seu trabalho, deve embasar todas as informações do seu diagnóstico e da consequente proposta de mudança organizacional com a conhecida autoridade do saber, ou seja, deve o consultor impor ao seu relatório final todo o seu repertório profissional numa tentativa de dar credibilidade ao final de seu compromisso contratado; e

e) o consultor não pode se imaginar distante da decisão final, ou seja, ele não pode considerar que cabe ao dirigente maior, CEO (*Chief Executive Officer*) ou quem quer que seja, o rótulo da autoridade. Para ser direto, embora o consultor seja, essencialmente, um conselheiro, é partícipe e parte interessada no processo decisório. Ademais, num futuro muito próximo, o sucesso ou insucesso da empresa-cliente irá afetá-lo, qualquer que seja o resultado do seu estudo.

Quadro 1.1	Concreta internalização do trabalho de consultoria.

Consultoria não é...	Consultoria é...
o uso frequente do método tentativa e erro.	o profundo conhecimento de meios e modos de se alcançar o(s) objetivo(s) predefinidos.
camuflar problemas por envolvimentos de natureza emocional.	o compromisso de estudar a organização e apontar suas falhas.
decidir.	aconselhar.
estar distante da decisão final.	ser agente de mudança (externo à organização).
aproveitar-se de dados confidenciais.	agir como parceiro(a).

Ainda assim, uma pergunta que surge com frequência diz respeito à sua atuação, considerando que sua vinculação é provisória – com determinação de tempo ou contratada – ou acordada com base na confiança que rege a conduta ética das pessoas nos negócios. Entretanto, não se pode esquecer que a conduta de qualquer profissional é seu "cartão de visitas", independe da trajetória escolhida. Logo, com o consultor não é diferente. Aliás, pode-se dizer que é mais arriscado ainda, pois qualquer atitude fora dos padrões éticos representará um grande obstáculo em sua nova inserção no mercado. Portanto, este comportamento é pré-requisito para se alcançar a excelência e até mesmo sobreviver profissionalmente.

Dessa forma, a pessoa que optou pela consultoria poderá atuar em projetos de enorme complexidade e envolvendo empresas de igual complexidade e de longa duração, ou de curta duração e projetos de alguma complexidade em empresas de complexidade semelhante. Tudo dependerá da disposição, do desejo e, naturalmente, da competência para enfrentar tais desafios, pois da mesma forma que a sua atuação pode implicar, sempre, em trabalho de equipe, ou seja, propõe que seu trabalho seja compartilhado com profissionais na empresa-cliente, há, realmente, situações nas quais é colocada como condição *sine qua non* a formação de uma equipe, multidisciplinar ou não. E, note que não nos referimos à empresa de consultoria e, sim, a consultores que atuam sempre, ou quase sempre em equipe.

Por outro lado, existem aqueles que preferem atuar no recesso de seu lar (uma espécie moderna do *home office*), porque acreditam que há vantagens importantes para o melhor exercício de sua função. Nesse sentido o ambiente familiar ajuda no desenvolvimento de um bom trabalho, longe das conhecidas agruras do trabalho em salas da empresa que o contratou. E, lógico, há vantagens e desvantagens: no *home office* o consultor está distante da empresa e, portanto, o esforço intelectual em casa só terá sentido se não houver necessidade de trabalhos de observação pessoal ou de constantes contatos com chefes, gerentes, dirigentes etc.

Aliás, com frequência, o último documento, o relatório que finaliza a sua ação pode ser realizado fora dos limites físicos da empresa. Em casa, por exemplo, impressoras, *fax*, e-mails, *MSN* e equivalentes, *Internet* com acessos à própria empresa ou empresas do mesmo negócio, na forma de *networks* são conquistas tecnológicas a serviço daqueles que consideram o lar um excelente local de trabalho. A economia de tempo e a distância dos grandes problemas das cidades médias e grandes incentivam o trabalho nos limites caseiros. No caso da consultoria ser realizada por pessoa do sexo feminino, temos algo mais a acrescentar: as tarefas típicas da mulher em casa se somando ao seu trabalho de consultora. Aí é confiar na sua capacidade de saber dividir a ação como consultora e a ação como dona de casa.

Antes de encerrar, com o intuito de auxiliar o leitor na escolha de sua trajetória profissional, convém apontar as razões principais pelas quais uma empresa se decide a contratar um consultor ou uma empresa de consultoria, demonstrando as possibilidades de mercado apresentadas a tal carreira bastante promissora.

a) *conhecimento:* o pressuposto é que profissional de consultoria sabe, por isso, é atuante em aconselhamento. Nesses dias de franca ebulição do conhecimento, saber é fundamental. Os dirigentes e executivos de primeiríssima linha sabem perguntar e querem respostas corretas e rápidas. Podemos admitir que esses gestores sabem o que perguntar, embora não saibam o que e como fazer, daí a contratação de consultorias;

b) *experiência:* essa é uma razão que leva você, nos primeiros períodos de aula, a se perguntar: Ok! E o que faço para atuar em consultoria, se não preencho uma das razões principais: a de ser experiente? A resposta está na dedicação acadêmica e inclusive seu segmento mais importante: os estágios. Conhecemos, embora não seja em número expressivo, casos de discentes que cumprem o item *estágio* como se fosse apenas uma tarefa, obrigatoriamente, a ser cumprida. Na realidade, o estágio é uma "arma poderosa" nas mãos do alunado que deseja alcançar o futuro rapidamente, se isso é possível. Diversificar, multiplicar experiência, trocá-las com suas professoras(es), ler e saber aproximam o alunado da experiência requerida pelas empresas. Evidentemente, estamos imaginando que no requisito experiência exista um espectro bastante razoável, no qual o alunado com as características mencionadas encontre o seu espaço;

c) *neutralidade:* ser neutro é uma das razões do sucesso dos profissionais de consultoria. É certo que nós, humanos, somos pura emoção. E, também, é certo que as emoções nos levam, muitas vezes, por caminhos em desacordo com a lógica do estudo e chegar a conclusões e propostas precipitadas seria o oposto à neutralidade exigida sempre em trabalhos de consultoria. Não só as emoções podem levar a resultados danosos, mas, também, compromissos, acordos ou sugestões precipitadas levam tais profissionais a prejudicar um determinado trabalho e, pior, a sua imagem. Às vezes, em meio ao estudo, ele fica impressionado com algum comportamento ou com o resultado de alguma ação de uma unidade x qualquer e sugere uma alteração em hora errada e transforma seu trabalho numa série de equívocos. Portanto, ser neutro é um fator de sucesso. É certo que os dirigentes estarão atentos a qualquer ação que demonstre riscos à neutralidade;

d) *visão sistêmica e de ambiente:* ao longo de todo o livro, você será lembrado da necessária visualização sistêmica e ambiental. É impossível (note que é uma afirmação categórica) um estudo de alguma complexidade resultar positivo se profissionais de consultorias não se convencerem que as suas ações têm de considerar o todo organizacional, como os reflexos possíveis, positivos e negativos de uma dada ação em outras (ou em muitas unidades). O ambiente onde a empresa atua, este sim, é repleto de surpresas de última hora e responsável por alguns desastres conhecidos, por intermédio da mídia impressa, falada e eletrônica. A direção maior da empresa perceberá nos vários argumentos dos profissionais de consultoria um possível distanciamento dessa característica essencial aos estudos, qualquer que seja a área em análise;

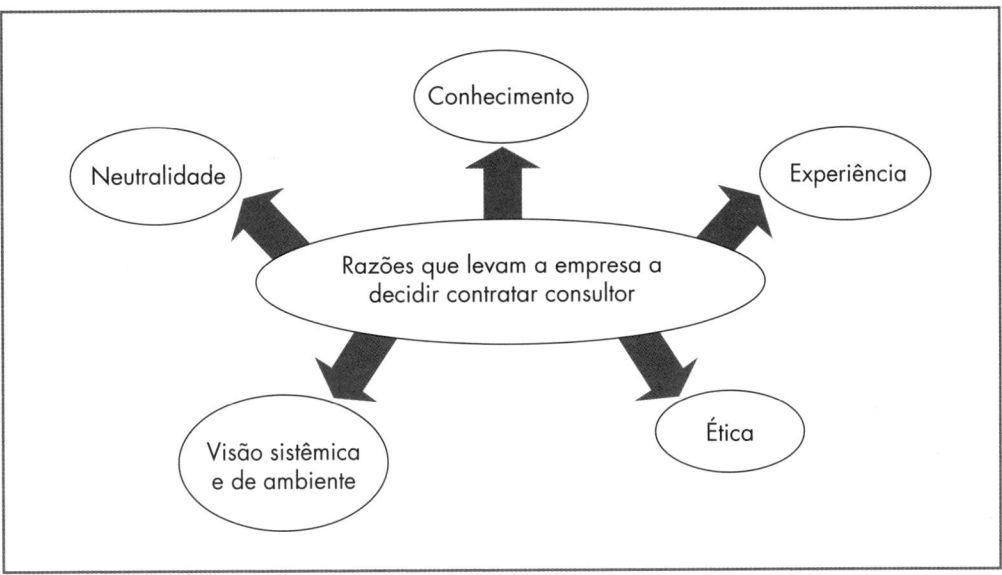

Figura 1.1 Razões que levam a empresa a decidir contratar um consultor.

e) *ética:* se o dirigente detectar que o profissional na atividade consultora preenche os requisitos todos, mas não consegue ser ético em seu trabalho, irá condená-lo a um longo tempo de "carência", até que seja considerado recuperado e novamente habilitado para atuar. Vale acrescentar que essa carência pode ser definitiva. O trabalho de consultoria envolve o atendimento a muitas empresas e não é incomum o fato de profissionais atenderem, num certo espaço de tempo, a empresas de mesmo negócio, ou seja, empresas concorrentes. E, se levarem de uma concorrente para a outra informações reservadas ou até sigilosas, conseguirão um excelente resultado, mas que será o último por algum (ou muito) tempo. Isso porque, contrariamente ao que muitos pensam, a informação "corre" no mercado. Mas, o que fazer, perguntaríamos, se o profissional de uma consultoria fosse atuar numa empresa de mesmo negócio de outra que ele tivesse atendido meses tempos atrás? Levaria a questão à primeira empresa e tentaria encontrar caminhos para evitar uma atuação delicada. Via de regra, sugere-se que, ao fechar o contrato, sejam colocadas cláusulas que limitem ou que permitam o exercício de seu trabalho em empresas de mesmos interesses, sem causar danos de qualquer ordem a nenhuma delas. Ser ético é ser profissional.

E para encerrar, é bom apontar a presença feminina no papel de consultora. E, não apenas apontar, mas afirmar que esse é um esforço profissional que resultará sempre positivo, pois a sensibilidade – a conhecida e reconhecida intuição feminina – dá grandes possibilidades de sucesso na detecção de falhas, inconsistências e, também, no encaminhamento de soluções e/ou propostas de mudança. Evidentemente, os homens, dotados de sensibilidades semelhantes à da mulher, também, alcançarão resultados parecidos, mas nos referimos a comportamentos típicos.

A mulher sempre chama a atenção das pessoas da organização quando surge pela primeira vez e por mais alguns dias sua presença numa sala de trabalho ou numa reunião será aguardada com razoável ansiedade. E sua competência será muito cedo cobrada – e muito cobrada – via perguntas, as mais variadas. Convido você a conversar com colegas, amigas, amigos que tenham passado por experiência semelhante para confirmar nosso ponto de vista. Acreditamos que tudo isso acontece porque a mulher ainda luta por espaços profissionais, embora, claramente, os espaços estejam sendo conquistados em escala surpreendente e, vale dizer, meritoriamente. Portanto, ainda por algum tempo a mulher terá de lutar um pouco mais do que os homens e terá de demonstrar seu saber de forma ainda mais completa. Mas, note, apenas por mais algum tempo.

1.3 Executivo(a)

A pessoa no cargo executivo deve ter uma atuação que afirme extrema seriedade com o seu trabalho. É exemplo a ser seguido e precisa estar convencida de que é um exemplo seguido pelo corpo funcional vinculado, subordinado. Sua boa *performance* não deve ser fruto somente de extrema seriedade, mas de uma somatória, resultante de variáveis que potencializem o seu contínuo esforço na perseguição da excelência plena da empresa.

Neste sentido, Oliveira (2009) indica as três primeiras características e Araujo (2010) adiciona e comenta as cinco características restantes que permitirão o alcance da excelência desejada na ação do executivo ou da executiva. São elas:

a) *comportamentais*: o seu comportamento exige ação interativa, ou seja, deve estar disposto a aceitar a realidade da ação integrada, do trabalho em equipe, do trabalho em equipe que decide. A ação isolada perdeu força, perdeu consistência, deixou de fazer sentido numa sociedade como a nossa, em que as decisões têm de ser rápidas e, por consequência, alicerçadas em dados e informações relevantes.

O executivo ou a executiva, sempre pensando no nível gerencial, deve ser profissional consciente da necessidade de desenvolver a sua capacidade de gerar e gerir a transformação organizacional, ajudando a desenhar novos perfis competitivos da empresa que serve com base em dados reais e também em sensações, intuições, e aqui a mulher leva razoável vantagem sobre o homem, sobre os caminhos que parecem os melhores frente às situações vividas no presente. Na razão, o homem prevalece; na intuição, a mulher prevalece e quando ambos se unirem, sempre que possível, podem traçar a melhor ação estratégica. Isto significa dizer que razão e intuição devem estar presentes nos executivos e, mais especificamente, no nível gerencial. As habilidades de um e de outro se encontram nesses dois alicerces. E a afirmação, não apenas científica, mas também um sentimento popular indica que a razão (presente no homem) e intuição (presente na mulher) exigem que ambos devem estar conscientes dessas prováveis diferenças e fazer os ajustes necessários.

E vale acrescentar, repetindo, que alguém em cargo executivo tem de aceitar o trabalho em equipe como um procedimento exigido pela modernidade e pelas novas alternativas de estruturação organizacional, que indicam ser a gestão horizontalizada o caminho ideal para o melhor desempenho e alcance da desejada excelência;

b) *habilidades*: a habilidade exige o saber inovar e reconhecer a inovação proposta pelas pessoas em sua área e colocá-la em discussão aberta, ampla, dando oportunidade à institucionalização de um clima altamente favorável nos processos de mudança organizacional.

A referência à mudança organizacional nos remete à função gerencial desempenhando o papel de agente de mudança e, assim, temos o forte indicativo de uma exigência para o sucesso de natureza profissional: ser possuidor de pensamento estratégico, ou seja, saber avaliar as variáveis internas, não somente de sua unidade, mas de relação sistêmica intraorganizacional e das variáveis ambientais, essas sim, de difícil análise, compreensão e ação em função do todo identificado. Isso é saber mudar, pois mudança é o cotidiano das empresas. Falkenberg et al. (2001) chamam atenção no sentido da existência, agora com certa frequência, das *excessive changes*, ou seja, das mudanças em excesso. E citam um exemplo que vale para o Brasil: antes mesmo de se colocar uma nova estrutura organizacional em ação, a gerência responsável surge com novas ideias e novos procedimentos. Aí temos uma mudança que acontece e é devidamente implementada ao longo de x tempo. E começa a contagem regressiva para uma nova reestruturação e pode ser uma curtíssima ou média contagem, mas dificilmente será uma longa contagem regressiva.

As pessoas em cargo executivo (seja em nível diretivo, seja em primeiro nível gerencial) são contumazes em promover muitas ações de mudança, às vezes, fundamentais para a sobrevivência da empresa, mas nem sempre. Os autores informam que já vivenciaram mudanças importantes que estavam acontecendo, mas que culminaram com o seu abandono, porque novas opções surgiram. Ou seja, "muitas mudanças" podem significar mudanças excessivas, desnecessárias.

E esse é um cuidado a ser tomado no Brasil, pois que aqui as exigências de mudança ou mesmo a pura e simples vontade de mudar são bem maiores do que em sociedade mais adiantadas. E essa habilidade de saber o momento de colocar freios em projetos e processos de mudanças na organização é muito importante;

c) *conhecimento (como postura pessoal)*: antes de qualquer coisa, é importante afirmar que para conhecer é necessário querer conhecer e ter prazer, acima de tudo. Conhecer é fundamental, mas gostar de querer saber, de conhecer é função, repetimos, primeira de quem deseja o sucesso profissional. Uma característica curiosa que acompanha o estudante no Brasil quer na graduação, quer na pós-graduação é a de não anotar, não trazer para sala de aula material de aula, como se somente ouvir fosse suficiente para aumentar seu estoque de conhecimento.

E quase sempre, discordar do condutor da aula, apenas com base num ponto de vista pessoal. Na pós-graduação, *stricto sensu* (mestrado e doutorado), evidentemente, o quadro é outro, mas nos chamados cursos MBA (*lato sensu*) que conduzem a certificados, o quadro era semelhante ao da graduação. Mudou em função de uma portaria do Ministério da Educação (MEC) que agora exige a elaboração de monografia de conclusão de curso para os matriculados em cursos com carga horária igual ou superior a 360 horas-aula. Em outras palavras e simplificando bastante: para alcançar competência profissional e ser reconhecido e remunerado adequadamente é importante o compromisso fechado com a educação. Ler, compreender, debater, aprender e apreender, sempre. A era é a era do conhecimento. Não basta apenas querer e opinar, pois esses são apenas dois pequenos passos que um dia foram suficientes, e não são mais o único caminho para o sucesso. Estamos mesmo na era da gestão do conhecimento em que o saber se tornou matéria-prima que diferencia o profissional talentoso e pleno de potencialidades do profissional apenas eficiente. E o executivo, em qualquer nível, tem de estar absolutamente convencido que o conhecimento está atomizado por toda organização e, por isso, é importante que haja contato permanente com as pessoas que têm alternativas, muitas vezes, criativas e que são em número crescente, face às maiores facilidades de se alcançar níveis superiores de formação e, também a facilidade com que temos acesso à informação. E mais: sabendo que o conhecimento está disperso por todo o ambiente interno da organização, sabe o executivo que a todo o momento suas opiniões, propostas, suas decisões estarão sendo cotejadas, discutidas, rejeitadas e aceitas.

Há poucos anos seria inimaginável que fosse possível realizar, em casa, um trabalho para universidade, citando dez, vinte autores, sem ter em casa um só livro. Com a internet o mundo está na ponta de nossos dedos e basta um computador e um bom acesso à rede. E o gerente, o executivo tem de ter sempre em mente: as pessoas da organização têm hoje quase os mesmos acessos a dados e informações que os da estrutura superior da organização e bastam, simplificadamente, talento e muita disposição para transformar dados e informação em conhecimento e, portanto, em condições de manter bons níveis de debate sobre muitas ações da organização;

d) *foco (nos negócios)*: a pessoa em cargo executivo deve ter como uma característica permanente, que não permite ausências e negligências: a de estar sempre focado nos negócios da empresa. Não importa se a ação é dar ordenamento a aspectos frugais como processos internos de simples ajustes da burocracia sem nenhuma ligação direta. É sua função estar sempre conectado, focado no negócio ou nos negócios da empresa. Em outras palavras, se você está num processo seletivo importante, é vital que saiba qual o negócio da empresa contratante. Então, seria uma boa ideia que a pessoa candidata à posição disponível, antes dos procedimentos de seleção procurasse informações que a aproximassem do negócio principal da empresa. Simples, não? Mas já é um bom início e uma probabilidade de sucesso na seleção.

Ao longo do texto insistiremos no sentido de o profissional ser um generalista, mas sem desprezar uma determinada especialização, por ajudar nessa nossa proposta de o profissional ser focado no negócio. O essencialmente especialista pode, dependendo da especialidade, estar distante dos negócios e, então, desfocado. Um especialista em gestão de pessoas pode estar tão absorvido com a gestão das pessoas que corre o risco de se afastar de momentos vitais, como o de desconhecer ou pouco conhecer de estratégias de *marketing*, de não saber dados mais concretos dos procedimentos logísticos, do desempenho empresarial global, da busca, perda ou ganhos competitivos, embora, notem bem, esteja realizando um bom trabalho com as pessoas da organização;

e) *conhecimento (saber específico)*: o executivo deve conhecer muito bem as mais utilizadas tecnologias de gestão organizacional para poder em curto espaço de tempo decidir qual a mais indicada num dado momento. É interessante que as tecnologias sejam assimiladas de forma completa, credenciando-o a trocar ideias com as demais gerências, com os níveis superiores e, eventualmente, com consultores ou empresas de consultoria;

f) *deter conhecimento genérico*: ser especialista é uma necessidade. O executivo tem de ser conhecedor profundo da área sob sua gerência, mas conhecer as demais áreas passou a ser nesta primeira década do século uma exigência adicional. Imagine numa reunião de todas as áreas você deixar claro para todos que a sua área é finanças e nada poderia opinar nas propostas, projetos e questões, em geral, das demais áreas. E, pior, é bastante provável que ele (ela) seja, talvez, o único a fazer tal (infeliz) afirmação;

g) *atentar às demandas do mercado*: o profissional, não importando a função que ocupa, tem de estar sempre atento às demandas de mercado e, também, às potenciais demandas no curto, médio e longo prazo. A sobrevivência está em reconhecer que o mercado interfere e muito no cotidiano de qualquer organização, lucrativa ou não; e

h) *conhecer aspectos econômicos, sociais e políticos*: conhecer, mas não somente as questões nacionais. As empresas são dependentes das demandas que surgem sempre e têm várias origens. As origens nacionais que são, digamos, possíveis de serem mais ou menos antecipadas e as de origem internacional podem ser previsíveis, mas com certeza essa previsibilidade tem enormes possibilidades de ser revista. Aqui a internet tem papel importante, já que certamente as notícias que criam turbulências de toda ordem são imediatamente divulgadas e comentadas à exaustão.

Nota: Você deve ter percebido alguma semelhança nos itens *c, e* e *f*, que tratam do conhecimento. Mas é apenas semelhança e a colocação em três itens foi proposital, pois queremos chamar a sua atenção para o valor que se dá hoje ao ato de conhecer e, mais, ao querer conhecer.

Somam-se às características que permitirão o alcance da excelência algumas regras, sugestões, que o executivo pode seguir no sentido de dar maior legitimidade ao seu trabalho. Aliás, legitimidade é o que procuramos oferecer, via proposições nossas e de autores renomados. Hicks (2003) é um desses autores com as seguintes regras:

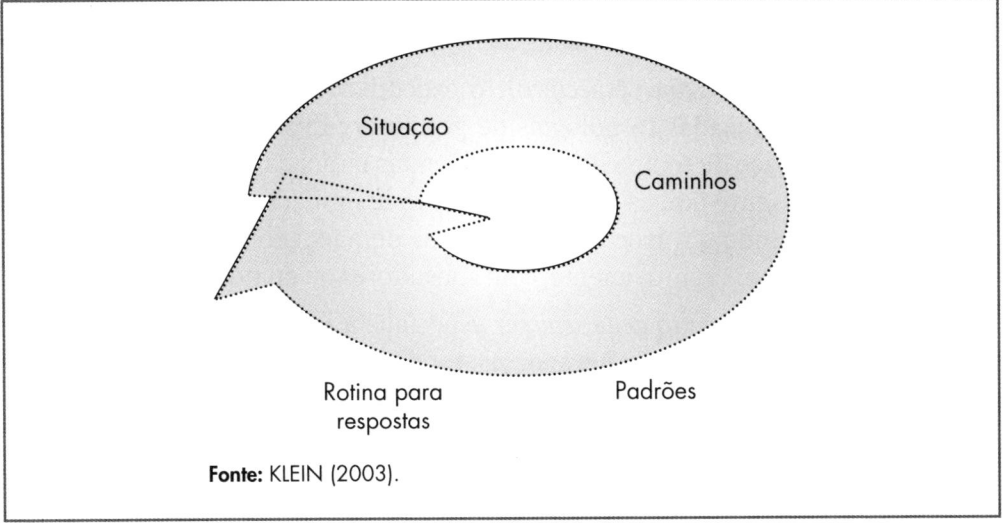

Fonte: KLEIN (2003).

Figura 1.2 Rotinas para respostas ajudam no processo intuitivo.

- *regra 1 – ativar intuições:* ou seja, exercitar a mente constantemente. Imagine sempre o que fazer, em situações adversas ou não. Pense na possibilidade de ocorrência dessas situações seguindo a rotina para respostas representada na Figura 1.2. Entenda-se que a intuição é o caminho pelo qual nós traduzimos nossas experiências em julgamentos e decisões;

- *regra 2 – abrace o seu trabalho:* sem que seja algo alucinante, extrapolado, esteja sempre presente no seu trabalho. Divirta-se de vez em quando, mas lembre-se do seu trabalho e não precisamos explicar por que essa relação tão próxima;

- *regra 3 – recuse a se conformar*: isso mesmo, lute sempre. Há sempre caminhos não explorados e quem sabe há respostas que contornam eventuais dificuldades;

- *regra 4 – torne o* stress *em energia positiva:* difícil convencer alguém, mas o *stress* pode ser favorável ao seu trabalho e à sua saúde. Aconselhe-se com profissionais que conhecem o *stress* melhor do que nós e encontre meios e modos de usá-lo em seu benefício;

- *regra 5 – revisar planejamentos, pensando no possível:* o erro é planejar algo no final do ano e não retornar para ajustar o que tem de se ajustado. Planejamento é um norte para a sua ação como executivo, não é uma série de procedimentos que têm de ser seguidos obrigatoriamente;
- *regra 6 – dê, não tome de ninguém:* regra absoluta, deve ser seguida sempre. Lógico que há um sentido filosófico, mas essa é a ideia: estar sempre pronto a dar algo ao próximo na sua empresa e não apenas na área de sua ação;
- *regra 7 – exija a verdade*: seja uma pessoa verdadeira e exija a verdade sempre. Você vai perceber que tudo funcionará melhor. Haverá mais respeito e maior confiança e, por isso, as chances de ações positivas são muitas, com certeza.

A pessoa no cargo executivo deve aprender a exercitar a autoridade adquirida, a que veio com o cargo (HILL, 2003). Curiosamente, esse exercício exige o atendimento às regras, às sugestões acima. Sua autoridade tem de ser exercida e será aceita se procurar agir atendendo o explicitado no parágrafo anterior. Exercer apenas a autoridade adquirida é um passo gigantesco rumo ao insucesso.

O(a) profissional de atuação quase sempre decisiva tem de saber estudar a organização sob os mais diversos ângulos. Assim, você poderia perguntar: Qual seria o seu objeto de estudo (de trabalho mesmo)? Apenas a unidade que comanda? Outras unidades vinculadas, mas não subordinadas? Em seu objeto de estudo, que processos estariam incluídos: os de sua gerência ou quaisquer outras unidades fora de seu controle? Ou, então, só os processos críticos, essenciais? E as pessoas? Apenas as de sua unidade estariam sob sua constante análise e supervisão? Ou participaria de análises e daria algum suporte na supervisão? E em seu objeto de estudo estariam incluídas questões sobre o relacionamento entre as pessoas apenas no seu território? Ou haveria limites cinzentos que permitiriam ultrapassar prováveis limites e participar e sugerir ações vinculadas ao relacionamento de pessoas de sua unidade com outras de outras unidades? E viria a complementar o seu objeto de estudo uma permanente vigilância com o que acontece no mais amplo no meio ambiente, ou seja, o que acontece no planeta mesmo?

A dificuldade de uma pessoa curiosa em buscar respostas ou até em entender as questões apresentadas e correlacioná-las com o mundo das organizações é a mesma dificuldade de uma pessoa em cargo executivo, não importando a sua posição no grupamento superior da empresa. Ela terá de compatibilizar várias alternativas internas e aí, então, buscar o seu objeto de estudo, que será resultante dessa compatibilização. Curiosamente, essa mesma pessoa poderá estar, mais à frente, numa outra empresa e terá de fazer as mesmas compatibilizações e é bastante provável que a resultante seja diferente da anterior, de uma outra empresa.

Essa dificuldade em definir adequadamente seu objeto de estudo, de trabalho, justifica as características que apontamos aqui e orienta o(a) profissional na busca pela sua posição nas empresas. E aconselhamos um pequeno ritual que subsidiará sua procura pelo seu objeto de trabalho. Inicialmente, entrevistar pessoas sob sua subordinação direta e, também, pessoas de outras unidades e que seriam seus clientes internos mais imediatos. Nessas conversas muito seria perguntado de forma objetiva e, também, as tradicionais perguntas não tão objetivas, como "o que você acha", "no que você pensa", "como funciona" etc. E assim poderia perceber como as pessoas reagem a coisas e pessoas da organização, ao relacionamento interpessoal, ao relacionamento quando em grupos. Subsidiará bastante uma cuidadosa observação à ação e reação das pessoas quando em reunião, seja formal ou informal.

A partir daí não será difícil formular seu objeto de estudo (de trabalho) considerando o ativo mais importante de sua ação na empresa: as pessoas. E nada acima está sendo comentado para tornar simples o seu trabalho. Nada será simples, mas quem ocupar a posição deverá saber que as exigências são muitas, já que em muitos casos – talvez, na maioria das situações – o empresário ou empreendedor conta com a máxima competência do nível imediatamente abaixo, o primeiro nível gerencial.

1.4 Empreendedor(a)

Vale iniciar este tópico com uma reflexão, pois independentemente da dificuldade encontrada pelas pessoas que buscam fazer o que gostam, será que somos incentivados, em algum momento, a buscar novos caminhos? Ou simplesmente somos direcionados para cursos já consagrados na certeza de uma carreira promissora, como se o fato de cursar algo consagrado fosse capaz de garantir o sucesso profissional de cada um? Ou será esta uma opção feita com o intuito de seguir o desejo de famílias inteiras como consequência de uma cultura ou receio do novo, o que seria natural?

Infelizmente, é difícil responder a esta questão, mas é importante notar que o Brasil "tem 13,5% da população de empreendedores e aparece em sétimo no *ranking* mundial" (RODRIGUES, 2003). Embora seja uma classificação equivocada do que vem a ser empreendedor, é um percentual importante. Luciana Rodrigues (2003) ao escrever sobre o empreendedor no jornal *O Globo*, em 13 de julho de 2003, mostra uma razoável dificuldade da exata dimensão do que é ser empreendedor (e empresário) porque os classifica em empreendedor por necessidade e empreendedor por opção. Portanto, que tal trabalharmos adequadamente essa afirmação em benefício do correto entendimento sobre essas figuras importantes e que são opções de qualquer profissional? Porém dedicaremos especial atenção aos graduandos e graduados em Administração, Economia e Ciências contábeis.

Ao levantar esta questão é comum que se pense imediatamente em inovação, quebra de paradigmas ou, até mesmo, numa pessoa alucinada com ideias mirabolantes. Os próprios estudiosos tratam a pessoa empreendedora como um ser inovador. Mas veja que "o empreendedor é o ser humano que realiza coisas novas e não, necessariamente, aquele que inventa" (SCHUMPETER, 1983), ou seja, não é necessário que se construa uma nova organização, para ser uma pessoa empreendedora, e nem mesmo ser administrador ou pertencer aos altos escalões da organização, apesar de ser essa a preocupação maior desta obra. A verdade é que basta tornar as suas atividades inovadoras, ou melhor, executá-las de forma jamais vista até o momento, independentemente de sua posição profissional.

Ainda assim, para executar as ações de uma forma realmente inovadora é necessário assumir riscos. E o que estimula alguém a assumir riscos? Para entender tal atitude é fundamental saber que as pessoas empreendedoras, em geral, buscam o algo mais, a autorrealização. Aliás, o fato comentado anteriormente sobre alguém que busca a estabilidade através de caminhos já trilhados e bem-sucedidos, deixa claro que essa pessoa não pode ser considerada empreendedora na verdadeira acepção do termo, pois quem empreende também se preocupa com o ser estável, mas possui o "desejo de assumir responsabilidades e independência. Considera irresistível assumir novos desafios, estando sempre propondo novas ideias, seguidas pela ação" (IPGN, 2003).

Uma definição bastante interessante e detalhada fornecida por uma das principais referências do assunto diz que a pessoa que empreende é:

> *o indivíduo que* **cria** *uma empresa, qualquer que seja ela; pessoa que compra uma empresa e introduz* **inovações**, *assumindo riscos, seja na forma de administrar, vender, fabricar, distribuir, seja na forma de fazer propaganda dos seus produtos e/ou serviços, agregando novos valores; empregado que* **introduz inovação** *em uma organização, provocando o surgimento de valores adicionais* (DOLABELA, 1999).

Note, portanto, que o mais importante é inovar, criar, e a não existência de inovações muito simples, que descaracterizam a pessoa como empreendedora, mas pode torná-la empresária. Inclusive, Dornelas (2000), numa outra referência brasileira sobre o tema, é cuidadoso ao definir o empreendedor como sendo "aquela pessoa que detecta uma oportunidade e cria um negócio para capitalizar sobre ela, assumindo riscos calculados". Aqui o autor separa um empreendedor de um aventureiro, porque este último não calcula riscos.

Desta forma, podemos concluir que o empreendedor é a pessoa capaz de gerir a sua própria organização (seja ela fruto de sua criação, seja uma empresa já existente que passou a ser sua) com sua própria competência. E por se tratar de sua própria empresa, tem de ser capaz de assumir riscos. Além do fato de se tratar de "alguém que se especializa em tomar decisões determinantes sobre a coordenação de recursos escassos" (CASSON, 1982). Alguns chegam a dizer que pessoas empreendedoras são capazes de fazer milagres com os seus recursos, quase sempre escassos.

Portanto, pense bem: será que você seria capaz de colocar sua poupança em risco em prol de sua empresa, seja ela de pequeno, médio ou grande porte? Claro que existe o lado positivo, pois, segundo Barboza (2010), houve uma melhora espetacular na taxa de sobrevivência das pequenas empresas brasileiras. Inclusive, em 2005, aumentou em 27%, com relação a 2002, o número de empresas que não fecharam as suas portas nos primeiros dois anos, o que representa 78% do total. Note, no entanto, que não se trata de assumir riscos, mas de saber como assumi-los, já que uma das principais razões para esse índice, segundo o próprio *site*, é a maior qualidade empresarial. E essa informação é preciosa para o alunado que pensa em empreender, mas com a competência que o curso superior lhe permite adquirir ao longo da sua estada na universidade.

Uma explicação encontrada para este fato por Dolabela (1999) é o empreendedor ser "um ser social, produto do meio em que vive (época e lugar)". Ou seja, o autor acredita que, se o meio for favorável ao empreendedorismo, onde empreender seja considerado como algo positivo, esse fato motivará as pessoas empreendedoras potenciais a criarem, realizarem. No entanto, isso não se constitui uma realidade brasileira; pelo contrário, como já visto, a cultura (local, nacional) nos influencia a seguir caminhos já trilhados e bem-sucedidos.

Sendo assim podemos definir empreendedor como:

pessoas capazes de sonhar e transformar sonhos em realidade. Identificam oportunidades, agarram-nas, buscam recursos e transformam tais oportunidades em negócios. São empreendedores todas as pessoas inovadoras, e que estão atentas às mudanças e sabem aproveitá-las, transformando-as em oportunidades de negócios (IPGN, 2003).

E acrescentaríamos: são pessoas que chegam ao limite do limite, que correm riscos muito bem calculados e que são capazes de enfrentar adversidades, seja com a determinação dos fortes, seja com suporte da religiosidade, da compreensão e do incentivo das pessoas, de uma forma ou de outra, envolvidas com o empreendimento. Portanto, para descobrir se você pode se considerar um deles, serão listadas a seguir suas características marcantes.

- *arrojo*: define metas desafiadoras, com visão clara no longo prazo e objetivos de curto prazo mensuráveis, pois, ao contrário do que possa parecer, a pessoa empreendedora não busca aventuras. É calculista, possui metas claramente definidas e sabe exatamente aonde quer chegar e como, ou seja, quais estratégias serão necessárias para chegar ao seu objetivo;
- *autoconfiança*: a pessoa empreendedora acredita em si, fato que "faz a pessoa se arriscar mais, ousar, oferecer-se para realizar tarefas desafiadoras, enfim, torna-a mais empreendedora" (ECOMMERCE, 2010). Além de manter a sua posição mesmo diante de resultados aparentemente desfavoráveis, mostra a sua autodeterminação, ou seja, acredita na sua capacidade de enfrentar desafios e vencê-los através de sábias decisões não deixando o medo pelo fracasso estragar seus planos;
- *busca informação*: "conversar com clientes, fornecedores e concorrentes é essencial para posicionar melhor sua empresa no mercado" (IPGN, 2003). E para inovar, característica marcante da pessoa empreendedora, é necessário que se mantenha de "antenas ligadas" com o ambiente. Por isso, sempre busca saber mais e mais. Mas para "saber mais e mais" é preciso saber também filtrar os dados de forma a transformá-los em informações úteis para o sucesso da organização;
- *busca oportunidades*: a pessoa empreendedora está sempre buscando novas oportunidades e uma forma de aproveitá-las. Observe que "novos conhecimentos criam a oportunidade de se fazer novas coisas de novas maneiras, que tornam as antigas obsoletas" (PINCHOT, 1989), ou seja, precisa buscar novos conhecimentos antes de querer buscar novas oportunidades. Sejam elas comuns ou fora do comum, o fato é que deve estar preparado para percebê-las, de forma a aguçar seu faro comercial e ter ideias que, na maioria das vezes, são transformadas em negócio e colocadas em prática;
- *calculista*: como já colocado anteriormente, é alguém capaz de assumir riscos; no entanto, por ter de ser uma pessoa precavida e cautelosa, os riscos são deliberadamente calculados de forma a avaliar as alternativas, reduzi-las e/ou controlar os resultados;
- *capacidade de persuadir*: como verdadeiro líder, possui uma alta capacidade de influenciar ou persuadir os outros com bons argumentos de

forma a fazer de seus objetivos os objetivos comuns, sejam consumidores, fornecedores ou mesmo o pessoal da organização, o fato é que precisa ter o poder de garantir suas metas (qualidade, prazo etc.). Além do fato de ser importante manter contato com pessoas que serão, em princípio, soluções para seus problemas;

- *capacidade de quebrar paradigmas*: a pessoa verdadeiramente empreendedora "busca autonomia em relação a normas e controles de outros" (IPGN, 2003), mas, ao mesmo tempo, tem a humildade para perguntar, pesquisar, ouvir e refletir sobre as sugestões dadas, principalmente pelos mais experientes;
- *comprometimento*: é característica da pessoa empreendedora estar envolvida de corpo e alma em seus projetos; para tanto, não mede esforços e exerce sacrifícios pessoais para a realização dos projetos, mas esses "sacrifícios" não passam de esforços necessários para a realização de seus objetivos;
- *exigente*: sendo uma pessoa extremamente exigente consigo mesma, busca ser sempre o melhor de forma a não só satisfazer, mas exceder os padrões de excelência do seu ramo. Para tanto, busca fazer o melhor, em menos tempo e com o menor custo de forma a conquistar a confiança de seus clientes;
- *iniciador*: ou seja, não espera ser solicitado ou que as circunstâncias o forcem a agir de determinada maneira. Na verdade, ao invés de esperar que alguém resolva os seus problemas, a pessoa empreendedora, ela mesma "arregaça as mangas" e busca soluções;
- *inovador*: busca realizar as suas tarefas de uma maneira nunca jamais vista. Sua característica marcante é essa busca pelo essencialmente novo;
- *negociador*: negociar nos limites não é para qualquer um. E deve ser apto em pensar rápido, mover ainda mais rapidamente e blefar impunemente (blefar não é mentir, é jogar) (HINDERY JR., 2003). É um negociador e deve ter uma disposição de ferro e o famoso "sangue frio" para alcançar o resultado desejado;
- *otimismo*: é importante que não se confunda o otimista com um sonhador. Pelo contrário, otimista é, portanto, alguém que "acredita nas possibilidades que o mundo oferece, acredita na possibilidade de solução dos problemas, acredita no potencial de desenvolvimento" (ECOMMERCE, 2010). Sonhar é possível, mas com parcimônia;
- *persistência*: por ser calculista, com compromissos assumidos e autoconfiante deve ser capaz de persistir até que os obstáculos sejam superados

e tudo comece a funcionar adequadamente. E não importa se terá de assumir responsabilidades pessoais ou mesmo mudar a sua estratégia, pois age diante de um obstáculo; e

- *possuir força de vontade*: não é difícil imaginar que seja uma pessoa que possui uma enorme força de vontade, vinda provavelmente de seu entusiasmo e motivação relacionada com desafios e tarefas em que acredita, à medida que as barreiras a serem enfrentadas por ele são imensas. Veja que o importante não são as compensações financeiras, como já comentado no início deste capítulo, busca a autorrealização sendo capaz de se entusiasmar com suas ideias e projetos. Lógico que as compensações financeiras são importantes, pois é a mola que nos impulsiona, mas você entende: pois dinheiro é importante, mas não é tudo. Concorda?

Quadro 1.2	Características da pessoa que empreende.
– Arrojo	– Exigente
– Autoconfiança	– Iniciador
– Busca informação	– Inovador
– Busca oportunidades	– Negociador
– Calculista	– Otimismo
– Capacidade de persuadir	– Persistência
– Capacidade de quebrar paradigmas	– Possuir força de vontade
– Comprometimento	

Portanto, tendo compreendido o papel do empreendedor, por dedução pode-se conceituar que o termo "empreendedorismo" está diretamente relacionado ao profissional em tela, pois apesar de ser uma palavra ainda não dicionarizada, um de seus importantes pensadores, Peter Drucker, o vê como fruto de um processo de aprendizado. Para Drucker, "qualquer indivíduo que tenha à frente uma decisão a tomar pode aprender a ser um empreendedor e se comportar 'empreendedorialmente'. O empreendimento é um comportamento e não um traço de personalidade. E suas bases são o conceito e a teoria, e não a intuição". Desta forma, ele conclui que o "empreendedorismo não é nem ciência, nem arte. É uma prática" (DRUCKER, 1987). Mas se você não concorda com ele, ou mesmo concorda, mas precisa de argumentos para seguir adiante, continue a leitura e lembre-se: essa palavra ainda não está dicionarizada; portanto, é importante conhecer versões de diferentes autores para chegar a uma conclusão convincente.

Outro autor que possui uma visão interessante é Joseph A. Schumpeter (1983), que diz: "empreendedorismo envolve qualquer forma de inovação que tenha uma relação com a prosperidade da empresa". Para Schumpeter, o empreendedorismo é fator fundamental para a sobrevivência das empresas num ambiente de constantes mudanças, ou seja, é fundamental ter uma visão empreendedora de forma que oportunidades sejam percebidas, exploradas e tenham um horizonte bem favorável.

De uma forma bastante sucinta, pode-se dizer que "empreendedorismo se conceitua como o processo que envolve todas as funções, atividades e ações associadas com a criação de novas iniciativas empresariais" (DORNELAS, 2000). E mais uma vez é enfatizado o fato de o empreendedorismo estar relacionado não somente à criação de novos negócios, mas, também, à inovação promovida dentro de empresas já estabelecidas. De forma mais simples, pode-se entender que não se pode considerar empreendedora a pessoa que dá continuidade ao que já existe, ou seja, você pode gerir uma empresa que já está no mercado, mas para ser empreendedor você deverá inovar, fazer de uma forma jamais feita.

Note que dedicamos um espaço à pessoa empreendedora, mas o empresário seria num certo sentido uma pessoa empreendedora e, também, um inovador não contumaz e sem grandes desejos de inovar sempre, correndo algum risco, mas com um negócio conhecido e já estabelecido de uma forma segura, sem ter maiores temores, em face de quaisquer eventos ambientais de alguma turbulência como será visto a seguir.

1.5 Empresário(a)

Quem é a pessoa empreendedora e quem é a pessoa que tem um negócio, digamos, convencional? Essa é uma dificuldade de entendimento muito comum, uma resposta não tão simples, mas que precisa ser esclarecida, pois é comum que pessoas pensem, num momento de desânimo, em largar tudo e construir o seu próprio negócio, como se o fato de poder ser seu próprio chefe fosse resolver todos os seus problemas. Como se dessa forma essa pessoa pudesse ter liberdade e tranquilidade e não mais ter que trabalhar para os outros, muito menos passar dias e dias "engolindo sapos". No entanto, é assim que as pessoas se enganam, pensando que desse modo fazendo estão vestindo uma nova roupa: a de empreendedor ou a de empresário.

Primeiramente, deve-se entender que ser empresário(a) não é sinônimo de estar em plena liberdade e, também, tranquilidade; pelo contrário, sendo dono(a) do seu negócio, você necessitará de uma dedicação muito maior ao seu trabalho. Muitas vezes você não saberá o significado das palavras "férias" e "feriados" e a sua carga horária de labuta será ampliada sem que você se dê conta disso. No entanto, no caso da pessoa empreendedora, ao contrário do que possa parecer, "a realização proporcionada pela prática empresarial é o maior retorno proporcionado" (IPGN, 2003).

O ser empreendedor é marcado pelo espírito de inovação. Está na busca constante de algo essencialmente novo; não se satisfazendo em manter o seu negócio, quer inovar sempre. Mas para tanto é preciso competência, ou seja, não basta querer inovar, é preciso agir. Já o empresário(a) deseja a manutenção do seu negócio. Seu lema é administrar de forma a sobreviver. Note que pode-se abrir um negócio sem inovar, ou seja, sem ser uma pessoa empreendedora. Portanto, abrir um negócio não é sinônimo de empreendedorismo; para ser uma pessoa empreendedora você precisa fazer algo como nunca realizado anteriormente.

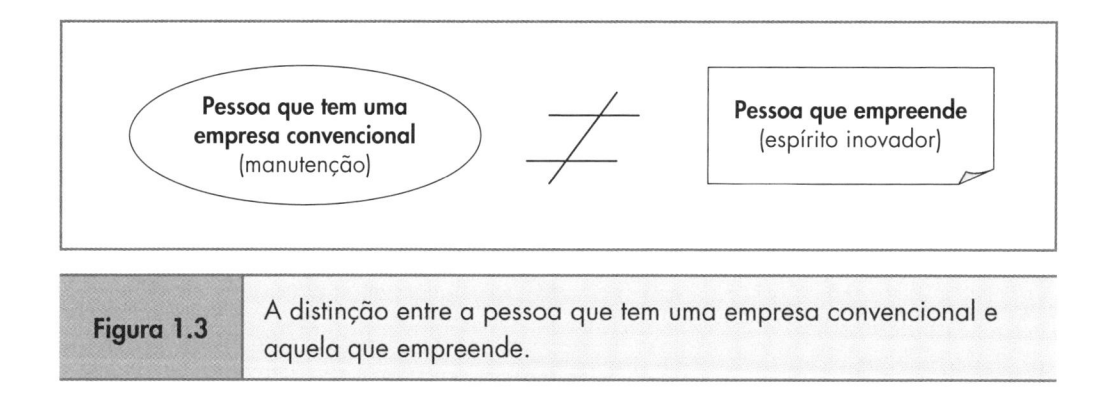

Pessoa que tem uma empresa convencional (manutenção) ≠ **Pessoa que empreende** (espírito inovador)

Figura 1.3 A distinção entre a pessoa que tem uma empresa convencional e aquela que empreende.

Registraremos duas histórias que ajudarão você a compreender as ações de empresários e empreendedores. São momentos positivos importantes nos negócios e que merecem a inserção num livro dirigido aos interessados em administração, economia e ciências contábeis, principalmente. Você já sabe que existem diferenças entre empresário e empreendedor. O texto que segue mostra duas pessoas exercendo esses dois papéis.

Diríamos que é comum durante o curso de arquitetura os alunos que pensem em montar negócios próprios em sociedade com amigos, quase sempre colegas de classe. Foi assim que começou a história de Dan, que em conversas informais decidiu investir numa sociedade com um desses colegas da faculdade. Claro que o futuro ainda era muito incerto, mas Dan acreditava que sua experiência em empresas de arquitetura certamente o ajudaria. Isso sem contar que tendo feito segundo grau técnico e alguns cursos extras se sentia mais do que apto a trabalhar no ramo. O grande problema foi que lhe faltavam alguns conhecimentos de gestão, mas ele acreditava não serem primordiais nesse primeiro momento.

Portanto, movido por seu espírito empreendedor, Dan começou a bolar cartões de visitas com seu sócio e a distribuí-los às pessoas mais próximas, na certeza de que muitos trabalhos iriam surgir e de que utilizar a própria residência como infraestrutura seria uma alternativa inteligente (praticamente custo zero). O problema é que, por não estudar anteriormente o mercado, os trabalhos que apareciam, além de serem poucos, não chegavam a entusiasmar os dois sócios, o que poderia fazer com que ele desistisse dessa aparente aventura. Contudo, era de sua personalidade buscar novos caminhos, mesmo sem saber que sua motivação era a possibilidade de inovar, fazer algo diferente; logo, os sócios descobriram que outros três colegas da faculdade também tinham seguido a mesma trajetória, mas que, fruto de alguns bons contatos profissionais, estavam numa linha ascendente. Assim, a junção das sociedades ocorreu de forma espontânea pelos colegas dando origem a uma nova empresa.

O dia a dia na empresa era extremamente corrido, mas os desafios de cada projeto faziam com que todos se dedicassem de corpo e alma. Foram noites em claro, finais de semana sem lazer, viagens do tipo "bate e volta", mas nada parecia diminuir o ritmo daqueles colegas que, motivados pelo desafio de fazer sempre diferente, de inovar, seguiam suas vidas cansados, mas felizes e, principalmente, realizados. Claro que durante todos os anos passaram por momentos difíceis fruto da própria inexperiência com a gestão administrativa. Chegaram a tentar ampliar a empresa, mas não obtiveram grande sucesso e tiveram que retroceder. Ainda assim, eles próprios não percebiam qual era de fato o foco de suas motivações e após alguns anos, quando os desafios se tornaram rotineiros, quando o aprendizado se mostrava como uma mera rotina, foi que Dan começou a trilhar novos horizontes. E em uma nova conversa informal com outro amigo decidiu investir em quiosques em *shoppings*. É bem verdade que o espaço dos quiosques é quase nenhum e necessariamente só se comercializa um produto, porque o *mix* de lojas em *shopping centers* modernos raramente permite quiosques de um mesmo produto.

Dessa vez, com muito mais bagagem que antes, Dan abriu uma nova sociedade, sim, mas só depois de investigar como funcionava esse ramo e se valeria a pena mesmo. Exatamente porque, como ele próprio descreve: "por enquanto é como brinquedo novo que você não consegue largar, mas resta saber até quando será assim". E essa é a realidade do empreendedor: ele está sempre procurando um brinquedo novo.

Achamos interessante relatar a segunda história que, num certo sentido, mostra um empresário que teve a ousadia de alterar um negócio que estava indo bem, o que não justificaria uma mudança de alguma dramaticidade. Trata-se do O Boticário, hoje empresa de cosméticos e perfumes com o maior número de franquias em todo o mundo, mas que começou como uma modesta farmácia de manipulação no centro de Curitiba, isso em 1977. "A empresa vendia bem e dava lucro e foi crescendo e crescendo. Mas seu dono, Miguel Krigsner, achava que isso ainda era pouco. E, vinte anos depois, mudou a empresa" (NASCIMENTO, 1999).

Assim, Krigsner decidiu mudar tudo, influenciado pelo fato de não poder parabenizar ninguém por sucessos ou, pior, responsabilizar pessoas por fracassos da empresa. Ele era a empresa. O termo *redesenho*, que consiste na mudança radical de vários aspectos da empresa, começou a ser considerado.

Havia uma ilusão, por parte dos executivos que trabalhavam na empresa, ou seja, em time que está ganhando não se mexe. Já para Krigsner, esse era um aspecto motivador para melhorar ainda mais, isto é, mudar o time para continuar ganhando.

Reinventar O Boticário foi uma tarefa que levou 3 anos. No processo, muita gente ficou pelo caminho. Dos 27 gerentes, 24 seguiram outros caminhos profissionais. Uma atitude corajosa, necessária e de sucesso. Foi implantado um programa de recolocação de executivos, que foram estimulados a abrir negócios próprios, em alguns casos, financiados pelo próprio Krigsner.

A empresa não estava preparada para o ambiente competitivo, o que poderia revelar suas fraquezas. O desperdício era um dos pontos que precisariam ser revistos. A comunicação entre as lojas não fluía e havia perdas, deixando de ganhar muito mais. O abastecimento das lojas passou a ser prioridade, a distribuição ficou mais ágil com a interligação dos computadores, via rede, e os custos foram reduzidos. Os produtos passaram a ser expostos em prateleiras, fora dos balcões, como era até então, permitindo uma maior liberdade ao cliente de examinar, tocar no produto e, mais importante, conversar com a representação de vendas. Como resultado, a empresa obteve um aumento de 20% no faturamento onde esse procedimento interativo foi implantado.

Miguel Krigsner fez uma espécie de reengenharia no momento certo, pois se antecipou a problemas que iriam acontecer. É certo que O Boticário não tinha concorrentes que ameaçassem a sua liderança. A partir daí a empresa só fez crescer. E em 2008 ele se torna presidente do conselho de administração do Grupo G&K que controla O Boticário e Artur Noemio Grynbaum assume a presidência. Tudo isso aconteceu de forma planejada e bem estruturada. Hoje, O Boticário tem 73 lojas em 13 países e a tendência é que esse número aumente. No Brasil já são mais de 2.800 lojas. E tudo isso começou com uma atitude corajosa e de risco de seu, então, presidente.

```
┌─────────────────────────────────────────────────────────────────┐
│  [Pessoa que empreende bem] ➤  Pode realizar um mal empreendimento │
│                                                                 │
│  [Pessoa que empreende mal] ➤  Pode liquidar um bom empreendimento │
└─────────────────────────────────────────────────────────────────┘
```

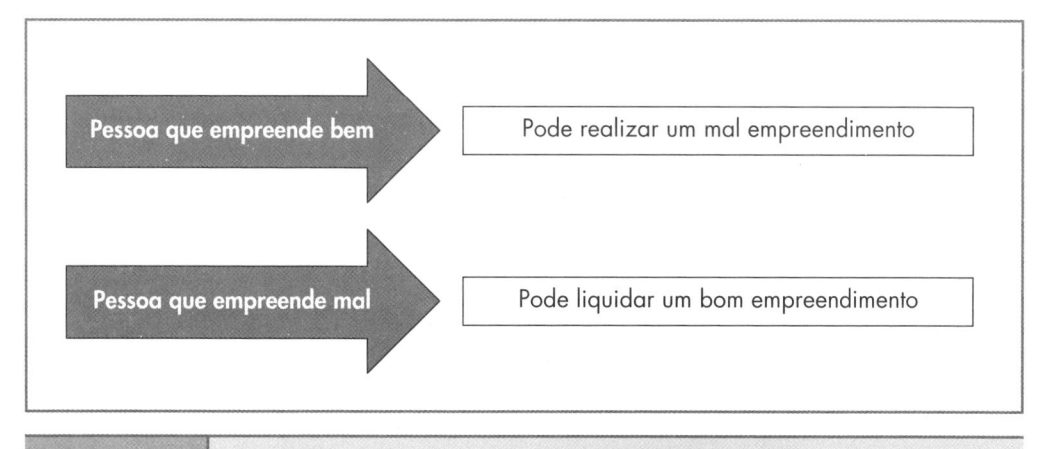

Figura 1.4 As consequências de uma pessoa que empreende.

De qualquer forma, não se está sugerindo que todo empreendedor ou todo empresário serão pessoas bem-sucedidas. Em outras palavras, um bom empreendedor não realiza somente bons empreendimentos. Isso inclusive foi notado no caso do Benja, mas é certo que um mal empreendedor pode liquidar até mesmo um bom empreendimento, da mesma forma que o empresário pode dar fim ao seu negócio. Para facilitar, antes de continuar, deixe-nos contar uma história interessante, mais com um resultado desastroso que uma inovação pouco responsável acarretou. História essa de bilhões de dólares.

Iridium é o exemplo perfeito (INGEBRETSEN, 2003). Cinco bilhões de dólares jogados fora porque um grupo de executivos e investidores imaginou que navegadores, exploradores das terras por todo o mundo, correspondentes estrangeiros e uns poucos curiosos empresários seriam suficientes para sustentar um negócio que precisou de 5 bilhões de dólares para funcionar. O *Iridium*, se quem está lendo agora ainda não sabe, foi um sistema de telefonia que abrangeria como raio de ação todo o planeta; ou seja, você no polo norte falaria com a sua família no interior do Sergipe tranquilamente usando um telefone que teria um único número. Era dez vezes mais pesado do que os celulares da época, fim dos anos 90, e, às vezes, não funcionava em elevadores, por exemplo. E era muito caro. A compra do *kit Iridium* iria acima de 3 ou 4 mil dólares, sem contar as despesas da manutenção mensal do serviço. Esse empreendimento insensato não completou o primeiro ano e os satélites utilizados pelo sistema ou seriam negociados ou simplesmente seriam implodidos no espaço sideral. Não sabemos o final da história. Aliás, não sabemos quem sabe, além dos diretamente envolvidos.

Neste momento, todas as dificuldades quanto a quem tem uma empresa e quem empreende devem ter sido desfeitas, da mesma forma que um bom entendimento do ser empreendedor deve ter sido criado. Caso contrário, sugerimos que se dê uma repassada no conteúdo antes de prosseguir. Aliás, você já se considera uma pessoa empreendedora? Caso não tenha uma resposta firme para essa questão, não há razão para pânico. Apenas prossiga a leitura e saiba mais sobre as trajetórias; assim poderá fazer uma escolha mais sensata.

1.6 Magistério

Mesmo tendo visto tantas alternativas profissionais no ramo empresarial, saiba que o ramo acadêmico é também uma possibilidade a ser considerada. Aliás, falar de ramo acadêmico pode parecer pouco atrativo para aqueles amantes do mercado capitalista, onde parece que as organizações se limitam às empresas. Inclusive não são poucos que, ao pensar no magistério, pensam como uma trajetória alternativa e não principal.

Os argumentos são muitos, mas o mais frequente se refere ao salário, alegando que professor ganha pouco e trabalha muito. Nesse caso vale ser objetivo, pois este tópico não busca julgar qual a melhor profissão, mas sim apresentar variáveis que ajudem na escolha do caminho a seguir. O magistério é uma opção que não implica o recebimento de um alto salário, mas implica o desejo de uma realização profissional e pessoal. Afinal, ser rico, receber um salário estupendo, não é ou não deve ser um objetivo único.

Lembramos de casos em que um professor universitário recebeu uma bela proposta de consultoria, mas que exigiria um deslocamento semanal que impediria a finalização de um trabalho acadêmico que estava realizando. Ele, então, disse que aquela consultoria iria acrescentar 30% em sua remuneração mensal por um bom tempo, mas sua vida não seria melhorada nem em 5%, além de algum prejuízo pessoal, pela não finalização de seu projeto acadêmico. Portanto, é nosso entendimento que dinheiro não é tudo e isso não se trata de mera mensagem filosófica, mas sim a compreensão de que viver é uma somatória que inclui estar bem consigo mesmo, independentemente dos reais recebidos ao final de cada mês. Lógico que uma bela remuneração ajuda muito, mas, também, ajuda muito estar realizado com o trabalho que se executa, sem importar o ganho a ser conquistado.

Vale a pena mencionar que ensinar hoje é bem mais fácil do que no passado (um passado de apenas 10 anos). Hoje os recursos instrucionais são muitos. Internet com seus nove bilhões de páginas, canais fechados com programação de excelente qualidade, meios de comunicação e uso crescente e cada vez menos complexos da tecnologia de computação. Além de tudo isso, hoje contamos com um alunado capaz de realizar duas ou três tarefas de forma simultânea sem perdas no resultado final. Foi-se o tempo da aula em que o professor falava e o alunado ouvia. Hoje a dinâmica da aula permite rapidez, inovações, respostas a perguntas, além de uma bela multimídia. Portanto, o magistério hoje é um atrativo, longe de ser algo de certa forma problemático.

1.7 Oportunidades do mercado

Note que este tópico não tem o intuito de divulgar a quantidade de vagas disponíveis no mercado de trabalho, até porque este mercado oscila bastante; entendemos que essa responsabilidade ficará com os periódicos especializados. Sendo assim, o objetivo aqui é apresentar uma ferramenta poderosa na busca do êxito em sua trajetória profissional e algumas oportunidades que o próprio mercado oferece para que possa aprimorar seus conhecimentos, habilidades e atitudes.

Portanto, independente da opção profissional que fez ou fará, saiba que há um pré-requisito em sua jornada: a elaboração de um **Plano**. Isso mesmo. Todo e qualquer profissional de administração precisa saber colocar boas ideias em prática, pois se não saírem dos papéis, não resolvem. E se praticar é fundamental, saber o como é essencial; portanto, nada mais simples do que seguir uma sequência coerente de passos. Ou, em outras palavras, elaborar um plano.

Ainda assim é comum que ao trabalhar a ideia de elaborar um Plano, logo se pense na figura do empreendedor que precisa saber elaborar um Plano, denominado *Plano de negócios* (ou *Plano empresarial*). Este Plano específico tem por finalidade estruturar as ideias sobre abrir um novo negócio, ou mesmo expandir algo que já existe, pois falar bem ajuda, mas não garante o negócio. E, em se tratando de dinheiro, tudo deve ser colocado no papel. Aliás, para seguir com um plano de negócio você com certeza precisará de capital e de muita clareza em suas ideias, devendo estar preparado com bons argumentos para rebater qualquer tipo de crítica; logo, este "documento escrito, que ajuda a esclarecer seus objetivos e tarefas e fornece algo ao qual se referir mais tarde" (IPGN, 2003) certamente irá auxiliar as atividades criadoras, dando condições de avaliá-las e até mesmo modificá-las, o que é comum. Como ainda não está implementado, tratando-se, então, apenas de um papel, isso facilita possíveis alterações.

Nesse momento, para entender o porquê de tal pré-requisito não ser exclusividade da pessoa que empreende vale pensar nas outras trajetórias, pois, enquanto o empreendedor traça seu plano de negócios, o empresário traça um plano de ação, o professor um plano de aula, o executivo um plano de metas e o consultor um plano estratégico. Planos esses que devem, após seu início efetivo, ser acompanhados e revistos constantemente para garantir o alcance de suas metas. Ainda assim, tais documentos não garantirão por si sós o sucesso. A sua função é algo bastante subjetivo: dar credibilidade e autoridade à ideia, por exemplo. Na verdade, colocar suas ideias no papel implica compromisso, pesquisa e muito trabalho, como demonstração da sua capacidade, além de servir como plano operacional e provar a exequibilidade de uma ideia, ele representa um poderoso documento na busca do apoio.

Todavia, mesmo que a pessoa se convença da necessidade de elaborar um plano é natural que alguns questionamentos surjam, pois, com tantas trilhas e tantos modelos de planos, certamente seria difícil buscar um modelo único que atendesse a demandas tão diversas. Nesse sentido o mercado oferece algumas oportunidades (Quadro 1.3) que auxiliam neste momento difícil de tomada de decisão. Oportunidades estas, como:

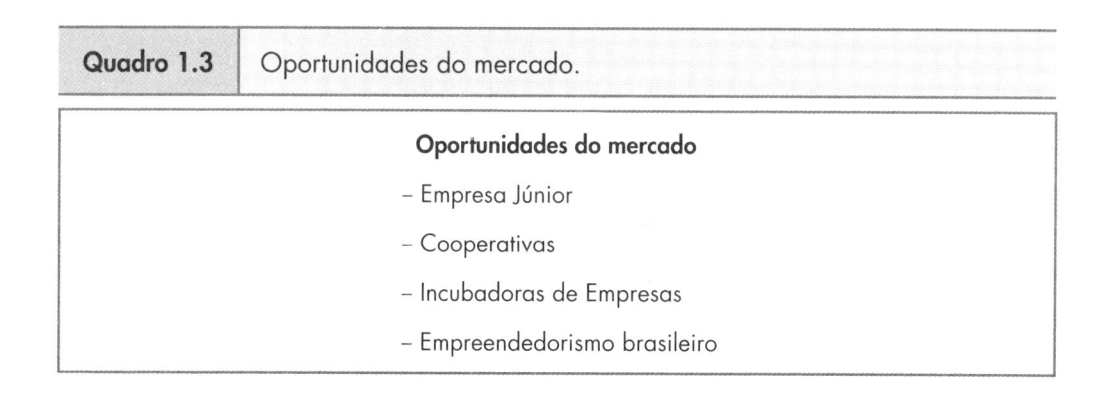

Quadro 1.3	Oportunidades do mercado.

Oportunidades do mercado
– Empresa Júnior
– Cooperativas
– Incubadoras de Empresas
– Empreendedorismo brasileiro

- Empresa Júnior: tem como objetivo preparar o corpo discente para o mercado de trabalho, complementando a sua formação acadêmica com um diferencial que só a prática pode conceder: a experiência prática antes da colação de grau. A ideia é praticar teorias e conceitos estudados em sala de aula, de forma a funcionar como um verdadeiro laboratório de talentos. Para tanto, ela conta com o suporte de docentes, o que passa maior confiabilidade ao trabalho realizado. Aliás, por se tratar de estudantes, é importante salientar que quem se envolve na empresa não busca retorno financeiro, fato que gera um baixo custo às empresas assistidas. Embora seja cobrado um certo valor como contrapartida dos serviços prestados pelo alunado e docentes, o pagamento é feito à Empresa Júnior. E insistimos: o retorno ao alunado não é financeiro, mas sim a experiência adquirida, experiência variada esta, que faz a diferença em sua inserção no mercado seja em qual trajetória for. Nesse sentido pode-se dizer que a Empresa Júnior permite o ensaio, alguma tentativa e erro.

Inclusive, sugerimos que, caso não exista a empresa, você deve envidar esforços no sentido da sua criação. E se você ainda não é ou já foi pertencente ao corpo discente, dê a sua contribuição sempre que possível junto a pessoas que possam agir no sentido da sua criação e manutenção, pois na Empresa Júnior, a aluna, ou o aluno poderá explorar várias facetas da dona de um negócio, além do aprendizado para a sua formação que atuará em empresas ou no cotidiano ou na consultoria;

- cooperativas: é uma construção organizacional muito interessante e que oferece inúmeras oportunidades de ganhos de toda ordem, partindo do princípio básico que, como diria o ditado: "duas (ou mais) cabeças pensam melhor que uma". De qualquer forma, antes de partir para essa opção, ou qualquer outra que julgue melhor, é necessário saber exatamente onde se está "pisando". Por assim dizer, preste atenção na seguinte definição dessa possibilidade, concretíssima, de se abrir ou participar de um negócio:

> *modalidade de sociedade de pessoas com forma e natureza jurídica próprias, não sujeitas à falência, e de natureza civil. Têm por finalidade a prestação de serviços aos associados, para o exercício de uma atividade comum, econômica, sem que tenham elas fito de lucro. A cooperativa é uma estrutura de prestação de serviços voltada ao atendimento de seus associados, sem objetivo de lucro, condição esta contida no art. 3º da Lei nº 5.764/71 alterada pela Lei 7.231/84.*

Em outras palavras pode-se dizer que consiste num grupo de pessoas que se unem com um mesmo propósito. Não tendo a finalidade de lucro, fato que a distingue de outras formas societárias, atua como uma prestadora de serviços. Mas você deve estar se perguntando: então qual a vantagem, além das fiscais, de se adotar essa constituição jurídica e organizacional, esteja eu numa posição empreendedora, executiva, empresária, consultora, ou de magistério?

Para responder a essa questão sugerimos que você mesmo reflita a respeito do assunto, recorrendo sempre a exemplos práticos e que façam parte de sua realidade. Imagine que um supermercado esteja com uma promoção do tipo *leve três, pague dois*. Daí você está com dois amigos (as) e os três querem comprar o produto da promoção. Com certeza, se cada um comprar de *per se*, ninguém tirará proveito da promoção. No entanto, se vocês se unirem para efetuar a compra e dividirem o novo valor por três, todos aproveitarão a promoção. Portanto, podemos definir uma vantagem da cooperativa como sendo reduzir, em benefício de seus membros e através do esforço comum destes, o custo ou, conforme o caso, o preço de venda de determinados produtos ou serviços, substituindo o intermediário.

De acordo com as vantagens apontadas, fica simples entender que as cooperativas são consideradas em muitos casos a única forma de sobrevivência de pequenas e médias empresas neste mundo globalizado. Da mesma forma, fica simples compreender por que seus cooperativados possuem a crença de que as disfunções verificadas neste modelo de organização são atribuídas à variáveis externas, tais como oscilações do mercado, disfunções climáticas, pragas etc., não percebendo desvantagens neste sistema organizativo. Mas é importante salientar que tudo possui desvantagens e com as cooperativas não é diferente. Pense bem, então.

A sua cabeça deve estar fervilhando neste momento sem saber que caminho seguir. Para tomar uma decisão conscientemente coloque num papel as vantagens e desvantagens das possibilidades apresentadas e lembre-se: cada caso é um caso e deve ser bem avaliado antes de qualquer decisão a ser tomada;

- incubadoras de empresas: originadas nos Estados Unidos, as incubadoras de empresas estão em plena expansão no Brasil; no entanto, poucas são as pessoas que sabem exatamente o que significa uma incubadora de empresas. Então, antes de se decidir é importante que se entenda esta segunda opção e para tanto basta prosseguir a leitura.

Alternativa positiva no Brasil, a incubadora de empresas é "uma organização, departamento ou assemelhado que funciona no interior de um grande conglomerado, visando colocar à disposição dos empregados um centro, em que possa desenvolver uma ideia brilhante, um novo serviço ou produto" (FURTADO, 1995). Em outras palavras pode-se dizer que ela faz o papel materno durante os primeiros anos de vida da nova organização, de forma a oferecer não só apoio estratégico, mas condições para a sobrevivência da nova organização.

Desta forma, não é difícil imaginar ser um "mecanismo de aceleração do desenvolvimento de empreendimentos (incubados ou associados), por meio de uma rede de negócios, serviços e suporte técnico compartilhado além de orientação prática e profissional" (DORNELAS, 2000). Ou simplesmente o objetivo das incubadoras de empresas é o de "produzir empresas técnica e administrativamente preparadas para enfrentar o mercado" (NOVO, 2003) de forma a diminuir o índice de mortalidade das MPE (Médias e Pequenas Empresas) no Brasil.

E para se alcançar tal objetivo, as incubadoras selecionam os melhores projetos, ou seja, aqueles mais viáveis, e lhes oferecem:

- *infraestrutura*: salas de reunião, salas de trabalho individuais e/ou coletivas, laboratórios, biblioteca, salas de reunião, estacionamento etc. Não chega a ser uma vantagem para as empresas que atuam via *internet*, por não serem imprescindíveis;
- *serviços compartilhados*: telefonia e acesso à *web*, recepcionista, segurança, reprografia etc.;
- *assessoramento*: gerencial, contábil, jurídico, comercialização, exportação, por exemplo;
- *qualificação*: treinamento, desenvolvimento, cursos, assinaturas de revistas, jornais e outras publicações; e
- *network*: contatos importantes, participação em eventos de divulgação das empresas, fóruns etc. Muito importantes nas empresas virtuais por possuírem alto valor estratégico.

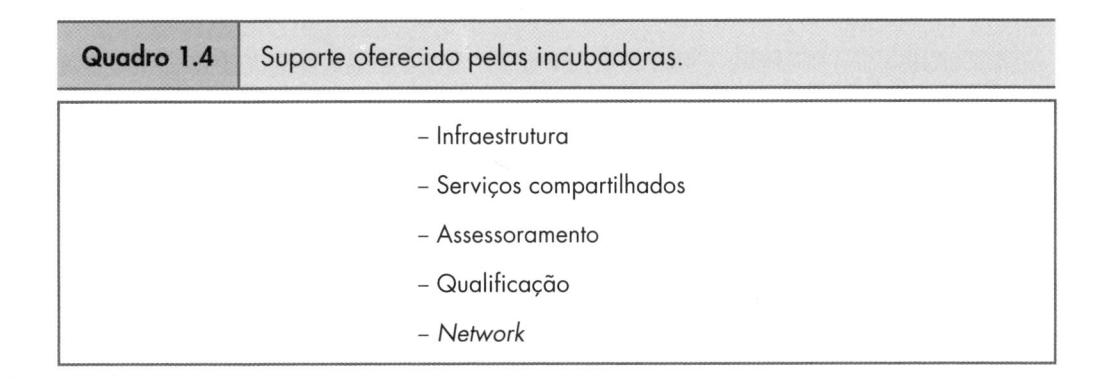

Quadro 1.4	Suporte oferecido pelas incubadoras.
	– Infraestrutura
	– Serviços compartilhados
	– Assessoramento
	– Qualificação
	– *Network*

Portanto, é importante que se entenda que este ambiente propício para o progresso organizacional é fundamental para o sucesso destas organizações. Surgidas na década de 80, o seu número vem crescendo substancialmente, de forma que hoje totalizam 135 incubadoras espalhadas pelo Brasil (Figura 1.5) com cerca de 1.100 empresas residentes, que representam a geração de cerca de 6.100 novos empregos – segundo dados do Anprotec (Associação Nacional de Entidades Promotoras de Empreendimentos de Tecnologia Avançada). É bom mencionar, no entanto, que em 1991 este número mal chegava a 10 (INCUBADORAS..., 2008).

NORTE	
AM	01
PA	01
AP	01
TOTAL 03	

NORDESTE	
AL	02
BA	07
CE	04
PB	02
RN	02
PE	02
TOTAL 19	

CENTRO-OESTE	
DF	01
TOTAL 01	

SUL	
PR	08
SC	07
RS	35
TOTAL 50	

SUDESTE	
SP	36
MG	16
RJ	09
ES	01
TOTAL 62	

Fonte: (INCUBADORAS..., 2008).

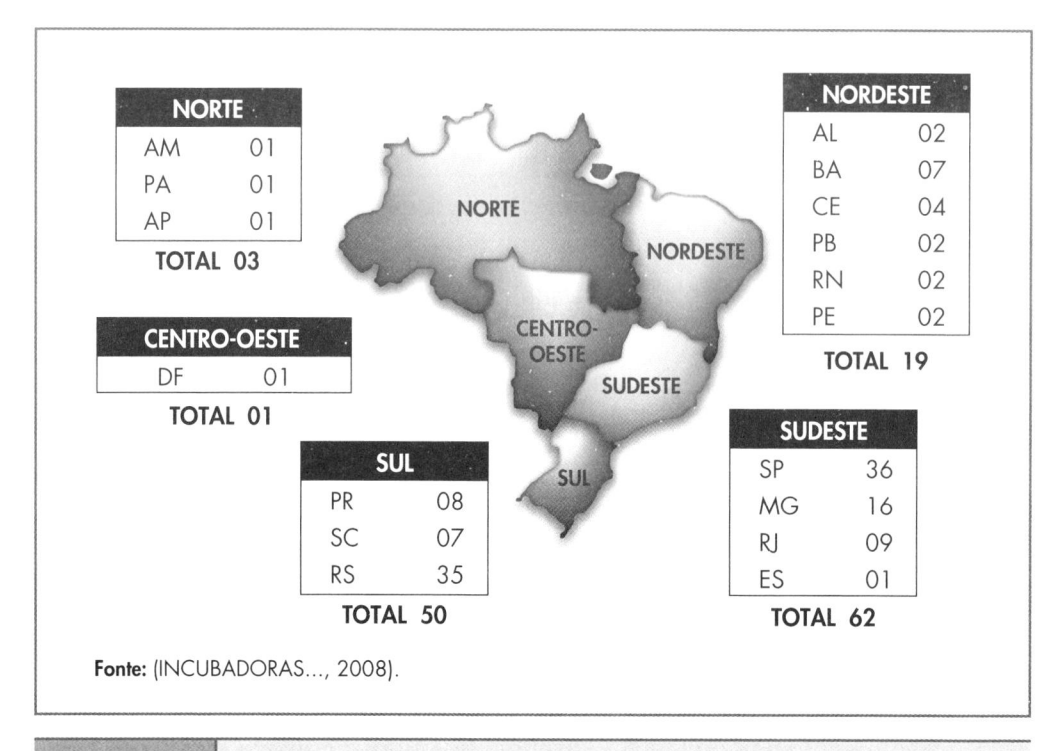

Figura 1.5 Localização das incubadoras por região do Brasil.

Há um aspecto importante e que merece ser mencionado porque interessa diretamente às pessoas empreendedoras, cooperativadas, incubadoras e empresas incubadas, trata-se do que vem sendo rotulado como *economia solidária* e que vem a ser a reunião numa determinada área de empreendimentos e de empresas com o propósito de buscar o melhor preço junto aos fornecedores comuns. A economia solidária produz preços adequados, grupos de pequenas e médias empresas que conseguem vantagens muito superiores ao que conseguiriam, caso "enfrentassem" os fornecedores de forma individualizada. Os resultados têm sido extremamente vantajosos e o tempo produzirá técnicas e novos procedimentos graças aos quais todos continuarão sendo beneficiados.

- empreendedorismo brasileiro: é importante entender que, ao tratar da pessoa empreendedora, estamos falando da essência da organização, ou seja, é claro, das pessoas. Afinal, o que é uma organização se não um conjunto de pessoas capazes de ousar, intuir, criar e aproveitar oportunidades, melhorar processos e inventar e inovar em negócios?

No entanto, apesar de ser considerado o 16º país empreendedor por opção (empreendedor propriamente dito: ser inovador) do mundo

(RODRIGUES, 2003), o Brasil, infelizmente, ainda não possui um espaço razoável para essas pessoas. Seja fruto da insegurança ou da cultura, a verdade é que o brasileiro não é incentivado a criar, inovar. Mas, temos alguns bons exemplos. Veja a seguir.

No Acre, um casal sustenta a família com a venda de picolés e sorvetes. O lugar não tem estrutura de grande sorveteria, mas o casal tem ideias criativas para conduzir o negócio. Descontentes com a pouca variedade de sabores com que trabalhavam, resolveram criar outros que não eram produzidos no Estado. O segredo do sucesso, segundo eles, é a dedicação, o otimismo, o amor e o prazer com que trabalham para satisfazer a clientela sempre crescente. E sobretudo, fazem questão de acompanhar e participar da fabricação.

Hoje, a sorveteria dispõe de 17 sabores de sorvete, picolé e calda. Eles contam que a primeira máquina demorava quase o dia todo para fabricar os sorvetes, perdendo assim tempo de trabalho (e receita, é certo). Agora com as máquinas mais modernas, a fabricação começa às 7 h, quando é preparada a massa, que dura em torno de 20 minutos. Em seguida, bate-se por 5 minutos. Cada fabricação faz em torno de 5 quilos. No verão, a venda cresce e o casal faz 60 quilos de massa por dia. O casal fatura o valor bruto de R$ 15 a 20 mil por mês. Tirando as despesas de material e pagamento de funcionários, o lucro chega até R$ 6 mil.

A maior preocupação é com a clientela, e os produtos não são estocados para estarem sempre fresquinhos. O objetivo não é aumentar a produção, e sim satisfazer os clientes. Algumas dificuldades foram encontradas, como a falta de material para ser utilizado na fabricação e o fato de ter que comprar algumas frutas naturais ou polpa no mercado central (fora do Estado), mas com mais amor do que recursos é possível montar e manter um grande negócio (ZÍLIO, 2003).

Por esse registro, ocorrido no Acre, é fácil concluir que ser uma pessoa empreendedora no Brasil não constitui uma tarefa fácil. Mas entenda que os obstáculos são feitos para serem ultrapassados. E "tudo que vem fácil, sai mais fácil ainda"; logo, "o difícil é mais prazeroso". Você pode achar que é filosofia barata, mas não é, pense bem. Então, quanto mais difícil o obstáculo, mais desafiado você irá a se sentir uma pessoa empreendedora e com maior motivação para vencer, não temendo o fracasso, pois acredita em si, deverá seguir em frente com seus projetos, pois é neste momento que entra o espírito empreendedor – leia-se vontade e aptidão para realizar algo, deixar sua marca, fazer diferença. Esse espírito pode promover de forma democrática a mobilidade social: "Por ser centrado em oportunidades, o espírito empreendedor em nada se relaciona com cor de pele, sexo, nacionalidade, naturalidade ou outras diferenças, e permite que as pessoas busquem e realizem seus sonhos" diz Jeffry Timmons, professor de empreendedorismo do Babson College (NAIDITCH; FURTADO, 2000).

Leia este exemplo, relatado na Revista *Você S.A.*, de um empreendedor brasileiro que alcançou o sucesso. Seu nome Augusto Teruo Mori, ex-analista de *marketing* da filial da empresa Carlson Wagonlit Travel, localizada em São Paulo, ganhou prestígio e promoção se tornando gerente de *marketing* ao provar que trocar o atendimento telefônico pela *Internet* era um bom negócio. Foram 3 meses de trabalho fora do expediente regular da empresa que renderam 20% em ganho de produtividade da empresa e 60% de seu tempo disponível para a expansão de novos projetos. Observe um fato interessante nesse exemplo: tendo ganho espaço dentro da própria empresa em que trabalhava, Mori não precisou abrir um negócio para ser empreendedor, seria o *intrapreneur*, ou seja, o empreendedor assalariado, empreende para uma empresa que não é sua. Assemelha-se à pessoa empreendedora, em face de algumas características como, por exemplo: coragem, arrojo, gosto pelo risco calculado, mas para por aí.

Claro que pessoas como o *intrapreneur* Augusto costumam incomodar aqueles que preferem a manutenção do que vem dando certo. Mas é gente assim que permite a uma empresa desenvolver novos produtos, multiplicar seus canais de venda, criar receitas novas, lucrar, melhorar sua produtividade, atrair e reter clientes – todo um conjunto de situações que, no fim, vai se traduzir em maior lucratividade, em maior presença no mercado e maior visibilidade do profissional Augusto Mori.

Por fim, saiba que de nada adianta tantas trajetórias, ferramentas e oportunidades, se o personagem principal dessa caminhada não fizer uso disso. Em outras palavras, não adianta o mercado proporcionar tantas oportunidades de explorar seu talento se você não aproveitar. O sucesso de sua jornada depende em grande parte de você mesmo. Do contrário seria como um professor querendo dar a melhor aula, mas o aluno sem querer aprender; ou o executivo apresentando o melhor projeto e a empresa não estando disposta a ouvi-lo; ou ainda o consultor apresentando a melhor proposta e o empresário sequer a considerando.

No Quadro 1.5 são apresentadas de forma resumida as responsabilidades atribuídas a cada trajetória profissional pretendida. Note que em momento algum se está fazendo julgamento de valor de qualquer tipo. Pelo contrário, a ideia é apenas relembrar as possibilidades apresentadas com o intuito de auxiliar em sua decisão, pois a cada dia mais as exigências aumentam e quanto mais tempo se demora a decidir o caminho a seguir, menos tempo se tem para percorrê-lo. Um exemplo clássico é o fato de a maioria das oportunidades de mercado exigir experiência. Até mesmo para estagiário experiência é pré-requisito. Então, independentemente de julgar se esta é uma estratégia para se usar mão de obra barata ou não, mesmo tendo em vista a lei do estágio lançada há pouco, o fato é que o mercado quer pessoas experientes e, neste caso, o diploma por si só em muitos casos não é mais um diferencial.

Quadro 1.5	Trajetórias alternativas e complementares.
Consultor(a)	Aconselhamento Autoridade do saber Não possui o poder decisório
Executivo(a)	Executa as decisões superiores
Empreendedor(a)	Acredita em si Ousa e arrisca tudo mesmo
Empresário(a)	Comanda a sua empresa Está sempre em processo de alguma negociação Arrisca, mas não muito e não tudo
Magistério	Busca conhecimento Transmite o saber Facilitador no processo de aprendizagem

1.8 Concluindo

Com o intuito de abrir caminhos que sejam mais transparentes, para que seja possível, ao longo de tantos anos, chegar à colação de grau com uma trajetória firme e uma clara visão de futuro, este capítulo buscou apresentar algumas trajetórias profissionais possíveis ao graduado em administração, de modo a desmistificar a ideia de que só se tem uma única alternativa.

Assim, buscou-se a todo momento não fazer nenhum julgamento de valor, mas sim responder a algumas questões vitais a quem deseja seguir numa outra trajetória que não a convencional, tradicional apontada pelas obras que procuram uma teoria geral da administração: estar num cargo executivo com um bom salário. Inclusive, nos demais capítulos, sempre haverá, ao longo do texto, um passeio nas demais alternativas que pensamos para as pessoas a quem esta obra se destina.

Assim, consultoria, ocupar um cargo executivo, empreendedorismo, ação empresarial e magistério são os caminhos e com variantes. Caminhos estes que não necessariamente se excluem e podem se complementar, de modo que há a possibilidade de ser um pessoa em consultoria e exercer um cargo executivo numa outra organização, ao mesmo tempo, ou mesmo ter um empreendimento. Ou, melhor, ter a sua própria consultoria. A questão é que esse não era o raciocínio desenvolvido por estudantes faz muito pouco tempo.

Inclusive, com relação à trajetória voltada ao empreendedorismo, no capítulo ficou clara a dificuldade de se empreender no Brasil. Seja fruto da insegurança ou da cultura, ainda nos dias de hoje, são raros os casos em que há estímulos para a criação de negócio próprio. Aliás, somado a isso poucos sabem o verdadeiro significado de empreender, fato este que gera tantos debates acerca do ato de empreender e do ato de abrir uma empresa convencional. Debates estes certamente finalizados com as informações ora expostas.

Por fim, foi demonstrada a importância de se ter um Plano, independentemente da trajetória pretendida e das oportunidades que o próprio mercado apresenta a fim de aprimorar talentos e auxiliar negócios. Portanto, é certo que este capítulo serviu para ampliar a visão do alunado que deverá saber estudar a sua realidade e colocar na balança vantagens e desvantagens das várias opções existentes e, hoje, são muitas, antes de tomar a sua decisão, pois quanto mais informações sobre este processo, maiores as chances de sucesso.

Estudo de Caso

Curiosamente a universidade brasileira ainda não acordou para as novas formas de desenvolvimento profissional. Um exemplo demonstra claramente essa pequena articulação em busca de novos caminhos. Há apenas dois anos o aluno mais bem classificado pela Fuvest em São Paulo para o curso de Administração respondeu a uma repórter da Rede Globo de Televisão que desejava saber o que ele iria buscar na sua vida profissional e ele respondeu rapidamente: "Quero ser um bom executivo". E mais nada. Ou seja, na cabeça de um jovem realmente estudioso só vinha apenas uma única possibilidade: ser um executivo. Com certeza, é a influência do professorado sobre o alunado. Hoje temos muitas alternativas, como vimos ao longo do capítulo. Para abrir a discussão, gostaríamos que você e seu grupo desempenhassem papéis, ou seja: um desejaria ser um executivo, outro, um consultor, mais um outro, professor. E todos travariam uma discussão sobre as possibilidades de ganho não só financeiro, mas também pessoal. E como a universidade poderia auxiliar em sala de aula ou fora dela.

QUESTÕES PARA DEBATE – CONSULTOR(A)

1. Quais as atribuições de profissionais de consultoria?
2. Qual a diferença entre consultoria interna e consultoria externa?
3. Profissionais de consultoria têm sempre o poder de decisão ou têm, unicamente, o poder de aconselhar? Sim? Não? Por quê?
4. O que vem a ser um consultor que age como um parceiro da empresa? Aproveite para informar o que você entende por parceria em empresas.
5. Os trabalhos de consultoria são contratados porque existe a certeza de os profissionais de consultoria atuarem como verdadeiros agentes de mudanças? Sim ou não? Por quê?
6. Em geral, os trabalhos de consultoria demandam um longo tempo ou, quase sempre, o trabalho é curto no tempo? E diga os porquês qualquer que seja a sua resposta.
7. O que leva uma pessoa a se definir pela consultoria?
8. Que compromissos(s) os profissionais de consultoria assumem frente à empresa que os contratou? Justifique a sua resposta com argumentos fortes.
9. Num trabalho de consultoria, o que é agir eticamente? Justifique a sua resposta, dando um exemplo de comportamento ético adequado e um inadequado.
10. Num trabalho de consultoria, que exige grande sensibilidade você, sendo líder supremo da sua empresa, não optaria em contratar, uma consultora sendo ela competente, por ser senso comum que a mulher é mais sensível que o homem? Sim ou não? Por quê?

QUESTÕES PARA DEBATE – EXECUTIVO(A)

1. Você considera um comportamento adequado como a característica mais importante numa pessoa num cargo executivo? Sim ou não? Por quê? Aproveite e diga o que é um comportamento adequado.
2. Você não acha uma demasia alguém num cargo executivo com boa formação em administração ter de saber também aspectos de natureza econômica, social e política, como afirma este capítulo? Sim ou não? Por quê?
3. Estar atento às demandas do mercado é uma das obrigações da pessoa num cargo executivo? Sim ou não? Por quê? E dê um exemplo, por favor.

4. Homens e mulheres disputam hoje posições executivas. Quais seriam as posições mais favoráveis ao sexo feminino e ao sexo masculino? E por que razões? Seja detalhista no encaminhamento da sua opinião.

5. Gerentes e profissionais de consultoria têm marcantes diferenças. Diga o que, na sua opinião, diferencia um do outro. Que posição seria mais adequada para o seu estilo de atuar. Como você falará de si mesmo(a), responda longamente.

6. Ao longo do capítulo há advertências para o excesso de mudanças nas organizações. Qual a sua opinião sobre tais mudanças? E mais: mudanças excessivas se justificam em sociedades como a nossa ou isso não importa, seja aqui, seja nos Estados Unidos, no Japão ou em Portugal?

7. Você acha um exagero uma pessoa numa posição executiva estar focada nos negócios quando há outras áreas importantes, mas não ligadas diretamente ao negócio, que merecem focos semelhantes? Sim ou não? Por quê?

8. Profissional de atuação quase sempre decisiva tem de saber estudar a organização sob os mais diversos ângulos. Isso quer dizer que a pessoa numa posição executiva deve saber, além do seu objeto do estudo, também o de outras unidades não vinculadas a ele, incluindo os vários processos críticos?

9. No texto sugere-se que as pessoas em posição executiva entrevistem os futuros subordinados diretos e que tal sugestão está relacionada a um pequeno ritual. Que ritual seria esse e com qual propósito?

10. Como você se imagina numa posição de gerência superior numa organização de presença nacional importante, por exemplo, a partir do Ceará ou Santa Catarina? Ou seja: você seria a mesma pessoa, agindo de forma semelhante num Estado ou noutro? Sendo a mesma pessoa, por que você não consideraria as diferenças regionais, sabendo que o país tem dimensões continentais? E sendo uma pessoa diferente, como seria, então?

Questões para debate – empreendedor(a)

1. Quais são as diferenças e semelhanças entre a pessoa empreendedora e a pessoa que quer ter o seu próprio negócio?

2. O que você acha da possibilidade de abrir um negócio no Brasil? Vale a pena se arriscar? Comente sua posição.

3. Defina o ato de empreender. Você pode usar sua própria definição, mas precisamos que você relembre algumas que foram citadas e comentadas ao longo do capítulo.

4. Numa das definições é claramente colocado que o ato de empreender é que inova, cria algo provocando reações quase sempre positivas e surpreendendo pessoas, tornando o ambiente de trabalho salutar, saudável. Por favor, comente essa nossa afirmação.

5. Arrojo é uma característica da pessoa empreendedora. E existem outras quatorze. Não se assuste. Só desejamos ouvir 5 de você e as demais 9 você peda aos seus colegas de grupo ou de sala para completar por você.

6. Por que razão se passa a maior parte do tempo se dedicando apenas à pessoa empreendedora neste capítulo?

7. Por que motivo a elaboração de um plano de negócio (ou plano empresarial) deve levar a pessoa empreendedora a sucesso na sua jornada? Aliás, dê-nos uma breve explicação do que seja plano de negócio!

8. Incubadoras têm prestado um serviço de qualidade a um número expressivo de pequenas e médias empresas no Brasil? Fale-nos um pouco sobre o que é incubadora e realce os pontos positivos.

9. Cooperativas têm sido uma alternativa excelente para recém-graduados, também. Foi-se o tempo em que um aluno ou uma aluna fazia uma sociedade com um ou dois colegas e a sociedade só existia porque o(s) colega(s) sentava(m) ao lado. Então, imagine sociedades, parcerias que acontecem pela simples proximidade física de duas pessoas. Essa é uma das razões pelas quais 97% das parcerias criadas enquanto discentes foram desfeitas antes da colação de grau. O que você pensa a respeito? Não economize palavras.

10. Qual a sua posição sobre: pessoas empreendedoras nascem feitas; dinheiro é o fator mais importante para montar uma empresa; pessoas empreendedoras não têm chefes e são completamente independentes; pessoas empreendedoras devem ser jovens e cheias de energia. Diga-nos a sua posição e encerre nos dizendo: você pensa em ser uma pessoa empreendedora ou estuda para ser da área executiva ou em consultoria ou já é empresário(a) ou trabalhar com o magistério e só está consolidando o conhecimento?

QUESTÕES PARA DEBATE – EMPRESÁRIO(A)

1. Para você, o que é uma pessoa empreendedora? É guerreiro(a) em busca de sucesso pessoal? É uma pessoa pouco responsável porque espera pela sorte num negócio? Sim ou não? Por quê?

2. Faça um breve relato da história contada sobre o empreendedor brasileiro, e dê sua opinião.

3. Você tem exemplos semelhantes ao que o texto oferece a você? E, por exemplo, qual seria o mérito maior: o do empresário do O Boticário ou algo que você gostaria de contar para todos?

4. Você leu "Benja nota que diferente do universitário norte-americano, por exemplo, os brasileiros não tinham (e ainda não têm) *pride* (orgulho) por estar na universidade que estava, ou seja, ao invés de se orgulhar de sua universidade e gritar aos quatro cantos onde está se graduando". E perguntamos: é fato que ele, o universitário brasileiro, fica quieto, mal comentando aspectos outros da instituição de ensino onde estuda? Sim ou não? Por quê?

5. Por que o texto considera que Benja é um empreendedor?

6. As razões que consideram Benja um empreendedor não seriam as mesmas para um empresário? Sim ou não? Por quê?

7. Você acha que a pessoa empreendedora é aquela que está sempre em busca de um novo negócio? Sim ou não? Por quê?

8. E a pessoa que comanda uma empresa teria os mesmos predicados da pessoa empreendedora ou há diferenças fundamentais?

9. E diz o texto: "E confirmamos: o empresário está em ação junto ao seu negócio e não necessariamente pensa em aventuras ou até outros negócios." Você concorda com essa afirmação? Sim ou não? Por quê?

10. E você, após a leitura, considera que o empreendedorismo é um caminho possível para você, ou ser ocupante de uma posição executiva é seu maior propósito pessoal? Explique, com detalhes, qual a sua posição nessa questão.

Questões para debate – Magistério

1. O que leva uma pessoa a se definir pelo magistério, onde sabidamente a remuneração não é uma variável significativa?

2. Por que dar aulas é importante?

3. Magistério não é reconhecidamente uma atividade de alta remuneração. Então por que há quem se defina por uma vinculação mais forte, quase definitiva?

4. Que diferenças você considera existir em consultoria e magistério?

5. Ser empreendedor é muito fácil. Ser professor não é tão fácil assim. Comente e frase.

6. Dar aulas é muito bom. Comente a frase, mas sabendo que essa resposta não está no texto.

7. Atuar no magistério implicará estudos adicionais. Você concorda com a afirmação?
8. É possível traçar diferenças na atuação do consultor e do professor? Se sim, quais?
9. É possível traçar diferenças na atuação do executivo e do professor? Se sim, quais?
10. Você percebe semelhanças nas exigências destinadas ao sucesso do empreendedor e do professor?

QUESTÃO ÚNICA SOBRE TODO O CAPÍTULO

Como você percebe a sua atuação em posições como as mencionadas ao longo do capítulo? Na sua resposta você deve falar, escrever sobre as posições em consultoria, empreendedorismo, empresariando, numa posição executiva ou atuando no magistério? Não deixe de considerar as diferenças entre o papel esperado de cada uma dessas posições.

Referências Bibliográficas

ARAUJO, Luis César G. de. *Organização, sistemas e métodos*. São Paulo: Atlas, 2010. v. 2.

BARBOZA, Luiz Carlos. Fala do diretor técnico. In: *Fatores condicionantes e taxas de sobrevivência e mortalidade das micro e pequenas empresas no Brasil 2003-2005*. Brasília: Sebrae, ago. 2007. Disponível em: <http://www.biblioteca.sebrae.com.br/bds/-BDS.nsf/8F5BDE7 9736CB99483257447006CBAD3/$File/NT00037936.pdf>. Acesso em: 21 jan. 2010.

DOLABELA, Fernando. *O segredo de Luísa*. São Paulo: Cultura Editores Associados, 1999.

DORNELAS, José Carlos Assis. *Empreendedorismo*: transformando ideias em negócios. 3. ed. São Paulo: Campus, 2000.

DRUCKER, Peter F. *Inovação e espírito empreendedor*: prática e princípios. 6. ed. São Paulo: Pioneira, 1987.

ECOMMERCE. O empreendedor: características que transformam um empreendedor em vencedor. In: *eCommerceOrg*: tudo sobre comércio eletrônico. Disponível em: <http://www.e-commerce.org.br/empreendedor.php>. Acesso em: 26 jan. 2010.

FALKENBERG, J.; HAUENG, A. C.; MEYER, C.; STENSAKER, I. *Excessive change*: unintended consequences of strategic change. Whashington, DC: Academy of Management Meetings, 2001.

FURTADO, M. A. *Fugindo do quintal: empreendedores e incubadoras de empresas de base tecnológica no Brasil*. Doutorado (Tese em Administração) – Escola de Administração e Economia de São Paulo. São Paulo: Fundação Getulio Vargas, 1995.

HICKS, Greg. *Leader Schock*. New York: Mc Graw-Hill, 2003.

HILL, Linda A *Becoming a manager*. Boston: Harvard Business School Press, 2003.

HINDERY JR., Leo. *The biggest game of all*. New York: The Free Press, 2003.

INCUBADORAS de empresas apoiam o empreendedorismo. 11 ago. 2008. Disponível em: <http://www.feib.com.br/home/index.php?option=com_content&view=article&id=25&Itemid=28>. Acesso em: 26 jan. 2010.

INGEBRETSEN, Mark. *Why companies fail*. New York: Crown Business, 2003.

INICIANDO um Pequeno Grande Negócio (IPGN). In: SEBRAE. Disponível em: <http://ipgn.iea.com.br/ipgn/>. Acesso em: 30 jun. 2003.

KLEIN, Gary. *Intuition at work*. New York: Double Day, 2003.

KOTLER, Philip; ARMSTRONG, Gary. *Princípios de marketing*. 7. ed. Tradução: Vera Whately. Rio de Janeiro: Prentice Hall do Brasil, 1998.

NAIDITCH, Suzana; FURTADO, José Maria. Como se faz gente que... in *Exame*, São Paulo, Abril, 23 ago. 2000.

NASCIMENTO, Gladimir. Meia furada: o Boticário vendia bem, dava lucro. Mas seu dono achava que isso ainda era pouco. E mudou a empresa. In: *Exame*. 27 jan. 1999. Disponível em: <http://portalexame.abril.com.br/revista/exame/edicoes/0680/m0053037.html>. Acesso em: 6 jul. 2010.

NOVO. Edith Luiza Rademaker. *Incubadoras de empresas de base tecnológica*: análise comparativa *genesis*, PUC Rio e o Centro de Estudos e Sistemas Avançados do Recife. Dissertação (Mestrado). Universidade Estácio de Sá, Rio de Janeiro, 2003.

OLIVEIRA, Djalma de Pinho Rebouças de. *Sistemas, organizações e métodos*: uma abordagem gerencial. 13. ed. São Paulo: Atlas, 2009.

PINCHOT, Gifford. *Intrapreneuring*: por que você não precisa deixar a empresa para tornar-se um empreendedor. São Paulo: Harbra, 1989.

RODRIGUES, Luciana. Brasil é país de empreendedor por necessidade. *Jornal O Globo*. Rio de Janeiro: O Globo, 13 jul. 2003.

SCHUMPETER, Joseph A. *The Theory of Economic Development*. Cambridge: Mass. Harvard University Press-Transaction Inc., 1983.

Zilio, Andréia. Uma doce história de sucesso. In: *Página 20*. Rio Branco, Acre. 25 maio 2003. Disponível em: <http://www.pagina20.com.br/5maio2003/site/25052003/e_012505.htm>. Acesso em: 6 jul. 2010. p. 48.

2

Cotidiano das organizações: conhecendo funções, procedimentos, técnicas e o ambiente organizacional

2.1 Preliminares

O objetivo deste capítulo é o de orientar você (futuro: empresário(a), executivo(a), consultor(a), empreendedor(a), ou atuante no magistério) durante os seus primeiros passos dentro de sua própria ou de uma organização. Seja você ainda um estudante ou, eventualmente, já realizando algum trabalho. Na verdade, ao ingressar num estágio, num emprego, ou na construção de uma nova organização, é natural que existam algumas dificuldades com relação a: saber como você deve se portar diante de certas situações, como resolver problemas, como executar certas tarefas, saber qual o seu grau de autonomia, entre outras atitudes a serem tomadas. No entanto, dificilmente conseguiremos transmitir neste capítulo todas as situações possíveis, já que vivemos num mundo de pouca previsibilidade, muitas incertezas e formado por diferentes culturas organizacionais. Mas através desta leitura você, estudante e futuro profissional, poderá ficar mais bem preparado para entrar no ambiente organizacional.

Todavia, antes de se pensar em entrar no ambiente organizacional, seja este novo ou não, é importante entender o que significa *administrar*. Neste sentido, antes de prosseguir a leitura, faça a pergunta a si mesmo(a) e tente definir em poucas palavras em que consiste a administração; depois, verifique se seu conhecimento está de acordo com o verdadeiro propósito da profissão.

2.2 Conceituando administração

É comum, ao se levantar a questão sobre o significado de administrar, focar que tal atividade tem como objetivo principal o lucro. Entretanto, para provar que esse caminho restringe demais seu campo, vale refletir sobre a diferença entre empresa e organização.

Fazendo uso da biologia, pode-se dizer que a organização é um gênero e a empresa uma espécie. Em outras palavras, como diria a matemática, a organização é o conjunto e a empresa um subconjunto dela. Do contrário, como classificar as instituições de ensino, a família, os partidos políticos, as igrejas, Organizações Não Governamentais (ONGs) etc.? Não seriam esses outros tipos de organizações?

Portanto, entenda que a empresa é apenas um tipo de organização. Tipo esse que tem fins lucrativos. Logo, caso você defina administração como uma atividade que busca o lucro, estará falando apenas de um tipo de organização. Todavia, a administração trata de todos os tipos de organizações, com e sem fins lucrativos, de maneira que não é cabível restringi-la dessa forma. Inclusive, segundo o *Dicionário Aurélio*, administração é um "conjunto de princípios, normas e funções que têm por fim ordenar a estrutura e o funcionamento de uma organização (empresa, órgão público, instituições de ensino etc.)".

Outro aspecto interessante que essa definição traz consigo refere-se ao fato de que, este conjunto de princípios, normas e funções não pode ser visto sem que se pense no ativo mais importante de qualquer organização: as pessoas. Diz-se isso, porque são as pessoas que definirão tais regras e que farão com que elas sejam cumpridas ou não; portanto, administrar é guiar pessoas a cumprir suas diferentes tarefas em busca de um único objetivo. Em outras palavras, conseguir adequar pessoas e papéis a um único objetivo.

Não obstante, adequar pessoas e papéis a um único objetivo certamente não é tão simples quanto possa parecer. Sendo assim, uma definição bastante esclarecedora e detalhada demonstra que, na verdade, administrar é um "conjunto de esforços que tem por objetivo: (a) planejar; (b) organizar; (c) dirigir ou liderar; e (d) controlar as atividades de um grupo de indivíduos que se associam para atingir um resultado comum" (LACOMBE, 2008).

Podendo a administração ser considerada:

- uma *ciência*, pois é capaz de elaborar teorias, tendo como objeto de estudo a organização;
- uma *técnica*, na medida em que contempla práticas de gestão; e
- uma *arte*, ao considerar o aspecto intuitivo.

Neste momento, um exercício interessante a ser feito é ler uma matéria de jornal ou revista. Ao final, note que, se antes seu comentário se limitava a "isso é culpa de uma má administração", a partir de agora você irá buscar saber qual era o problema. Da mesma forma, se antes você ia com os amigos a um restaurante se preocupando apenas em sentar e ser bem atendido, com o tempo irá se perguntar o que está acontecendo na cozinha, como a comida é feita, como é a relação entre as pessoas etc. Enfim, irá encarar a vida de outra forma. Começará a tentar definir cada aspecto, pois, com o acesso ao conhecimento em determinada matéria, em geral o ser humano passa a ser mais crítico.

A exemplo disso pense quantas vezes esteve conversando com alguém e por não conhecer o assunto concordava com quase tudo. No entanto, nos assuntos que dominava conseguia ir muito além e trazer debates muito mais produtivos. Portanto, sabendo agora o propósito da administração, poderá encarar essa nova etapa com muito mais segurança.

2.3 Trabalhando eficiência, eficácia e efetividade

Aproveitando o espaço dedicado a conceitos fundamentais para o profissional de administração, é certo que não se pode prosseguir a leitura sem trabalhar os três "E"s responsáveis por grandes debates devido à sutileza de suas distinções. Aliás, quem nunca escutou falar que fulano(a) é eficiente, que beltrano foi eficaz, ou mesmo que um determinado grupo teve efetividade? Assim, o problema consiste em saber exatamente o significado de cada expressão.

Por exemplo, digamos que foi feita uma compra num *site* da internet que informava que o produto seria recebido no prazo de sete dias úteis, porém, só foi entregue 10 dias úteis após a compra. Neste caso, pode-se dizer que a empresa não foi eficaz, eficiente ou não teve efetividade? Note que não se está julgando o que aconteceu no caminho, se teve trânsito, se o fornecedor atrasou, se a logística deu pane, ou se o corpo funcional entrou em greve. O fato é que o produto não foi entregue no prazo, e por isso o certo é dizer que a empresa não foi eficaz, simplesmente porque não conseguiu cumprir seu objetivo.

Ainda, tomando por base o exemplo anterior, digamos que o problema do atraso foi ocasionado pelo fornecedor que não entregou o produto no dia estipulado. Ainda assim, a empresa poderia buscar outros caminhos, como por exemplo comprar de outro fornecedor para então manter a sua eficácia. Portanto, nesta hipótese a empresa teria buscado uma alternativa utilizando os recursos disponíveis; então, pode-se dizer que ela foi eficiente mantendo a eficácia. Uma outra possibilidade seria que mesmo buscando outro fornecedor, ou até mesmo mais de um, de repente não se conseguiria entregar no prazo, sendo, então, eficiente, mas sem conseguir manter a eficácia, pois o objetivo não foi cumprido.

Agora as atenções se voltam à efetividade, pois não são poucas as pessoas que acreditam que a efetividade seja uma mera consequência ou mesmo a soma da eficiência e da eficácia, mas não é bem assim. Para ter efetividade é preciso pensar em variáveis que não se pode controlar, como, por exemplo, a expectativa da pessoa ou do mercado. No caso relatado anteriormente, o simples fato de a empresa entregar ou não o produto no prazo não é garantia de sobrevivência no mercado. Para entender melhor, vamos à seguinte pergunta: adianta entregar algo de qualquer jeito apenas para cumprir um determinado prazo? Ou é melhor estender o prazo e entregar um produto de qualidade?

De uma forma bem mais simples pode-se pensar no trabalhador temporário: aquela pessoa que faz seu melhor, utiliza todos os recursos disponíveis, cumpre todas as metas e quando termina o período de contratação deixa a empresa simplesmente porque é temporário e, provavelmente, não há vaga na empresa. Certamente ele ou ela não foi eficiente e eficaz, mas a efetividade não depende apenas dele ou dela. Por outro lado, é sabido que no Brasil algumas pessoas que conquistam uma vaga na área pública por meio de concurso, muitas vezes não cumprem metas e sequer buscam fazer seu trabalho da melhor forma, mas, por razões legais, por serem concursadas não podem ser demitidas com tanta facilidade. Não é algo que ocorra com frequência, mas ocorre aqui e ali.

Portanto, é fundamental saber que cada "E" tem sua importância em sua atuação profissional e certamente fará toda a diferença. Mas não pense que sendo eficiente será eficaz e certamente terá efetividade, ou vice-versa, pois tais variáveis não são dependentes, mas sim complementares. Para facilitar, a seguir apresentamos os conceitos de cada uma, com o intuito de desfazer qualquer dúvida que ainda persista.

- *eficiência*: correta utilização dos meios e recursos disponíveis para atingir um fim. Em suma, é saber otimizar a utilização dos recursos disponíveis;
- *eficácia*: medida que verifica o alcance dos objetivos por meio dos resultados; não depende somente das habilidades pessoais, uma vez que os fatores ambientais atuam de forma significativa nos resultados organizacionais; e
- *efetividade*: refere-se à permanência de uma organização no seu meio, ou seja, atendendo às suas demandas ou necessidades; é certo que a satisfação do cliente está ligada à efetividade.

Agora, tendo um maior discernimento sobre tais conceitos, pode ter certeza de que começará a se sentir mais apto a conhecer o ambiente organizacional.

Ademais, se hoje o ambiente externo guia as organizações, são as pessoas (leia-se "você") as responsáveis por executar mudanças na organização. Portanto, é você, futuro profissional, que será, também, responsável pelo dia a dia da organização. As organizações são formadas por pessoas e, por mais tecnologia que se tenha, são as pessoas que ditam as regras formais e informais (não escritas em nenhum papel) das empresas, fundamentais para o seu progresso e sobrevivência. Agora, imagine ter tanta responsabilidade "em suas costas" e mal saber o que realmente cabe a você? Fique calmo, pois a fim de se ultrapassar esse obstáculo com mais facilidade, de forma que você possa saber exatamente o que lhe cabe, serão citadas, a seguir, de forma breve e clara as funções do gestor. Funções essas já mencionadas na definição de administração, mas que serão trabalhadas com mais profundidade a seguir.

2.4 Funções do gestor

Antes de iniciar este tópico cabe uma ressalva, pois algumas dúvidas podem surgir ao trabalharmos o termo *gestor* em vez de *administrador*. Esse último cedeu lugar ao primeiro, porque no passado as chamadas funções do administrador eram destinadas ao administrador, ou seja, aquela posição que cuidava, em nome da organização do ato de planejar, organizar e assim em diante. Hoje essas funções estão presentes em todas as atribuições de todos os gestores da organização e não como antes, nas mãos apenas do chefe administrativo, o administrador. Portanto, os gestores de finanças, logística, *marketing* e os demais devem cumprir as funções do gestor que foram, num primeiro momento, delimitadas como: planejar, organizar, comandar, coordenar e controlar.

Todavia, por ser esta classificação bastante difundida é comum encontrá-la em diversos livros e até mesmo em jornais de forma condensada em 4 categorias. São elas: planejar, organizar, dirigir (ou liderar) e controlar, conhecidas como PODC, que serão listadas a seguir. Vale ressaltar que existe, sim, uma sequência lógica entre tais funções como apresentado na Figura 2.1, mais havendo necessidade é possível retomar algum procedimento, ou mesmo voltar à primeira etapa sem pestanejar.

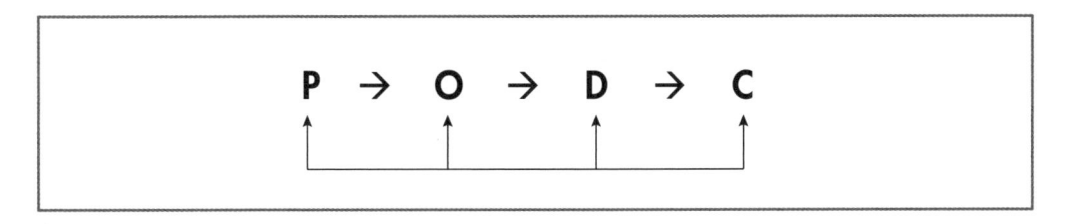

P → O → D → C

Figura 2.1 | Relação entre as funções.

- *planejar:* não é a ação, mas sim a intenção. Nesse caso, primeiramente é necessário estabelecer o ponto aonde se deseja chegar (objetivo) para então tomar algumas decisões. Para fins de ilustração, no caso de almejar um curso superior, é preciso tomar algumas decisões como: qual o curso (administração, direito ou medicina, por exemplo) e em que faculdade deseja estudar. Essas decisões podem ser baseadas em experiências passadas (suas ou não), boas ou ruins, na árvore de decisões ou mesmo em Pesquisas Operacionais, nas quais os modelos matemáticos nos auxiliam mostrando em números os resultados esperados. Aliás, a árvore de decisões é de suma importância, pois, retomando o exemplo, ao optar por administração em vez de medicina você passa a seguir um galho diferente em sua árvore, deixando algumas oportunidades de fora dessa escolha, provando que existe um preço, ainda que subjetivo, pago por cada escolha, conforme mostra a Figura 2.2. Assim apenas depois de tomar tais decisões que o plano propriamente dito pode ser traçado. Plano que deverá conter: o programa (quando?); o orçamento (quanto?); os procedimentos (como?); e os regulamentos e normas (por quê?). Assim, essa técnica, capaz de reduzir a incerteza, é fundamental para as organizações nos dias de hoje. Ainda assim vale ressaltar que o estabelecimento de metas será sempre de natureza quantitativa, ou seja, metas são projetadas em números, sempre, pois dá excelente subsídio a todas as áreas estratégicas da empresa, porque é passada de uma forma que todos entendam. Nesse momento, não há alternativas, possibilidades, acasos ou imprecisões, há números:

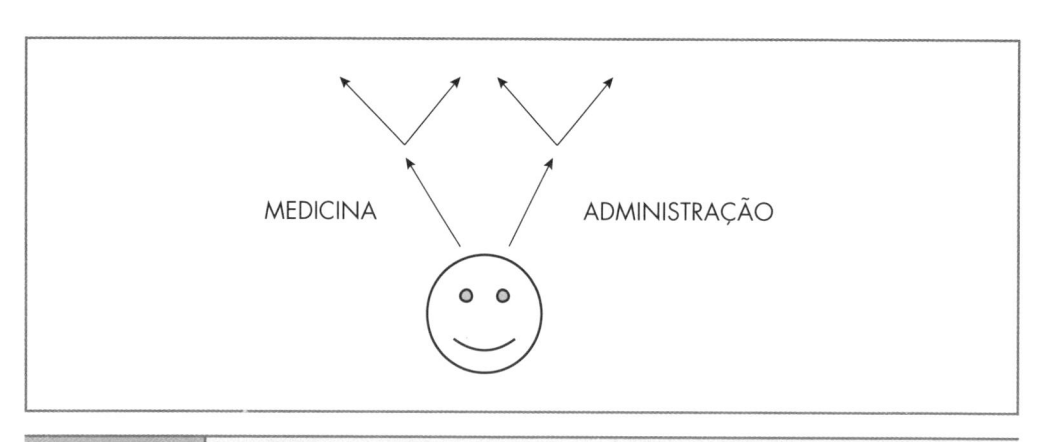

Figura 2.2 Árvore de decisões.

- *organizar:* depois de traçada(s) a(s) meta(s) organizacional(ais) é necessário que as atividades sejam adequadas às pessoas e aos recursos da organização, ou seja, chega a hora de definir o que deve ser feito, por quem deve ser feito, como deve ser feito, a quem a pessoa deve se reportar, o que é preciso para a realização da tarefa. Enfim, a empresa deve se organizar de forma que responsabilidades e graus de autonomia se tornem claros a todos os integrantes da empresa. Para simplificar, pense na organização de um *show*, em que o espetáculo ainda não começou, mas tem centenas de pessoas trabalhando para deixar tudo pronto para a realização do evento. Ou mesmo a faculdade que, independentemente de começar as aulas em março, precisa organizar seus recursos para ter salas com condições adequadas à realização das aulas;

- *dirigir ou liderar*: meta(s) traçada(s), responsabilidades definidas; será preciso nesse momento uma competência essencial, qual seja, a de influenciar pessoas de forma que os objetivos **planejados** sejam alcançados. Em outras palavras, é quando o que foi planejado é executado; portanto, é a função responsável pela dinamização na empresa. Entretanto influenciar pessoas abrange motivação, qualidade e tantos outros meios e modos de orientar pessoas e seleção dos canais de comunicação mais eficazes, ação esta carregada de subjetividade e que pode colocar todo o esforço já realizado em risco; e
- *controlar*: estando a organização devidamente planejada, organizada e liderada, é preciso que haja um acompanhamento das atividades, a fim de se garantir a execução do planejado e a correção de possíveis desvios. Portanto, é necessário retomar os padrões estabelecidos *a priori*, para depois verificar o que de fato aconteceu e comparar os resultados. Assim, caso o objetivo não seja atingido, dependendo do impacto pode-se propor uma ação corretiva. Aliás, vale destacar que tal ação só deve ser implementada quando se tem um impacto significativo, pois é certo que qualquer mudança no planejamento gera custos novos e mesmo que tais custos não sejam de natureza financeira tendem a trazer transtornos.

Note que desenvolvemos uma ordem sequencial apenas como demonstração de, preferencialmente, dar esse tratamento quando há turbulências na correta ordem de prosseguimento nas tentativas de melhor ordenar a empresa. Porém, em nenhum momento estamos sugerindo que se tenha de seguir, obrigatoriamente, tal sequência. E é importante que se note, também, que todas as funções apontadas são vitais e, modernamente, têm de se articular umas com as outras. Estender as funções do gestor é compatibilizar a ação do gestor com as empresas de hoje e, por essa razão, acreditamos que mais 3 funções devam ser acrescidas às funções convencionais, tradicionais. Estamos na primeira década do século 21 em que a alta e precisa tecnologia fornece verdadeiras armas amplamente utilizadas pelos gestores de forma que as três novas funções devam ter um destaque como as demais (Quadro 2.1). São elas: ter visão empresarial e visualizar o ambiente, explicadas a seguir. E admitimos, desde já, que ambas são complementares e, num certo sentido, estão presentes nas anteriores, mas definitivamente merecem ter um tratamento diferenciado, específico.

Quadro 2.1	As funções do gestor.
Planejar	Visão empresarial
Organizar	Visão ambiental
Dirigir	Visão interativa
Controlar	

- *visão empresarial*: acontece que a agilidade proporcionada pela tecnologia da informação (também trabalhada neste livro) fornece dados que, num dado espaço de tempo, são transformados em informação. Este fato proporciona ao gestor uma ideia mais concreta do que possa vir a acontecer e do que está acontecendo, ajudando dessa forma a sua tomada de decisões. Portanto, a função de dar a saber a expectativa (ou melhor, a quase certeza) do futuro da empresa ou até mesmo de afirmar o estágio em que a empresa estará num certo espaço de tempo demonstra que o gestor tem uma visão empresarial de longo alcance. Ele precisa trabalhar os dados que a tecnologia fornece de forma a visualizar o futuro da empresa. Pode-se dizer que essa função está diretamente ligada com o **planejar**, porque, para traçar as metas da organização nos dias de hoje, não se pode pensar no curto prazo ignorando informações que lhe são passadas de possíveis acontecimentos, como calamidades – ou seja, turbulências que afetam não só a empresa, mas todo um país. Ter visão é uma função do gestor, mas estreitamente ligada à sensibilidade, à emoção e, certamente, à competência. Contudo, insistimos, a sensibilidade é fator primordial na composição dessa função do gestor: ter visão empresarial;
- *visão ambiental*: por mais óbvio que possa parecer, é importante salientar que dificilmente uma empresa consegue sobreviver num mundo de constantes mutações se não é instalado um processo contínuo de acompanhamento. É difícil pensar em se operar uma organização distante das transformações do ambiente. De forma mais clara: como produzir algo que você não sabe se há consumidor para tal? Como ofertar sem que se conheça a demanda? São perguntas simples, mas que acontecem em empresas brasileiras. Empresários e empreendedores correm riscos

ao oferecer ao mercado produtos ou serviços tendo pouca ou nenhuma informação originada do ambiente. Um exemplo real bem brasileiro: um empreendedor achou que poderia montar um negócio que desse agilidade às lojas com presença na maioria dos *shopping centers*. Fez um estudo especulativo e concluiu que era um empreendimento seguro. Fez lançamento com coquetel e tudo o mais. Seu negócio não chegou ao final do mês. Um outro empreendedor abriu uma lanchonete e fechou no 21º dia, pois havia colocado um pouco mais de dinheiro e temia – apenas, temia – colocar mais algum dinheiro até o final do mês. Queremos afirmar que a visão ambiental é essencial qualquer que seja o tamanho da organização e essa é a melhor razão para os dois exemplos anteriores.

- *visão interativa*: para encerrar, uma função que engloba todas as anteriores, inclusive a de *coordenação*, que foi algum tempo depois embutida na função *controlar*. De qualquer maneira, a coordenação não incluía as novas funções. Tratava apenas da coordenação interna.

  A visão interativa é uma confirmação dos esforços de toda a empresa, considerado o elenco de funções do gestor aqui apresentados. Em outras palavras, cabe ao gestor manter a organização articulada, atenta às naturais e diárias alterações originadas do ambiente interno e externo ou mesmo as do ambiente externo, mas provocadas em certa dimensão pela própria empresa. Nada disso significa que a organização terá pleno conhecimento de todas as influências, de qualquer origem, sobre a organização, mas significa dizer que ela – a organização – estará em condições de atuar eficientemente em busca da sua plena excelência nos negócios.

Como acabamos de dizer, essas são as funções para o gestor e, nesse momento, reafirmamos que independem da trajetória escolhida: trajetória da pessoa empreendedora, da consultoria, da área executiva, comandando algum negócio ou mesmo no magistério. As pessoas que aspiram a posições de destaque devem ter em mente as funções nas quais é esperado um bom domínio ou domínio total delas para o exercício de seu trabalho. Da mesma forma que não existem diferenciações entre os sexos, ambos os sexos têm de ser sensíveis, com certeza, em relação a essas visões. Provavelmente, o sexo feminino tenha a sensibilidade mais presente, mas, ainda assim, terá de ter a sua competência nas demais funções e isso independe do sexo. Aliás, em se tratando de competência, está aí outro termo muito utilizado e que pode trazer algumas dúvidas. Nesse caso prossiga a leitura.

2.5 Competências do gestor

Começamos este tópico com um desafio. Claro que se alguém perguntar se você é competente sua resposta de prontidão será sim. Mas o desafio é descrever suas competências. Isso mesmo! Pegue um papel e descreva suas competências. Nesse caso, é certo que muitos terão dificuldade para começar, pois, apesar de muito utilizado, esse termo não é tão simples de ser conceituado. Aliás, neste momento uma confusão pode estar acontecendo, pois foram trabalhadas as funções do gestor e agora estamos tratando das competências. Afinal de contas, qual a diferença?

De forma objetiva, pode-se dizer que as funções são as atividades desenvolvidas pelo gestor, o que ele faz; enquanto as competências são suas capacidades representadas pelo CHA, ou seja, Conhecimentos, Habilidades e Atitudes, sendo conhecimento o acervo de informações, conceitos, ideias, experiências, aprendizagens; habilidade uma maneira prática de aplicar o conhecimento na solução de problemas e situações; e atitude o comportamento, a ação.

Assim, é natural que as funções do gestor sejam diretamente influenciadas por suas competências, que têm como base o conhecimento; logo, a busca por conhecimento só tem aumentado ao longo dos anos. Aliás, hoje com o advento da tecnologia da informação tal busca não se limita às salas de aula; pelo contrário, muitas são as vezes que o aluno chega à sala com uma informação que o professor ainda não teve acesso – o que é ótimo, pois o diálogo e a experiência, como dito, também são formas de obter conhecimento.

Seguindo essa linha de raciocínio, se o conhecimento é a base, não há como a pessoa ter habilidade, ou mesmo atitude, sem ter conhecimento. Para explicar tal afirmação, basta lembrar que habilidade é a capacidade de tornar o conhecimento prático. Por exemplo, se aprendo algo e não consigo enxergar a aplicabilidade, certamente me falta habilidade, mas se não tenho a informação necessária sobre determinado assunto não tenho como enxergar a prática e muito menos querer tomar alguma atitude.

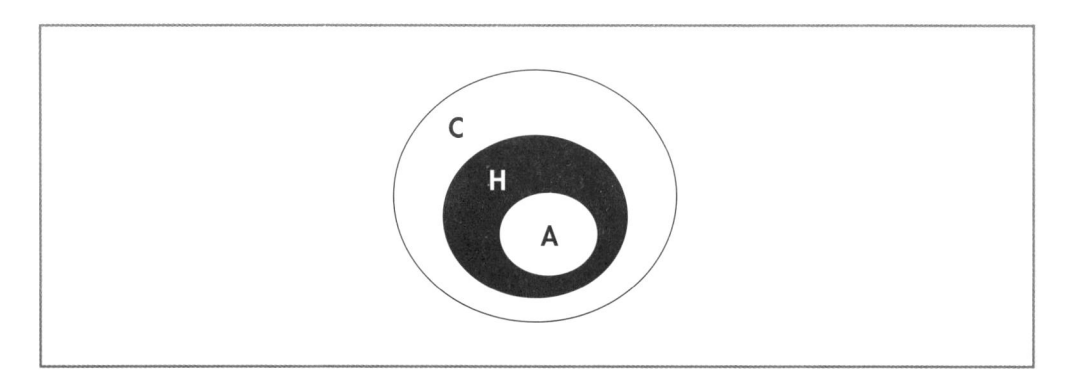

Figura 2.3 Competências do gestor.

Neste sentido, a Figura 2.3 é bastante esclarecedora, pois ao colocar o conhecimento como um conjunto que tem como subconjunto a habilidade (que será vista com maior detalhamento a seguir), e esta última a atitude, demonstra que para ser competente não adianta apenas conhecer, é preciso buscar caminhos práticos e principalmente agir. Por essa razão o gestor de grandes ideias que não age não pode ser considerado um gestor competente. É como se a pessoa tivesse ficado no meio do caminho entre o conhecimento e a atitude, situação que acontece na maioria das vezes, pois, como diria o ditado popular: "falar é fácil, difícil é fazer".

2.6 Habilidades do gestor

Tendo compreendido que a habilidade é o caminho para a aplicação do conhecimento, fica nítida a importância deste tópico, pois, em se tratando de caminho, todo gestor há de perceber que dificilmente se tem uma só possibilidade. Inclusive, logo no primeiro capítulo, que trabalha as trajetórias profissionais, esse aspecto já está evidente.

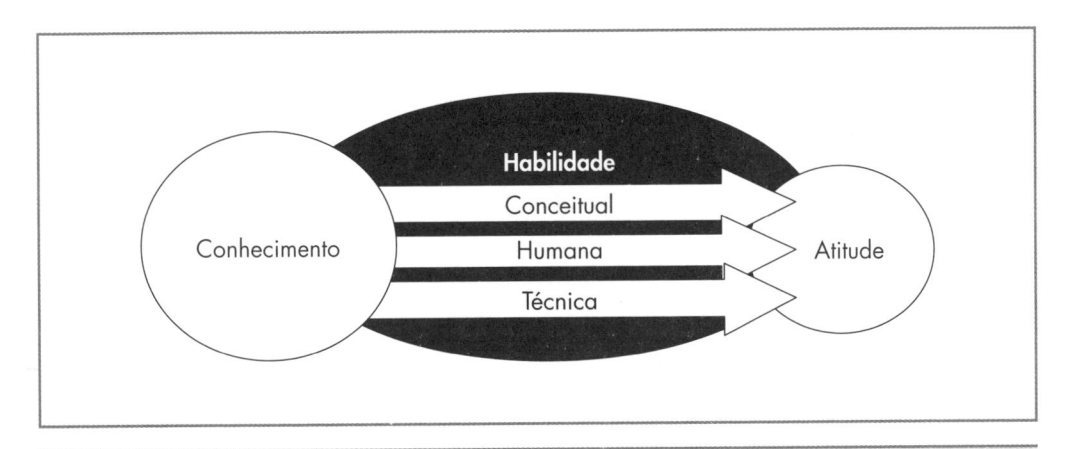

Figura 2.4 Habilidades do gestor.

Mas, retomando a preocupação maior desta parte – que é a de apresentar possibilidades de aplicação do conhecimento adquirido, para que de fato resulte em alguma atitude, tão exigida por qualquer área do mercado em que você resolva atuar – no caso do gestor, são três os caminhos passíveis de serem trilhados. São eles: habilidade conceitual, humana e técnica (Figura 2.4).

Começando pela habilidade técnica que se refere à operação em si, ou seja, o popular "chão de fábrica", podemos nos remeter a um exemplo simples. Quando resolvemos mudar algo em nossa moradia, por mais simples que seja a reforma, necessitamos contratar um empreiteiro ou, melhor dizendo, uma pessoa que irá executar a obra. Faz-se isto, pois é ele quem não só saberá exatamente a quantidade de material, o tempo, as ferramentas etc. necessários, porque tem total conhecimento sobre tal assunto, mas também porque poderá agir, "colocar a mão na massa".

Por outro lado, existem momentos em que é fundamental saber lidar com pessoas, ou seja, ter a chamada *habilidade humana*. Um exemplo clássico de empresa é na hora da demissão. Demitir pessoas pode gerar inúmeros conflitos dentro e fora das organizações, pois o sentimento de perda e de insegurança pode passar a predominar e, caso a empresa não designe um responsável capaz de minimizar tal impacto, ela poderá ter sérios problemas.

Ainda assim, existe um outro caminho que pode ser trilhado, a fim de tornar o conhecimento aplicável. Este denomina-se habilidade conceitual. Nesse caso alguns poderiam pensar por dedução que trata-se de dominar o conceito pura e simplesmente, mas dessa forma estaríamos sendo muito teóricos, pois dominar o conceito é fundamental em qualquer caminho. Sendo assim, vale entendê-la como a capacidade de ter uma visão holística, do todo, no caso, organizacional, ou seja, não se pode agir pensando apenas em uma área, é preciso enxergar o impacto de sua atitude no todo, ter uma visão global. Aliás, hoje com o mundo globalizado, conseguir ter tal habilidade não é nada simples, pois requer um conhecimento mundial e não apenas regional.

De qualquer forma vale salientar que tais caminhos não são excludentes, de modo que ao utilizar o empreiteiro como exemplo de habilidade técnica, a demissão de humana e a visão globalizada de conceitual não se está dizendo que tais personagens possuem apenas tais habilidades, mas sim que as respectivas habilidades mais exigidas nesses casos são estas. Sendo assim, entenda que todas as pessoas possuem as três habilidades, a diferença está na exigência do mercado. Em outras palavras, dependendo do seu ramo, do seu posto e de seus conhecimentos, uma habilidade será mais aguçada que a outra, como será visto no item 2.10.

2.7 Conhecendo o ambiente organizacional

Agora, com os conceitos, funções, competências e habilidades claramente definidos, você pode se considerar pronto para conhecer o ambiente organizacional. Para tanto, certamente o primeiro passo será o processo seletivo no qual suas competências farão com que você preencha ou não a posição oferecida. Mas suponha que você já tenha sido aprovado nesse processo e que hoje seja o seu primeiro dia na organização.

Como primeiro dia, é natural que você chegue no horário marcado e dirija-se ao local combinado previamente. Depois dos cumprimentos chega a hora de conhecer a empresa em que você estará atuando a partir deste momento. Para tanto, o seu chefe ou alguém designado para tal levará você aos quatro cantos da organização. Lógico que havendo a conhecida integração ou socialização, tanto melhor, porque você verá filmes da empresa, terá acesso aos produtos ou entenderá os serviços existentes. Mas, se não houver, você conhecerá seus colegas de trabalho, sua mesa e suas primeiras obrigações funcionais.

É importante que você conheça a localização de cada unidade, em que andar elas se localizam, de maneira que, ao necessitar de um contato nessa ou naquela unidade, você saiba para onde se dirigir; portanto, não deixe nenhuma dúvida sua passar em branco. Aproveite o tempo que a pessoa está dedicando a você e questione-a quando achar conveniente, jamais hesite em perguntar. Aliás, pergunte se a empresa possui um manual, ou seja, informações sistematicamente colocadas no papel de forma a serem transformadas em guias orientadores da cultura organizacional. Se você não entende nada sobre manual e sua importância dentro da organização fique calmo(a) que tudo será explicado a seguir; aliás, mesmo que você tenha compreendido, vale a pena seguir com esta leitura breve e esclarecedora.

2.8 Manuais

Considerado "todo e qualquer conjunto de normas, procedimentos, funções, atividades, políticas, objetivos, instruções e orientações que devem ser obedecidos e cumpridos pelos executivos e funcionários da empresa, bem como a forma como estes devem ser executados, seja individualmente, seja em conjunto" (OLIVEIRA, 2002), o manual é indicado para as seguintes finalidades:

a) *divulgação*: desta forma se torna possível conhecer a organização; seus princípios, normas, produtos, serviços que presta etc. e tudo isso com razoável clareza;

b) *coordenação*: quando elaborados em conformidade com a cultura organizacional, os manuais são considerados ótimos instrumentos de coordenação entre as frações organizacionais e servem também para "uniformizar os procedimentos que devem ser observados nas diversas áreas de atividades" (CURY, 2005);

c) *análise*: esse é um indicador típico do pré-estudo técnico de racionalização do trabalho, com efeitos vigorosos no pós-estudo, desde que os manuais existam e/ou estejam disponíveis para confirmações e/ou confrontações com a realidade. Um exemplo seria a inexistência de manuais criando dificuldades para profissionais responsáveis por estudos organizacionais, sejam gerentes, gestores ou consultores. Análises organizacionais terão maior êxito se os envolvidos puderem consultar os manuais existentes na unidade ou organização em estudo; e

d) *treinamento*: o desenvolvimento de programas de treinamento tem como destino a melhor capacitação do recurso organizacional mais importante, que são as pessoas da empresa, e a manualização é uma técnica que subsidia o crescimento da organização. E, no caso do iniciante, os manuais são muito úteis nos períodos de adaptação, porque um treinamento no trabalho será mais bem desenvolvido se acompanhado de manuais os mais variados.

Portanto, está claro que é objetivo do manual permitir a reunião de informações dispostas de forma sistematizada, criteriosa e segmentada atuando como instrumento facilitador de entendimento e de funcionamento da organização. Mas, na prática tal finalidade se perde, a partir do momento que este instrumento é elaborado apenas para cumprir exigências legais e, portanto, não há uma preocupação com divulgação e distribuição. Dessa forma, a ideia de ser um instrumento de permanente consulta, capaz de orientar as ações das pessoas se torna de difícil execução, pois o acesso não é simples.

Ainda assim, vale destacar que, embora não seja o único instrumento no qual executivos e executantes, novos e antigos, devem pautar seu trabalho, é preciso ter cuidado ao elaborá-lo, com o intuito de que seu conteúdo não seja limitador da criatividade humana, o que comumente ocorre, principalmente nas organizações públicas, onde existem protocolos a serem seguidos e muitos deles funcionam como limitadores da criatividade.

Note que "um manual de organização bem elaborado permite que os executivos de quaisquer unidades fiquem sabendo, com exatidão, quais as suas responsabilidades e qual o seu relacionamento com os demais gerentes da organização, evitando-se em consequência, conflito de jurisdição, sobreposição de autoridade, agilizando assim, a tomada de decisão programada, e indicando, finalmente, de modos inequívocos, quem está investido de poder para aprovar, bem como os graus de autoridade atribuídos aos diferentes níveis administrativos" (CURY, 2005); para tanto, esse instrumento de permanente consulta se apresenta em diferentes formatos, e cada um tem uma destinação específica, são eles:

a) *manual de organização, manual de estrutura*: "tem por finalidade enfatizar e caracterizar os aspectos formais das relações entre os diferentes departamentos (ou unidades organizacionais) da empresa, bem como estabelecer e definir os deveres e as responsabilidades relacionados a cada um dos cargos da empresa" (OLIVEIRA, 2009). Ou seja, tem como escopo a própria organização;

b) *manual de instruções, manual de normas e procedimentos, manual de processo, manual de procedimentos, manual de serviços*: definem normas, diretrizes e o detalhamento de como fazer o trabalho de natureza burocrática;

c) *manual de formulários*: na verdade, é um complemento fundamental para qualquer tipo de manual, basicamente aqueles que se referem à instruções, procedimentos, explicitação de normas e, naturalmente, processos, entre outros tipos de manual;

d) *manual de sequência administrativa* (ou de Métodos Operacionais ou de Rotinas): os autores dedicados à técnica de manualização consideram que quando tratam de sequências devem mostrar todos os passos de cada processo, mencionando sempre as unidades e os cargos envolvidos. Preferencialmente, o tempo de cada passo e, quando for o caso, as distâncias percorridas por pessoas e papéis. Esse é um manual que conjuga informações obtidas através da análise da distribuição do trabalho e da análise de processos. Tem a desvantagem de aprisionar o executante, na medida em que estabelece limites de tempo, de distância e de volume. Positivamente, não é o manual que mais se recomenda, tratando-se de Brasil, mas para aquele que inicia a sua trajetória na empresa tem valor porque permite uma compreensão adequada dos vários processos, incluindo os processos críticos, aqueles que são vitais para a excelência organizacional; e

e) *manual de normas*: constituído por informações de origem legal (interno ou externo), sendo muito semelhante a regulamentos internos e ordens de serviço. E é útil a quem inicia na empresa, porque tem característica legal, melhor, legal para uso interno ou legal originado de documento legal aprovado pelos poderes do governo em seus três níveis: municipal, estadual e federal.

É interessante notar que os manuais são elaborados para quem não sabe ou para quem tem dúvidas. Quem sabe não precisa de um guia, de uma cartilha, de um manual. Portanto, não se sinta constrangido em pedir o(s) manual(is). Ninguém é obrigado a saber tudo e pesquisar faz bem e evita erros desnecessários.

É sempre aconselhável que seja elaborado em folhas soltas, quando impresso, é claro, porque facilitará o processo de sua atualização.

Muitos dizem que o pênalti, devido à sua importância, deveria ser batido pelo presidente do clube. O mesmo vale para os manuais. São tão importantes que os gerentes deveriam fazer a entrega às demais unidades sob seu comando, ou por via virtual, ser enviado, mas com um texto inicial esclarecedor e incentivador para seu uso; você, que proximamente estará em postos-chave não se esqueça: entregue pessoalmente os manuais e tenha uma primeira conversa sobre o texto que está passando para todos, quando for o caso de não envio de forma virtual. E isso vale não apenas para os novos manuais, mas também para quando há apenas troca de uma ou duas páginas. Se encaminhado por via eletrônica, como dissemos anteriormente, faça algum encaminhamento que o aproxime do grupamento sob sua liderança. E a boa apresentação do manual dirá muito sobre o responsável pela sua elaboração.

Mas nem tudo são flores. Há gerentes que não se preocupam em fazer revisões e alterações nos manuais, tornando-os, então, um instrumento de nenhum uso. E aí se diz que o manual não é uma boa alternativa na organização, não serve como orientador das ações individuais, de equipes ou mesmo de unidades inteiras. Se não for atualizado o manual não servirá para nada e aí, então, dirigimos fortes críticas a quem foi dada a atribuição de sua atualização.

Agora que você sabe da importância dos manuais não hesite em pedir essa excelente ferramenta de trabalho e tenha certeza de que você terá sempre resultados positivos nas suas buscas ou de respostas simples, ou daquelas de um bom grau de complexidade. Para encerrar, o manual é como um dicionário que tem respostas para quase todas as perguntas: poderá responder às questões simples, ou até às mais complexas, evitando perdas de tempo sua e das demais pessoas que poderiam ajudá-lo. Aliás, *time is money* (tempo é dinheiro) diz o velho e atual ditado americano.

2.9 Retornando à organização

Após ter lido e entendido a construção organizacional, via manual, chega o momento de agir, de trabalhar mesmo. Como num princípio de namoro, tudo está as mil maravilhas, simplesmente perfeito e será eterno (enquanto dure).

Três dias se passam e você, já mais próximo às pessoas da empresa, começa a questionar qual é a conexão delas com a organização. Você se pergunta como interagem todas as unidades que lhe foram apresentadas no primeiro dia e durante este pequeno período em que você se encontra inserido na organização. Claro que algumas dessas unidades você teve a oportunidade de conhecer durante o processo de ambientação, podendo dessa maneira ter uma pequena ideia das atividades dessas unidades. Mas a grande dificuldade que surge, em suma, é conseguir enxergar a organização como um todo, de forma holística, sistêmica mesmo.

Portanto, é hora de iniciar a busca de respostas para as suas indagações, inquietações. Para isso, você precisa questionar pessoas que se encontram na organização há mais tempo do que você. E, provavelmente essa ou essas são as pessoas com as quais você mais se identificou após o efetivo ingresso, podendo ser, inclusive, seu chefe direto. Mas, convém saber se essa identificação é mútua e se elas são capazes de responder aos seus questionamentos.

E chega, então, o momento em que lhe mostram uma folha, provavelmente, enorme com vários retângulos (às vezes, quadrados) e uns traços que interligam alguns destes retângulos. Fique calmo, pois você está sendo apresentado ao organograma da empresa, isto é, ao gráfico que mostra a estrutura, em princípio, formal da empresa. Aliás, a fim de se evitar naturais dificuldades no melhor entendimento do gráfico, vamos detalhar a seguir algumas informações que trarão melhor compreensão e ajudarão a entender a sua real importância.

2.10 Níveis administrativos

Antes de querer entender o organograma que lhe foi apresentado, é preciso saber que toda organização possui uma estrutura formada por níveis administrativos. Note, contudo, que o chamado "chão de fábrica" não se encontra nos níveis administrativos, pois o verdadeiro gestor deve tomar decisões e para tanto precisa ter um mínimo de poder; e caso alguém pergunte em que nível você se encontra enquanto estagiário, saiba que está no nível de execução (Figura 2.5), que não pode ser classificado como nível administrativo.

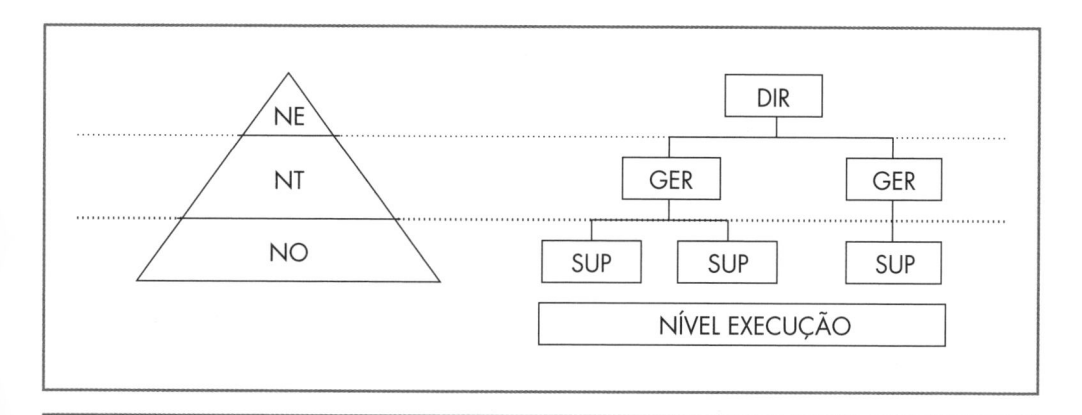

Figura 2.5 Níveis administrativos.

Dessa forma entende-se que os níveis administrativos se iniciam no chamado Nível Operacional (NO) que é representado, em geral, pelos supervisores. Esse nível é de extrema importância, pois serão estas pessoas as responsáveis por transmitir as exigências da organização ao nível de execução e as demandas de execução aos gerentes. Para entender melhor sua importância, parta do princípio de que ninguém conhece melhor o trabalho de uma pessoa do que ela mesma; porém, para que ela atinja os objetivos propostos pela organização, é importante que se tome conhecimento dos mesmos.

Em outras palavras, se está faltando algum insumo para a execução do trabalho, é preciso que o supervisor avise a organização sobre tal ausência a fim de que a organização não seja prejudicada. Similarmente, mas num patamar mais alto há os gerentes no chamado Nível Tático (NT). Diz-se isso, pois são os gerentes os responsáveis por intermediar a relação entre diretores e supervisores. Sendo assim, com o intuito de distingui-los dos supervisores, pode-se dizer que este último trabalha metas relacionadas às tarefas e às atividades de unidades específicas, enquanto o NT refere-se a metas relacionadas à interação entre unidades, objetivos intraorganizacionais e interdepartamentais.

Por fim, mas não menos importante, tem-se o Nível Estratégico (NE) representado pelos diretores. Nessa posição a maior preocupação se refere à relação organização e ambiente externo; então, aqui são traçadas estratégias que buscam o equilíbrio entre tais personagens na busca pela excelência. Há quem diga que tal estratégia deve sempre se preocupar com a sobrevivência da organização, tendo em vista o mundo capitalista selvagem em que vivemos, mas, independentemente de concordar ou não com essa posição, o fato é que tentar vender algo que o cliente não quer comprar há tempos perdeu o sentido e pode, sim, colocar em risco a vida de uma organização.

Para concluir este tópico vale retomar as habilidades do gestor, pois como dito anteriormente, todo gestor, preocupação maior desta obra, precisa das três habilidades a ele incumbidas: conceitual, humana e técnica. Entretanto, dependendo do grau de exigência de sua posição, ele poderá desenvolver mais uma do que outra, conforme a Figura 2.6. Aliás, a única habilidade que não muda o grau de exigência é a humana, pois a diferença entre pessoas que ocupam cargo de diretor, gerente e supervisor é o tipo de pessoas que eles terão que saber lidar, mas a exigência é a mesma.

Em contrapartida, o profissional ocupante do nível operacional precisa ter mais habilidade técnica e menos conceitual, pois irá trabalhar diretamente com o nível de execução; e, portanto, precisará falar a mesma linguagem que o "chão de fábrica" e, principalmente, conhecer seu trabalho com algum detalhamento para poder supervisionar e até mesmo transmitir suas demandas. Enquanto isso, no nível estratégico o diretor necessita ter muito mais habilidade conceitual para traçar estratégias vitais para que a organização alcance a excelência no mercado. Claro que deve saber também como as coisas são feitas, mas não tão a fundo como o supervisor.

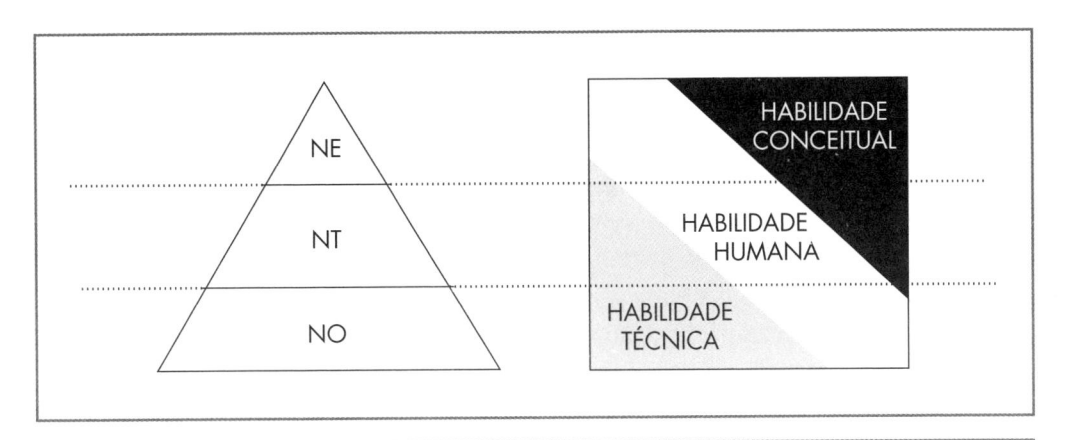

Figura 2.6 Relação das habilidades do gestor com os níveis administrativos.

2.11 Organograma

Neste momento, tendo compreendido quais os níveis administrativos e os graus de exigência das habilidades em cada um, fica mais fácil entender o propósito do organograma, este gráfico representativo da estrutura organizacional formal num dado momento e que tem como objetivo demonstrar, por meio do gráfico:

- a divisão do trabalho, mediante o fracionamento da organização, em unidades de direção, conselhos, gerências, superintendências, departamentos, divisões, seções, serviços, setores etc. Cargos e funções estes que são representados no interior do retângulo ou, eventualmente, quadrados ou, ainda muito eventualmente, círculos ou mesmo sem nenhuma figura geométrica;
- a relação superior-subordinado, que é representada através das ligações entre os diversos retângulos, quadrados, círculos, ou algo semelhante. Note que a ligação poderá ser feita de diversas formas, ou seja, linha contínua, tracejada... Enfim, o importante é verificar na legenda (na legenda são colocadas informações que ajudam a compreender o gráfico e, geralmente, ela é colocada no canto inferior direito do gráfico) o que cada caso significa; e

- dependendo do tipo de organograma, aparecem descrições das funções mais relevantes de uma, algumas ou todas as unidades.

Dessa forma, o organograma permite conhecer, entender e analisar a organização. Não é difícil imaginar que em pouco tempo você terá um entendimento acima do razoável da sua empresa, conseguindo visualizar cada unidade, suas respectivas funções e interações com o todo. E portanto, da mesma forma que o manual, o organograma deve possibilitar uma leitura fácil e, consequentemente, uma boa interpretação dos componentes da organização.

Note que para fazer uso de maneira benéfica desse poderoso instrumento de trabalho e, sobretudo, facilitador para a melhor compreensão do todo organizacional, não se pode utilizá-lo como um produto acabado, ao qual nos resta apenas admirar a beleza do seu desenho e o perfeito balanceamento das unidades constitutivas. É necessário que uma análise seja feita acerca desse "belo desenho", pois mais do que um desenho, ele representa importantes relações intraorganizacionais.

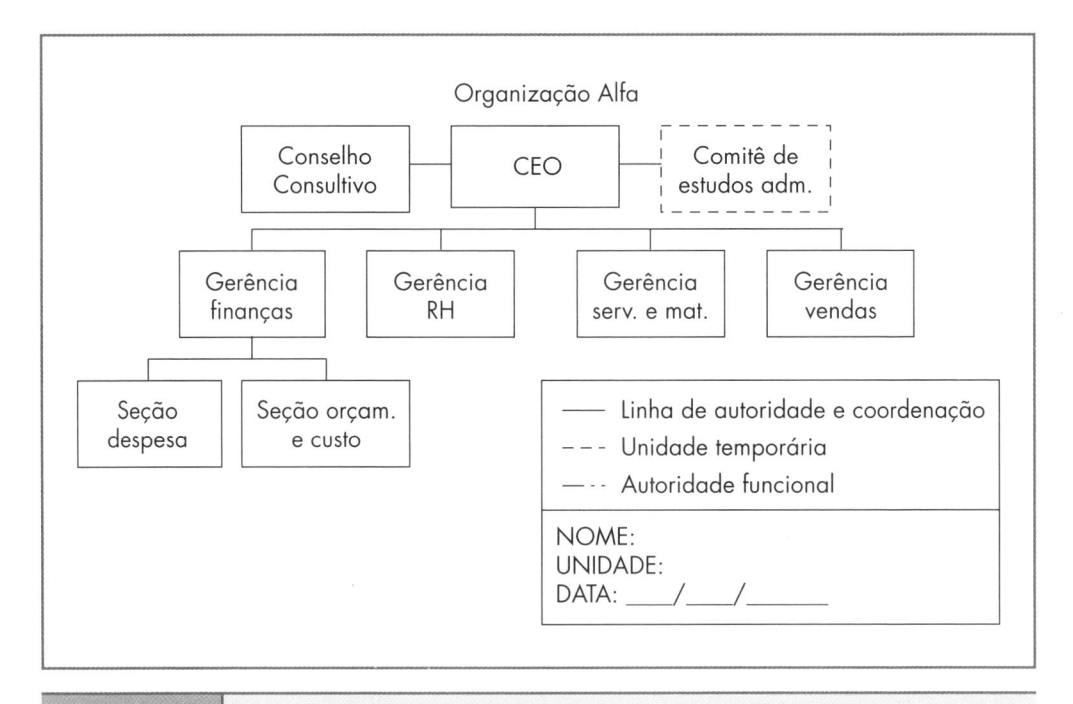

Figura 2.7 Organograma representativo de uma estrutura convencional.

Um detalhe importante de se notar é que, caso ainda haja dúvidas, próximo ao título da organização, no alto do organograma, você poderá saber, via legenda, quem o elaborou, a unidade a que pertence e a data da elaboração; logo, você terá a chance de recorrer ao próprio autor para esclarecer eventuais dúvidas (Figura 2.7). Além do mais, convém ressaltar que é provável que você se defronte com uma organização que não corresponde àquela que está descrita neste gráfico. Mas não se assuste, pois se trata da organização informal, ou seja, a organização que não aparece no organograma, que não é palpável, que existe entre as pessoas da organização, independentemente das unidades onde trabalham; são as relações entre pessoas por sentimento (amor ou simples relacionamento mesmo) ou por afinidade ou por choque de personalidade ou por jogo político, luta pelo poder mesmo. Enfim as relações entre pessoas têm uma gama infinita de possibilidades.

É, então, fundamental entender que o organograma não é rígido, ou seja, a organização o utiliza como um guia para suas ações e não como algo definitivo que deve ser cumprido com rigidez. Para ficar mais claro, pense em duas aulas ministradas por dois professores distintos, mas que adotam a mesma referência bibliográfica. Por mais que as referências sejam as mesmas, as duas aulas jamais serão iguais.

2.12 Retornando à organização

Retornando à organização, compreendido com clareza o organograma, você dá sequência aos seus trabalhos. O tempo passa e após o primeiro mês de trabalho chegam, juntamente com o seu primeiro salário, más notícias acerca da empresa. Há problemas. Note: tudo isso é apenas uma hipótese que tem o propósito de dar maior transparência aos seus possíveis passos na organização.

O problema ainda não tem o seu foco, e você é designado(a) para fazer um estudo organizacional de forma a descobrir o foco e encaminhar soluções. Por mais estranho que possa parecer a sua designação para a tarefa, pode haver uma explicação simples. Na verdade, você foi a última pessoa a ser contratada; portanto, ainda não está enraizado na cultura da organização, ou seja, você é uma pessoa que, muito provavelmente, poderá trazer soluções plausíveis para a organização, por ter (ainda) uma visão de quem é de fora. Como uma consultora interna, você será capaz de investigar de forma clara e direta o problema, sem envolvimentos emocionais que podem desviar o rumo das investigações e, consequentemente, o foco do problema. Além do mais, por ser novo(a) na organização, pressupõe-se que você deseja, segundo a gíria popular, "mostrar serviço".

Tarefa designada, a sua satisfação em poder mostrar o seu trabalho é imensa, só tem uma pequena dificuldade... Você mal sabe por onde começar. Completamente desnorteado(a) você se vê num beco sem saída, pois da mesma forma que esta oportunidade pode alavancar a sua carreira, um andamento irregular pode destruí-la, ao menos na empresa onde você está emprestando sua competência profissional. Que tal diminuirmos este sofrimento, esta agonia e aprendermos que etapas devem ser seguidas para se obter sucesso neste estudo e, ao mesmo tempo, alavancar sua carreira? Para tanto basta prosseguir esta leitura.

2.13 Etapas do estudo organizacional

Vejamos, então, como elaborar o seu estudo organizacional, por onde deve começar e o que fazer. Para isso, com o apoio dos livros de Organização, Sistemas e Métodos (OSM), veremos as etapas de um estudo organizacional, ou seja, que podem ser utilizadas para qualquer trabalho que envolva alguma análise organizacional. Note que em cada livro você encontrará diferentes formas de desenvolver um estudo organizacional. No entanto, todas elas mostrarão, basicamente, a mesma sequência que será exposta a seguir. Lembre que essas etapas compõem apenas fases de um estudo organizacional. Não são etapas de um projeto, pois que as fases de um projeto exigem muito mais do que um estudo organizacional. Na próxima seção você terá orientação para elaboração de projetos. Mas, voltemos às etapas do estudo organizacional.

- 1ª etapa: *estabelecer o problema de pesquisa*: este tópico pode parecer óbvio, mas quando começamos a pensar em estudar algo é natural que inúmeros outros assuntos passem a fazer parte de nossas preocupações. Todavia, para realizar um estudo é preciso ter foco. Não adianta eu falar que quero estudar o setor de marketing, ou mesmo finanças. Preciso saber que aspecto estou interessado na certeza de que quanto maior a minha precisão de meu problema de pesquisa, maior será o meu retorno;
- 2ª etapa: *sondar o ambiente a ser estudado*: assim, após definir o problema da pesquisa vale conversar com as pessoas que ali atuam, recorrer aos manuais disponíveis e visitar o ambiente que se deseja trabalhar a fim de conseguir um número mínimo de informações sobre o mesmo. Note que não é o momento de analisar nada, pelo contrário, você precisa primeiro saber como tudo funciona para então montar sua estratégia de coleta de dados;
- 3ª etapa: *montar a estratégia de coleta de dados*: agora que já conhece um pouco do ambiente a ser analisado e sabe exatamente o que deseja estudar, precisa traçar sua estratégia para conseguir coletar uma quantidade de dados suficiente para solucionar seu problema. Portanto, seguindo as funções do gestor (item 2.4) planeje sua ação definindo quando, quanto, como e por que tal estudo e se organize para que todos os recursos estejam disponíveis nos locais certos nas horas definidas;

4ª etapa: *coletar os dados*: eis o momento de agir e para tal você tem três instrumentos de grande magnitude. São eles: a entrevista, o questionário e a observação pessoal ou direta. Claro que tais instrumentos não são excludentes e sequer existe o modelo ideal, mas sim aquele que se adequará melhor a cada caso. Por exemplo, se tenho que fazer uma pesquisa com um número grande de pessoas ou em mais de um lugar, o questionário pode ser uma boa alternativa. Por outro lado, se preciso de maiores informações sobre os dados, a entrevista pode se mostrar mais adequada. Com relação à observação direta, ou seja, visitar o ambiente analisado sempre ajuda a enxergar a realidade, porém, saiba que uma interpretação equivocada pode gerar conclusões erradas; então, nunca utilize apenas este último instrumento;

5ª etapa: *analisar as informações coletadas*: tendo coletado os dados, é necessário organizá-los de tal forma que seja possível tirar conclusões acerca do problema de pesquisa. Para tanto, é possível utilizar gráficos ou mesmo analisar o conteúdo das respostas. Aliás, existem *softwares* capazes de analisar conteúdos com grande precisão demonstrando se a resposta tende a algum aspecto ou não, fazendo uso da frequência com que aparecem determinadas palavras; portanto, caso queira vale sofisticar para aumentar a precisão e consequentemente seu retorno neste grande esforço;

6ª etapa: *apresentar a proposta*: este momento é fundamental, pois normalmente quem faz um estudo na organização não tem poder o suficiente para decidir se ele será implementado ou não; pelo contrário, é preciso apresentá-lo a alguém que decidirá se é viável. Neste caso, o responsável pelo estudo precisa aproveitar a análise para justificar sua proposta, provando que faz sentido. Em outras palavras, deve despertar o interesse do tomador de decisão e convencê-lo. Portanto, não adianta fazer propostas inexequíveis; ao contrário, é necessário ser o mais real possível e provar que esse é o caminho para a solução do problema pesquisado;

7ª etapa: *adoção da proposta*: como dito anteriormente, a decisão normalmente não está nas mãos de quem realizou o estudo, mas caso consiga convencer o tomador de decisão esse é o momento de executar a proposta, colocá-la em prática e para tal é preciso preparar o ambiente, pois mudança é sempre um processo difícil; portanto, não se deve tentar impô-la. Ao invés disso, é preciso conversar com as pessoas que irão participar desse processo direta ou indiretamente para que elas participem como agentes impulsionadores;

8ª etapa: *verificar novos resultados*: claro que durante toda a adoção da proposta deve haver um acompanhamento em tudo que está acontecendo, verificando se todas as metas estão sendo cumpridas ou se há algum desvio que deva ser contornado. Do contrário, deixar para corrigir eventuais desvios de objetivo apenas no final do processo tende a fazer com que um longo caminho tenha sido percorrido em vão, despendendo recursos e gerando prejuízos. Ainda assim, concluído o processo é preciso verificar se os resultados contidos na proposta foram de fato alcançados, pois resultados acima ou abaixo do previsto representam critérios equivocados. Aliás, você pode estar surpreso ao verificar que resultados acima do esperado devam ser revistos, mas isso é fundamental, pois, nesse caso, o responsável pelo estudo pode ter subestimado a equipe em vez de ter traçado uma meta maior.

2.14 Projetos

Para que você entenda a importância de projetos é só saber como era no passado quando a despreocupação pelos prazos era regra geral. Apenas como um exemplo simples: basta lembrar da construção de nossos grandes templos e catedrais. O objetivo era o fazer bem feito, com qualidade, perfeição e durabilidade sem importar o tempo necessário para a construção (KEELING, 2002). Ainda em passado não tão distante datas, prazos eram condições contratuais, não necessariamente denunciadas quando da infringência dessa ou daquela cláusula contratual de natureza temporal.

Mas será possível imaginar nesse mundo em que vivemos um autor de administração ou economia ou ciências contábeis escrevendo durante anos e anos um livro mesmo que o prazo seja bastante dilatado? O mundo em mudanças frequentes é o nosso mundo e longos prazos, ou até desobediência a prazos, tornam o produto perecível em pouco tempo.

Voltando ao livro, perguntamos: será que esse livro não estará com dados e informações ultrapassadas que não mais representem a realidade? Provavelmente, sim. Hoje, em dia, tudo muda muito rapidamente. E é neste momento que surge a importância dos projetos. Calma, sabemos que você deve estar pensando: como assim? Mas para entender, primeiro é fundamental saber o que é um projeto; portanto, siga na leitura.

Uma definição clara sobre projeto é dada por Vargas (2002): "um empreendimento não repetitivo, caracterizado por uma sequência clara e lógica de eventos, com início, meio e fim, que se destina a atingir um objetivo claro e definido, sendo conduzido por pessoas dentro de parâmetros predefinidos de tempo, custo, recursos envolvidos e qualidade".

É importante salientar que a palavra *empreendimento*, neste caso, está ligada a um conjunto de ações. Portanto, o projeto é uma somatória de ações realizadas por pessoas, dentro de padrões e procedimentos preestabelecidos, onde há uma grande preocupação quanto a prazos e objetivos.

Veja que, ao contrário do passado – quando as mudanças eram lentas e gradativas, o que tornava o tempo um grande aliado –, o presente é feito de mudanças contínuas, e o projeto se torna um grande aliado. Mas o tempo deixou de ser aliado e passou a ser um extraordinário complicador em nossas ações cotidianas.

Mas se o projeto, grande aliado do mundo moderno, é capaz de dar "forma à ideia de executar ou realizar algo, no futuro, para atender a necessidades ou aproveitar oportunidades" (CLEMENTE, 2008), nada mais justo do que listar as fases para a sua elaboração.

2.15 Elaboração específica de projetos

Antes, é importante entender que, ao contrário das etapas do estudo organizacional, no qual, como o próprio nome diz, estudamos a organização, ou seja, algo que já existe, em que o tempo não é, necessariamente, um limitador, onde os vários recursos (humanos, financeiros, materiais e informacionais) já são alocados a uma ou mais unidades da própria organização e só existe, então, a necessidade do estabelecimento de etapas sequenciais para o estudo. Agora, estamos tratando de um "projeto" (leia-se: detalhamento de um "plano, de um empreendimento a ser realizado dentro de determinado esquema", segundo o *Dicionário Aurélio*) então, é algo que até este momento não saiu do plano da imaginação. Em outras palavras: algo que ainda não existe.

Neste momento, após entender essa diferença, fica mais simples compreender a importância das fases desta "organização transitória, que compreende uma sequência de atividades dirigidas à geração de um produto ou serviço singular em um dado tempo" (THIRY-CHERQUES, 2005). Veja agora as cinco fases descritas por Vargas (2002):

- 1ª fase: *iniciação*: define-se a missão e o objetivo do projeto;
- 2ª fase: *planejamento*: identificam-se e selecionam-se as melhores estratégias de abordagem do projeto;
- 3ª fase: *execução*: materializa-se o que foi planejado;
- 4ª fase: *controle*: acontece paralelamente às 2ª e 3ª etapas, de forma a controlar e acompanhar o que foi ou está sendo realizado;
- 5ª fase: *finalização*: avalia-se a execução dos trabalhos.

Quadro 2.2	Fases para a elaboração de projetos.

1ª FASE: Iniciação
2ª FASE: Planejamento
3ª FASE: Execução
4ª FASE: Controle
5ª FASE: Finalização

Entendido como se elabora um projeto – o que muito comumente é conhecido por alunos que têm a oportunidade de participar de projetos de iniciação científica, quando projetos de pesquisas são elaborados e aprovados por instituições de fomento –, cabe entender o porquê de sua utilização. Claro que algumas vantagens já estão implícitas na leitura; no entanto, será sempre uma boa leitura para confirmar algumas de nossas certezas com relação a tais vantagens e fazer bom uso delas. Portanto, leia com atenção.

Quadro 2.3	Características do projeto.

– Ágil	– Sucinto
– Mutável	– Temporário
– Previsível	

- *ágil*: em relação às ações, o que é fácil depreender se pensarmos que tais ações estão previamente estabelecidas no próprio projeto;
- *mutável*: ou seja, trata-se de uma ideia ainda não implementada, em outras palavras: algo que não saiu do papel e assim torna-se mais fácil fazer acertos e/ou mudanças sem maiores desgastes tanto para a organização, como para as pessoas envolvidas;
- *previsível*: além de oferecer uma grande facilidade em nível de acompanhamento, fornece uma planilha de valores antes mesmo de sua implementação, podendo dessa forma ser viabilizado ou não;
- *sucinto*: em relação às metas e ao próprio projeto, ou seja, a ideia é ir direto ao objeto, ser simples e ao mesmo tempo claro; e

- *temporário*: à medida que possui um tempo de duração predefinido. Essa é uma característica de todo e qualquer projeto: tem início e fim determinados. Se não fosse isso, seria apenas mais uma atividade da empresa.

Título do Projeto

Instituições (Empresas) *Participantes* (se for o caso)

Temporalidade (prazos, tempo de execução)

Concepção (justificativas do porquê do projeto, histórico etc.)

Objetivo(s) (devem ser muito bem redigidos. Não pode haver dúvidas)

Insumos

   Recursos Financeiros
   Recursos Humanos
   Recursos Informacionais
   Recursos Materiais
   Outros Recursos

Detalhamento Modular Programático (a utilização de gráficos é recomendável, pois irão subsidiar fortemente a execução do projeto)

   Alocação dos Recursos
   Cronogramas,
   Fluxo de Trabalho etc.

Restrições Ambientais (dificuldades externas que podem limitar ou dificultar o alcance dos resultados projetados)

Sistemática de Administração (Controle, Avaliação e Ajustamento)

Produto(s) Final(is) (resultados quantificáveis ou não)

Sistemática de Manutenção (ou seja, mapas, gráficos, estatísticas, equipe para *follow-up* (acompanhamento) com o propósito exclusivo de atender em qualquer circunstância. Na impossibilidade do atendimento, uma ação deverá ser imediatamente tomada para ajuda de elemento externo).

Reavaliação (todo projeto após executado deve ser reavaliado, ou seja, após algum tempo decorrido, o responsável pela execução do projeto deve retornar às pessoas envolvidas e conversar e reavaliar, tal e qual no estudo organizacional desenvolvido na seção anterior (2.13). Quanto reavaliar é uma pergunta sem resposta, porque vai depender da magnitude do que tiver sido executado).

Figura 2.8   Modelo de um projeto.

Dessa forma, ele facilita a visualização das ideias propostas, funcionando, por exemplo, como parte de um verdadeiro plano de negócio do empreendedor ou de um pequeno empresário, no qual suas ideias são colocadas no papel e previamente analisadas de forma a viabilizá-las.

Portanto, sabendo do que se trata, é importante entender as vantagens de sua aplicação, e, como toda ferramenta administrativa, saber utilizá-la na hora adequada. Para tanto, siga em frente e escolha o caminho que você considera o melhor. Um outro modelo para desenho de projeto é apresentado na Figura 2.8 e, ligeiramente, mais completo do que o anterior e, certamente, será útil nos primeiros tempos de sua formação.

O mais importante é entender o projeto como um fortíssimo instrumento de tornar qualquer proposta confusa em algo simples de ser entendido. Sugiro um exemplo com colegas de sala de aula ou do trabalho. Fale de uma forma não sequenciada de algo que você queira comprar para a empresa. Converse sobre isso como se estivesse na mesa de um bar. Pergunte aos demais o que você quis dizer. É certo imaginar alguma ou muita dificuldade. Depois, coloque tudo que foi dito sob a forma de projeto, obedecendo a este último modelo.

Mas, mais importante é saber que estamos passando a você modelos simples de elaboração de projetos, suficientes para um primeiro entendimento. A bibliografia é vasta e há *sites* na Internet excelentes. Sugerimos um excelente e um dos mais acessados no mundo por se tratar de instituição de excelência em projetos: <www.pmi.org>; seu nome é *Project Management Institute* e ela tem representações no Brasil. Afora isso, há professores por todo o país especializados na modelagem de projetos.

2.16 Retornando à organização

Más notícias à parte, sofrimento diminuído, é hora de trabalhar. Você deve fazer as etapas do estudo organizacional ou as fases da construção e execução do projeto sem tentar "bancar o sabe-tudo", pois, pode ter certeza, uma conclusão infundada poderá ser fatal. Note, portanto, que você será líder desses trabalhos profissionais, mas não estará só. No entanto, a sua competência estará em jogo. Portanto, muito cuidado.

As ferramentas estarão sempre disponíveis para você, facilitando e flexibilizando o seu trabalho. As ferramentas serão orientadoras e não as respostas ao seu esforço, como o organograma, por exemplo. Portanto, vamos continuar a compreendê-las melhor.

2.17 Fluxogramas

"Fluxograma é a representação gráfica que apresenta a sequência de um trabalho de forma analítica, caracterizando as operações, os responsáveis e/ou unidades organizacionais envolvidos no processo" (OLIVEIRA, 2002). Em outras palavras, pode-se dizer que se trata de todo e qualquer gráfico que demonstre algum fluxo, obedecendo, além do costume, ao verdadeiro sentido etimológico da palavra, apresentando o processo passo a passo, ação por ação, conforme a Figura 2.9.

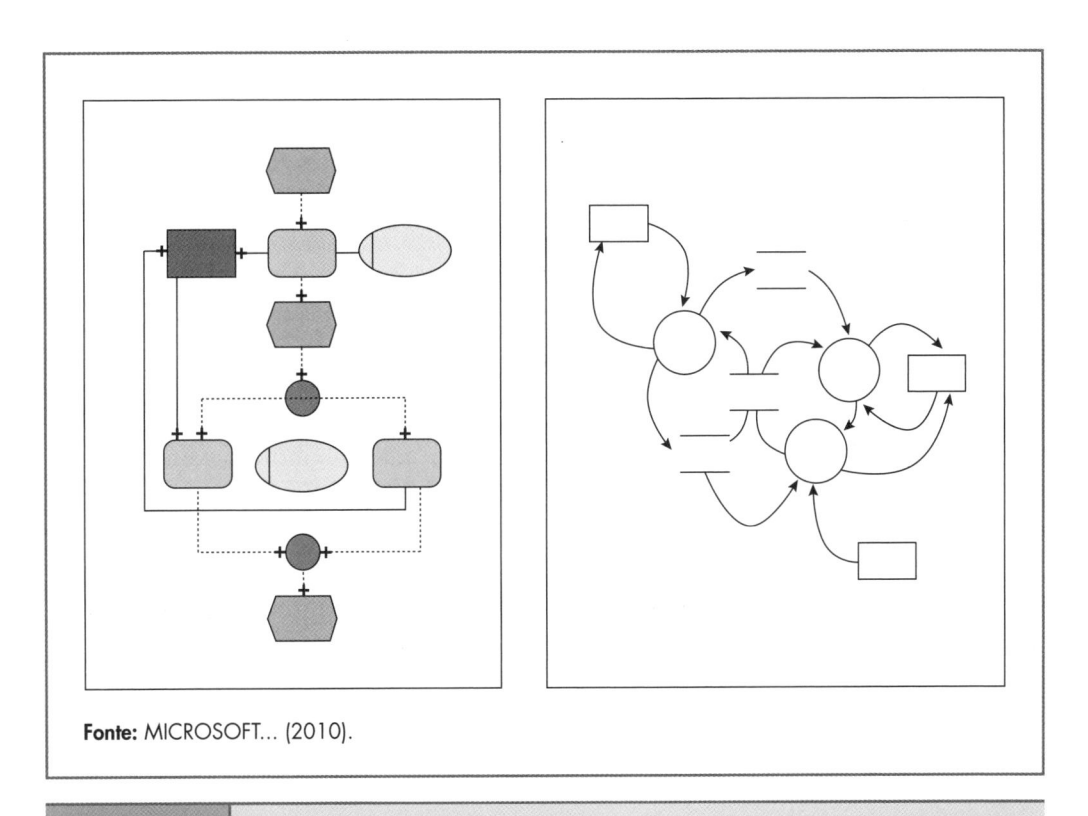

Fonte: MICROSOFT... (2010).

Figura 2.9 Exemplos de fluxogramas.

Também conhecido como gráfico de procedimentos, gráfico de sequências, fluxo de pessoas e papéis, fluxo de documentos, *flow-chart* etc. o fluxograma, segundo Cury (2005), apresenta algumas vantagens, como:

- permitir verificar como funcionam, realmente, todos os componentes de um sistema, eletrônico ou não, facilitando a análise de sua eficácia;

- entendimento mais simples e objetivo que o de outros métodos descritivos;
- facilitar a localização das deficiências; e
- o rápido entendimento de qualquer alteração que se proponha nos sistemas existentes.

Em suma, o fluxograma permite uma visão clara e objetiva dos processos da organização, de forma a facilitar a localização de seus pontos críticos. Além de poder ser aplicado a qualquer sistema, sua forma permite um rápido entendimento das alterações produzidas na empresa.

Dessa forma, não é difícil compreender que o objetivo do estudo de processos é o de assegurar a fluidez dessa movimentação e manter os limites de decisão dentro de princípios que não permitam a ineficiência e ineficácia de todo o processo. Mas, sabemos que existem vários objetivos (secundários) que responderiam a um objetivo mais amplo, ligado a todo o trabalho operacional da organização. Esses objetivos secundários seriam:

- identificar a utilidade de cada etapa do processo;
- verificar as vantagens em alterar a sequência das operações;
- procurar adequar as operações (passos) às pessoas que as executam; e
- identificar a demanda de treinamento para o trabalho específico de processo e qual o treinamento idealizado.

Portanto, é necessário que se entenda a importância do registro de cada passo, pois a omissão de passos pode acarretar prejuízo no resultado final do estudo. Além do mais, um sistema é formado por diferentes processos que não podem ser estudados de forma isolada, pois interagem. Neste sentido, o advento da tecnologia da informação trouxe inúmeras ferramentas que facilitam tal visualização, sendo uma delas o *Visio* (da Microsoft) que consegue

> *esclarecer o que funciona e o que não funciona no fluxo de informações e de tarefas da equipe, analisar problemas e identificar áreas que podem ser melhoradas. Também é possível documentar soluções para esses problemas, explicando as etapas nos processos com o nível de detalhes que julgar necessário* (MICROSOFT, 2010).

Dessa forma, independentemente de ser manualmente ou com o auxílio de algum *software* você terá três alternativas de simplificação de processos: eliminar passos, criar passos e/ou alterar a sequência dos passos e combinar passos. Cabe neste momento uma análise adequada que leva a melhor solução do problema. Aqui você pode formular as tradicionais perguntas na análise de processos: Por quê? Para quê? O quê? Quando? Quem? Quais? E todas as questões sempre dirigidas a cada passo do processo. Nenhum passo pode ser esquecido, ou deixado de lado, por ser considerado desnecessário, sem um amplo questionamento.

2.18 Formulários

Outra opção de ferramenta é o formulário. Ele é considerado "um excelente veículo de transmissão das informações que se tornam indispensáveis para o planejamento, execução e controle das diferentes atividades desenvolvidas" (CURY, 2005), ou seja, um veículo que transporta informações de uma pessoa para outra, de uma unidade para outra, ou de uma empresa para outra, via processo convencional ou informatizado. É a materialização do dado, da informação, armazenada ou disseminada, veiculada por pouco período de tempo, ou não, como pode ser visto na Figura 2.9.

Pode-se notar, então, que se trata de um documento que deverá rodar a empresa de forma que alguns problemas poderão se apresentar de forma a gerar a demanda de um interesse maior pela sua elaboração e uso. São eles:

- *contínua dificuldade na compreensão e preenchimento*: como solução a redação deve ser clara, objetiva e acessível a quem *responde,* e não a quem pergunta; ademais, é importante que se evite o uso de terminologias específicas de certas áreas do saber. Resumindo: você precisa saber com quem fala, para saber como falar, já que o usuário é a parte mais importante. Para tanto, sugere-se que estes "sejam testados pelos usuários" (OLIVEIRA, 2009). Na verdade, não se pode imaginar que haja uma forma padrão de se dirigir a empresários e operários não tão qualificados, ou seja, com a mesma linguagem, pois estes últimos certamente terão grande dificuldade em entender o que você deseja passar. Um exemplo claro são os discursos de alguns políticos que deixam milhões de pessoas sem entender muito do que é falado;
- *permanência de problemas após a racionalização do trabalho (não incluindo a racionalização de formulário)*: muitos estudos de processos deixam o formulário para ser estudado num outro momento e os problemas do processo podem permanecer;
- *demoras na utilização*: a demora na utilização de qualquer ferramenta não é bom, pois pode torná-la desnecessária ao estudo porque passou o

momento para a sua correta aplicação. E isso, também, acontece com os formulários.

Diante desses problemas, a forma que esta ferramenta busca cessá-los, genericamente falando, é provendo a empresa de uma maneira desejada de transmissão, assimilação e armazenamento da informação. Em outras palavras, podemos listar alguns caminhos que subsidiarão o estudo técnico de formulários:

1. *proporcionar a padronização de procedimentos*: facilitando a compreensão e evitando o registro de dados e informações de maneira repetitiva;
2. facilitar o fluxo de informações com custos mínimos e produtividade máxima;
3. *centralização de controle a fim de se evitar*: possíveis desvios e desperdícios de tempo e de dinheiro (custo final da confecção de formulários) com a proliferação de formulários, muitas vezes idênticos, ou mesmo impressão de formulários ineficientes. Um grande problema enfrentado por essa ferramenta é a displicência quanto ao seu controle devido à pouca importância que lhe é dada. No entanto, para que esse "documento que foi produzido por algumas técnicas de impressão, possuindo determinados campos delineados para coleta e registro de dados e informações necessários a um ou mais sistemas administrativos" (OLIVEIRA, 2009) tenha um desempenho eficaz e eficiente, é fundamental que as unidades tenham pessoal com alguma qualificação para sua análise, em seu desenho e na elaboração, via sistemas computadorizados. E os pedidos de alteração ou de criação de novos formulários devem ser levados sempre em consideração, mesmo que a sugestão pareça estranha. É fato que a ampla utilização do transporte eletrônico de dados, via programas, tende a minimizar bastante dificuldades de elaboração e utilização, mas cuidados têm de ser tomados, pois um erro poderá afetar toda uma sistemática eletrônica. E com a ampla utilização do transporte eletrônico de dados, muitos ou todos podem sugerir alterações. Portanto, o que antes era privilégio de uns poucos, hoje é "direito" de quase todas as pessoas da organização e não há nenhum exagero no que estamos afirmando; e
4. integrar, alimentar e formular sistemas de informação da organização.

Nome e Logotipo				
Órgão Usuário				
Nome			Sigla	
Área Responsável	Solicitação ☐ Criação ☐ Alteração ☐ Cancelamento			
Título do Formulário Existente	Código		Estoque	
Título do Formulário Proposto				
Finalidade do Formulário				
Justificativa da Solicitação				
Características				
Uso ☐ Geral ☐ Registro	Tramitação ☐ Interna ☐ Externa		Preenchimento ☐ Manuscrito ☐ Digitado	
Arquivamento (Não eletrônico)				
Ordem ☐ Alfabética ☐ Numérica ☐ Cronológica	Posição ☐ Vertical ☐ Horizontal	Modo ☐ Em pastas ☐ Em fichários	Manuseio ☐ Diário ☐ Semanal ☐ Quinzenal ☐ De 1 a 6 meses ☐ De 6 meses a 1 ano ☐ Mais de 1 ano	Tempo ☐ Até 6 meses ☐ De 6 meses a 1 ano ☐ De 1 a 5 anos ☐ Permanente
Consumo Médio Mensal				
Assinatura do Proponente	Assinatura do Chefe da Unidade		Data ___/___/___	

Fonte: CURY (2005).

Figura 2.10 Exemplo de formulário.

É importante salientar as vantagens da utilização de formulários, muito comuns em se tratando de formulários simples – como fichas de inscrição de concursos – ou mesmo de formulários complexos que exigem competência adicional – como um formulário para aplicação de pesquisas. Portanto, ao utilizar qualquer ferramenta colocada aqui ou em qualquer outra obra tome bastante cuidado, pois como um carro, ela pode prover facilidades, mas, ao mesmo tempo, pode deixar você no meio da estrada sem socorro imediato.

2.19 Concluindo...

Trabalho cumprido, problemas percebidos e solucionados, passado o teste da iniciação, e a sua carreira deu um salto de qualidade, um avanço considerado por você inimaginável. Você está melhor do que nunca dentro da empresa e até recebeu elogios (ou prêmios) pelo seu trabalho. Antes de agradecer a qualquer pessoa, pode agradecer pelas ferramentas que lhe foram disponibilizadas pela literatura e pelos professores, pois sem elas, pode ter certeza, dificilmente tantas coisas boas aconteceriam.

Note, então, que apesar de serem muito poucas as organizações que mantêm um setor especializado em organização, sistemas e métodos, foram estas unidades que no passado lançaram mão desta diversificação de ferramentas a fim de facilitar estudos e análises organizacionais que, diga-se de passagem, são amplamente utilizadas até hoje e na maioria das vezes com muito êxito.

Pode ocorrer de sua análise ser equivocada, pois apesar das ferramentas utilizadas, falta experiência. Mas note: ninguém nasce sabendo, e a vida não é feita só de vitórias; então, encare o insucesso como um aprendizado e não tente responsabilizar ninguém por frustrações particulares. Pelo contrário, levante a cabeça e siga em frente. E mais: "O estagiário deve ter boa formação, de preferência em uma faculdade de primeira linha, vestir-se de forma adequada à sua área de atuação, saber inglês e informática, expressar-se bem ao falar e escrever, ser dinâmico, aberto ao aprendizado e ético, saber se relacionar com os outros profissionais da empresa, ter espírito de equipe e, também, saber cobrar caso perceba não estão cumprindo o prometido, com muito tato, é claro." (JB, 2008)

O interessante é que a reportagem traz à tona a valorização da postura pessoal, tomando por base que neste mundo globalizado em que vivemos "inglês e conhecimentos de informática são requisitos básicos", fundamentais para o sucesso. E não importa se como ocupante de posição gerencial, executiva ou como profissional de consultoria, líder de empreendimento ou de empresa mesmo. Menos para pessoas empreendedoras e comandantes de empresas, com certeza, mas, ainda assim, muito importantes.

Estudo de Caso

Amanda terminou o curso de graduação em administração e resolveu lutar por um emprego que permitisse a ela trabalhar 100% na sua nova vida profissional. Reconhece que no Paraná nada é muito fácil, mas as escolas são boas, os estágios aparecem com facilidade e o professorado é de primeira. Enfim, conseguiu o que queria numa fábrica: foi selecionada para a área de Gestão de Recursos Humanos e Organização. Logo se apresentou a Luís seu gerente e conversaram algum tempo. Amanda era e é uma moça bonita, expressa-se com facilidade, teve um CR (coeficiente de rendimento) alto (8,7) e dominava o inglês, embora a pronúncia fosse prejudicada pelo sotaque bem brasileiro. Luís passou uma tarefa direcionada a um estudo na área de logística. O pedido desse estudo partira da própria área de logística. No dia seguinte chegou à sala do gerente de área, que não estava; mas estava o assistente, rapaz também jovem de bom aspecto pessoal e nasceu entre os dois uma certa simpatia. André, o assistente, disse que o gerente não estava, mas dava para começar, pois ele mesmo pedira esse trabalho ao Luís. Amanda selecionou pela relação de nomes e cargos que recebera e apontou quatro para entrevista. Conversou com os quatro ao mesmo tempo e sugeriu alguma pouca coisa. Voltou à tarde, quando encontrou o gerente a quem cumprimentou alegremente, mas não teve o mesmo entusiasmo de volta. Ele perguntou se ela não poderia ter esperado por ele, e ela respondeu que o André, assistente, achou melhor começar imediatamente para resolver alguns probleminhas. Ele, Víctor é o nome dele, permaneceu olhando, mas com o semblante demonstrando uma razoável insatisfação. Amanda, cheia de "caras e bocas", disse que a conversa com quatro funcionários foi excelente e que já havia pequenas sugestões. Ela mesma se adiantou, dizendo que sugestões do tipo macro ela não quis ouvir, e que isso ficaria para depois. Víctor perguntou se ela não teve aulas de estudos organizacionais e de elaboração e análise de projetos. Ela disse que sim e ele, em seguida, perguntou: "E por que nada disso foi feito?" Amanda respirou fundo e respondeu: "Porque não havia necessidade, pois é um trabalho simples de ser feito e estou economizando tempo, possibilitando à empresa o alcance mais cedo da chamada *excelência organizacional.*" O gerente agradeceu o contato e disse que iria trocar ideias com André.

Você e seu grupo devem apresentar quais foram os passos seguintes de Víctor, ou seja, qual foi a conversa que teve com André, superior imediato de Amanda e qual a decisão que ambos acordaram.

Nota: O caso apresentado é hipotético e qualquer semelhança com pessoas, empresas etc. terá sido mera coincidência.

QUESTÕES PARA DEBATE

1. Fale-nos de planejar, organizar, liderar. E, em seguida, adicione as visões que completem as funções da pessoa responsável pela gestão.
2. Conhecer o ambiente organizacional é muito importante. Mas por que é tão importante, se muitos acham que o certo é sentar e fazer o trabalho exigido e cobrado pelos superiores? Qual a sua opinião?
3. Quais são as finalidades do uso do manual?
4. Você acha que a sensibilização voltada a um estudo organizacional é realmente importante?
5. "Pênalti é tão importante que deveria ser batido pelo presidente do clube." Essa é uma frase de uso popular e foi utilizada em páginas anteriores, nesse mesmo capítulo. O que implica a frase na realidade das organizações?
6. Qual a relação existente entre os níveis administrativos e as habilidades do gestor? Como isso influencia a atuação de tal profissional?
7. O organograma é um gráfico que aponta as unidades que compõem a organização e estabelece a relação hierárquica entre elas. Certo ou errado? Comente a sua resposta.
8. Fosse você uma pessoa empreendedora em fase de abertura do seu negócio, que importância (e por que) daria a manuais e organogramas?
9. Fluxograma é a representação gráfica que apresenta a sequência de um trabalho de forma analítica, caracterizando as operações, os responsáveis e/ou unidades organizacionais envolvidos no processo. E você acha que um gráfico é realmente necessário? Não bastaria apenas um bom relatório, porque um gráfico demanda tempo e o tempo hoje é escasso?
10. Se você for profissional de consultoria e perceber que grande parte dos problemas está localizada justamente na baixa qualidade dos formulários como um todo – difíceis de serem preenchidos, perguntas desnecessárias, campos com espaços incorretos etc. –, o que você faria junto à administração superior, provavelmente a presidência ou uma pessoa empreendedora, para mostrar que as dificuldades estariam, basicamente, nos formulários e não em aspectos complexos da estrutura, ou em falhas no planejamento estratégico ou algo considerado, por muitos, mais nobre para uma argumentação junto à direção da empresa?

Referências bibliográficas

CLEMENTE, Ademir (Org.). *Projetos empresariais e públicos*. São Paulo: Atlas, 2008.

CURY, Antonio. *O&M:* uma visão holística, perspectiva comportamental e abordagem contingencial. São Paulo: Atlas, 2005.

JORNAL DO BRASIL. Empresas revelam o perfil do estagiário ideal. *Jornal do Brasil*, Rio de Janeiro, 15 set. 2008.

KEELING, Ralf. *Gestor de projetos*: uma abordagem global. São Paulo: Saraiva, 2002.

MICROSOFT Office Visio 2003. *Ilustrar processos empresariais com fluxogramas do Visio*. Disponível em: <http://office.microsoft.com/pt-br/visio/HA010744131046.aspx>. Acesso em: 8 mar. 2010.

OLIVEIRA, Djalma de Pinho Rebouças de. *Sistemas, organização e métodos:* uma abordagem gerencial. 18. ed. São Paulo: Atlas, 2009.

THIRY-CHERQUES, Hermano Roberto. *Modelagem de projetos*. São Paulo: Atlas, 2005.

VARGAS, Ricardo Viana. *Análise de valor agregado em projetos*. Rio de Janeiro: Brasport, 2002.

3

Abordagens da teoria geral da administração

3.1 Preliminares

Como imaginar um livro intitulado Teoria Geral da Administração, que gerou a mais famosa das siglas em administração, qual seja TGA, que não trate das "teorias de administração"? Antes, é preciso saber que há muito debate a respeito da denominação "teoria". Muitas questões têm sido levantadas por estudiosos do assunto para entender se o rótulo "teoria" não é um grande equívoco. Para tanto, vale buscar uma ajuda do *Dicionário Aurélio* do que vem a ser teoria e se a definição justificaria para todos nós os constantes rótulos apontando esse ou aquele estudo de teoria.

"TEORIA". SERÁ?

Figura 3.1 A dificuldade de se saber se existe uma teoria de administração.

Filosoficamente, segundo o *Aurélio*, teoria "é um conjunto de conhecimentos não ingênuos que apresentam graus diversos de sistematização e credibilidade, e que se propõem explicar, elucidar, interpretar ou unificar um dado domínio de fenômenos ou de acontecimentos que se oferecem à atividade prática". Ademais, "do ponto de vista estritamente formal, um sistema de proposições em que não se encontram proposições contraditórias, nem nos axiomas, nem nos teoremas que deles se deduzem".

Portanto, torna-se de alguma forma ousadia chamar as abordagens de administração – clássica, comportamental, sistêmica, estruturalista e contingencial, por exemplo – de teorias. Aliás, pela leitura e entendimento do texto de *Aurélio*, podemos deduzir que ainda não existe uma verdadeira teoria geral.

Todavia, antes de conhecer as abordagens da administração, é preciso entender como a administração surgiu: não como ciência, mas como prática. Em outras palavras, não se pode tentar entender os preceitos que a regem sem conhecer sua origem e aceitando os rótulos teóricos. Sendo assim, vale fazer uma rápida passagem no tempo e conhecer alguns dos grandes nomes que a influenciaram para depois avaliar a "teoria" de forma a entender a sua relação com a nossa realidade, ou seja, os reflexos no Brasil de hoje.

3.2 Precedentes da administração científica

Para iniciar, vale salientar que não existe uma precisão de data e nem mesmo de ano com relação ao surgimento da prática da administração. Pelo contrário, diz-se que se o princípio fundamental da administração é a divisão do trabalho e que para tanto são necessárias pelo menos duas pessoas, desde o momento em que duas pessoas dividiram o trabalho em prol de um objetivo comum já se estava praticando a administração de alguma forma; então, não é simples descobrir quando isso aconteceu.

Todavia, um fato que marca tal surgimento ocorreu em 4.000 a.C., quando foram construídas as pirâmides. Diz-se isso, pois para a construção destes monumentos foi preciso uma verdadeira gestão. Arcaica, com certeza, mas que conseguiu alcançar seu objetivo com êxito.

Em 3.000 a.C., foram as organizações militares que somaram a importância de dividir o trabalho à necessidade de se ter precisão nos resultados, tendo em vista que qualquer erro poderia resultar em perda de vidas. Além disso, ao contrário das pirâmides, os militares precisavam delimitar o período de realização de cada operação e a necessidade de recursos, ficando evidenciada a necessidade de planejar.

Entre os séculos VII a. C. e IV d. C. foi Roma que incluiu a complexidade de gerir impérios, onde a divisão do trabalho e a precisão já não bastavam. Era preciso saber coordenar impérios e harmonizar culturas. Já no século XVI, com o Renascimento, tem-se a transição do feudalismo para o capitalismo com a retomada dos valores humanistas, o que certamente influenciou a transformação nas formas de gerir.

De qualquer forma, foi somente no século XVIII, com a Revolução Industrial e a consequente transformação radical da relação capital e trabalho que as atenções se voltaram às organizações, conforme se verifica na Figura 3.2. Portanto, antes de trabalhar a administração como ciência propriamente dita, vale conhecer as ideias de alguns pensadores que certamente influenciaram seu surgimento, como será visto a seguir.

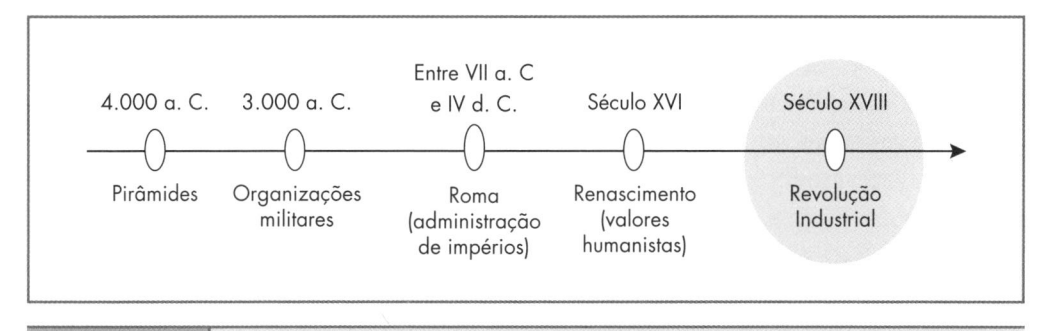

Figura 3.2 Momentos que marcaram a administração "prática".

3.2.1 Principais filósofos: Sócrates, Platão e Aristóteles

Tendo lido as preliminares, é certo que este tópico não chega a causar espanto, pois de fato as contribuições para a ciência da administração vêm de muito tempo. Aliás, ao conhecer melhor as ideias não só desses filósofos, mas também dos pensadores, por vezes, você poderá concluir que são adaptadas, porém, saiba que houve uma preocupação muito grande dos autores em manter a proposta original.

Nesse sentido, o primeiro filósofo que surge na história trazendo grandes contribuições, seguindo a linha do tempo representada pela Figura 3.3, é Sócrates (470 a. C. – 399 a. C.), que tendo se interessado pela ciência moral, buscou nos debates seus ensinamentos. Assim, por meio da dialética, ou seja, confrontação de ideias acreditava que o conhecimento era construído. Para tanto, constantemente questionava as pessoas sobre seus conhecimentos e levava as mesmas a conceber uma nova ideia, utilizando o chamado "princípio básico da maiêutica".

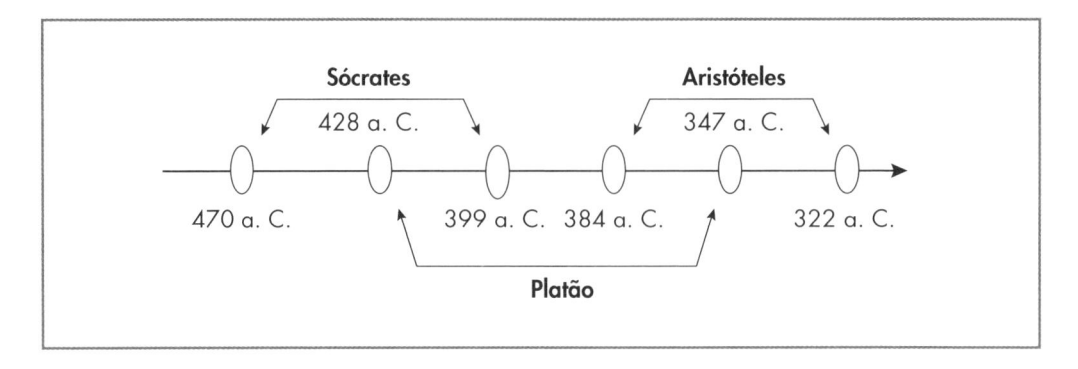

Figura 3.3 Linha do tempo a. C.

Desta forma, Sócrates defendia que primeiro temos que nos conhecer para depois questionar o mundo – "conhece-te a ti mesmo" –, de modo que era importante admitir nossa ignorância – "só sei que nada sei" – para então poder trilhar novos caminhos. Portanto, seguindo sua própria filosofia, não deixou registro de seus ensinamentos que sempre deveriam ser questionados, o que certamente estimulou o pensamento crítico, fundamental para a evolução do mundo.

Por outro lado, Arístocles (428 a. C. – 347 a. C.), mais conhecido pelo apelido, Platão, aproximou-se de Sócrates aos 18 anos e, tendo testemunhado seu julgamento e condenação, não só registrou os ensinamentos de seu mestre, mas como também fundou uma Academia, onde os alunos eram estimulados a buscar de forma incessante o conhecimento, o que promoveu o autodesenvolvimento das equipes.

Além disso, Platão acreditava que a justiça dependia da atuação de três classes distintas: "a dos artesãos, dedicados à produção de bens materiais; a dos soldados, encarregados de defender a cidade e a dos guardiões, incumbidos de zelar pela observância das leis" (PESSANHA, 1991). Dessa forma, era preciso que todos agissem com ética para se ter a "cidade perfeita", fato este que não parece muito distante da realidade atual.

Por fim, ainda a. C., foi Aristóteles (384 a. C. – 322 a. C.), aluno da Academia de Platão, quem se destacou. Apesar de ser cogitado como substituto de Platão, foi rejeitado e acabou fundando sua própria Academia onde disseminava suas ideias baseadas na intuição e no bom senso. Aristóteles comprovava a manifestação divina por intermédio da física e acreditava que era responsabilidade do Estado garantir o bem-estar e a felicidade da nação. Aliás, ainda hoje não são poucas as pessoas que defendem seus ideais.

Todavia, por mais que os filósofos tenham promovido grandes conquistas em relação ao conhecimento é fato notório que os recursos eram extremamente escassos, sendo obstáculos, por vezes, intransponíveis à disseminação desse conhecimento. Afinal de contas estamos falando de uma época em que o meio de comunicação era essencialmente a carta, que demorava meses para percorrer pequenos circuitos. Isso sem contar que sequer existia um projeto de telefone e muito menos de avião ou automóvel. Sendo assim, as ideias dos filósofos ficavam restritas a determinadas regiões ou grupos de pessoas.

Nesse sentido vale salientar a importância de Platão que, ao fundar a Academia, conseguiu ampliar o foco de atuação de seu mestre e trazer grandes evoluções. Para entender melhor, pense por que tantos livros são lançados e a procura por instituições de ensino só vem aumentando. De fato, os filósofos não estavam enganados: o conhecimento é, sim, construído e para tal é preciso questionar e estar aberto a novidades, o que só é possível quando se tem acesso a novas informações, daí a necessidade da disseminação a ser perpetuada pelos pensadores.

3.2.2 *Principais pensadores: Rousseau, Adam Smith, entre outros*

Neste momento, tendo em vista a importância de disseminar o conhecimento e a certeza de que não apenas os filósofos a. C., mas também os pensadores d. C. foram grandes influenciadores do pensamento moderno, preparamos uma lista seleta com os principais nomes e suas respectivas contribuições seguindo a linha do tempo de d. C. apresentada na Figura 3.4, conforme segue.

1. Nicolau Maquiavel (1469-1527): foi o pioneiro dos pensadores e tem suas ideias lembradas até hoje. Com a célebre frase "os fins justificam os meios", defendia que o principal é o objetivo a ser alcançado a despeito da ética e da moral, posição esta que gerou inúmeras críticas, incluindo o termo *maquiavélico* como sinônimo de uma pessoa fria e calculista. De qualquer forma, vale salientar que não é nosso propósito julgá-lo, mas sim apresentar sua contribuição que não se cessa em suas ideias. Pelo contrário, ao escrever a obra *O príncipe*, de 1513, hoje considerada o manual da política, demonstrou que para controlar um país era preciso separar religião, ética e política. Dessa forma, ele acreditava que era melhor ser temido a ser amado, fazendo as pessoas refletirem, especialmente, sobre a forma de alcançar seus objetivos.

2. Thomas Hobbes (1588-1679): ao observar as relações humanas defendia um Estado Soberano – denominado pelo autor de "Leviatã" –, na medida em que acreditava que "o homem é o lobo do homem"; logo, era necessário um contrato social para se manter o controle da sociedade. Neste contrato cada pessoa passaria seu poder ao Estado e a ele deveria obediência, ou seja, seria feito um pacto de submissão em que os direitos seriam

transferidos das pessoas ao Estado. Desta forma, não é difícil imaginar que a monarquia era o modelo que melhor se enquadrava, pois neste caso o Rei teria poder absoluto inclusive sobre a religião. Em outras palavras, Hobbes acreditava que numa sociedade regida pelo Estado o homem só iria ter problemas se rompesse seu contrato, o que pode parecer uma visão bastante simplória para alguns, mas nem tanto para outros.

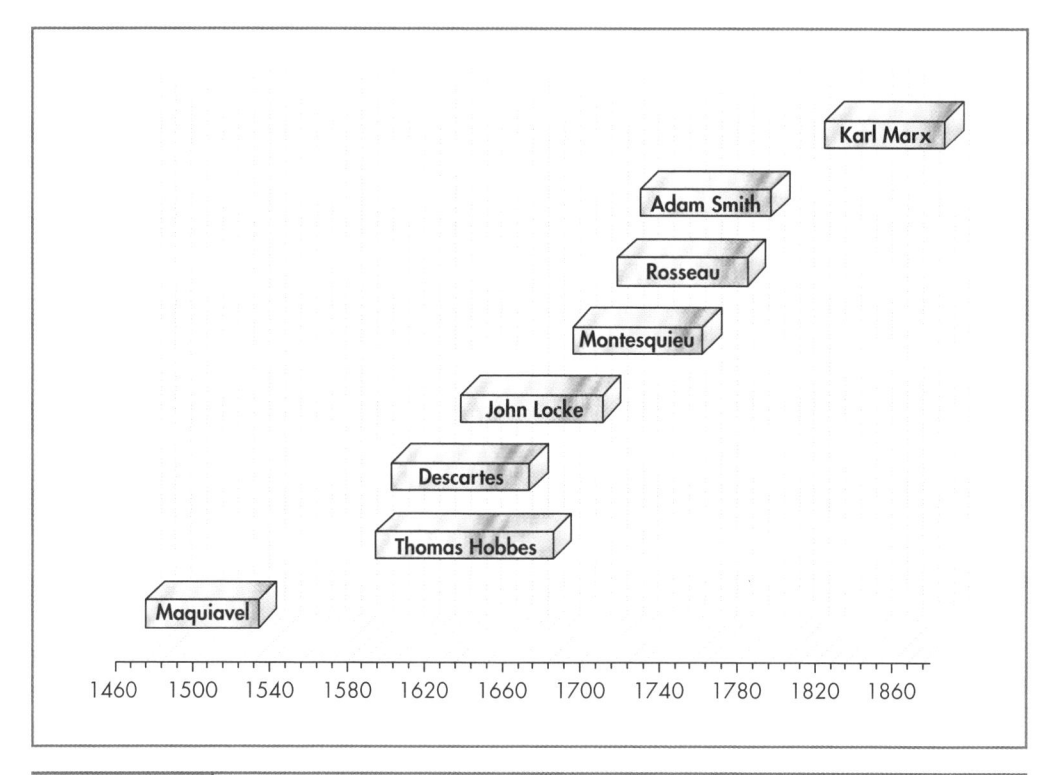

Figura 3.4 Linha do tempo d. C.

3. René Descartes (1596-1667): é certo que esse sobrenome não é de todo estranho. Quem nunca falou em Descartes, ou mesmo utilizou uma de suas maiores contribuições: o método cartesiano? Isso mesmo, Descartes foi o responsável por criar as coordenadas que até hoje nos auxiliam. A explicação para isso é simples, pois ao buscar verdades absolutas acreditou na matemática, uma ciência exata, como o caminho ideal, por não ser possível questioná-la. Além disso, com a célebre frase: "Penso, logo existo", demonstrava que sua única certeza era em relação à sua existência. Inclusive, no *Discurso sobre o método* demonstrou claramente seu

pensamento levando as pessoas a acreditarem apenas no que pudesse ser comprovado.

4. John Locke (1632-1704): foi o primeiro a formular uma teoria que tratava de um Estado liberal. Sendo contra o poder divino e a sucessão hereditária, Locke parte do estado da natureza, na medida em que nascemos com direitos naturais à vida, à liberdade e aos bens. Assim, o autor trabalha a ideia do contrato social não como um pacto de submissão, como Hobbes, mas como um pacto de consentimento, em que as pessoas concordavam em estabelecer leis que protegessem seus direitos naturais. Nesse sentido, o Estado civil era formado por dois poderes: legislativo e executivo, mas cabia à sociedade controlar o governo, tendo aquela o poder de resistência.

5. Charles Montesquieu (1689-1755): ao contrário de Hobbes, não só lutava contra o absolutismo, como também defendia a divisão do poder em três (executivo, legislativo e judiciário), buscando assim um equilíbrio. Aliás, vale destacar que essa divisão se mantém até os dias de hoje. Neste sentido, as obras que deixou como contribuição foram: a primeira, em 1721, intitulada *Cartas persas*, em que com uma linguagem simples denunciava a realidade e abusos da época estimulando as pessoas a buscarem novos horizontes; Já em 1748, *Do espírito das leis*, livro de maior repercussão, foi publicado colocando em voga Instituições e Leis, o que gerou muita polêmica e levou o autor a publicar em seguida o livro resposta: *Defesa do espírito das leis*, de 1750. Na realidade, Montesquieu queria uma melhor organização das leis, mais justas para todos.

6. Jean Jacques Rousseau (1712-1778): com uma ideia diferente de Hobbes, também trabalhou o "contrato social", título de sua maior obra. Todavia, para Rousseau, esse contrato deveria ser feito pelas pessoas, e não pelo Estado, o que pode gerar alguma confusão, pois, como já visto, Locke tinha uma posição em princípio semelhante. Entretanto, não se trata de um pacto de consentimento, mas sim da crença de que o homem era capaz de transformar o ambiente, caso não fosse refém das regras impostas pela sociedade ou pelo Estado e sim seguisse as suas próprias regras. Assim, ele se demonstrava favorável à liberdade natural, pois o homem evoluiria a partir do contato com a natureza, longe de qualquer tipo de preconceito e aberto de fato a novidades.

7. Adam Smith (1723-1790): considerado o pai da economia, ao defender a não intervenção do Estado na economia, acreditava que a riqueza era consequência da busca de cada indivíduo. Portanto, para o pensador existia uma "mão invisível" que seria a responsável por regular o mercado, de modo a ajustar oferta e demanda, como demonstra em *A riqueza das*

nações. Para entender, pense em momentos extremos, como, por exemplo, o que passamos em algumas regiões do Brasil em que o sol se faz presente de forma constante. Neste caso, a demanda por aparelhos de ventilação e ar-condicionado aumenta; por consequência, o preço deste bem sobe, estimulando a entrada de novos concorrentes, o que gera mais oferta, de modo que o preço retoma o seu patamar inicial.

8. Karl Marx (1818-1883): influenciado por Adam Smith, Marx também acreditava que a ausência do Estado na economia faria com que a sociedade fosse mais justa, em que as pessoas não seriam exploradas e sim contribuiriam com o que pudessem e seriam beneficiadas de acordo com o que necessitassem. No entanto, até para os mais leigos, está claro em tal posição que o autor estava criticando o sistema adotado não só na época, mas até os dias de hoje, o capitalismo; e é certo que suas ideias não foram bem aceitas. De qualquer forma, com muita perseverança, conseguiu publicar suas ideias em sua maior obra, *O capital*, onde fez uma análise da sociedade capitalista, sendo considerado o grande fundador do socialismo. Inclusive, com a ajuda de seu amigo Friedrich Engels elaborou as primeiras ideias do movimento denominado *marxismo* que possui inúmeros adeptos ainda hoje. Portanto, independentemente de ser considerado polêmico e revolucionário, a verdade é que Marx foi capaz de trazer uma nova visão para a realidade da época, visão essa que fez milhões de pessoas questionarem seus papéis e desenvolverem o senso crítico tão fundamental.

Vale salientar, contudo, que essa listagem não se encerra aqui, mas certamente esses oito personagens são de extrema importância para compreender o surgimento da administração; portanto, caso algum aspecto não tenha ficado totalmente claro, sugere-se retomar a leitura, antes de tentar entender sua influência nos dias de hoje.

3.2.3 *Influência dos precedentes hoje*

Algumas influências de alguns precedentes já foram deduzidas pela simples leitura dos tópicos; porém, devido à sua importância vale trabalhar algumas situações práticas que comprovam a relação direta entre tais filósofos/pensadores com as práticas da administração nos dias de hoje. Começando pelos filósofos, não faz muito tempo que o tema *coaching*, que será apresentado com mais detalhes no final deste capítulo, por exemplo, vem recebendo maior atenção.

De forma bastante sucinta pode-se dizer que o *coach* (treinador) não quer mostrar o caminho, mas sim estimular cada pessoa a encontrar o melhor caminho. E a questão é: será que essa posição não guarda nenhuma semelhança com a ideia de Sócrates de fazer com que cada indivíduo se descubra? Aliás, quantas vezes ocorreram situações em que as pessoas em vez de apresentar uma resposta fizeram você encontrá-la sozinho? Note que isso é uma metodologia muito antiga, mas que traz grande contribuição, na medida em que aprendemos a, como diria o ditado popular, "andar com nossos próprios pés".

Trazendo nosso exemplo para as organizações, se ao invés de darmos as coordenadas, ou seja, delimitarmos como algo deve ser feito, passamos a deixar cada um contribuir com suas ideias, dentro de alguns critérios, é lógico. É possível encontrar caminhos nunca antes trilhados, que não só são viáveis, como também proporcionarão melhoras significativas. Em outras palavras, por meio da maiêutica, as pessoas podem contribuir com ideias novas em vez de atuarem apenas cumprindo ordens.

Por falar em ordens, outra contribuição, já d. C., relaciona-se ao contrato social que foi interpretado de diferentes formas, mas sempre destacando a sua importância. Aliás, hoje o que mais fazemos são contratos, seja com o país seguindo as Leis, seja com as organizações por meio de regras e regulamentos a serem cumpridos. Se o ideal é ser elaborado pelo Estado, sociedade ou pelas pessoas ainda não se sabe, mas o fato é que o contrato rege as ações tanto de pessoas quanto de organizações, auxiliando o controle, e por isso são fundamentais.

Outro aspecto que não pode ser esquecido é a chamada "mão invisível", pois se hoje temos uma Lei de Oferta e Procura que parece tão óbvia, foi porque um dia Smith conseguiu explicar como isso funciona. Da mesma forma, se conseguimos criticar alguns aspectos do regime capitalista, foi porque Marx conseguiu apresentá-lo de uma outra forma, fazendo com que pudéssemos desenvolver nosso senso crítico.

Portanto, se ao iniciar esta parte, muitos se surpreenderam ao se deparar com nomes como Sócrates, Rousseau e outros mais, ao conhecer suas contribuições e verem a aplicabilidade das mesmas nos dias de hoje não é difícil entender sua relevância. Ademais, é preciso entender que, como visto no Capítulo 2, a base das competências do gestor é o conhecimento e, para tanto, ter acesso a informações e estar aberto a inovações é fundamental.

Estudo de Caso – Precedentes da Administração Científica

A discussão ia longe e os executivos estavam realmente motivados a levantar questões que poderiam conduzir a empresa à conhecida excelência empresarial. O ambiente, um hotel amplo, tipo *resort* no Centro-Oeste brasileiro, convidava os circunstantes a passear sobre os pensamentos difundidos por grandes profissionais de empresas norte-americanas, principalmente. Num dado momento, Raphael faz uma intervenção que mudou os rumos da discussão e tornou a reunião ainda mais interessante, pois que falou longamente, fez a miniplateia ficar em silêncio, mas teve, permitam, troco. Disse ele: "o principal é o objetivo a se alcançar, não me preocupo com os meios. Há séries de TV (24 horas, por exemplo) que mostram isso claramente, e a apologia ao atingir os fins sem se importar com os meios. E existe um porquê: o ser humano é muito perigoso, suas ações são perigosas, é possível partir de um ponto de enorme tranquilidade para agir como um *tsunami*. O ser humano é o lobo do ser humano. Ele se aniquila ou aniquila o próximo. Por isso, o objetivo é o que interessa, nada mais. Outro ponto importante, e que já surgiu aqui entre nós, é o fato de se perseguir um objetivo de qualquer maneira. Eu também acho que o mais importante é o objetivo a ser alcançado, mas não de forma amadora, sem método, sem uma preocupação com os vários momentos de uma luta negocial. Vejam a nossa democracia: temos os três poderes: Executivo, Legislativo, Judiciário e assim funcionamos muito bem. O Executivo não pode fazer o que quer, pois que tem dois outros poderes prontos para atuar em nome da democracia. Na nossa empresa, que é o Poder Executivo, digamos, nada pode ser feito sem uma lógica, sem métodos que tornam qualquer operação lógica, pois outros 'poderes' poderão interferir. E por outros poderes entendam o consumidor e a ação do Estado por meio de ações de cunho legal e de cunho regulador. Essa é a vantagem da democracia que nos ajuda a entender a nossa empresa. Não podemos sair por aí ditando normas ou agindo sem preocupações, pois temos 'poderes' nos olhando, agindo e regulando. Lógico que não estou me referindo a uma intervenção do Estado na economia; outros antes de mim pensaram na não intervenção e se tornaram ícones numa determinada época, mas a regulação e não uma intervenção o Estado tem de fazer. Afinal tivemos também em nossa história quem defendesse o socialismo com muita, digamos, devoção, mas o tempo mostrou que o socialismo poderia sobreviver sem uma desejada intervenção do Estado na Economia. É isso aí, deixo vocês à vontade para seguirmos nessa conversa".

Após um breve silêncio alguém fez a primeira manifestação: "Raphael, gostei e não gostei. Não me anima ouvir alguém falar porque quer falar. De onde você tirou tudo isso? No que e em quem, se houver, você está se louvando para tomar o nosso precioso tempo?" Raphael não esperou muito e encerrou, segundo ele, a sua (dele) participação: "convido-os a ler Maquiavel, Hobbes, Descartes, Montesquieu, Adam Smith e Karl Marx e então poderemos conversar!!!!"

Você e seu grupo devem comentar as palavras de Raphael, concordando, discordando ou sugerindo outros caminhos.

Nota: O caso apresentado é hipotético e qualquer semelhança com pessoas, empresas etc. terá sido mera coincidência.

QUESTÕES PARA DEBATE – PRECEDENTES DA ADMINISTRAÇÃO CIENTÍFICA

1. Tendo por base a definição do *Dicionário Aurélio* sobre Teorias, você acredita que de fato existe uma teoria geral da administração? Justifique sua resposta com argumentos teóricos.
2. Por que as pirâmides são consideradas um marco no surgimento da administração "prática"? Qual a diferença entre sua contribuição e a das organizações militares?
3. Um dos tópicos deste capítulo se dedicou a apresentar a contribuição dos principais filósofos. Apresente de forma objetiva tais contribuições associando-as aos respectivos filósofos.
4. Foi afirmado no texto que *O príncipe* é hoje considerado o "manual da política". A que se deve tal importância? Qual seu grande ensinamento?
5. Um termo que passou a ser muito difundido de forma pejorativa foi "maquiavélico". Explique os motivos que levaram a tal posicionamento e aproveite para dizer se concorda ou não com tal julgamento.
6. O contrato social foi de fato um tema que atraiu a atenção de alguns pensadores. Todavia cada qual soube trabalhá-lo de uma forma bastante distinta. Que formas foram essas? A que pensadores se faz referência?
7. Ficou claro que para um dos pensadores existia uma "mão invisível" que seria a responsável por regular o mercado. O que isso quer dizer? Como funciona esse mecanismo? Ele seria capaz de representar a realidade atual?
8. Fale-nos um pouco sobre o marxismo, sua importância, autores e ideias centrais.
9. Filósofos pode parecer uma palavra que remete a um passado longínquo; porém, durante a leitura ficou claro que essa posição pode restringir seu conhecimento. Escolha um dos filósofos apresentados e demonstre que suas ideias se mantêm vivas nos dias de hoje.
10. Dentre os pensadores trabalhados nesta parte do Capítulo escolha dois e demonstre sua influência nos dias de hoje. Saiba que fazer uso de exemplos é sempre uma boa estratégia.

Referências bibliográficas

HOBBES, Thomas. *Leviatã ou matéria*: forma e poder de um Estado eclesiástico e civil. Texto integral. Martin Claret, 2002. (Coleção A obra-prima de cada autor. Série Ouro.)

MAQUIAVEL, Nicolau. *O príncipe*. São Paulo: Centauro, 2001.

MARX, Karl. *O capital*: crítica da economia política. Recife – Pernambuco: Civilização Brasileira, 2008. v. 6.

MONTESQUIEU, Charles. *Cartas persas*. Tradução de Mário Barreto. Belo Horizonte: Itatiaia, 1960. (Clássicos Itatiaia.)

_____. *Do Espírito das Leis*. Texto integral. São Paulo: Martin Claret, 2002. (Coleção A obra-prima de cada autor. Série ouro.)

PESSANHA, José Américo Motta. *Diálogos*: Platão. 5. ed. São Paulo: Nova Cultural, 1991.

ROUSSEAU, Jean-Jacques. *Do contrato social*. Texto integral. São Paulo: Martin Claret, 2002. (Coleção A obra-prima de cada autor.)

SMITH, Adam. *A riqueza das nações*. São Paulo: Madras, 2009. Tradução de Getulio Schanoski Jr.

Nota: Nós, autores, tivemos alguma dificuldade em anotar os autores de muitos trechos deste capítulo, até mesmo pela coincidência de muitos parágrafos. Contudo, listamos nas referências bibliográficas as obras mais consultadas, onde conseguimos boas contribuições.

3.3 Abordagem clássica

Como explicitado no início deste Capítulo, a administração começa como corpo independente de conhecimento na historicamente conhecida Revolução Industrial. Para entender melhor tal surgimento, vale lembrar que essa Revolução aconteceu, primeiramente, na Inglaterra, graças à acumulação de capital, ao cercamento dos campos, à disponibilidade de mão de obra em abundância, e, principalmente, à força da burguesia inglesa. Via de consequência, surgiram, na Europa e no mundo, as fábricas, que no início eram bastante "simples" e a divisão do trabalho ainda era algo, até então, impensável.

As fábricas, geralmente de calçados e tecidos, além da mão de obra, contavam com as máquinas, grandes responsáveis pelo que se denominava Revolução Industrial. E, com elas, as fábricas aumentavam constantemente as suas produções, ao mesmo tempo em que seus empregados, antes artesãos ou aprendizes, já não mais tinham o direito de pensar como fazer melhor. O melhor estava escrito. O melhor era o lucro, e as fábricas, então, queriam lucrar cada vez mais e, para conseguir isso, deveriam elevar a sua produção.

Assim a disputa pela produtividade, com a finalidade de garantir seus empregos, tomava conta dos empregados. Mas estes, conforme dissemos, eram artesãos e tinham suas técnicas particulares, culminando em acabamentos diferentes. Além disso, deve-se ressaltar que é natural algumas pessoas serem mais hábeis em certos aspectos do que outras. Para ilustrar, imagine uma produção de sapatos, onde um dos seus funcionários é muito bom em fazer solas, o outro é excelente no corte do couro e ainda há aquele que, em se tratando da pintura, dispensa comentários. Diante desses fatos e também da necessidade de manter um padrão dos produtos surgia a divisão do trabalho.

Note, contudo, que o padrão de qualidade se tornou essencial apenas no século XX, acompanhado de estudos estatísticos; logo, até então, a produtividade era a "única" preocupação dos empregadores e, para tanto, a fabricação correta de produtos era fundamental, dando origem ao "primeiro evento importante na história da administração contemporânea: o movimento da administração científica" (MAXIMIANO, 2007). Diz-se primeiro, pois a Escola Clássica da Administração ainda receberia contribuições da Teoria Clássica, como será visto.

Sendo assim, buscando um melhor entendimento sobre a evolução da administração, tomaremos conhecimento dela em cinco diferentes etapas, também conhecidas por abordagens ou estágios da administração. De qualquer forma, antes de iniciarmos este estudo, é importante ressaltar que a nossa preocupação é mostrar a influência das abordagens no Brasil atual; portanto, é interessante que os leitores, também, reflitam sobre o Brasil para que, juntos, possamos entender o porquê desta grande preocupação, qual seja, a de conhecer as várias abordagens da administração ao longo dos tempos e sua importância no Brasil de hoje.

3.3.1 Administração Científica: Taylor e Ford

Para melhor compreender Administração Científica, vale insistir que esta nasceu como um corpo independente de conhecimentos; e, para tanto, alguns grandes estudiosos da época, em especial Taylor e Ford, se destacaram nesta construção. Aliás, foram esses pensadores os responsáveis pela formação não intencional do movimento da Administração Científica, também conhecido anos depois como Escola Clássica da Administração. Nesse sentido vale conhecer suas propostas que permanecem vivas até hoje (Figura 3.5), contrariando opiniões de muitos autores.

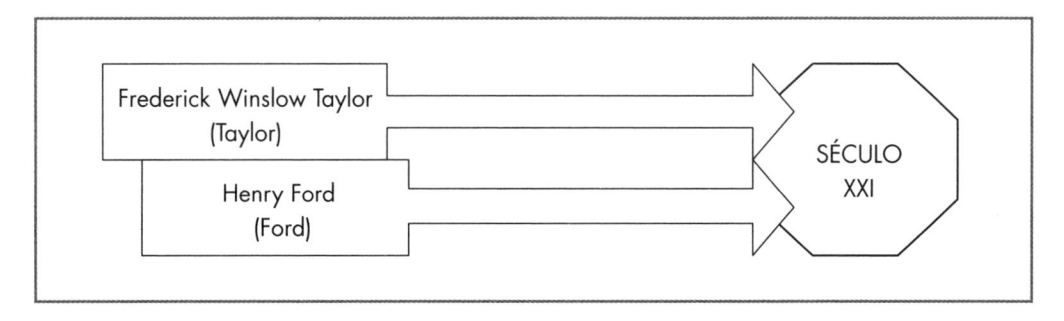

Figura 3.5 Perpetuação das propostas dos principais autores.

Primeiramente, em se tratando de Frederick Winslow Taylor (1856 – 1915), mais conhecido como Taylor, ele iniciou sua vida profissional como técnico tornando-se engenheiro mecânico anos mais tarde. Dessa forma, fez uso de sua vivência na fábrica, seu local de trabalho, para desenvolver seus estudos, o que explica o fato de apontar seus trabalhos – pesquisa, experiências, palestras e artigos – "aos níveis operacionais mais baixos da organização e não aos níveis altos da administração" (MEGGINSON; MOSLEY; PIETRI JR.,1998).

Um fato curioso foi a tradução dada a *scientific management*, parte do título da contribuição deixada por Taylor e que gerou a massificação universal de seus estudos. Para muitos, *management* se traduz por *gerência, gerenciamento*. E, supomos, era o que Taylor desejava – basta conhecer que o foco da aplicação das suas ideias não era a empresa como um todo, mas um aspecto bem particular: a linha de produção e meios e modos de supervisioná-la ou... gerenciá-la. Mas a tradução privilegiou *administração*. Fosse diferente e hoje teríamos a busca pela teoria geral do gerenciamento, mas...

Na verdade, Taylor começou a observar que era possível diminuir os custos da produção gerando mais lucro, caso os processos fossem padronizados e tivessem um maior controle. Em outras palavras, era preciso buscar a eficiência nas fábricas. Isto porque todas sofriam de um mal: a vadiagem no trabalho. Isso mesmo, segundo o autor que dedicou um capítulo de seu livro a este tema:

O trabalhador ia ao serviço e em vez de empregar todo o seu esforço para produzir a maior soma possível de trabalho, quase sempre procurava fazer menos do que podia realmente – e produzia muito menos do que era capaz – trabalhando deliberadamente devagar, de modo a evitar a realização de toda tarefa diária... fazer cera era o que estava generalizado nas indústrias.

Contudo, ao contrário do que muitos pensam, Taylor não estava defendendo apenas a alta administração; pelo contrário, "o principal objetivo era o de assegurar o máximo de prosperidade ao patrão e, ao mesmo tempo, o máximo de prosperidade do empregado" (TAYLOR, 1990). Nesse sentido, seguia uma lógica muito simples: aumentando a eficiência dos trabalhadores, aumentava-se o lucro no negócio, ou seja, a prosperidade do patrão estava assegurada.

Além desta questão, nesta época não existia concorrência como nos dias de hoje; logo, tudo o que fosse produzido seria consumido. Portanto, para ter mais lucro, era preciso produzir mais e para aumentar a produção era necessário que o trabalho fosse feito da maneira mais simples possível, de forma coordenada e responsável. Dessa forma, está claro que Taylor transformou o debate sobre a eficiência num conjunto de princípios e técnicas dando origem à ideia da racionalização do trabalho, onde cada um seria responsável por uma parte do processo de produção, muitas vezes desconhecendo o produto final, mas responsável claramente por um aspecto particular, conforme apresenta a Figura 3.6. Sendo assim, Taylor delimitou o que convencionou chamar de Organização Racional do Trabalho (ORT) contendo as seguintes características:

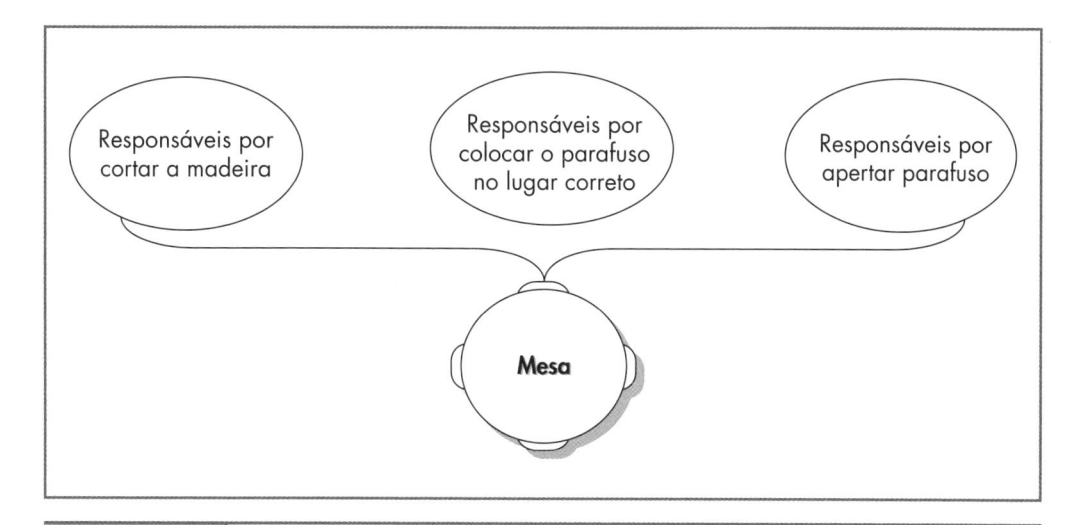

Figura 3.6 Exemplo da racionalização do trabalho para a construção de uma mesa.

- *análise do trabalho e estudo dos tempos e movimentos*: neste sentido era preciso decompor as tarefas necessárias para a execução de uma atividade e definir a maneira certa de executá-la. Isso mesmo. É como se existisse uma melhor maneira (*the one best way*), com tempo (tempo-padrão) e movimentos predeterminados e todos devessem segui-la. Assim, as operações era reunidas e o trabalho agilizado fazendo uso do método cartesiano com máxima eficiência. Aliás, neste sentido Henry Lawrence Gantt, que chegou a ser subordinado de Taylor, ampliou o uso de gráficos de produção, agora chamados de *Gráficos de Gantt*, sendo o mais conhecido o que expressa o cronograma de uma ou mais atividades. Ainda assim, diferente de outros estudiosos da abordagem clássica, Gantt era preocupado com o ser humano e muito de seu esforço era voltado ao reconhecimento de que as pessoas da organização lutariam para que a empresa conquistasse a excelência nos negócios, o que só viria a acontecer anos mais tarde;
- *estudo da fadiga humana*: foi Frank Gilbreth, consultor internacional, interessado em eficiência, especialmente na maneira mais adequada de realizar um trabalho, quem elaborou algumas técnicas de administração que auxiliaram Taylor no estudo do desgaste físico causado por

movimentos repetitivos e que influenciavam a produtividade, ou seja, a fadiga humana. Dessa forma, buscou-se reduzir as tarefas aos movimentos elementares, chamados pelo autor de *therbligs* (quase seu nome ao contrário), adequando o uso do corpo, arranjo material do local de trabalho e desempenho das ferramentas e equipamentos. Ideia utilizada por Taylor, apesar de divergir bastante do autor, pois Gilbreth acusava Taylor de não se importar com as pessoas na organização;

- *divisão do trabalho e especialização do operário*: diante da delimitação de tempos e movimentos elementares para que a ORT conseguisse de fato maximizar sua eficiência cada operário deveria ser especializado numa tarefa única. Assim, além de diminuir a liberdade, seria possível aumentar a eficiência eliminando movimentos desnecessários, pois afinal de contas o "operário era pago para fazer e não para pensar"; então, quanto mais específica fosse sua tarefa, mais fácil seria agilizar a produção ou até mesmo substituir a mão de obra, caso não se alcaçasse o objetivo esperado;

- *desenho de cargos e de tarefas*: antes é preciso entender que atividade é um conjunto de tarefas, e cargo é um conjunto de atividades. Portanto, desenhar cargos significa deixar claro quais as atividades a ele relacionadas. Da mesma forma, no caso das tarefas, é preciso esclarecer *o que* deve ser feito, *como*, *onde*, em *quanto tempo* e *qual a quantidade*. Note que a ideia é deixar tudo muito bem delimitado e formalizado, a fim de que não haja dupla interpretação e muito menos questionamentos, o que facilita bastante o controle, pois, se está claro o que deve ser feito e a pessoa não faz, a cobrança é mais do que justificada;

- *incentivos salariais e prêmios de produção*: não, a ideia não era fazer as pessoas participarem dos lucros, mas sim estimulá-las a produzir mais, combatendo desta forma a vadiagem no trabalho. Portanto, o salário seria por peça produzida, o que estimularia os trabalhadores a fazer a chamada hora-extra sem reclamar, afinal estavam ganhando por isso. Nesta lógica ganharia mais quem produzisse mais e os prêmios serviam de estímulo para que se ultrapassasse o tempo-padrão;

- *conceito de homo economicus*: este pode ser considerado um pré-requisito para que a ORT funcione. Diz-se isto, pois todas as demais características partem desse princípio, ou seja, de que as pessoas são estimuladas exclusivamente por recompensas salariais, econômicas e/ou materiais. Por assim dizer, não adianta oferecer salário por produção, definir tempos-padrão etc. Se a pessoa funciona numa lógica diferente desta, ou melhor, se a pessoa busca socialização, por exemplo, e não consegue se adaptar àquele grupo de trabalho, tais estímulos não passaram de tentativas frustradas;

- *condições ambientais de trabalho, como iluminação, conforto etc.*: novamente vale lembrar que o foco é produtividade, pois a ideia não é de oferecer maior conforto às pessoas para que elas tenham qualidade de vida no trabalho. Não é nada disso. Nesse caso é preciso adequar os instrumentos, ferramentas, máquinas e pessoas às tarefas a serem executadas para que tudo esteja disponível na hora, no local e na quantidade certas;
- *padronização de métodos e de máquinas*: este tópico é autoexplicativo, mas serve para reforçar os demais, provando a necessidade de padronizar visando a eliminar o desperdício e aumentar a eficiência; e
- *supervisão funcional (por especialidade)*: prova que Taylor, ao delimitar a ORT, não buscava uma centralização de poder, mas sim um maior controle da produção. Também ficou claro que o ideal seria ter um supervisor para cada função. Assim, cada operário iria "prestar contas" simultaneamente a diferentes supervisores, de acordo com sua função.

Quadro 3.1 | Características da Organização Racional do Trabalho (ORT).

Análise do trabalho e estudo dos tempos e movimentos
Estudo da fadiga humana
Divisão do trabalho e especialização do operário
Desenho de cargos e de tarefas
Incentivos salariais e prêmios de produção
Conceito de *homo economicus*
Condições ambientais de trabalho
Padronização de métodos e de máquinas
Supervisão funcional (por especialidade)

Entretanto, o "problema" em sua proposta é que dessa forma as pessoas da organização eram vistas como simples peças de uma máquina. Um grande exemplo disto, inclusive, é o filme *Tempos Modernos*, de Charles Chaplin em que com sua genialidade e aguçado senso crítico Chaplin (no Brasil conhecido por Carlitos) mostra numa cena o trabalho realizado pelos operários da fábrica onde, caso eles não operassem na velocidade da máquina, seriam, literalmente, engolidos pela engrenagem (e eram).

Carlitos, por exemplo, é engolido pela engrenagem ao tentar e não conseguir acompanhar a velocidade da máquina que exigia um certo tempo para o aperto de porcas. E, acreditamos, que daí tenha surgido essa expressão, largamente utilizada em nossos dias: "engolidos pela engrenagem", onde residia a crítica feroz de Chaplin aos métodos desumanos de operação da linha de produção, exigindo uma capacidade física que nem todos os trabalhadores eram possuidores.

Por essas e outras circunstâncias Taylor chegou a ser considerado o demônio da administração (HOOPES, 2003), pois, como Maquiavel, era extremamente racional e objetivo em suas metas, considerando a administração científica uma verdadeira revolução mental, a partir do momento que se demonstrava como uma revolução na maneira de encarar o trabalho e as responsabilidades em relação à empresa e aos colegas. Ainda assim, sua contribuição é inegável, pois além de ter trazido a administração para o campo das ciências, trouxe caráter técnico-científico ao trabalho e conquistou alguns seguidores como Henry Ford.

Henry Ford (1863-1947), fundador da Ford Motor Company e criador da linha de montagem, soube dar continuidade aos quatro elementos essenciais da administração científica de Taylor (1976) e que eram, simplificadamente:

- o desenvolvimento (pela gerência/direção e não pelo operário) da ciência de assentar tijolos, com normas rígidas para o movimento de cada ser humano, aperfeiçoamento e padronização de todas as ferramentas e condições de trabalho. E Ford soube muito bem se aproveitar desse elemento em sua montadora padronizando a ação de cada operário e padronizando o quadro de ferramentas;

- a seleção cuidadosa e treinamento subsequente de operários de primeira ordem, com a eliminação de todos os seres humanos que se recusam a adotar os novos métodos, ou que eram incapazes de segui-los. Uma vez mais, Ford provavelmente se inspirou nesse item para seu rigor na seleção e treinamento dos operários, passo correto na sua vitoriosa carreira de empreendedor e de empresário (há diferenças fundamentais entre empresário e empreendedor e é possível percebê-las em especial no Capítulo 1);

- adaptação de operários de primeira ordem à ciência de assentar tijolos, pela constante ajuda e vigilância da direção que pagaria, a cada ser humano, bonificações diárias pelo trabalho realizado e de acordo com as instruções. É certo que, por quase todo o século XX permaneceu, e ainda permanece neste século, o procedimento de dar bonificações por aumentos de produtividade e respeito aos padrões estabelecidos. Ford foi um dos que se utilizou desse procedimento; e

- revisão equitativa do trabalho e responsabilidade entre o operário e a direção. Aqui temos uma clara manifestação da divisão do trabalho tal qual imaginada por Adam Smith, e Ford entendia que numa linha de montagem o operário deveria ficar numa posição fixa para executar uma tarefa única, "o que traria benefícios importantes quanto à relação volume de produção/tempo de produção".

Desta forma Ford, sabiamente, soube aproveitar as propostas de Taylor na fabricação de automóveis, acelerando intensamente a produtividade, tendo o domínio da produção desde a matéria-prima ao produto final e realizando o sonho de muitas famílias, pois se no início os automóveis, além de "caros", eram fabricados em pequenas quantidades – já que o tempo gasto na produção de cada unidade era exacerbado – com o tempo foi criado um carro mais simples e, consequentemente, mais acessível no quesito financeiro. A fabricação em produção massificada e de forma não diferenciada permitia, além de um volume expressivo, redução expressiva de custos.

Quadro 3.2	Princípios de Ford.
	Princípio da Intensificação
	Princípio da Economicidade
	Princípio da Produtividade

Surgia assim o automóvel Ford T, que conseguiu atender às expectativas de Ford e, também, tornou-se a grande maravilha da época. Aliás, a produtividade dobrava, triplicava, quadruplicava... Mas Ford ainda queria mais. E observando a produção percebeu que as pessoas perdiam muito tempo levantando-se para buscar material e voltando à mesa de trabalho. Então, para minimizar o tempo perdido, foram instaladas esteiras que continham todos os insumos que seriam utilizados. Nascia, assim, a Linha de Montagem que, como o Ford T, também foi de grande êxito, já que essas esteiras faziam aumentar a produtividade e diminuir o desperdício, fazendo uso de seus princípios básicos segundo o Quadro 3.2. São eles:

- *princípio da intensificação*: Ford acreditava que tendo o controle de toda a produção, da matéria-prima ao produto acabado, ele seria capaz de diminuir o tempo de produção e aumentar a quantidade de produtos no mercado, pois seria o responsável direto pelo emprego dos equipamentos e da matéria-prima;

- *princípio da economicidade*: consiste em reduzir ao máximo o volume do estoque da matéria-prima em transformação, fazendo com que o automóvel seja pago à empresa antes de vencido o prazo de pagamento da matéria-prima adquirida e dos salários. Em outras palavras, é como se o produto acabado fosse capaz de pagar seus insumos sem a necessidade de a empresa intervir, uma espécie de pagamento a prazo, como conhecido hoje em dia; e

- *princípio da produtividade*: está diretamente relacionado às ideias de Taylor, já apresentadas. Neste caso a capacidade produtiva seria ampliada com o emprego da especialização e da linha de montagem.

Contudo, toda essa excelência também dependia da boa vontade e dedicação dos trabalhadores. E, para isso, Ford dobrou o salário dos seus funcionários. Crescia, então, o poder aquisitivo dos empregados e, também, da sociedade. Isso, aliado à produção em massa e a um custo mais baixo, fez com que houvesse, também, um consumo em massa, inclusive o de automóveis! Essa situação foi considerada por alguns autores como estratégica, na medida em que se vivia um momento de guerra, em que os estoques só faziam aumentar, sendo preciso aumentar as vendas.

É esse contexto, onde a produtividade das fábricas era estimulada pelos benefícios aos trabalhadores, que melhor ilustra a Administração Científica: "a prosperidade do empregador não pode existir se não for acompanhada da prosperidade do empregado e vice-versa [...]. A máxima prosperidade ocorre quando cada ser humano e cada máquina oferecem o melhor rendimento possível" (TAYLOR, 1990).

Portanto, as verificações de Taylor e Ford comprovaram que o aumento da produtividade era fruto de estudos que analisavam desde os movimentos dos trabalhadores aos incentivos dados aos funcionários. Assim, a partir dessa necessidade de incrementar a produção, nasceu a Administração Científica que "defendia o aumento da produção e, ao mesmo tempo, melhorava as condições de trabalho e proporcionava maiores salários" (MEGGINSON; MOSLEY; PIETRI JR., 1998). Todavia, ainda na escola clássica, outra corrente começa a se formar nesse momento trazendo ideias que complementam as contribuições já vistas. Trata-se da Teoria Clássica fundada por Henry Fayol que será apresentada a seguir.

3.3.2 Teoria Clássica: Fayol

Se na Administração Científica é dada ênfase às tarefas realizadas pelos operários, visando a aprimorá-las e, em consequência, aumentar a produtividade, na Teoria Clássica, fundada por Fayol, a visão continua voltada para o incremento nas produções, porém para isso são percorridos caminhos diferentes.

Para entender melhor, basta notar que diferente de Taylor, Fayol foi engenheiro de minas e subiu na escala hierárquica até se tornar diretor geral de Comambault (uma empresa de mineração), em 1888. Fayol teve a sua primeira experiência profissional como gerente e ao longo dos anos desenvolveu métodos de gerência que se mostraram eficientes. Então, a partir da sua experiência na alta administração e não, digamos, na baixa como Taylor, Fayol teve uma visão de cima para baixo da organização e desenvolveu seus estudos focando as funções da gerência, direcionando-as para a produção e pessoas da organização.

Desta forma o sucesso foi alcançado porque "a administração, para Fayol, focalizava o processo de administração relativo ao estabelecimento de objetivos e planejamento, organização, comando, coordenação e controle de atividades, de tal forma que os objetivos organizacionais eram atingidos" (MEGGINSON, MOSLEY; PIETRI JR., 1998). Aliás, neste caso específico, nota-se não só a preocupação dele com os objetivos empresariais, o que resultou em ações geradoras bastante positivas para a empresa em que atuava, mas como também em separar pela primeira vez "as funções do administrador (gestor) dos que não têm subordinados e são responsáveis pela execução das atividades" (LACOMBE; HEILBORN, 2008), como sendo o POCCC, ou seja: planejar, organizar, comandar, coordenar e controlar.

Não obstante, sendo ponto crucial de seus estudos a estrutura organizacional, além de delimitar as funções do gestor, Fayol também se preocupou em definir quais seriam as funções básicas das empresas chegando a um número de seis funções elementares que sofreram algumas alterações ao longo dos anos, mas nunca perderam sua essência (Figura 3.7). São elas:

- *função administrativa*: reponsável por planejar, organizar, coordenar, comandar e controlar as atividades desempenhadas pelas demais funções. Vale dizer que essas funções ainda são largamente utilizadas nos dias de hoje, mesmo que em caráter de integração, onde comandar e coordenar deram lugar à função de dirigir tendo em vista a importância do ser humano nos organizações, como visto no Capítulo 2;
- *função comercial*: como o próprio nome sugere, trata da comercialização; porém, se no início da administração como ciência bastava se preocupar com a compra, venda e troca de bens/serviços, hoje existe um personagem que mudou de vez essa relação: o cliente. Isso mesmo! As organizações deixaram de ditar as regras e passaram a ter que atender clientes a cada dia mais exigentes e mais cientes de seus direitos; portanto, tal função cedeu lugar ao *marketing* muito mais compatível com a nova realidade de mercado;

Segundo Fayol

```
                    Função
                    Administrativa
    ┌───────────┬───────────┼───────────┬───────────┐
  Função      Função      Função      Função     Função de
  Comercial   Contábil    Financeira  Técnica    Segurança
```

Atualmente

```
                    Função
                    Administrativa
    ┌───────────┬───────────┼───────────┬───────────┐
  Marketing  Gestão de   Função      Função     Função de
             pessoas     Financeira  Técnica    Segurança
                           │
                         Função
                         Contábil
```

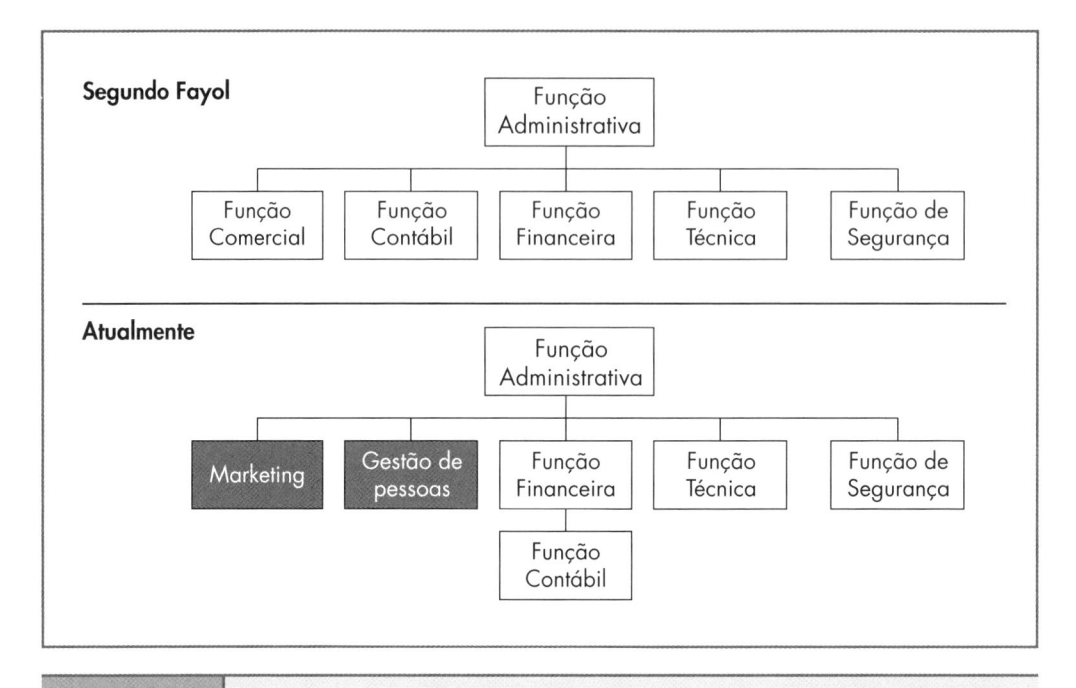

Figura 3.7 Funções básicas das empresas segundo Fayol e atualmente.

- *função contábil*: continua sendo responsável pela parte legal de inventários, registros, balanços, custos e estatísticas, mas em muitas organizações passou a ser subordinada à função financeira;

- *função financeira*: apesar de manter seu propósito, captar recursos e capitais para fazer a empresa funcionar, hoje possui novas ferramentas à sua disposição, fruto da globalização e do advento da tecnologia da informação;

- *função técnica*: relaciona-se ao chão de fábrica, ou seja, à produção de bens e serviços, verdadeiro nível de execução; e

- *função de segurança*: na proposta de Fayol estava relacionada à preservação dos bens e das pessoas, pois a produção não poderia parar. Contudo, hoje a preocupação com as pessoas cresceu de forma significativa tamanha a importância que o ser humano passou a ter na estrutura; logo, recebeu uma unidade exclusiva para cuidar de sua relação com a organização (Gestão de Pessoas) e a parte de segurança recebeu um novo rótulo em que foi incluída a preocupação com a saúde.

E, indo além, o ex-praticante da engenharia elaborou os 14 princípios gerais de administração, apresentados no Quadro 3.3. Portanto, sabedores dos méritos de Fayol e retomando o questionamento preliminar sobre a possível existência de uma Teoria Geral da Administração, um fragmento retirado da obra de Fayol pode explicar o surgimento da primeira proposição de que tais estudos constituiriam de fato uma teoria. Neste momento é o próprio Fayol quem nos ilumina com o seu toque de genialidade.

A administração é uma atividade comum a todos os empreendimentos humanos (família, negócios, governo), que sempre exigem algum grau de planejamento, organização, comando, coordenação e controle. Portanto, todos deveriam estudá-la, o que exigiria uma teoria geral da administração que pudesse ser ensinada. (FAYOL, 1994)

Por fim, embora Fayol e Taylor tivessem estudado a organização por óticas bastante diferentes, ou seja: um se preocupou com o todo organizacional e o outro mostrou concernência, essencialmente, com a linha de produção, com tempos e movimentos, enfim com o chamado "chão de fábrica", seria possível afirmar que existe uma integração entre os estudos de um e outro. Aliás, apesar de não haver registros de nenhum contato pessoal entre eles, é certo que Fayol leu textos sobre o chamado Sistema Taylor, mas o contrário não aconteceu, até porque o único livro de Fayol foi publicado em 1916 e Taylor faleceu em 1915.

No entanto, concordamos que se abriu a possibilidade de supor que ambos terminariam por dar um sentido universal à administração, sentido este preservado e aprimorado por estudiosos até hoje. Inclusive há autores que afirmam, por exemplo, que "Fayol aceitou a contribuição de Taylor quando compreendeu que seu trabalho completava o dele ao promover a ciência da administração" (MEGGINSON; MOSLEY; PIETRI JR., 1998) mas, realmente, pouco mais foi acrescentado, visto que atuavam em países diferentes (França para Fayol e Estados Unidos para Taylor), na mesma época, ou seja, fim do século XIX e nas duas primeiras décadas do século XX, sendo as contribuições dadas em momentos diferentes.

Quadro 3.3	Os 14 princípios de administração de Fayol.

1 –	Divisão de trabalho	Executando somente uma parte da tarefa, um trabalhador pode produzir mais e melhor com o mesmo esforço. A especialização é a maneira mais eficiente de usar o esforço humano.
2 –	Autoridade e responsabilidade	Autoridade é o direito de dar ordens e conseguir obediência; responsabilidade é um corolário de autoridade.
3 –	Disciplina	É necessário haver obediência às regras da organização. A melhor maneira de ter bons chefes e regras justas e claras, e bons acordos, é aplicar as sanções e penalidades com justiça.
4 –	Unidade de comando	Deve haver somente um chefe para cada empregado.
5 –	Unidade de direção	Todas as unidades da organização devem seguir em direção aos mesmos objetivos através de um esforço coordenado.
6 –	Subordinação do interesse individual ao interesse geral	Os interesses da organização devem ter prioridade sobre os interesses das pessoas.
7 –	Remuneração do pessoal	O salário e a compensação para o pessoal devem ser justos, tanto para o pessoal como para a organização.
8 –	Centralização	Deve haver um equilíbrio entre o envolvimento do pessoal, através da descentralização, e a autoridade final do administrador, através da centralização.
9 –	Cadeia de comando (linha de autoridade), ou hierárquica	As organizações devem ter uma via de autoridade e comunicação, que vem do alto até os níveis mais baixos e deve ser seguida pelos administradores e pelos subordinados.
10 –	Ordem	Pessoas e materiais devem estar em lugares adequados e no tempo certo para o máximo de eficiência – isto é, um lugar para cada coisa e cada coisa em seu lugar.
11 –	Equidade	É necessário bom-senso e experiência para assegurar um tratamento justo a todo o pessoal, que deve ser tratado da mesma forma.
12 –	Estabilidade do pessoal	A rotatividade de mão de obra deve ser diminuída, para manter a eficiência da organização.
13 –	Iniciativa	Os empregados devem ser encorajados a desenvolver e a implementar planos de melhorias.
14 –	Espírito de equipe (*esprit de corps*)	A administração deve promover um espírito de unidade e harmonia entre o seu pessoal, para um trabalho em grupo.

Fonte: FAYOL (1994).

3.3.3 Comparando administração científica e teoria clássica

Este tópico é de extrema importância, pois apesar das contribuições de tais correntes já terem sido exploradas, é imprescindível que você reconheça exatamente quem fez o quê. Ademais, se ambas, Administração Científica e Teoria Clássica, buscam o aumento da produtividade, chegando ao ponto de alguns autores considerarem esta última como sendo parte da primeira, é fundamental saber distingui-las.

Para tanto, vale partir do ponto-chave, pois, como visto, tanto Taylor, líder da Administração Científica, quanto Fayol, fundador da Teoria Clássica, acreditam na figura do *Homo Economicus*; e, em ambas as correntes é trabalhada a ideia do ser humano como influenciado por recompensas, porém sob enfoques bastante distintos.

Vale lembrar que Taylor passou grande parte da sua vida estudando o nível de execução. Desse modo, em seu caso, nada mais eficaz para aumentar a produtividade do que buscar a eficiência nas tarefas, reduzindo o tempo de execução e o desperdício, otimizando a utilização dos recursos. Já Fayol, em razão da sua larga experiência na gerência, percebeu que a melhor maneira de incrementar a produção era remodelando as estruturas organizacionais, implantando técnicas administrativas que tornassem o comando cada vez mais eficaz. Em outras palavras, buscou a eficiência também, mas com ênfase na estrutura.

Outro aspecto importante é que enquanto Taylor "levantava a bandeira" da supervisão funcional, Fayol trabalhava a ideia da unidade de comando, onde o poder seria centralizado. No fundo, o objetivo era o mesmo: aumentar a produtividade maximizando lucros, mas, por mais que tais correntes estejam dentro da mesma abordagem e possam ser confundidas por isso, de fato possuem lógicas de trabalho diferentes e, por isso, devem receber maiores cuidados antes de serem adotadas. Caso contrário, surgirão problemas.

Neste momento você deve estar pensando: mas elas não se complementam? A resposta é sim. Inclusive podem ser implementadas em conjunto. Como exemplo disso há hoje grandes fábricas que adotam a proposta da ORT e nem por isso deixam de manter uma preocupação com sua estrutura. No mais, de que adianta ter apenas a estrutura eficiente e as tarefas não, ou vice-versa? De fato é preciso mesclar o conhecimento adquirido a fim de ampliar suas habilidades e proporcionar atitudes mais eficazes.

3.3.4 Contribuições da abordagem clássica

Antes de entender como as ideias da abordagem clássica se aplicam aos dias de hoje e em especial à realidade brasileira, preocupação maior deste livro, vale esclarecer como elas transformaram a relação entre pessoas e organizações. A exemplo disso, se antes o êxito na produção dependia quase que inteiramente da iniciativa das pessoas (o que raramente ocorria), com a adoção das ideias da abordagem clássica, essa iniciativa passa a ser alcançada num grau muito maior, pois passam a existir estímulos para tal, no caso, as recompensas.

Da mesma forma, a produtividade deixa de ser "obra do acaso" e passa a ter metas, objetivos, enquanto os supervisores, gerentes & cia. assumem novas responsabilidades. Dessa forma, nessa nova realidade, o gestor reúne os conhecimentos tradicionais, estudando-os e reduzindo-os às leis que serão utilizadas no trabalho diário dos "operários". Portanto, todos passam a seguir regras deliberadamente planejadas a fim de que haja controle para que se alcancem os objetivos predeterminados.

Outro fato que deve ser levado em conta é a padronização dos instrumentos e movimentos de trabalho, pois ao estudar quais as melhores ferramentas de trabalho e adotá-las como padrão, a velocidade da produção tende a aumentar e tornar o trabalho menos desgastante. Dessa forma, todos ganham: pessoas e organizações – pois se evita a fadiga e se estimula a produção.

Não obstante, tendo em vista que o foco na época era aumentar a produtividade, é certo que a inclusão da linha de montagem impactou de forma determinante em todos os sentidos. Diz-se isso, pois essas pareciam não ter freios, o que deixava as pessoas enlouquecidas com a alienação dos empregadores e, aqueles que não conseguiam acompanhar a produtividade eram demitidos – lembrando que os sindicatos, nessa época, eram proibidos. Com isso não demorou para Ford, até então endeusado, passar a ser o símbolo de tudo que estava errado no século XX. E enquanto o povo reivindicava "nos deem liberdade", as críticas ganhavam as telas do cinema como, por exemplo, no filme *Tempos Modernos*, já mencionado.

Em suma, entre as pessoas, o nível de frustração aumentava como a velocidade das esteiras: freneticamente. Elas reivindicavam os seus direitos e existência de sindicatos. E é nesse momento que se percebe a ausência de "algo" mais, sem ser salários mais altos. Faltava o reconhecimento, a satisfação pessoal... Faltava algo que motivasse esses funcionários. Então, mediante todos os problemas que ocorriam utilizando os preceitos da Abordagem Clássica, surgem estudiosos com ideias e experiências inovadoras, atentando para fatores intrínsecos aos seres humanos e buscando soluções novas para motivar os trabalhadores. Estudiosos estes que, mais tarde, dariam origem à Escola de Relações Humanas, que será vista a seguir.

3.3.5 *Abordagem clássica hoje*

Você deve ter percebido durante a leitura do bloco anterior que na abordagem clássica "as recompensas eram baseadas no conceito do ser humano econômico, que supunha que a motivação e as recompensas eram conseguidas por meio de 'um pagamento justo' por um dia de trabalho" (MEGGINSON; MOSLEY; PIETRI JR.,1998). Os chamados "autores clássicos" estabeleciam uma nítida relação entre produção e remuneração. Ou seja: trabalhou mais, ganhou mais.

Contudo, percebemos que hoje – em muitas empresas, mas não todas – o antigo operário do chão de fábrica é visto como pessoa da organização, integrante importante de uma estrutura social complexa e que se soma à estrutura organizacional. Mas, infelizmente, engana-se quem pensa que essa maneira contemporânea de conduzir a empresa é presente em toda empresa brasileira ou estrangeira que atua no Brasil. Ainda existem empresários até e mesmo gestores da alta estrutura organizacional que pensam nos moldes tayloristas ou nos moldes da abordagem clássica.

Isto significa dizer, prezado leitor, prezada leitora, que passamos um século e entramos num novo século, em que muitos empresários agem dessa maneira considerada por todos os estudiosos como uma forma retrógrada e que não impulsiona empresa alguma rumo ao sucesso nos negócios. No caso brasileiro, a inexistência de um controle mais efetivo e/ou a ausência de leis mais rigorosas impedem uma atualização de muitos dirigentes, em todos os níveis. Os sindicatos que lutam por mais direitos trabalhistas ficaram um longo período ausentes dessa luta, face ao estado de exceção que vivenciamos a partir de março de 1964.

E, de pouco mais de dez anos para cá, é possível sentir posturas mais rígidas e é provável uma alteração legal e, também, consensada para melhor, na relação empregado/empregador. É fácil visualizarmos essa situação nos dias de hoje, quando nos deparamos com lojas, muitas lojas, onde o vendedor tem a sua remuneração calculada com base em comissão percentual por venda de produtos ou prestação de serviços. Em sua maioria, os vendedores têm um salário-base que mal garante uma remuneração adequada. Por vezes, presenciamos discussões entre esses profissionais, devido ao regime que lhes é colocado na empresa; em alguns casos bem mais rigorosos os práticos se notabilizaram com a abordagem clássica a partir do fim do século XIX e primeiras duas décadas do século XX.

Esse pensamento ainda persiste em algumas organizações, ou seja, os trabalhadores são considerados, para elas, verdadeiras "máquinas biológicas" (MEGGINSON; MOSLEY; PIETRI JR., 1998), devido ao fato de realizarem um trabalho mecânico que não consegue satisfazer psicologicamente, já que a preocupação seria apenas com operações mais eficientes. Por outro lado, outras já notam o valor das pessoas. O importante é compreender os méritos de Taylor, Fayol e seus colegas, à medida que alcançaram um aumento considerável de produção por intermédio de seus princípios, o que é seguido por muitas empresas ainda nos dias de hoje, ou até mesmo por um certo período de tempo em outras (seja por ser o tempo um fator crítico, seja por condições de crise que pudessem direcionar, apenas e tão somente, a questão da sobrevivência da empresa). A verdade é que o estudo deles foi imprescindível para o sucesso de muitas e muitas organizações durante décadas.

As propostas dos autores incluídos na abordagem clássica tiveram o mérito de enquadrar as empresas numa sistemática, uma lógica de ação e implicaram a derrota do amadorismo, tanto quanto hoje os estudiosos lutam por fazer os dirigentes entenderem a relevância de se considerar o ambiente como vital para a melhor gestão empresarial. Contudo, os estudos que prevaleceram não foram os de tentar compreender e otimizar as grandes questões estruturais das empresas e sim os estudos facilitadores das ações rotineiras, do dia a dia da produção nas indústrias de então. E talvez pelo fato de as propostas clássicas terem ainda hoje simpatizantes até ortodoxos.

Os (futuros) empreendedores, empresários e executivos devem entender que a abordagem clássica trouxe benefícios porque o que existia anteriormente era uma despreocupação com a organização e mesmo com a venda de produtos. Não havia imperiosa necessidade de dar caráter técnico, científico ao trabalho até surgirem os nomes já citados. É importante que empresários, empreendedores e executivos entendam que a simples aplicação de procedimentos clássicos não traz os benefícios que uma gestão moderna trará. O tratamento que exclui a análise dos comportamentos das pessoas da organização ou que apenas entenda esse comportamento voltado à remuneração não colabora, ajuda pouco e convida parte da estrutura social a buscar novos caminhos.

E a leitura e compreensão de textos da abordagem em análise pouco vai acrescentar na visão feminina do mundo da administração, pois que a mulher no início do século XX, e por mais um bom tempo, pouca contribuição disponibilizava a ledores e práticos de então. Mary Parker Follett foi, certamente, a principal estudiosa que marcou fortemente a presença feminina no campo da administração (identificada como sendo da abordagem comportamental), além de Lillian Gilbreth, da abordagem clássica, mas menos expressiva, contudo. Portanto, hoje, são poucas as possibilidades de a mulher encontrar na literatura do início do século passado algo de seu real interesse.

Antes de partimos para a Abordagem Comportamental, cabe destacar Charles Babbage, professor em Cambridge e matemático de renome. Conhecido pelo "princípio da transferência da capacidade", Babbage mostra que quanto mais desenvolvida a máquina, menor a necessidade de capacidade por parte do trabalhador que a conduz. Portanto, talvez, se continuarmos pelo caminho que estamos, com um mundo altamente informatizado em que a cada segundo surge uma nova tecnologia em todos os ramos, poderemos gerar um ambiente altamente propício à presença de Taylors, Fayols etc. O que, num certo sentido, reforça a ideia "tenebrosa" de que eles jamais foram obsoletos. É para pensar ou não?

Estudo de Caso – Abordagem Clássica

Marcelo conversava num intervalo de aula com duas colegas. Os três moravam na zona oeste do Rio de Janeiro, mais especificamente, em Jacarepaguá. A aula era sobre a abordagem clássica e o assunto foram as fábricas aqui no Rio de Janeiro. Marcelo achava que essa visão clássica não existia mais em nenhum ponto do país. Fazer dos trabalhadores verdadeiras peças de uma engrenagem não tinha mais nenhuma lógica. Certamente, outros caminhos foram traçados, daí saber que vêm mais abordagens na disciplina. Carla e Carol olhavam Marcelo com um olhar de incredulidade e Carla imediatamente se adiantou: "Cara, você está cego, enlouqueceu? Você acha que não existe mais abordagem clássica nesse país. Pense bem." Carol abrindo as duas mãos e abrindo os dedos de cada mão dizia: "Marcelo, querido, por que tanta ingenuidade? Você mora aqui numa área com muitas fábricas e não conhece ninguém que trabalhe por aqui?" Marcelo achou estranha aquela agressividade, digamos acadêmica, e disse que não era uma questão de ingenuidade e sim de desconhecimento de empresas direcionadas apenas à abordagem clássica. Carla então entrou com um exemplo: "tivemos uma empregada doméstica, moça boa, de boa formação, tinha estudado e se expressava com certa facilidade. Certo dia pediu para sair porque tinha encontrado emprego numa fábrica. Conversamos com ela, falamos das vantagens em estar com a gente, já que tínhamos um relacionamento muito bom com ela e dávamos-lhe todos os benefícios. Mas ela insistiu e disse com todas as letras: 'quero ser uma operária de fábrica'. OK, sem problemas! E assim foi. Luzimar nos deixou e foi 'tentar a sorte'. Passados dois ou três meses, lá veio Luzimar nos visitar. Foi um encontro curto, mas muito bom. Lógico que perguntei sobre as coisas lá na fábrica e ela respondeu, sem muito entusiasmo: 'vão bem'. O que houve, Luzimar? Ela respondeu que estava tudo bem, mas que os probleminhas estavam nos horários para fazer coisas. Entendi o que ela queria dizer sobre coisas e fui enfática: qual é o problema? 'A gente tem hora e tempo para ir ao banheiro, nem antes, nem depois, porque as máquinas não podem parar só para eu, por exemplo, ir ao toalete. E a gente tem de aguentar, hora de almoçar é sagrada, mas toca o sino e não tem saída. Lá vamos nós aguentar o supervisor nos nossos ouvidos o dia inteiro, alertando para evitarmos erros, o que só faria prejudicar a produção e aí o destino era certo: rua!!!'

É isso, Marcelo." E ele argumentou dizendo que era um exemplo de uma ex-empregada, e Carla, quase explodindo, pediu para que Marcelo entendesse que Luzimar representava ali todo o operariado daquela fábrica e ela mesma disse que nas outras fábricas nada era diferente. Eram as máquinas que mandavam. O intervalo estava no fim, e Carol disse que era hora de voltar. Ela sugeriu que Marcelo puxasse o assunto com a professora, questionando sobre se havia ou não empresas no Brasil que ainda adotavam a abordagem clássica.

Você e seu grupo devem imaginar o que teria dito a professora e a partir daí tirarem as suas próprias conclusões, nem que para tal seja necessário que o grupo, ou parte dele, se informe em várias empresas sobre a conversa de Marcelo, Carla e Carol.

Nota: O caso apresentado é hipotético e qualquer semelhança com pessoas, empresas etc. terá sido mera coincidência.

QUESTÕES PARA DEBATE – ABORDAGEM CLÁSSICA

1. O que deu origem ao "primeiro evento importante na história da administração contemporânea?"
2. Fale-nos um pouco sobre Taylor, informando sobre suas principais contribuições ao estudo da administração científica.
3. Você é capaz de lembrar as possíveis traduções para *management* e nos dizer qual prevaleceu?
4. No texto sobre a abordagem clássica há um comentário sobre Taylor, a partir de uma cena de um filme de Charles Chaplin, conhecido no Brasil como Carlitos. É um comentário importante e mostra a reação de muitos por ocasião de suas propostas para uma administração baseada em ações científicas. Qual é esse comentário e o que você tem a dizer sobre ele?
5. Ford deu prosseguimento aos trabalhos de Taylor, basicamente, em cima dos quatro elementos essenciais da administração científica. Dê-nos sua opinião sobre esses elementos e, a seguir, nos informe sobre a contribuição de Henry Ford.
6. Fayol foi outro nome importante dos primeiros tempos da administração, tratada como ciência. Você seria capaz de traçar aspectos importantes da contribuição de Henri Fayol aos estudos de administração?

7. Assim como as funções do gestor propostas por Fayol, as funções básicas da empresa sofreram pequenas alterações. Explique o motivo que levou a tais alterações no caso das empresas.

8. São 14 os princípios de administração de Fayol. Discorra sobre a divisão do trabalho, autoridade e responsabilidade e unidade de comando e termine comentando se tais princípios ainda são válidos nos dias de hoje.

9. Como pessoas empreendedoras e pessoas que têm negócios percebem a abordagem clássica nos dias de hoje? Ou, melhor, como deveriam perceber?

10. Você atua em consultorias e recebe uma solicitação de uma empresária: aplicar a abordagem clássica, tal e qual projetada por Taylor, na linha de produção, e por Fayol, na estrutura organizacional como um todo. O que você faria, então?

Referências bibliográficas

FAYOL, H. *Administração industrial e geral*. 10. ed. São Paulo: Atlas, 1994.

HOOPES, James. *False profhets*. Cambridge: Persus Publishing, 2003.

LACOMBE, Francisco José Masset; HEILBORN, Gilberto Luiz José. *Administração:* princípios e tendências. São Paulo: Saraiva, 2008.

MAXIMIANO, Antonio Cesar Amaru. *Introdução à administração*. 7. ed. revista e ampliada. São Paulo: Atlas, 2007.

MEGGINSON, Leon C.; MOSLEY, Donald C.; PIETRI JR., Paul H. *Administração:* conceitos e aplicações. 4. ed. São Paulo: Harbra, 1998.

TAYLOR, Frederick Winslow. *Princípios de administração científica*. 8. ed. São Paulo: Atlas, 1990.

3.4 Abordagem comportamental ou Escola de Relações Humanas

A partir das reivindicações dos trabalhadores com relação às práticas adotadas pela Abordagem Clássica, alguns estudiosos perceberam (Mary Parker Follett, Lillian Gilbreth, Henry Gantt e Hugo Munsterberg, por exemplo) que em certas empresas algumas pessoas da organização necessitavam de maior atenção. Eles perceberam que não se poderia continuar adaptando o ser humano à máquina e seria mais interessante buscar a adaptação inversa, ou seja, a máquina deveria se adaptar ao ser humano. Portanto, com essa perspectiva humanista, para algumas empresas a administração científica já não seria tão útil quanto poderia parecer. Alguns autores chegaram a acreditar que ela se baseava num sistema técnico e bastante inflexível pelo fato de que seus pioneiros foram, em sua maioria, engenheiros preocupados com a eficiência que, na verdade, não enxergavam o fator humano ou não davam tanta importância às questões relacionadas ao comportamento da estrutura social.

Além disso, por meio de inúmeras pesquisas realizadas por universidades e institutos foi possível confirmar uma grande influência do fator humano na construção das indústrias, as empresas da época. Percebeu-se que as pessoas da organização "agregavam" valor ao produto e não poderiam nem podem ser ignoradas ou tratadas como pessoas de segunda classe. A afirmação de que pessoas que produzem mais devem ganhar mais passou a ser uma grande incógnita. Fica claro que a preocupação com as pessoas da organização era apenas no sentido de aumentar a produção e pagar mais era, na época, uma maneira de se produzir mais, mas à medida que surge a forte influência do fator humano, as pesquisas apontam a necessidade de um novo foco. Sendo assim, "a abordagem comportamental, também denominada orgânica ou humanística, deu ênfase ao tratamento favorável aos empregados, em vez de só focalizar seu desempenho ou produtividade" (MEGGINSON; MOSLEY; PIETRI JR., 1998).

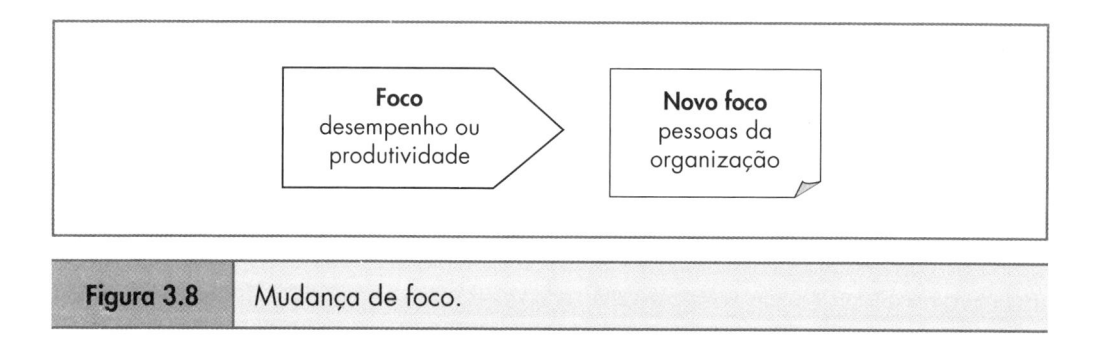

| **Foco** desempenho ou produtividade | **Novo foco** pessoas da organização |

Figura 3.8 Mudança de foco.

Ao mudar o enfoque para um tratamento favorável às pessoas da organização, fica claro que é necessário estudar os indivíduos, pois que possuem necessidades, desejos, sentimentos etc. distintos entre si e entre seu grupo e os fatores intrínsecos às pessoas podem ser motivadores. Tal distinção cria algumas dificuldades porque nós, indivíduos que somos, somos diferentes, distintos, como dissemos, uns dos outros e a gerência superior é quem tem de encontrar meios de equacionar e dar solução aos episódios impeditivos de uma mais adequada ação organizacional. E que meios e modos poderiam ser utilizados, ainda que de uma forma simplificada para este Capítulo? E sabemos, como diz o ditado "que não se pode agradar a todos sempre". Então, o que fazer?

Se administrar é um "trabalho com indivíduos e grupos para a realização dos objetivos da organização" (LACOMBE; HEILBORN, 2008); então, se faz necessário um equilíbrio entre os objetivos das pessoas e os objetivos organizacionais; ao contrário do que pensavam os pioneiros, "a cooperação não é produzida apenas pela crença no propósito moral da organização, mas principalmente pela percepção de compatibilidade entre esforço e recompensa" (MAXIMIANO, 2006). Resumindo: neste momento da evolução do pensamento administrativo, concluiu-se que não bastava que o nível gerencial conhecesse na teoria a relação entre seus esforços e suas recompensas: era necessário que fosse sentido na prática.

Um dos pioneiros na explicação sobre a influência do comportamento humano no desempenho organizacional foi Chester Barnard (1886-1961). Executivo de alto nível de uma empresa americana de telecomunicações, Barnard publicou, em 1938, duas obras que complementaram e aprimoraram os estudos de Fayol. Como profissional pôde relatar suas experiências nestas obras, diferente dos pesquisadores, sendo este seu grande mérito. Além disso, reconhece a importância da organização informal, que, segundo ele, ajustava o funcionamento da organização formal, e fazia a ligação entre escola clássica e a abordagem comportamental. Mas ele não estava sozinho, "Mary Parker Follett acreditava que a coordenação, em lugar da intimidação, seria a essência da boa administração" (MAXIMIANO, 2006).

Enquanto isso os primeiros psicólogos industriais ocupavam-se dos problemas de seleção e treinamento de pessoal, basicamente. Embora não citado nesta obra, deve-se destaque para o alemão Hugo Munsterberg com seu livro *Psychology of industrial efficiency* (1913) considerado o primeiro trabalho importante sobre o assunto.

3.4.1 Os estudos de Hawthorne

Seguindo Mary Parker Follett, que valorizava os grupos informais, pesquisadores como George Elton Mayo ajudaram na formação da, hoje conhecida, Escola de Relações Humanas, e mesmo não tendo sido pioneiros, contribuíram decisivamente para disseminá-los. Alguns acreditam que, apesar das diversas inquietações na tentativa de explicar a influência do comportamento humano no desempenho organizacional, a abordagem comportamental propriamente dita teve início com uma série de estudos sobre o significado do trabalho, motivação e relações organizacionais e interpessoais realizados na fábrica de Hawthorne da Companhia Western Electric, perto de Chicago, desde 1924 até 1932. O estudo realizado nesse período, no bairro de Hawthorne fez parte de um programa mais amplo, orientado pelo professor Elton Mayo, de Harvard, que durou até 1947 e gerou uma obra, nunca traduzida para o português, de mais de mil páginas.

O objetivo desses estudos era explicar a influência do ambiente de trabalho sobre a produtividade dos trabalhadores. Para tal partiu-se dos princípios da abordagem clássica como sendo suficientes para explicar tal relação, acreditando que o resultado seria simples como mudar um instrumento de trabalho, por exemplo, e o ambiente se tornaria perfeito para a produtividade. Assim, os trabalhadores foram divididos em dois grupos: o de controle (a referência) e o experimental, no qual a experiência seria realizada em quatro fases.

Na primeira fase foram testados vários graus de luminosidade no grupo experimental, enquanto as pessoas trabalhavam. Contudo, ao comparar com o grupo de controle não foi possível relacionar o aumento de produção com a intensidade da luz utilizada no ambiente de trabalho. Sendo assim, na segunda fase buscou-se conhecer os efeitos de mudanças nas condições de trabalho. Para tanto, passou-se a inserir mudanças no grupo experimental relacionadas à proposta da ORT. Como exemplos apresentamos: o estabelecimento de metas de produção, o pagamento por tarefa e a inclusão de intervalos na produção para evitar a fadiga. Em seguida tais benefícios foram retirados e ainda assim a produção só fazia aumentar. Logo, não foi possível relacionar tal resultado às condições físicas de trabalho ou a recompensas financeiras.

Neste caso, na terceira etapa foram feitas entrevistas com os trabalhadores para descobrir o motivo que os levava a produzir mais. Somente nesse momento os estudiosos se deparam com a nova variável: os grupos informais, ou seja, o relacionamento entre as pessoas, pois o que os fazia produzir mais era o fato de se sentirem bem naquele grupo. Essa variável foi estudada na quarta fase deste estudo.

Em decorrência disso, Mayo, psicólogo industrial australiano que lecionou na Universidade de Harvard (Estados Unidos), publicou em 1933 o livro *The social problems of an industrial civilization*. Nessa obra o autor mostra "o valor da afetividade nas relações de trabalho", em que percebeu que "um aglomerado de trabalhadores solitários transformou-se em um grupo dotado de alto senso de responsabilidade e solidariedade" (MOTTA; VASCONCELOS, 2004).

Todavia, enganam-se os que pensam ter esta nova concepção, proposta por Mayo e seus seguidores, alterado a estrutura do modelo construído por Ford e Taylor. Na verdade, ela contribuiu para alterar, ainda que parcialmente, as atitudes dos gestores em relação aos trabalhadores. Novamente, é preciso perceber que a evolução do pensamento administrativo não se faz com abordagens isoladas, ou seja, o fato de ter começado uma nova concepção não significa dizer que a abordagem clássica desapareceu; pelo contrário, ela continua viva ainda hoje como vimos aqui. Aliás, talvez tenha sido este o grande equívoco dessa abordagem, pois na medida em que não encontrou respostas para seus questionamentos na abordagem clássica, passou a negá-la esquecendo suas contribuições.

3.4.2 A motivação humana

Este tópico é bastante pertinente, pois se as pessoas não mais poderiam ser tratadas como *homo economicus*, onde a política das recompensas era suficiente, como faria o gestor para estimulá-las? Pior: não só o trabalhador não aceitava mais um ordenado maior em troca da sua "robotização", por exemplo, como também surgiam em várias partes revoltas operárias reivindicando direitos. Neste sentido a preocupação era encontrar o caminho para controlar este novo cenário. Em outras palavras, era preciso saber que outras necessidades deveriam ser supridas para conseguir um desempenho cada vez melhor das pessoas.

Uma resposta que os estudos de Hawthorne já indicavam estaria na necessidade de ter pessoas motivadas. Mas, afinal, o que é motivação? De forma simples pode-se dizer que é o resultado da satisfação das necessidades e anseios de cada pessoa; portanto, ela é intrínseca ao ser humano, o que gera uma dificuldade ainda maior para o gestor, pois, como controlá-la, se é intrínseca? Complicado, mas não impossível!

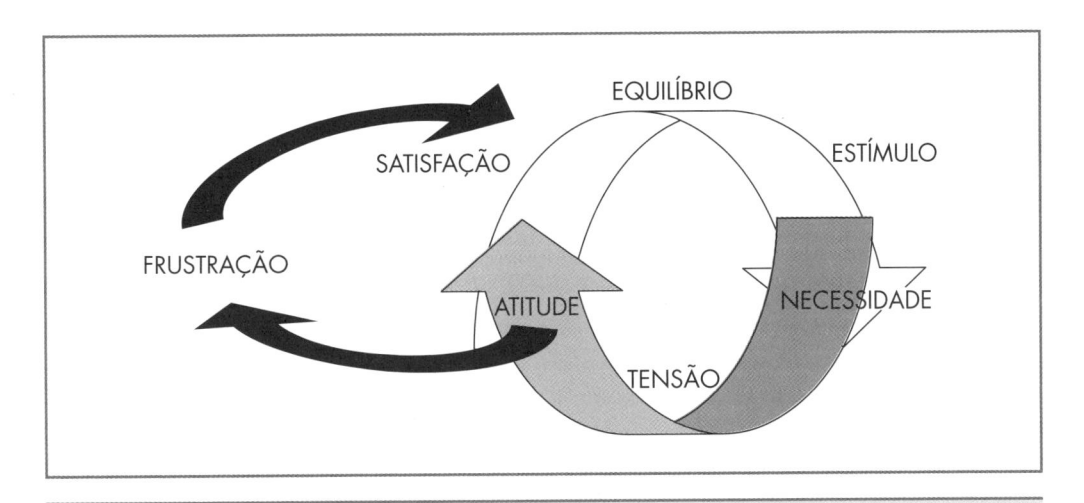

Figura 3.9 | Ciclo motivacional.

De fato não é possível motivar pessoas, mas existem sim, mecanismos de controle, como o chamado ciclo motivacional, que certamente auxilia inúmeros gestores no sentido de trabalhar estimulando pessoas a se motivarem. Portanto, o fato é que as pessoas vivem, ou pelo menos deveriam viver, no estágio de equilíbrio, porém ao receber um estímulo elas criam uma necessidade e enquanto não tomam uma atitude ficam num momento de tensão. Enfim, quando uma atitude é tomada a pessoa aguarda o resultado e passa a ficar satisfeita ou frustrada. Em caso de frustração ela tem três alternativas: busca caminhos alternativos, se conforma ou parte para agressão. Tudo para que se retome o estágio de equilíbrio, segundo a Figura 3.9.

Portanto, ao fazer uso do ciclo motivacional, os gestores devem se preocupar em lançar estímulos que gerem necessidades, pois, caso contrário suas tentativas de ter pessoas motivadas não serão bem-sucedidas. Todavia, para ser bem-sucedido, é preciso conhecer melhor as pessoas. Para tanto, as teorias motivacionais são divididas em dois grupos: as teorias de conteúdo (o que motiva?); e as teorias de processo (como motivar?); servem como instrumentos poderosos. Assim, começando pelas principais teorias de conteúdo temos:

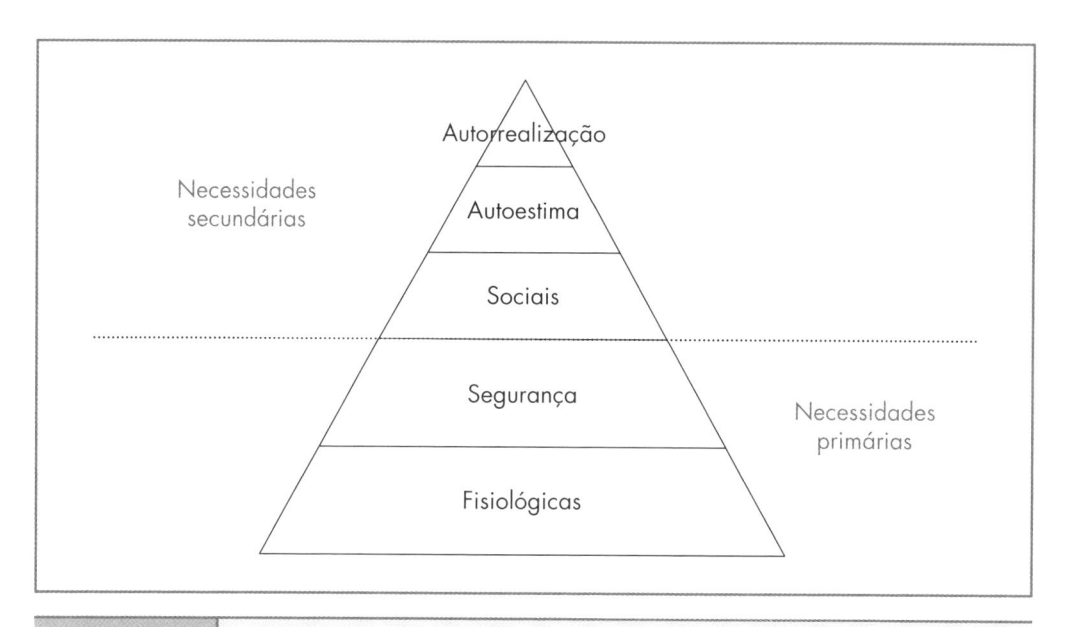

Figura 3.10 Pirâmide das necessidades de Abraham Maslow.

- *teoria da pirâmide das necessidades de Abraham Maslow*: o autor acredita que as necessidades humanas não só podem ser divididas em dois grupos: necessidades básicas ou primárias; e necessidades secundárias; como também são organizadas hierarquicamente da seguinte forma (por ordem de premência): fisiológicas (fome, sede), de segurança (defesa, proteção), sociais (relacionamento, amor), de estima (autoestima, reconhecimento, *status*) e de autorrealização (desenvolvimento pessoal e realização), conforme a Figura 3.10. Assim, somente após satisfazer as necessidades primárias as necessidades secundárias surgirão. Aliás, é com relação a este aspecto que são feitas fortes críticas, pois, se o ser humano é imprevisível, como afirmar que todos seguirão esta sequência sem "pular passos", ou seja, como afirmar que a autorrealização só será buscada após satisfazer todas as demais necessidades, por exemplo? De qualquer forma, trata-se de um ciclo vicioso, pois sempre surgirão novas necessidades, uma vez que as outras foram satisfeitas. Ciclo este que ajuda e muito a entender o que motiva as pessoas;

- *teoria dos fatores higiênicos e motivacionais de Frederick Herzberg*: qualquer semelhança com Maslow não é mera coincidência, pelo contrário, Herzberg fez uso da pirâmide das necessidades para demonstrar que a motivação dependia do preenchimento dos fatores higiênicos ou extrínsecos e dos fatores motivacionais ou intrínsecos. Dessa forma, o autor acreditava que, ao proporcionar aos trabalhadores fatores higiênicos como a segurança, salários, relacionamentos interpessoais e boas condições de trabalho, por exemplo, o trabalhador passaria do estágio de insatisfação para o de não insatisfação ou de não satisfação. E somente após essa passagem, seriam preenchidos fatores motivacionais como a realização e o reconhecimento, por exemplo, para que o trabalhador evoluísse do estágio de não satisfação para o de satisfação. Contudo, pode-se notar uma lacuna grande nessa lógica, tendo em vista a ausência de fatores externos que causariam a insatisfação humana, de modo que o ser humano não teria culpa alguma diante da própria insatisfação, o que certamente foi alvo de críticas;

- *teoria das três necessidades de David McClelland*: neste caso foram enunciadas três necessidades básicas que deveriam ser supridas para que se alcançasse a motivação humana. A primeira seria a *Realização*, partindo do princípio de que o ser humano busca, desde a infância, a oportunidade de crescimento e os desafios, ele busca ser o melhor. Em seguida tem-se a necessidade da *Afiliação*, na qual é destacada a importância dos relacionamentos interpessoais no processo da motivação humana. Por fim, mas não menos importante, tem-se a necessidade do poder, que surge do desejo do ser humano em controlar e dominar os outros. Ainda assim, para McClelland não existe a predominância de uma dessas necessidades sobre a outra. Ele diz que todas as pessoas possuem todas essas necessidades, só que cada uma possui um nível diferente delas. Inclusive essa teoria é bastante utilizada na medição do Clima Organizacional das empresas;

- *teorias X e Y de Douglas McGregor*: para o autor, o ser humano funciona de duas formas distintas. Enquanto alguns seguem um modelo X de comportamento, pois são preguiçosos, não gostam de mudar, não têm iniciativa e só trabalham sob pressão, seguindo o conceito de *homo economicus*, outros seguem o modelo Y, de modo que possuem iniciativa, não precisam ser pressionados e veem a mudança como um processo necessário e estimulador. Ainda assim, vale ressaltar que o ser humano é sempre imprevisível; portanto, um comportamento não exclui o outro. Em outras palavras, se você normalmente atua como X, não quer dizer que nunca será um *Y* ou vice-versa. O importante é saber qual modelo predomina em cada caso para poder saber o que motiva cada pessoa.

Já no grupo das teorias de processo, ou seja, no como motivar destaca-se a *teoria da expectação de Victor Vroom*. Neste estudo acredita-se que para o ser humano os fins justificam os meios; então, o alto desempenho do trabalhador vai ser justificado pela recompensa esperada por ele. Em outras palavras, as pessoas se dedicam mais ou menos de acordo com o que esperam de seu desempenho. Dessa forma, acredita-se que a motivação humana pode estar relacionada a três aspectos: valor, expectativa e instrumentalidade.

Em se tratando de valor, Vroom diz que o desempenho humano em determinada tarefa é proporcional ao valor (peso) que ele dá à mesma. Já por expectativa entende-se que a recompensa deve ser proporcional ao esforço feito, o que gera uma expectativa *a priori*. Já por instrumentalidade, como o próprio termo sugere, verifica-se a relação entre desempenho e recompensa, ou seja, o ser humano compara o seu desempenho com a recompensa.

Ainda assim, vale salientar que para obter êxito na teoria da expectação seria preciso delimitar com antecedência cada ação e ponderá-la, atitude esta que parece pouco compatível com o tratamento de pessoas, seres imprevisíveis, sendo este o alvo de suas maiores críticas.

Neste momento vale uma ressalva, pois mesmo conhecendo o ciclo e as teorias motivacionais, existe um personagem capaz de transformar completamente qualquer esforço neste sentido: o líder. Dessa forma, pode-se dizer que a liderança é preponderante na motivação humana, sendo necessário incluir informações de como lidar com este fator.

3.4.3 Teorias da liderança

Antes de trabalhar as teorias é essencial entender que apesar de a liderança ser o processo interpessoal pelo qual o líder influencia as pessoas ao seu redor, não se trata de uma relação de subordinação. Pelo contrário, as pessoas defendem o líder, pois acreditam nele, o admiram por algum motivo. Aliás, não é por acaso que muitos autores chamam tais pessoas de seguidores. Isso mesmo, ninguém tem obrigação de nada e, se um seguidor não concordar com alguma atitude do líder, ele pode simplesmente deixar de segui-lo, de maneira que a partir desse momento a influência do "ex-líder" será nula, pois perde-se o chamado "poder de persuasão".

Todavia o que chama a atenção das organizações para a figura do líder é exatamente esse poder, na medida em que munido de tal força este personagem é capaz de influenciar um grande número de pessoas. Sendo assim, toda e qualquer organização precisa saber trabalhar no intuito de que tal impacto seja positivo, ou seja, fazendo com que este ator busque sempre estimular seus seguidores a desempenhar suas funções de maneira eficiente e eficaz.

Portanto, a fim de facilitar esta relação entre líder e organização serão apresentadas neste momento algumas teorias da liderança que se destacam e mais à frente, no item 5.5, poderá ser encontrada uma definição mais completa sobre o tema em questão.

- *teoria dos traços de personalidade*: é a mais antiga. O líder, segundo essa teoria, é aquele que possui traços específicos de personalidade que o distinguem das demais pessoas. Para tanto são considerados traços físicos, como peso, altura e aparência; traços intelectuais, como a ambição e a autoconfiança; e traços sociais, como as habilidades interpessoais. Sendo assim, acredita-se nesse caso que o líder nasce líder, o que impossibilita a formação de novos líderes. De qualquer forma a grande falha dessa teoria reside em não relacionar a liderança às situações e aos outros fatores presentes;

- *teoria sobre os estilos de liderança*: deriva dos estudos de White e Lippit sobre a maneira pela qual os líderes orientam a sua conduta. Essa teoria defende a existência de três estilos de liderança, que são: autocrática, democrática, e liberal (*laissez-faire*). O líder autocrático é aquele que impõe as tarefas ao grupo, não possibilitando a este último o direito de opinar e/ou questionar. Por outro lado, a liderança democrática é caracterizada pela participação de todos, de modo que o líder escuta as sugestões e decide o que fazer. Já na liderança liberal, o líder tem uma participação mínima nas decisões, que ficam por conta das decisões do grupo. De qualquer forma, ninguém é 100% autocrático, nem 100% democrático e muito menos 100% liberal; porém, desta forma é possível saber como cada líder age na maioria das vezes adequando suas competências à demanda da organização; e

- *teoria situacional (ou contingencial) de liderança*: considera as diferentes situações com as quais os líderes se deparam e traça os melhores modos de agir diante dos vários níveis de maturidade que o grupo ou indivíduo pode assumir. Sendo assim, essa teoria acredita que não existe um jeito melhor ou pior de liderar, mas sim que as ações do líder devem se enquadrar ao contexto no qual ele está inserido naquele momento, podendo este personagem adotar quatro estilos distintos: comando (quando as pessoas não têm a capacidade de realizar as tarefas nem de tomar decisões); orientação (quando as pessoas apenas precisam de auxílio); apoio (quando as pessoas estão desmotivadas); e delegação (quando se tem pessoas capazes e motivadas para realização de tarefas).

Tendo conhecido as três teorias, você deve estar se perguntando: no caso dos traços de personalidade, por exemplo, de que adianta eu saber que alguém é líder em função da personalidade dele, se não posso formar líderes semelhantes? No entanto, é preciso enxergar tal informação como ferramenta, e não como simples dado; então, se sabe qual motivo levou a pessoa a ser líder de um determinado grupo, saberá exatamente como esse grupo gosta de trabalhar e, principalmente, quem deve estar no comando da atividade para que esta pessoa atenda às necessidades da organização.

Por outro lado, quando se conhecem as características do grupo, no caso da teoria situacional, é possível adaptar as ações do líder a tal realidade obtendo resultados bastante positivos, o que explica a importância não só de saber quem é o líder, como também o estilo de liderança por ele adotado. Inclusive é o que muitas organizações vêm fazendo ao escolher o líder para comandar determinadas atividades.

3.4.4 Teoria das decisões

Como visto, a abordagem comportamental ou Escola de Relações Humanas está realmente preocupada com o indivíduo. Enfim foi percebida a importância e, principalmente, a influência que as pessoas têm na estrutura organizacional. Contudo, enquanto este impacto se apresenta com tamanha magnitude, seu controle a cada dia se faz com maior complexidade, de modo que estudos não cessam neste sentido.

Desta forma, somando a preocupação de ter pessoas motivadas e a figura do líder que tem influência direta neste resultado, Herbert Alexander Simon recebeu o Prêmio Nobel de Economia em 1978 pela sua pesquisa precursora no processo de tomada de decisões dentro de organizações econômicas e em 1947 escreveu sobre o comportamento administrativo, dando início à chamada "teoria das decisões", em que se acredita que cada pessoa participa racional e conscientemente, escolhendo e tomando decisões individuais a respeito de alternativas racionais de comportamento.

Assim, partindo para um estágio em que o ser humano é considerado um ser pensante a capaz de tomar suas próprias decisões, coube às organizações saber o que influenciava a decisão das pessoas, ou seja, o que fazia as pessoas escolherem o caminho "A" e não o "B"; escolherem azul e não vermelho. Aliás, você com certeza já tomou diversas decisões em sua vida. Independente do impacto que tiveram, foram momentos em que diante de algumas alternativas teve que decidir. E o que influenciou a sua decisão? Como chegou a alguma conclusão? Você seria capaz de descrever cada momento que passou antes de decidir que caminho seguiria?

Muito provavelmente sua resposta será negativa e isso não deve de forma alguma inibi-lo ou envergonhá-lo, mas sim instigá-lo a entender melhor o que influenciou cada decisão. Para facilitar, o próprio Simon listou os elementos e as etapas do processo decisório. No caso dos elementos, são seis: o tomador de decisão (no exemplo anterior, você), os objetivos (aonde pretende chegar), as preferências (variável particular), as estratégias, a situação (cenário em que se encontra no momento) e o resultado (aonde se espera chegar).

Com relação às etapas, elas são influenciadas pelos elementos supracitados começando pela percepção da situação, em que você se depara com o cenário para então analisar e definir o problema e, em seguida, o objetivo a ser alcançado. Assim procura alternativas de solução, as avalia e as compara até escolher a mais adequada e implementá-la. Para fins de exercício, tente relatar uma decisão tomada e identificar cada etapa e os elementos que influenciaram, pois somente assim você perceberá a importância de estruturar tal decisão, evitando equívocos.

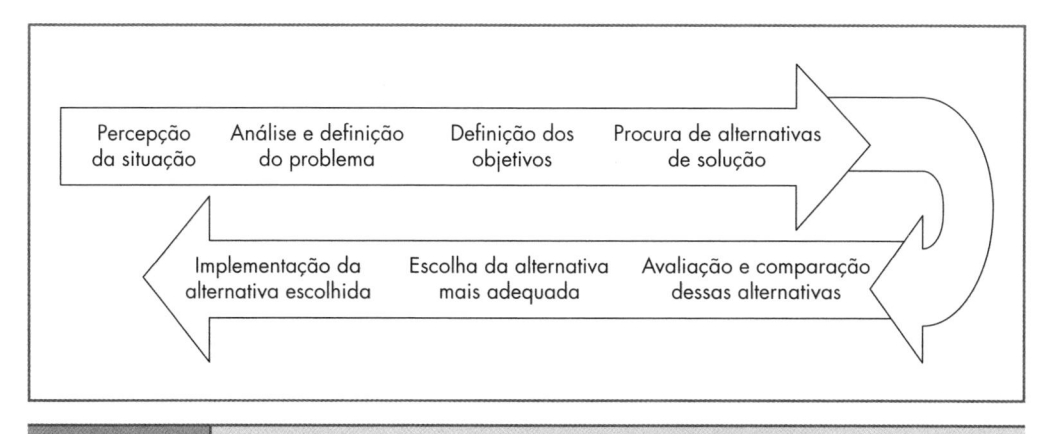

Figura 3.11 Etapas do processo decisório.

Note que não estamos julgando se você é capaz de tomar decisões sábias ou não, mas sim provando que o grau de subjetividade desse processo é muito grande; então, não é errado dizer que as decisões são imperfeitas por natureza e podem se mostrar satisfatórias ou não, o que comprova seu grau de relatividade, já provado por Simon. Aliás, mais uma vez de forma muito feliz, o autor provou que o grande ponto é que nossa racionalidade é limitada, ou seja, tomamos decisões com base num número limitado de informações; logo, as organizações devem estar atentas a este fato e buscar o caminho que mais se adeque a sua realidade, seja o de decisões conjuntas ou não.

3.4.5 Desenvolvimento Organizacional (DO)

Por fim, mas não menos importante, antes de trazer as propostas da abordagem comportamental para os dias de hoje e, em especial, para a realidade brasileira um assunto não pode deixar de ser considerado, pois se trabalhar com pessoas é tão complicado e tomar decisões requer altos cuidados devido à limitação de nossa racionalidade, a busca por meios e modos de garantir o êxito na relação organização/pessoas não tem fim.

Todavia, pela lógica, quem dá vida às organizações são as pessoas. Então ao citar uma preocupação com tal relação é como se estivéssemos dando vida própria à organização, o que parece não fazer sentido. No entanto, a referência é feita à cultura criada pelas pessoas que atuam naquele local e essa sim, tem vida própria. Portanto, o certo é dizer que deve haver uma harmonia entre a cultura organizacional e as pessoas. Mas afinal, no que consiste a cultura organizacional?

De forma simples pode-se dizer que ela contempla normas e regulamentos, padrões de comportamento e valores disseminados pelas pessoas que ali atuam ou atuaram. E nesse sentido, uma metáfora feita por Chiavenato (2010) é bastante esclarecedora pois a compara a um *iceberg*: na ponta estão as partes visíveis, ou seja, as normas e procedimentos; porém, o que realmente influencia está embaixo d'água e não pode ser facilmente mudado. Para entender responda às seguintes questões: como mudar uma regra? Basta mudá-la no papel e informar a todos? Qual seria a reação das pessoas nesse caso? Realmente mudar não é simples e, com intuito de auxiliar este processo foi que se pensou no Desenvolvimento Organizacional, ou simplesmente DO.

> *DO é um esforço de longo prazo, apoiado pela alta direção no sentido de melhorar os processos de resolução de problemas e de renovação organizacional, particularmente através de um eficaz e colaborativo **diagnóstico** e administração da cultura organizacional, com ênfase especial nas equipes formais de trabalho, equipes temporárias e cultura intergrupal, com a **assistência** de um consultor-facilitador e a utilização da teoria e tecnologia das ciências aplicadas ao comportamento, incluindo **ação** e **pesquisa**.* (FRENCH; BELL, 1959, apud CHIAVENATO, 2010)

Destacam-se na definição os termos: "longo prazo", "melhorar", "diagnóstico", "assistência", "ação" e "pesquisa". Portanto, ao fazer uso dessa proposta a organização busca uma melhora duradoura (de longo prazo), por meio da análise de seus processos (diagnóstico), utilizando a assistência de pessoas externas à mesma com base em ações e pesquisas relacionadas ao comportamento. Em suma, trata-se de uma mudança planejada onde se tem total consciência do poder das pessoas e não se quer arriscar, mas sim melhorar dentro de certos cuidados. Claro que tal precaução não garante o êxito deste esforço, mas é certo que aumentam e muito suas chances.

Retomando a metáfora do autor, se a cultura organizacional é como o *iceberg*, como podemos mudar seu formato? Para simplificar, pense num copo com água congelada, já no formato do copo. Como faria para mudar o formato daquele gelo? Você quebraria e tentaria montar uma nova escultura ou derreteria o gelo e colocaria para congelar em outro recipiente? O mesmo acontece com a cultura organizacional; não adianta tentar bater de frente, quebrar o gelo. É preciso preparar o ambiente, descongelar, para depois congelar novamente dentro de novos preceitos e é neste sentido que trabalha o DO.

Ainda assim, para aqueles que ainda não tiveram oportunidade de conhecer o ambiente empresarial o programa *Troca de famílias* (versão brasileira do *Troca de esposas*, versão americana) apresenta um grande exemplo de DO. A proposta do programa parece simples: trocar duas mães de casa durante duas semanas. Contudo, as mulheres que se propõem a participar do programa passam por todas as etapas necessárias num processo de Desenvolvimento Organizacional, ou seja, primeiro lê o manual criado pela outra mãe, depois conhece sua "nova" residência e vive durante uma semana seguindo fielmente as regras do manual feito *a priori* pela outra. Claro que os choques culturais são muitos, mas durante essa primeira semana é pedido que nada seja alterado.

Na segunda semana a "nova mãe", por assim dizer, passa a ditar as regras. E no final é promovido um encontro com os casais envolvidos na experiência como forma de avaliá-la, além de apresentar alguns depoimentos dessas pessoas, após o ocorrido. Portanto, seguindo a ideia de coletar os dados, diagnosticar para somente depois agir com o intuito de promover uma mudança duradoura todo esse esforço é realizado. Os resultados são os mais diversos e o mesmo ocorre nas organizações. Mas saiba que por menores que sejam as mudanças diante do esperado, tentar quebrar o gelo não é uma atitude inteligente.

Para finalizar, é interessante informar que DO já foi um esforço técnico na década de 70 e basicamente levado à frente por psicólogos. E retorna agora como uma alternativa possível nos procedimentos de mudança organizacional planejada.

3.4.6 *Abordagem comportamental hoje*

Nesta abordagem notamos a preocupação em torno do ser humano, que passa de fator complementar a fator principal dentro da organização. A antiga "máquina biológica" ganha importância a partir do momento em que é reconhecida sua influência na procura pela excelência nos negócios.

Da mesma forma que a abordagem clássica não deixou de existir, a comportamental possui inúmeros adeptos nos dias de hoje, que acreditam poder alcançar uma maior produtividade se tiverem cuidados com as pessoas da organização. Afinal, o cuidado com as pessoas da organização é, para eles, sinônimo de manifesta preocupação com a organização. Afinal de contas, quem são as peças fundamentais de uma empresa? Quem, se não seus talentos?

É fácil imaginar que talentos resolvem quando pensamos em esportes, vôlei ou futebol. De que adianta ter os melhores equipamentos para treinar, disponibilizar belos espaços físicos para concentrações e treinamento, se isso não for bem aproveitado, ou mesmo, se os (as) jogadores (as) não percebem tal preocupação com eles (como visto, é de extrema importância que as pessoas sintam que significam algo, sintam que "alguém" está "de olho" nelas). Se não, como explicar que times, ditos, "grandes" não chegam às finais de campeonatos, enquanto outros "pequenos" chegam? Para isso só temos uma resposta: as pessoas, as pessoas motivadas e talentosas.

Mas vamos a um exemplo mais simples, admitindo que você não entende nada de esportes, em geral. A cada ano que passa, percebemos uma maior preocupação com o fator humano em grandes feiras que apresentam inovações tecnológicas para o ambiente de trabalho. São cadeiras mais confortáveis, descanso para os pés, entre muitas outras inovações que buscam maior conforto dentro das organizações, proporcionando, em diversas vezes, grandes saltos de qualidade e produtividade naqueles beneficiados por tais inovações. E para pura constatação basta pegarmos um exemplo bem simples: a cadeira com rolamento. Para que uma cadeira que nos permita fácil movimentação, se a outra fornece uma maior segurança? A resposta, mais uma vez, é simples: maior produtividade e, certamente, maior qualidade. Com a cadeira com rolamento, o trabalho se torna mais ágil à medida que as pessoas não se encontram "presas" e podem rolar à vontade.

A abordagem comportamental hoje é mais adequada do que quando do surgimento na primeira década do século XX. Naturalmente, que os estudos e pesquisas desenvolvidos por pesquisadores das universidades estavam bastante envolvidos com a produtividade nas indústrias. Hoje, considerando-se apenas as indústrias, podemos constatar um enorme progresso. Diferentemente da escola clássica, que em muitas organizações permanece como se estivéssemos em 1900, a outrora escola de relações humanas manteve-se e ainda oferece benefícios. Contudo, é possível encontrar empresas que agem "classicamente", não deixando que outros profissionais façam estudos sobre o comportamento do quadro funcional, ou seja, das pessoas que trabalham nessas empresas.

Estudo de Caso – Abordagem Comportamental

Ambiente tenso. Gerente da unidade em férias pediu que Michelle e Nara, ambas, tomassem conta até a volta das pequenas férias. Você pode pensar que isso aconteceu numa empresa pequena, porque um gerente pede para alguém tomar conta de mais "alguéns" – se a palavra existe. Não, não aconteceu. Aconteceu numa empresa média para grande numa cidade quase grande do Paraná. Uma das possibilidades do gerente ter feito o que fez foi o fato de se sentir inseguro no cargo, daí pedir para duas funcionárias em quem confiava para que dessem uma olhada naqueles sete dias em que estaria ausente.

Mas esse não é o estudo de caso. O estudo de caso aparece quando ambas resolvem gerir a unidade. Já no primeiro dia, chamaram toda a unidade. Eram quatorze pessoas no total e avisaram que a questão de horários era "pra valer". Elas entendiam a boa vontade do Gabriel, gerente, em compreender atrasos, mas, até a volta dele, chegar na hora era fundamental – e olharam para Amaury que havia chegado mais de meia hora atrasado. Todos perceberam. E terminaram a primeira parte dizendo: "E na saída também, vamos sair na hora, para evitar problema." A segunda parte foi pedir a cada um que informasse o que estava fazendo e quais seriam os próximos passos e quando finalizariam aquela ou aquelas tarefas. A cada depoimento um pedido para fazer até a volta de Gabriel. Num dado momento estranharam que uma determinada funcionária dissesse que já havia combinado com o gerente que entregaria só depois da volta dele. Michelle reagiu na hora dizendo que havia duas pessoas na gerência e que ela deveria atender ao pedido que se transformaria em ordem se ela negasse. Outros funcionários reagiram às duas, digamos, gerentes em exercício, e formou-se um pequeno conflito de opiniões. Michelle e Nara exigiram silêncio e informaram que estavam pedindo a presença do diretor da área e só retomariam o problema na presença dele. O diretor chega, ouve o problema, olha para os demais funcionários, diz que não sabia da função dada a ambas e que conversaria com o gerente no retorno, mas que, até a volta, as duas moças assumiam a responsabilidade de "tocar" a gerência e concordaria com qualquer decisão delas. E saiu da sala. Um enorme silêncio durante longos 5 segundos e Nara disse: ordens dadas devem ser cumpridas até o dia anterior, caso contrário seria pedida uma advertência por escrito ou, se fosse o caso, a demissão dos que não cumprissem com as obrigações.

Chegou a véspera do retorno do gerente, e dos 14 funcionários só 5 entregaram seus relatórios informando a finalização. No dia seguinte, Gabriel se reúne com ambas que pedem a demissão de duas funcionárias e advertência verbal para os demais. Gabriel para e pensa.

Você e seu grupo devem se colocar na posição de Gabriel e devem tomar uma decisão com relação ao evento.

Nota: O caso apresentado é hipotético e qualquer semelhança com pessoas, empresas etc. será mera coincidência.

QUESTÕES PARA DEBATE – ABORDAGEM COMPORTAMENTAL

1. Na abordagem clássica, considerava-se que a ideologia presente era a da adaptação do ser humano à organização. Ou seja, o trabalhador era uma peça da engrenagem. E qual seria a ideologia dos adeptos da abordagem de relações humanas?
2. O que foram as experiências de *Hawthorne* e que benefícios trouxeram ao estudo da administração?
3. Um dos temas abordados nesta parte foi a motivação humana. Qual a relação entre este tema e a abordagem comportamental? Por que é tão importante a organização saber lidar com esse assunto?
4. De fato não é possível motivar pessoas, mas existem sim mecanismos de controle, como o chamado ciclo motivacional. Fazendo uso de um exemplo, explique como funciona tal ciclo.
5. Em relação à liderança foram apresentadas três teorias capazes de auxiliar a atuação de gestores. Com qual delas você mais se identificou e por quê? Faça uso de exemplos práticos em sua explicação.
6. Ao explorar a *Teoria das decisões* foi sugerido que você relatasse uma decisão tomada identificando cada etapa e elemento que a influenciaram. Portanto, "mãos à obra".
7. Durante a leitura ficou claro a relação entre a cultura organizacional e o DO. Explique que relação é essa e por que é tão difícil mudar.
8. Para facilitar o entendimento daqueles que pouco conhecem o ambiente empresarial, foi utilizado um programa de ampla repercussão para explicar as etapas do DO. Que etapas são essas? Qual a importância delas?
9. A abordagem comportamental hoje oferece mudanças significativas, se consideramos os seus primeiros momentos no século passado. O que você acha que mudou? Foi para melhor?
10. Fosse você uma pessoa empreendedora, agora que conheceu a abordagem voltada ao melhor relacionamento humano, como agiria com as pessoas da sua empresa?

Referências bibliográficas

CHIAVENATO, Idalberto. *Administração nos novos tempos*. São Paulo: Campus, 2010.

LACOMBE, Francisco José Masset; HEILBORN, Gilberto Luiz José. *Administração:* princípios e tendências. São Paulo: Saraiva, 2008.

MAXIMIANO, Antonio Cesar Amaru. *Teoria geral da administração:* da revolução urbana à revolução digital. São Paulo: Atlas, 2006.

MEGGINSON, Leon C.; MOSLEY, Donald C.; PIETRI JR., Paul H. *Administração:* conceitos e aplicações. 4. ed. São Paulo: Harbra, 1998.

MOTTA, Fernando C. Prestes; VASCONCELOS, Isabella F. Gouveia de. *Teoria geral da administração*. 2. ed. São Paulo: Pioneira Thomson Learning, 2004.

MUNSTERBERG, Hugo. Psychology of industrial efficiency. In: *Classics in the history of psychology*. Toronto: York University, 1913.

SIMON, Herbert A. *Administrative behavior:* a study of decision-making processes in administrative organization. New York: Macmillan, 1957.

3.5 Abordagem estruturalista

Até então pode-se dizer que, após ter nascido como corpo independente de conhecimento durante a Revolução Industrial, a administração passou por dois grandes momentos. O primeiro ficou conhecido como Abordagem Clássica, na qual os trabalhadores eram vistos como peças de uma grande máquina chamada empresa, sendo caracterizado pela racionalização do trabalho e pelo fato de se acreditar no *homo economicus*. O segundo, no entanto, tendo em vista a importância das pessoas nas empresas, surgiu através da Escola de Relações Humanas, para a qual a estrutura social da organização passa a ser motivo de preocupação, na medida em que se percebe sua influência nos resultados operacionais.

Todavia, naquele momento, transição para o século XX, os estudos direcionados à administração passam por um período em que o mundo se encontrava em guerra, período este marcado pela Segunda Guerra Mundial, durante a qual a Grã-Bretanha formava equipes de pesquisa operacional (PO) – integradas por cientistas em vez de técnicos militares – para ajudar as Forças Aliadas a tomarem decisões estratégicas. A formação dessas equipes proporcionou o surgimento de importantes inovações tecnológicas e táticas e sugeriu a alguns autores denominá-la abordagem quantitativa; mas, o tempo não consolidou essa abordagem como um marco nos estudos administrativos.

A contribuição desses estudiosos veio após a guerra, quando "muitos especialistas voltaram para seus cargos em universidades, empresas e organizações governamentais dos Estados Unidos, aplicando algumas das técnicas de PO a vários problemas de administração" (MEGGINSON; MOSLEY; PIETRI JR., 1998). Com o passar do tempo a tecnologia da informação disponibilizou computadores cada vez mais complexos que acabaram dando espaços para novos procedimentos de PO, como a "escola de *Management Science*" (Ciência do Gerenciamento ou da Gerência, seriam traduções possíveis), denominação esta dada por alguns autores.

É importante saber que a pesquisa operacional, apesar de realizar grandes contribuições para o estudo e a prática da administração, apresenta dois obstáculos para a sua utilização, descritos por Stoner e Freeman (1999). São eles:

- uma base matemática complicada demais para a compreensão e uso imediato; e
- é inadequada para se lidar com os componentes psicológicos e comportamentais das atividades no local de trabalho.

Assim, diante deste cenário as abordagens até então desenvolvidas não atendiam às novas demandas. Sem contar que suas visões antagônicas obrigavam o gestor a optar por um dos caminhos excluindo o outro. Portanto, a alternativa era adaptar o homem à máquina ou a máquina ao homem. Mas por que não buscar um meio termo? Por que não trabalhar ambas as escolas, partindo-se das boas propostas de uma e de outra? É nesta lacuna que surge a abordagem estruturalista. Inclusive, Amitai Etzioni, o "pai" do estruturalismo, afirma que à ação estruturalista cabe o papel de fazer a "ligação entre os dois conceitos de organização formal e informal e a apresentação de um quadro mais completo e integrado da organização" (ETZIONI, 1973). Ainda assim uma questão deve estar intrigando a todos; afinal de contas, de onde surgiu a ideia de denominar a abordagem desta forma? Por que estruturalista? Por que "estrutura"?

Para entender a proposta, basta pensar na definição de "estrutura". Segundo o Dicionário da Língua Portuguesa, o Aurélio, refere-se a um conjunto formado, natural ou artificialmente, pela reunião de partes ou elementos, em determinada ordem ou organização. Portanto, a opção por essa palavra se fez no sentido de indicar uma preocupação em reunir os elementos já trabalhados nas demais abordagens. Somado a isto, Weber, que acreditava na existência de um modelo ideal de burocracia, foi decisivo para o surgimento dessa abordagem como será visto a seguir.

3.5.1 Teoria da burocracia de Max Weber

Weber, importante cientista social e jurista alemão, publicou na década de 20, do século XX, estudos sobre, segundo ele mesmo, o tipo ideal de burocracia. Ele acreditava que esta era a forma ideal de se fazer a transição da administração de empresas de pequeno porte, administradas sem utilização de técnicas de natureza científica e com base na experiência pessoal dos donos do negócio, para organizações de grande porte daquela época. Para Weber o mérito seria o caminho mais curto para a burocracia ideal. O mérito conduziria à desejada racionalidade administrativa por ser aplicada por profissionais desvinculados de laços de amizade ou de parentesco (nepotismo, como conhecemos todos nós e sabemos dos mínimos benefícios e muitos malefícios).

O que Weber chamava de *tipo ideal de burocracia* era exatamente o ingresso pelo sistema do mérito conducente, como vimos, à racionalidade administrativa e, por consequência, à especialização funcional, à hierarquia devidamente formatada, a normas, padrões e regulamentação impessoal, eliminando ou minimizando drasticamente o livre arbítrio que, no caso de ações profissionais, não traz sempre resultados positivos. Em suma, acreditava que o excesso de formalização era necessário para evitar conflitos.

Note, contudo, que o seu tipo ideal de burocracia combatia a forma, até então largamente aplicada, inadequada, amadorista mesmo de gerenciar coisas e pessoas e poderia dar (o tipo ideal) à organização um conteúdo expressivo, onde a vontade das chefias só seria possível desde que satisfeitas exigências impessoais, calcadas na chamada "racionalidade funcional" ou, melhor, racionalidade técnica e no interesse primordial da própria empresa. Por assim dizer, os próprios gestores não só deveriam seguir as regras como estariam de fato submetidos a estas, neste caso defendia a ideia de que "as organizações não são pessoas, mas meros ocupantes de cargos".

Nesse ponto concordamos com Souza (1999) que diz "que Weber (e adeptos) estudou o contexto social mais amplo, identificando o fenômeno crescente da autoridade racional-legal nas sociedades modernas". Além disso, entendemos que Max Weber não buscou traçar contornos precisos para as estruturas organizacionais, nem estabelecer paradigmas com relação ao cotidiano administrativo, até porque era um cientista social, um sociólogo e pouco íntimo das questões do dia a dia das empresas. Ele, simplesmente, procurou sintetizar os pontos comuns à maioria das organizações de sua época, fazendo um contraste com as sociedades primitivas e feudais.

Desta forma, Weber descreveu as organizações burocráticas como máquinas totalmente impessoais e que estava centrada no "processo de autoridade-obediência (ou processo de dominação) que, no caso das organizações modernas, depende de regulamentação interna" (MAXIMIANO, 2000). Em outras palavras, sua atenção estava dirigida para o processo de dominação que funcionaria de acordo com regras que ele chamou de racionais – regras que dependem de lógica e não de interesses pessoais, o que gerou um número considerável de críticas que marcam o surgimento da abordagem estruturalista, como será visto.

Não obstante, apesar das críticas, o modelo proposto foi de grande valia, pois, além de padronizar processos, o que auxilia o controle, minimiza conflitos, facilita a rotatividade de pessoal, agiliza a tomada de decisões, na medida em que regras não devem ser questionadas e, sim, seguidas, por exemplo: possibilita o distanciamento físico das unidades de trabalho, ou seja, matriz e filiais podem funcionar seguindo os mesmos preceitos e mantendo a identidade daquela organização, o que ocorre em inúmeras organizações do século XXI.

3.5.2 Críticas ao modelo burocrático de Weber

Um dos autores que criticam o modelo ideal de Weber é Robert Merton, pois acredita que o apego excessivo às regras acarreta em disfunções burocráticas. Por assim dizer, ao seguir as regras, segundo Merton, o homem preocupa-se somente com o fim, esquecendo-se da importância do meio, perdendo a capacidade de questionar o sistema. Além disso, Merton também diz que, por mais que as regras sejam preestabelecidas, elas sofrem transformações quando executadas, uma vez que não se pode prever com absoluta certeza o comportamento humano.

Por outro lado, para Alvin Gouldner, o modelo de Weber é falho uma vez que as regras burocráticas representam o interesse de apenas parte da organização, gerando conflitos com a outra parte. Neste sentido o autor define três tipos de burocracia: *a falsa burocracia*, na qual as regras não representam o interesse de grupo algum e, por isso, nunca são cumpridas; *a burocracia representativa*, em que as regras, além de representarem o interesse de todos, são cumpridas; e *a burocracia autocrática*, na qual as regras representam o interesse apenas de uma parte da organização. De qualquer forma não acredita na existência do modelo ideal, mas sim que na elaboração das regras deve ser criado um espaço para a negociação entre as partes envolvidas a fim de evitar tensões que podem ocorrer devido a interesses divergentes.

Em se tratando de interação burocracia e ambiente é Philip Selznick quem dá a sua contribuição. Ao estudar a TVA, uma organização norte-americana, o autor percebeu disfunções burocráticas como a discrepância existente entre os discursos e as práticas adotadas. Dessa forma, condenou o apego demasiado às regras, uma vez que isso atrapalharia a inovação e renovação administrativa, além de ter percebido que, ao contrário do que Weber havia dito, as organizações não devem ser vistas como sistemas fechados e estáveis, pois, como fora observado no estudo da TVA, sua política era diretamente afetada pelas mudanças ocorridas na política do local na qual estavam sediadas.

Dessa forma, os estruturalistas, que surgiram "a partir das críticas à rigidez e impessoalidade da teoria da burocracia de Weber, que tendia a transformar a organização num sistema fechado, foram precursores da abordagem sistêmica, isso é, visualização da organização como sistema aberto" (LACOMBE; HEILBORN, 2008) e transformando-a como parte integrante de um amplo sistema social. Portanto, a visão clássica da organização como um sistema fechado começa a dar espaço a uma visão bem mais abrangente e, mais à frente, veremos sensíveis alterações na maneira de se olhar, analisar e entender as organizações.

Antes de prosseguir a leitura, cabe ressaltar que, apesar de todas as críticas ao modelo burocrático de Weber, este ainda é bastante citado e debatido, principalmente na gestão pública. Por isso, no dia a dia percebemos a sua utilização, principalmente no que diz respeito às regras e leis existentes e aí que também notamos muitas disfunções burocráticas, como aquela demora "absurda" que enfrentamos para resolver nossos problemas, como, por exemplo, quando, em uma simples ligação, somos transferidos diversas vezes para diversos setores, para, enfim, poder fazer uma simples reclamação ou solicitação. Entretanto, se o estruturalismo foi fruto das críticas ao modelo de Weber, como surgiu esta abordagem? Calma, que a resposta está no tópico que segue.

3.5.3 O estruturalismo de Amitai Etzioni

Diante das críticas relacionadas à impessoalidade e previsibilidade do modelo ideal de Weber, ficou claro que tal modelo não seria capaz de atender às necessidades do ambiente da época. Pelo contrário, era preciso encontrar um equilíbrio entre os estudos realizados, pois de certa forma estes poderiam, sim, ser complementares e Weber parecia representar apenas os interesses de uma das partes. Aliás, para fins de comparação, as ideias deste autor se equiparam às de Taylor em diversos aspectos, inclusive pelo fato de considerar o ser humano previsível, de modo que regras seriam capazes de controlar suas atitudes.

O equilíbrio estava em entender que as pessoas funcionam sob lógicas distintas; assim tentar estimulá-las apenas com recompensas materiais poderia não trazer resultados satisfatórios, pois alguns indivíduos não estariam motivados desta forma. Mas ao incluir em sua política as recompensas sociais, o campo de influência certamente ampliaria trazendo melhores resultados. Da mesma forma, não se poderia considerar a estrutura organizacional como sendo formada somente por regras e regulamentos – a parte formal; mas também era preciso incluir as relações interpessoais, a parte informal, para se alcançar o êxito em seus esforços.

Neste sentido foi Amitai Etzioni quem apresentou um quadro mais completo e integrado da organização, sendo por isso considerado o pai do estruturalismo.

Neste quadro o autor relaciona os aspectos supracitados e propõe novos focos de estudos teóricos e práticos voltados a igrejas, prisões, partidos políticos, hospitais e não apenas a fábricas e, em menor escala a bancos que eram, naturalmente, os focos únicos de análise. Desta forma foi ampliado o campo de análise, o que trouxe ganho a todos com o expressivo acréscimo de obras de outros segmentos de negócios e serviços que demonstraram não existir um modelo ideal, mas sim aquele que melhor se adequa a cada realidade.

3.5.4 Abordagem estruturalista hoje

Chegamos neste momento a uma abordagem que fez uma verdadeira "ponte" entre clássicos e humanistas. Com o rótulo de estruturalista, este novo estágio da evolução do pensamento administrativo chegou a ser conhecido por Escola Quantitativa – por se tratar de um período em que percebemos seu desenvolvimento através de uma crescente e complexa tecnologia muito bem representada pelos computadores e seus até miraculosos *outputs* (saídas, resultados).

A abordagem estruturalista, que não pode ser considerada exatamente inovadora, veio para conciliar as ideias das abordagens antes estudadas. Como colocado anteriormente, para os estruturalistas era importante visualizar a influência das pessoas da organização no seu desempenho. Mas, ao mesmo tempo, não se poderia condenar os incentivos monetários. É fato que melhor entendemos isso quando pensamos na prática; portanto, imagine que você é um trabalhador de uma fábrica qualquer. Você trabalha muito bem, mas jamais, em momento algum, alguém falou isso para você ou lhe ofereceu uma remuneração por tal eficiência. Ou seja, você nunca foi reconhecido por tal feito. Daí o rapaz ou a moça que se limita a executar o trabalho dele(a) tem os mesmos benefícios que você. Pergunta-se: será que você, caso receba uma proposta não irá estudá-la com carinho? Ou mesmo se não receber, será que você não se sentirá desmotivado em seu trabalho e irá procurar uma posição numa empresa que atenda melhor às suas necessidades não só de cunho financeiro?

Para se refletir sobre os pensamentos estruturalistas nem é preciso que se penetre numa empresa industrial, pois, como diz Amitai Etzioni (1989), o grande idealizador desta abordagem, "nascemos em organizações, somos educados por organizações, e quase todos nós passamos a vida a trabalhar para organizações". Portanto, imagine você na sua instituição de ensino e a professora passa um trabalho complicadíssimo para fazer. Preocupada, assim que põe os pés em casa entra na Internet e recolhe tudo o que consegue sobre o assunto. Terminando o trabalho no final da noite, você se sente feliz e satisfeita com o resultado. Afinal de contas, você é considerada uma aluna nota 10. Agora só falta entregá-lo. Eis então a tragédia. Primeiro, a professora faz elogios, mas na hora de dar a nota lhe "tasca" um 7. Ou pior, ela não fala nada e lança um 7. Ou ainda, não fala nada e lhe lança um 10. Dessa forma, fica claro que a recompensa "monetária", no caso a nota, não tem tanto valor isoladamente. É preciso que haja um reconhecimento junto com a recompensa. Ou seja, é exatamente uma das ligações feitas pela corrente agora em estudo.

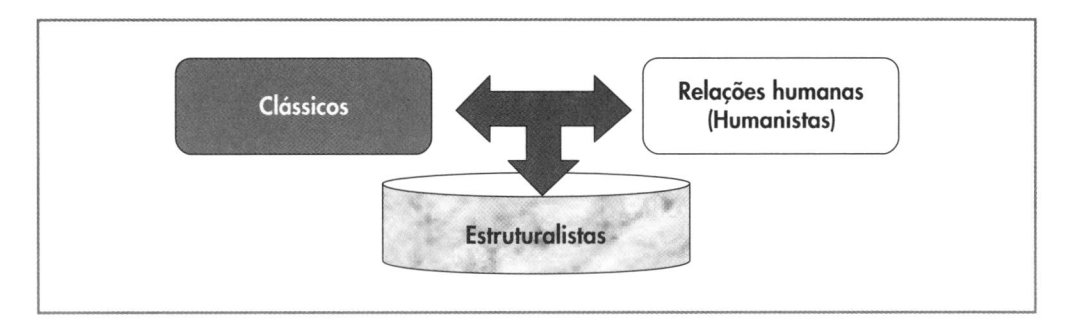

Figura 3.12 A origem da abordagem estruturalista.

Nos dias de hoje, a abordagem estruturalista é útil no sentido de explicá-la em qualquer tipo de organização e sempre com um único foco, envolvendo as duas abordagens anteriores: a clássica e a de relações humanas, com uma incrível vantagem adicional: a de não conceder à escola clássica o privilégio único de ser instrumento, também, único na procura da excelência nos negócios. A inclusão da abordagem de relações humanas dá alternativas às empresas de compor a melhor organização e, adicionando elementos da abordagem estruturalista, oferecer condições de um desempenho excepcional.

Hoje, entendemos que a organização formal (dada pelo organograma) e a informal (dada pelo relacionamento entre pessoas duma organização sem que haja, obrigatoriamente, uma vinculação hierárquica) apontam para a organização como um todo, atuando de forma fechada, é bem verdade, mas já na trajetória inexorável das empresas como parte de um sistema social e não apenas de uma empresa cuidando apenas de seu negócio.

ESTUDO DE CASO – ABORDAGEM ESTRUTURALISTA

Everaldo havia sido transferido de Belém para Curitiba em função de promoção que receberá na indústria que tem sede em São Paulo (no interior mesmo). Iria para o cargo de *Financial Analyst*, mas originalmente seu cargo era de *Manager*

Assistant. Foi apresentado ao grupo de *managers* e dias depois participou de uma reunião com todos os *managers* e mais o CEO (*Chief Executive Officer*). O CEO fez uma longa análise dos momentos mais recentes e que traziam alguma tranquilidade para a empresa frente à *holding* na Inglaterra. Aí mencionou a necessidade de uma nova conduta na gestão de pessoas na empresa. Lembrava que, para ele, parecia que até então o rigor era típico da abordagem clássica que, talvez, se justificasse no passado. Agora é hora de uma nova forma de gerir a organização, via pessoas. Disse que estava apenas aguardando a seleção e contratação de três psicólogos organizacionais para dar início a uma ação direcionada integralmente ao corpo funcional. De repente, ele fala: "Alguma pergunta?"

Everaldo levanta o dedo e todos os gestores olham para ele. Nota: não era hábito alguém responder quando o CEO dizia alguma pergunta. E Everaldo começa a falar.

Sua função e de seu grupo é de "incorporar" o Everaldo e expressar o sentimento dele. A função do grupo é escrever um longo texto como se fora um discurso escrito do próprio Everaldo.

Nota: O caso apresentado é hipotético e qualquer semelhança com pessoas, empresas etc. será mera coincidência.

QUESTÕES PARA DEBATE – ABORDAGEM ESTRUTURALISTA

1. Tendo sido influenciada pela época de guerra em que surgiu, a abordagem estruturalista teve como contribuição a chamada pesquisa operacional (PO). Neste caso cabe a você explicar a proposta do PO, incluindo em sua resposta seu pró e seu contra.
2. Como você explica o surgimento da abordagem estruturalista?
3. Você acha que a partir da abordagem estruturalista foi possível imaginar a organização como um sistema aberto e não como um sistema?
4. Um dos autores que criticam o modelo ideal de Weber é Robert Merton. Qual a sua crítica? Você concorda com Merton? Justifique sua resposta.
5. Alvin Gouldner define três tipos de burocracia, sendo um deles a falsa burocracia. No que consiste esta tipologia? Qual o propósito do autor ao fazer tal classificação?
6. Comente a assertiva: Philip Selznick condenou o apego demasiado às regras, uma vez que isso atrapalharia a inovação e renovação administrativas.

7. O tipo ideal de burocracia proposto por Max Weber era elogiado ou criticado pelos estruturalistas? Por quê?

8. Como você poderia aplicar as ideias da abordagem estruturalista nos dias de hoje?

9. Ao afirmar que "nascemos em organizações, somos educados por organizações, e quase todos nós passamos a vida a trabalhar para organizações", Amitai Etzioni destacou um dos méritos da abordagem estruturalista. Que mérito foi esse?

10. Imagine ser um empresário que lidera uma empresa de médio porte e que deva tomar decisões considerando as diversas abordagens. Mas, você conhece apenas a clássica, a de relações humanas e a estruturalista. Qual delas você gostaria de, se fosse possível, aplicar na sua empresa e quais seriam seus argumentos para fazê-lo?

Referências bibliográficas

ETZIONI, Amitai. *Organizações modernas*. 8. ed. São Paulo: Pioneira, 1989.

LACOMBE, Francisco José Masset; HEILBORN, Gilberto Luiz José. *Administração:* princípios e tendências. São Paulo: Saraiva, 2008.

MAXIMIANO, Antonio Cesar Amaru. *Introdução à administração*. 5. ed. revista e ampliada. São Paulo: Atlas, 2007.

MEGGINSON, Leon C.; MOSLEY, Donald C.; PIETRI JR. Paul H. *Administração:* conceitos e aplicações. 4. ed. São Paulo: Harbra, 1998.

SOUSA, Eduardo Bezerra de. *A superação da burocracia.* Notas de aulas. Rio de Janeiro: Universidade Santa Úrsula, 1999.

STONER, James A. F.; FREEMAN, R. Edward. *Administração*. 5. ed. Tradução: Alves Calado. Rio de Janeiro: LTC, 1999.

3.6 Abordagem sistêmica ou teoria geral dos sistemas

Após descobrir a verdadeira dimensão do ser humano dentro das organizações, como adaptá-lo à máquina (empresa) e vice-versa, chegando à compreensão mais adequada da relação empresa/ambiente, chega-se a um novo e significativo estágio na evolução dos estudos organizacionais, qual seja, um aprofundamento da importância do ambiente no dia a dia das organizações. Isto quer dizer que o ambiente passa a ter relevância estupenda, tanto que desse momento para os dias de hoje, ou seja, mais de trinta anos passados, não houve nenhuma nova orientação nos estudos e esforços de natureza prática que relegassem a um plano inferior à questão ambiental. Tudo o mais que foi projetado tem o ambiente como, diríamos, *default* (sempre presente) de uma possível nova abordagem. Mesmo a abordagem contingencial que aparece mais à frente tem o ambiente como vital para as organizações.

Diante dessa nova preocupação, a você empreendedor (a) pergunta-se: como montar a sua organização de acordo com o ambiente em que ela pretende ou está inserida? Ao empresário, com uma organização já de razoável complexidade, como entender as incríveis e numerosas variáveis externas que afetam o seu negócio? E como passar o que é preciso pensar e fazer via seus executivos das gerências superiores? E ao executivo (a): como garantir a sobrevivência da empresa e atender aos pedidos da direção maior que, muitas vezes, tem um entendimento diferente da estrutura gerencial logo abaixo na escala hierárquica? E ao consultor (a), como se posicionar a fim de mostrar caminhos e soluções para a(s) empresa(s) onde empresta a sua experiência profissional? Já para o magistério, a questão é: como fazer do processo ensino-aprendizagem uma forma de ter profissionais mais dotados de conhecimento e mais competentes?

Aliás, já em 1918, Mary Parker Follett falava na necessidade dos gestores considerarem a "situação total". Essa pioneira imaginava um modelo *holístico* de gerência, que incluía não apenas os indivíduos e os grupos, mas também os efeitos de fatores ambientais, como política, economia e biologia (MAXIMIANO, 2006). Sem contar que temos uma nova leitura nos estudos das organizações: as organizações vivem num ambiente ou vivem em diversos ambientes e não podem ser tratadas, estudadas de forma isolada, como acontecia nas abordagens anteriores e até mesmo na abordagem estruturalista, que tem o mérito de abrir a organização "para fora" de si mesma. A base das indagações não seria apenas o interior das organizações ou mesmo a forma mais adequada de encaminhar problemas e estudos em geral. Os estudiosos buscavam as influências do ambiente externo nas organizações. De qualquer forma, note que neste momento não há uma preocupação em se adaptar ao ambiente, mas sim em entendê-lo. Por assim dizer, as mudanças, frutos de adaptações ao ambiente externo, ainda não ocorriam dentro das organizações.

Ainda assim, após esta primeira leitura, você deve estar se perguntando o porquê do rótulo "abordagem sistêmica" e não algo como "abordagem ambiental" ou qualquer coisa do gênero, já que há uma grande preocupação em se entender o ambiente externo à organização. Que tal começar, então, pela formação de seu idealizador, o biólogo alemão Ludwig Von Bertalanffy? Assim, após a contribuição de engenheiros e sociólogos é um biólogo quem traz uma enorme mudança na visão da ciência da administração e fazendo referência aos sistemas do corpo humano, como o sistema respiratório, por exemplo, desenvolveu a Teoria Geral dos Sistemas, que surgiu e foi popularizada após o fim da Segunda Guerra Mundial (1950).

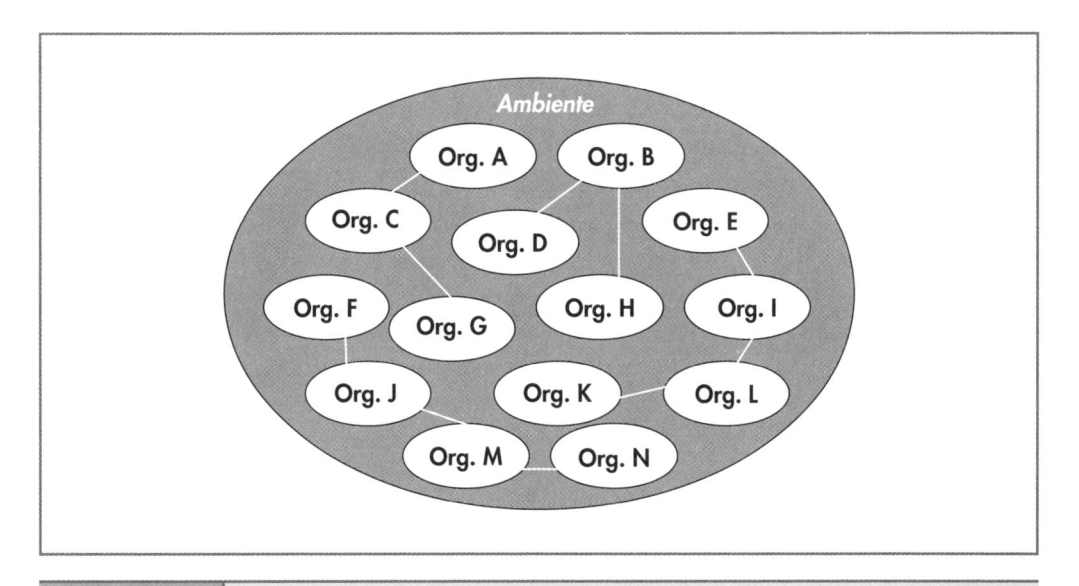

Figura 3.13 — O ambiente e as organizações.

Assim, Bertalanffy buscava uma forma de entender como os sistemas funcionavam, concebendo o sistema aberto como "um complexo de elementos em interação e em intercâmbio contínuo com o ambiente" (MOTTA; VASCONCELOS, 2004). Porém, diferente do sistema vivo, as organizações passam a ser consideradas sistemas organizados, sem tempo de vida predeterminado e capazes de sofrer transformações a todo momento. Isto pois trata-se de um conjunto de partes coordenadas para realizar um número expressivo de atividades, ou melhor:

> *ao invés de lidar separadamente com os vários segmentos de uma organização, a abordagem sistêmica vê a organização como um sistema unificado e propositado, composto de partes inter-relacionadas. Essa abordagem permite que os administradores vejam a organização como um todo e como parte de um sistema maior, o ambiente externo* (STONER; FREEMAN, 1999).

Desta forma a abordagem sistêmica é essencialmente uma maneira de pensar sobre a organização – suas metas, objetivos e finalidades –, na medida em que seus componentes internos e suas interações fazem o "todo maior do que a simples soma das partes" (POULLION, 1968). Aliás, vale destacar que tais partes são, segundo

Eric Trist e Fred Emery, os dois subsistemas das organizações, denominados de social e de técnico.

O subsistema social é aquele composto pelas pessoas, que fazem parte da organização, e seus relacionamentos interpessoais. Já o subsistema técnico é aquele que define como a organização irá proceder no processo de entradas e saídas, no processo que transforma o *input* em *output*. Assim, os indivíduos agora completam as máquinas agindo de forma sistêmica.

Desta forma, a abordagem sistêmica prevê um equilíbrio entre tais subsistemas de modo que negligencia a existência de conflitos organizacionais. Ou seja, admitir conflitos, nesse caso, está fora de cogitação para a teoria dos sistemas, na medida em que a relação entre suas partes está fundamentada em três objetivos, segundo Megginson, Mosley e Pietri Jr. (1998):

1. definir relações tanto internas como externas à organização;
2. verificar o padrão dessas relações; e
3. verificar o propósito comum dessas relações.

Não obstante, embora von Bertalanffy tenha nos oferecido para análise a sua teoria geral de sistemas, foi com os psicólogos Katz e Kahn que a abordagem dos sistemas abertos tomou impulso e hoje é composta de uma vasta literatura, diríamos, mandatória àquelas pessoas que estão no campo das organizações como executivos ou como estudiosos; portanto, vale destacar suas contribuições.

3.6.1 O estudo de Katz e Kahn

Katz e Kahn (1987) acreditam que foi Talcott Parsons, no início da década de 60, quem primeiro utilizou a abordagem de sistemas abertos no estudo das estruturas sociais ao escrever sobre o subsistema institucional que cuidaria unicamente das relações da empresa com seu ambiente. Em outras palavras, a abordagem dá ênfase à relação entre a estrutura (organização) e o meio que lhe dá suporte, pois sem entradas contínuas a estrutura termina por se deteriorar. E a forma de manter essa estrutura aberta é fortalecer a sua principal fonte motivadora: as de pessoas da organização. Para tanto, os autores idealizaram as principais características dos sistemas abertos, a saber:

1. *importação de energia* (*input*): os sistemas abertos importam alguma forma de energia do ambiente externo. O corpo absorve oxigênio do ar e alimento do mundo exterior. Da mesma forma, as organizações preci-

sam de suprimentos de energia de outras organizações, pessoas ou do meio ambiente material. Um exemplo: a universidade importa futuras alunas(os) de seus cursos que ajudarão na sua sobrevivência;

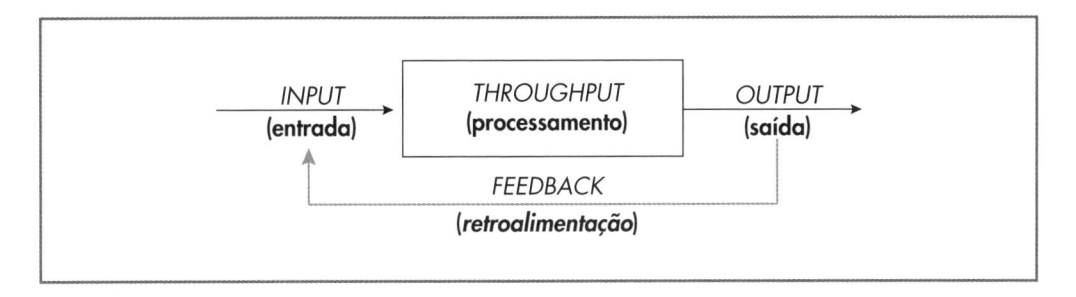

```
INPUT        THROUGHPUT      OUTPUT
(entrada)    (processamento) (saída)
             FEEDBACK
             (retroalimentação)
```

Figura 3.14 Características de um sistema.

2. *a transformação* (*throughput*): os sistemas abertos transformam a energia disponível como, por exemplo, o processamento de materiais, na consecução de um novo produto ou serviço. Continuando o exemplo: a universidade transforma as alunas(os), processa de tal forma que os prepara para a vida profissional;

3. *a saída* (*output*): os sistemas abertos exportam certos produtos para o meio ambiente, da mesma forma que o corpo humano "exporta" produtos fisiológicos como o dióxido de carbono. E ainda, continuando o exemplo: a universidade "exporta" para o mundo as(os) graduadas(os) em seus vários cursos;

4. *sistemas como ciclo de eventos*: o padrão de atividades de uma troca de energia tem um caráter cíclico. O produto exportado para o ambiente supre as fontes de energia para a repetição das atividades do ciclo. O resultado monetário é utilizado para a obtenção de mais matéria-prima e de mais trabalho, o que gerará mais entrada, transformação e saída. No exemplo que estamos tratando, a universidade alimenta o ambiente com o que é exportado, na expectativa de repetir tais atividades, ao iniciar um novo ciclo ou com as mesmas(os) alunas(os) e agora ex-alunas(os) ou com novos e com isso realizar uma nova importação dessa mesma energia e, assim, iniciar um outro ciclo de eventos;

5. *entropia negativa* (*ou negentropia*): para sobreviver, os sistemas abertos precisam se mover para deter o processo entrópico, ou seja, precisam adquirir entropia negativa. O processo entrópico é uma lei universal da natureza sgundo a qual todas as formas de organização se movem para a

desorganização ou morte. Entretanto, o sistema aberto, importando mais energia de seu meio ambiente do que despendendo, pode armazená-la e assim adquirir entropia negativa. De qualquer maneira, haverá sempre tendência à destruição e morte, mesmo que se armazene muitíssimo mais energia que a organização necessita armazenar. No caso de nosso exemplo "universitário", a importação de mais alunas (os) no sentido de adquirir entropia negativa faz sentido quando o propósito é preparar a instituição acadêmica para as conhecidas desistências, os trancamentos de matrículas e outros acontecimentos que afastam as (os) discentes do ambiente educacional;

6. *entrada de informação, feedback negativo e processo de codificação*: as entradas para os sistemas vivos não consistem apenas em materiais contendo energias que se transformam ou que são alteradas pelo trabalho feito. As entradas também são de caráter informativo e proporcionam sinais à estrutura sobre o ambiente e sobre seu próprio funcionamento em relação a ele. O tipo mais simples de entrada de informação é o *feedback* negativo, que permite ao sistema corrigir seus desvios. As instituições de ensino, continuando o exemplo, deveriam procurar no ambiente informações que sinalizam algo de importância e não necessariamente aquelas específicas para a sua entrada mais relevante (o corpo de estudantes). O *feedback* seria a retroalimentação positiva para o sistema universidade, sendo o *feedback* negativo as informações que vão possibilitar a instituição ajustar atividades e procedimentos internos;

7. *estado firme e homeostase dinâmica*: a importação de energia para deter a entropia opera para manter certa constância no intercâmbio de energia, de modo que os sistemas abertos que sobrevivem são caracterizados por um estado firme. Conquanto a tendência de um estado firme, em sua forma mais simples, seja homeostática, como na conservação da temperatura constante do corpo, o princípio básico é a preservação do caráter do sistema. Em outras palavras, o corpo armazenará gordura, a organização criará reservas, e a sociedade aumentará suas bases tecnológicas e culturais. No caso de alunas (os) a sua competente importação proporcionará a manutenção de um estado firme, ou seja, teremos a homeostase dinâmica, mas, em outras palavras, teremos o equilíbrio do sistema. A tendência a um estado firme e homeostático seria conseguida com a importação de energia de qualidade: ingressos com forte exigência nas várias provas e testes, contratação de bons docentes, bom pessoal na gestão e direção forte, consciente das demandas educacionais para as empresas e para o país, com certeza;

8. *diferenciação*: os sistemas abertos deslocam-se para a diferenciação e elaboração. Os padrões difusos e globais são substituídos por funções

mais especializadas. As organizações sociais deslocam-se para os papéis de multiplicação e elaboração com maior especialização de função. Quase finalizando o nosso exemplo: o que podemos perceber hoje são instituições de ensino buscando a excelência educacional, via projetos e programas que as diferenciem no mercado do ensino. Ser apenas uma boa universidade ajuda e muito, mas ser uma instituição de excelência ultrapassa os limites de uma boa universidade e permite o sucesso. Mais importante e o mais complexo é manter o equilíbrio;

9. *equifinalidade*: um sistema pode alcançar, por uma variedade de caminhos, o mesmo estado final, partindo de diferentes condições iniciais. À medida que os sistemas abertos se deslocam em direção a mecanismos regulatórios, a equifinalidade passa a oferecer uma variedade menor de alternativas. Finalizando: sabemos hoje que há vários meios e modos de se disponibilizar um alunado de alta formação. Não apenas boas aulas com bons professores, mas com alternativas que façam a diferença. Boas palestras, programas de integração, coordenação de estágios eficiente, aconselhamento permanente por docentes, empresas-júnior, alguma participação em incubadoras de empresas, residências que realmente permitam o melhor aprendizado, a melhor prática e assim em diante;

10. *o homem funcional*: o indivíduo representa papéis e tem conflitos a resolver. Ele é influenciado por variáveis organizacionais, pela personalidade e pelas relações interpessoais. Ele se relaciona com os outros seres humanos como um sistema aberto, adaptando-se às experiências vividas. NOTA: Homem aqui entendido como ser humano.

Antes de prosseguir é preciso que um alerta seja feito, pois existem dois tipos de sistemas: o sistema aberto e o sistema fechado (organizações que não consideram ou desconhecem a variável ambiental). Todavia o sistema fechado foi uma realidade até a chegada da abordagem estruturalista – que advertiu para a ampla necessidade de se pensar as organizações de forma aberta, em constante relação com o ambiente. Dessa forma, a abordagem que agora apresentamos afastou de vez as análises exclusivamente para dentro das organizações. E o fim da década de 60 do século passado é um extraordinário marco no estudo das organizações em boa parte do mundo ocidental.

3.6.2 Abordagem sistêmica hoje

Como visto, a abordagem sistêmica chama a atenção para a influência definitiva do ambiente externo nos processos organizacionais. Mas, se você ainda não acredita nesta hipótese, reflita acerca de momentos lastimáveis, como calamidades, catástrofes que vivenciamos com alguma frequência, como por exemplo: terremotos, miséria extrema, guerras, terrorismo, epidemias e violências mundo afora e de toda ordem. Leia o texto a seguir.

> *A teoria de sistemas chama a atenção para a natureza dinâmica e inter-relacionada das organizações e da tarefa de administrar. Com isso, proporciona um arcabouço com o qual podemos planejar ações e prever tanto as consequências imediatas quanto as de longo alcance, ao mesmo tempo em que nos permite compreender as consequências não previstas à medida que elas vão aparecendo. Com uma perspectiva sistêmica, os gerentes gerais podem manter mais facilmente um equilíbrio entre as necessidades das várias partes da empresa e as necessidades e metas da firma como um todo.* (STONER; FREEMAN, 1999)

Imagine, então, que você possui um pequeno bar nas dependências frontais de sua casa. Afinal de contas toda organização tende à morte (entropia) e com o seu negócio não é diferente. Basta pensar que vivemos num mundo globalizado, e hoje pequeno, e se o mercado se movimenta, não temos como não participar ou, no mínimo, estarmos envolvidos, de uma forma ou de outra. É como uma grande onda, que se não a pegamos, nos afogaremos e o pior pode acontecer.

De forma mais clara e objetiva, digamos que nesse seu pequeno empreendimento há venda de cervejas que são importadas para o Brasil. Claro que você não é um importador, mas compra de grandes atacadistas ou pequenos distribuidores – estes sim têm o contato direto (ou quase) com a importação. Mas você possui um contato indireto e, com as calamidades, há uma necessidade cada vez maior de capital para se investir. Dessa forma, cria-se um grande *gap* (lacuna) entre os recursos que entram e saem do(s) país (es) envolvidos direta ou indiretamente. Portanto, toda essa movimentação pode ocasionar um aumento no custo e no seu preço final da cerveja, a fim de que mais recursos sejam captados e investidos naquele dado evento calamitoso. Entretanto, os atacadistas e distribuidores (seus fornecedores, que mantêm um contato direto com o país em estado calamitoso) serão obrigados a repassar este aumento de preço, ou deixar de vender tal produto, se for o caso. E você precisa decidir o mesmo. Prova disso é que episódios promovidos pelo ser humano de forma odiosa, catástrofes e, no nosso exemplo, calamidades influenciam na sua empresa independentemente de seu porte.

Fica claro, portanto, que a abordagem sistêmica "integra as funções universais da administração, a abordagem das funções do administrador e o planejamento estratégico, levando em conta fatores externos" (MEGGINSON; MOSLEY; PIETRI JR., 1998). Entendemos que a abordagem sistêmica, derivada da abordagem dos sistemas abertos de Katz e Kahn, tem um valor excepcional nos dias de hoje. É bastante atual e qualquer texto relativo a essa abordagem pode ser lido, mesmo que tenha sido editado no final dos anos 60 do século passado. Não pode existir uma empresa saudável que não tenha cuidados redobrados com o ambiente onde atua, com as constantes incertezas, turbulências e pequenas ou grandes alterações na ação de seus principais *stakeholders* (pessoas, investidores, acionistas, governo, empresas ou instituições públicas, em geral com algum interesse na empresa) e mais seus consumidores e consumidores potenciais.

ESTUDO DE CASO – ABORDAGEM SISTÊMICA

Simone, Amanda, Luis e Adriana foram encarregados de fazer um estudo que, além de explicar a queda nas vendas, apontasse novos caminhos que levassem a empresa a retomar a antiga excelência empresarial. Era uma empresa de Recife, Pernambuco, que comercializava produtos da, hoje, conhecida tecnologia da informação: computadores, *notebooks* e *netbooks* eram comercializados, além de um número não expressivo de acessórios; havia, inclusive, uma equipe de *webdesigners*, que havia se juntado à empresa, mas com uma ação quase que independente. A princípio não havia um motivo claro para a queda nas vendas. Os estudos prosseguiam e a equipe temia que o presidente pedisse uma definição, uma posição e uma proposta.

Amanda não era exatamente uma *expert* em TI. Muito jovem tinha por vezes ideias estranhas, próprias da idade. Estranhas, mas não impossíveis.

Enfim, num dado dia, pela manhã, Amanda chega para a reunião e diz: "Por que não a gente comercializa T-U-D-O (falou assim mesmo) de TI?" E continuou: "computadores, celulares, incorporar a equipe de *webdesigners*, acessórios para qualquer produto, uma fábrica de *software* e entramos firme na internet com uma estrutura específica? Aliás, tem de ser assim!" Luis e Adriana – Simone chegaria mais tarde – estavam em silêncio e, de repente e ao mesmo tempo, perguntaram: "De onde você tirou tudo isso?" E ela, calma e tranquila: "De uns livros que vi em casa!!!"

Chega Simone, e antes que alguém dissesse algo contou que andou vendo o que os concorrentes andavam fazendo e percebeu que a empresa estava um pouco atrás. Só fez um comentário e a conversa "varou" o dia: "a gente bem que podia entrar na Internet... Sei que vai dar trabalho, mas é um caminho possível." Amanhã só falta agarrar Simone, depois de um sorriso que ia de leste a oeste.

Conversaram mais um pouco e pediram um contato com o presidente. Falaram tudo e mais alguma coisa e o presidente passou a argumentar que tudo aquilo era um sonho, sonho bom, mas um sonho. E ameaçou fechar a conversa, mas... não possível.

Sua função e de seu grupo é dar um cunho científico à proposta da equipe. Desenvolvam argumentos sólidos que nos mostrem por que a conversa não terminou com a tentativa de o presidente fechar a conversa e assim liquidar com a proposta primeira da equipe. Ou seja, o que a equipe propôs que acabou sendo aceito pelo empresário?

Nota: O caso apresentado é hipotético e qualquer semelhança com pessoas, empresas etc. será mera coincidência.

QUESTÕES PARA DEBATE — ABORDAGEM SISTÊMICA

1. Qual o grau de importância do ambiente na abordagem sistêmica: muito, pouco ou depende da organização?

2. Durante o texto vimos que a abordagem sistêmica teve este rótulo muito provavelmente pelo fato de seu idealizador ser um biólogo. Explique qual a relação entre tais fatos e se você concorda ou não.

3. Quando o autor afirma que o "todo é maior do que a simples soma das partes" (POULLION, 1968) a que partes ele está se referindo?

4. Por que, embora von Bertalanffy tenha nos oferecido para análise a sua teoria geral de sistemas foi com os psicólogos Katz e Kahn que a abordagem dos sistemas abertos tomou impulso?

5. Uma das características dos sistemas abertos é o homem funcional. Qual a diferença entre este conceito e o *homo economicus* trabalhado por Taylor? Com qual você se identifica mais?

6. *Feedback* é uma palavra que, provavelmente, você já conhecia antes mesmo de entrar na sua escola, faculdade, universidade. Mas, afinal de contas, qual seu significado e valor nas ações da organização?

7. O que são entropia e entropia negativa e qual a sua importância nas organizações de hoje?

8. O que são sistemas abertos e qual a sua relação com o ambiente? Mais uma vez, não economize palavras e dê exemplos porque irão ajudar na compreensão do que sejam sistemas abertos.

9. Dê um exemplo que prove a natureza dinâmica e inter-relacionada das organizações nos dias de hoje, fazendo jus à continuidade das ideias da abordagem sistêmica.

10. Imagine você como profissional de consultoria atuando numa empresa que é essencialmente uma empresa num sistema fechado. Perguntamos: como fazer para "abrir" essa empresa para o ambiente?

Referências bibliográficas

KATZ, Daniel; KAHN, Robert L. *Psicologia social das organizações*. São Paulo: Atlas, 1987.

MAXIMIANO, Antonio Cesar Amaru. *Teoria geral da administração:* da revolução urbana à revolução digital. São Paulo: Atlas, 2006.

MEGGINSON, Leon C.; MOSLEY, Donald C.; PIETRI JR., Paul H. *Administração:* conceitos e aplicações. 4. ed. São Paulo: Harbra, 1998.

MOTTA, Fernando C. Prestes; VASCONCELOS, Isabella F. Gouveia de. *Teoria geral da administração*. 2. ed. São Paulo: Pioneira Thomson Learning, 2004.

POUILLON, J. Uma tentativa de definição. In: POUILLON et al. *Problemas do estruturalismo*. Rio de Janeiro: Zahar, 1968.

STONER, James A. F.; FREEMAN, R. Edward. *Administração*. 5. ed. Tradução: Alves Calado. Rio de Janeiro: LTC, 1999.

3.7 Abordagem contingencial

E chegamos à abordagem contingencial. A primeira pesquisa relevante sobre o assunto ocorreu em 1958 com Joan Woodward, professora de sociologia industrial na Universidade de Londres, para quem as mudanças tecnológicas forçam mudanças organizacionais, porque existe, segundo as conclusões da pesquisa, uma ligação entre tecnologia e estrutura social. Acreditando nisso é o ambiente que determina o comportamento da organização. E se o ambiente é mutável, sem que se possa influir ou mesmo precisar as mutações, temos de nos preparar para as contingências. Mas, como veremos, Woodward não estava sozinha.

3.7.1 *Modelos orgânico x mecânico de Burns e Stalker*

Em 1961, Tom Burns e G. M. Stalker, dois sociólogos industriais, fizeram uma pesquisa em mais de 20 empresas inglesas com base nas propostas da abordagem sistêmica, ou seja, com o objetivo de descobrir se havia alguma relação entre a empresa e o seu ambiente externo, como identificado por Woodward.

No relatório final da pesquisa os autores "entenderam que há dois" tipos ideais "de organização: o sistema mecânico, adequado a condições relativamente estáveis de tecnologia e mercado; e o sistema orgânico, adequado a condições opostas" (MOTTA, 2001), ou seja, enquanto existem organizações que operam em ambientes relativamente estáveis, de uma maneira "mecânica", existem, por outro lado, organizações que operam de acordo com as transformações do ambiente, ou melhor, a partir das exigências de tal ambiente, de uma maneira "orgânica".

Na verdade, para os autores, quem determina a estrutura e o funcionamento das organizações é o ambiente. Para facilitar a compreensão da proposta vale trazê-la para os dias de hoje. Por assim dizer, ao pensarmos em empresas de tecnologia da informação, responsáveis por lançar novos *softwares* no mercado, por exemplo, não faz sentido uma estrutura mecânica devido ao alto grau de flexibilidade exigido neste ramo.

Por outro lado, as fábricas ainda hoje necessitam de uma estrutura com alto grau de formalidade, onde regras devem ser cumpridas e a padronização se faz necessária para ter produtos que atendam às demandas com qualidade e com prazos reduzidos. Portanto, não se pode dizer que existe uma forma ideal de atuar. E acreditar que o ambiente pode determinar o funcionamento de uma organização não é ruim, mas sim uma nova forma de encarar esta relação. Forma essa marcada pela abordagem que veio a surgir pouco tempo depois.

3.7.2 O estudo de Lawrence e Lorsch

Foi em 1972 que Lawrence e Lorsch fizeram uma pesquisa que, segundo inúmeros autores, marcou o aparecimento da Abordagem Contingencial (também tratada como teoria por alguns autores, apesar de não ser tratada desta forma por seus criadores. Eles falavam em uma tendência ao estabelecimento de uma teoria da contingência). A pesquisa tratava da relação entre organização e ambiente. Os autores pesquisaram dez empresas que funcionavam em ambientes diferentes – plásticos, alimentos empacotados e recipientes (*containers*) – fundamentados na visão da organização como sistema aberto. Mas o resultado final encaminhou a problemática organizacional para dois aspectos básicos: diferenciação e integração. Neste momento você deve estar se perguntando: como assim diferenciação e integração? O que vem a ser isso? Mas vamos por partes.

Primeiramente, entende-se diferenciação como sendo as unidades criadas dentro da organização a fim de atender as demandas ambientais, sejam elas novas unidades ou segmentos de unidades pré-estruturadas (subunidades). A grande dificuldade é conseguir integrar os interesses do ambiente aos interesses organizacionais, como estas subunidades tentam fazer. Em contrapartida, integração é um processo gerado por pressões vindas do ambiente global da organização, com o propósito de alcançar unidades de esforços e coordenação entre as várias unidades ou subsistemas. Ou seja, processo de integrar (plenamente) unidades ou subsistemas. Seria como um verdadeiro cabo de guerra, em que o ambiente se encontra de um lado e a organização do outro. A diferença é que o objetivo neste caso não é que a corda se rompa, mas sim que ela permaneça equilibrada, desde que a força seja semelhante ou igual em ambos os lados da corda. Havendo preponderância de um lado, a corda romperá e isso não é o desejado por nenhuma das duas pontas da corda: organização e ambiente. A fim de se atender o objetivo da integração, a pesquisa de Lawrence e Lorsch encontrou os seguintes meios (para a integração), que são identificados como principais pelos autores:

1. sistema formal de coordenação;
2. relacionamento administrativo direto entre unidades (subsistemas);
3. hierarquia administrativa;
4. utilização de grupos funcionais; e
5. unidades de integração e provisão para relações especiais entre indivíduos.

3.7.3 Distinguindo Teoria Geral dos Sistemas de Abordagem Contingencial

É importante notar neste momento a aproximação à abordagem sistêmica, à medida que a questão volta a ser o ambiente externo onde as organizações estão inseridas. Mas é preciso entender que esta, ao contrário da abordagem contingencial, apenas permite reflexões sobre o ambiente, não chegando a desenvolver técnicas ou novos procedimentos para a execução de transformações internas no intuito de atender as demandas do mercado. Já a abordagem contingencial, também chamada de abordagem situacional, vai além, à medida que faz entender que as condições ambientais causam transformações no interior das organizações, ou seja, o ambiente provoca circunstâncias organizacionais, sendo tais circunstâncias balizadoras da vida da organização.

Portanto, a abordagem contingencial mostra a influência do ambiente externo, ou melhor, as transformações que este provoca no ambiente interno da organização. Desta forma, pode-se concluir que "a teoria da contingência estabelece que não há uma estrutura organizacional única que seja altamente efetiva para todas as organizações. [...] Há diversos fatores/contingências: estratégia, incerteza com relação às tarefas e tecnologia [...] Essas características refletem a influência do ambiente" (DONALDSON, 1999). Em outras palavras, pode-se dizer que as contingências, ou seja, as diferentes situações exigem tratamentos diferenciados de forma que as adversidades sejam levadas em consideração. Portanto, não se pode tratar situações diversas da mesma maneira; é necessário que se tenha flexibilidade para que existam formas de integração e de diferenciação de estrutura e processos adequados a cada realidade. Além disso, a abordagem contingencial considera que a organização que não se adeque ao ambiente externo irá "morrer" e é aí que ela dá um passo à frente da abordagem sistêmica.

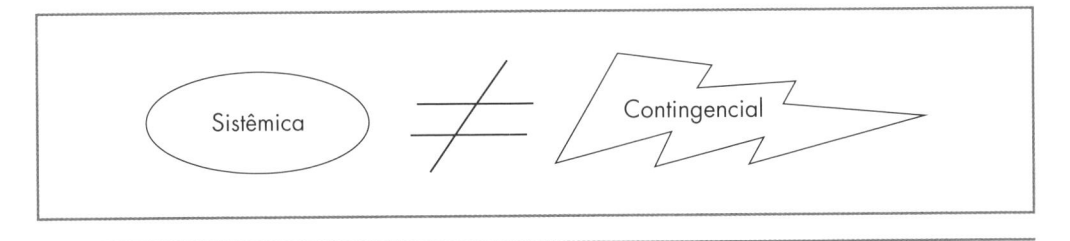

Figura 3.15 Abordagens diferenciadas: sistêmica (a empresa analisa o ambiente e reage) e contingencial (a empresa analisa e deve reagir imediatamente).

Portanto, torna-se simples diferenciar a abordagem sistêmica da contingencial. Fácil também elaborar no sentido de que "a abordagem contingencial diz aos administradores para se conscientizarem das nuances e das complexidades de toda situação, e para tentarem determinar o que poderia funcionar melhor em cada caso específico" (STONER; FREEMAN, 1999). A preocupação passa não só a ser o ambiente, mas também como ele passa a ditar as regras do jogo, de forma a tornar o administrador um "modelador da cultura organizacional e delineador de sua evolução" (MOTTA, 2001).

Mintzberg (1979) é crítico da abordagem contingencial e diz que considera existir uma abordagem pós-contingencial que alteraria a ação das organizações. Entende que empresas selecionam as variáveis ambientais que interessam à estrutura da organização. E, também, podemos entender que há contingências ambientais criadas ou fomentadas por uma dada organização com o propósito de obter alguma vantagem competitiva. Assim, ela não agiria – ou reagiria – em cima de contingências não controladas, como que pregam os favoráveis a essa corrente de estudo, mas agiria conforme as contingências não controladas por ela e agiria conforme contingências que ela, empresa, "controlaria", se é que assim poderíamos melhor explicar tais ações.

Contudo, acreditamos que pode existir uma tendência de se rotular de pós-contingencial variações da abordagem contingencial, mas ainda prevalece o argumento que dá relevância excepcional ao meio ambiente que exige cautelas extremas no estamento superior das organizações.

3.7.4 Abordagem contingencial hoje

Ao estudar a abordagem contingencial e alguma visão pós-contingencial que acabamos de comentar, percebe-se que suas características marcantes são a diferenciação e a integração, também conhecidas por *modelo diferenciação-integração*. Em outras palavras, percebe-se a importância do ambiente externo a partir do momento que este gera transformações intraorganizacionais, ao mesmo tempo em que se percebe a dificuldade de se chegar a um equilíbrio nestes conceitos que são antagônicos. Na verdade, essa abordagem acredita que quem dirige a organização é o ambiente, sendo complicado ignorar a sua existência ou apenas ter consciência da sua preponderância sobre a organização. Note que se pode fazer julgamento de valor entre as diversas abordagens estudadas, pois não há abordagem certa ou abordagem errada. O que pode acontecer é existir abordagens que sejam mais adequadas a cada tipo de realidade organizacional.

Em exemplos práticos, é difícil imaginar um bar que funcione ignorando qualquer acontecimento do ambiente em que ele está inserido, como crescente insegurança, uma guerra ou uma epidemia, por exemplo. Isto ocorre porque durante picos de insegurança é comum que as pessoas não saiam de casa a não ser para trabalhar, de forma que o dono do bar, que pode ser você, deve verificar esta realidade e buscar formas alternativas de se trabalhar sua clientela. Você precisa descobrir o que as pessoas buscam quando vão ao seu estabelecimento, o que pode gerar uma mudança radical em seu negócio. Sendo assim, a única forma de se descobrir tal necessidade do ambiente acaba forçando a sua organização a criar um setor de pesquisa ou mesmo segmentar o já existente (diferenciação) para que se gere um vínculo com o mercado. Porém, os objetivos organizacionais não podem ser esquecidos (busca pela integração).

Mas se você não entende nada de bar, pense na influência dos fatores ambientais nas organizações. Pense por exemplo em regiões extremas do Brasil (foco desta obra) como o Nordeste (clima predominante: úmido) e o Sul (clima predominante: frio). Imagine agora uma fábrica de cobertores que simplesmente fabrica o seu produto e distribui sem se preocupar com o clima predominante na região a ser comercializada. Neste caso, é bem provável que haja encalhes de cobertores no Nordeste e escassez no Sul, gerando perda de vendas e aumento no custo dos estoques para o(a) empresário(a). Que tal então distribuir uma maior quantidade no Sul do que no Nordeste? Talvez esta seja a solução, mas para saber isso foi preciso ter conhecimento do clima regional, o que prova a premissa de que é o ambiente externo quem dirige a organização. A historinha é bem simples e difícil de acontecer, por ser tão simples e de procedimentos organizacionais, mas acontece.

Estudo de Caso – Abordagem Contingencial

No caso anterior uma equipe relativamente jovem fez uma proposta concreta e tecnicamente possível para a retomada da excelência empresarial numa empresa de Recife, Pernambuco. Imaginem agora essa mesma empresa dias antes de colocar em ação essa proposta extremamente corajosa, mas passível de trazer belos resultados. A equipe se depara com a seguinte manchete dos jornais do país, isso via internet: Governo decide desvalorizar o real frente ao dólar em 40%.

Sua função e de seu grupo é encontrar alternativas, ou não, para a empresa que tinha uma proposta corajosa e possível da retomada da liderança na área de sua atuação.

Nota: O caso apresentado é hipotético e qualquer semelhança com pessoas, empresas etc. terá sido mera coincidência.

Questões para debate – abordagem contingencial

1. Segundo o texto, a primeira pesquisa relevante sobre a abordagem contingencial ocorreu em 1958 com Joan Woodward. De que tratava tal estudo? Qual a sua conclusão?
2. Para Burns e Stalker, quem determina a estrutura e o funcionamento das organizações é o ambiente. Nesse sentido, acreditam que existem dois tipos ideais de organizações. Que tipos são esses? Como eles se distinguem?
3. Em rápidas palavras, o que é abordagem contingencial? Um exemplo ajudaria num entendimento mais adequado. O exemplo deve ser em muitas palavras.
4. O que vem a ser diferenciação e integração? E qual a sua utilidade nos estudos práticos das organizações?

5. Comente a assertiva: "a abordagem sistêmica e a contingencial trabalham a variável ambiente externo da mesma forma, só muda a terminologia".

6. Você considera que abordagem situacional e abordagem contingencial são a mesma abordagem? Seria somente uma questão de rotulagem? Sim ou não? Por quê?

7. E o que seria uma abordagem pós-contingencial? Devemos lembrar que esta abordagem traz alterações importantes que tornariam a análise das organizações um pouco mais complexa que a abordagem das contingências e com resultados bem diferentes.

8. Como pessoa empreendedora, como você conduziria a sua empresa, caso percebesse a influência ambiental acima de situações contingenciais e pós-contingenciais, seguindo a posição de estudiosos?

9. Tendo estudado todas as abordagens que trouxeram grande contribuição à ciência da administração, diga qual delas tem mais influência em sua vida hoje. Não se esqueça de argumentar com base em sua contribuição.

10. No início deste capítulo foram trabalhados os precedentes da administração científica. Faça um paralelo entre as contribuições dos filósofos e pensadores apresentados e a abordagem contingencial, provando que em se tratando de conhecimento adquirido nada se perde.

Referências bibliográficas

DONALDSON, Lex. The eternal hand: organizational economics and management theory. *Academy of Management Review,* 1999.

MINTZBERG, Henry. *The Structuring of Organizations*. Englewood Cliffs: Prentice-Hall, 1979.

MOTTA, Paulo Roberto. *Gestão contemporânea:* a ciência e a arte de ser dirigente. Rio de Janeiro: Record, 2001.

STONER, James A. F.; FREEMAN, R. Edward. *Administração*. 5. ed. Tradução: Alves Calado. Rio de Janeiro: LTC, 1999.

3.8 Abordagens contemporâneas

As primeiras abordagens marcaram bastante o ensino, a pesquisa e a prática da administração. A marca maior foi a pluralidade de alternativas que o estudioso ou o prático tiveram seja como opções para seguir, seja percebendo tais abordagens como doutrinação. As palavras *teoria* e *escola* são bastante fortes, porque têm um forte significado de aprendizado, de internalização e de convencimento. A chamada *teoria da contingência* não foi assim rotulada por aqueles que iniciaram seus estudos, culminando com a proposta de mais uma abordagem. Contudo, autores seguintes resolveram dar o rótulo de teoria e assim ficou até nossos dias. No entanto, o rótulo *teoria de...* desapareceu e sua última "aparição" foi em 1972, com Jay e Lorsch, os criadores do termo *abordagem contingencial*, do inglês *contingency approach* e que nós, autores, docentes e pesquisadores, traduzimos ao pé da letra.

Portanto, a partir da abordagem contingencial existem referências a outros movimentos de forma variada, mas nunca o registro *teoria* de alguma coisa. Alguns autores apenas registram o rótulo sem maior qualificação, como, por exemplo, gestão pela qualidade total, que nunca recebeu alguma extensão. Ou seja, não tivemos a Teoria da Gestão pela Qualidade Total. E entendemos que assim é e assim consideramos as abordagens contemporâneas, ou seja, movimentos que ultrapassam fronteiras e marcam a sua presença, através de ampla literatura que atinge a prática trazendo resultados. E os últimos 30 anos, e mais fortemente os últimos 20 anos, têm sido fartos e generosos em novos movimentos, todos com direcionamentos diferentes, mas sempre apontando a possibilidade de resultados de excelência, porque pressupõem vantagens competitivas e diferenciações em seus produtos e/ou serviços.

A seguir, uma breve apresentação das abordagens mais recentes e que vêm sendo aplicadas no Brasil, algumas com excelentes resultados e outras com aplicações de resultado duvidoso: Aprendizagem Organizacional (*Learning Organizations*); *Balanced Scorecard* (*BSC*); *Benchmarking*; *Coaching/Mentoring*; *Empowerment;* Gestão pela Qualidade Total (GQT); Gestão e Organização Horizontal e Reengenharia (ARAUJO, 2010).

3.8.1 *Aprendizagem Organizacional* (Learning Organizations)

A aprendizagem organizacional surgiu como uma tecnologia capaz de rever e inovar as práticas organizacionais por intermédio do desenvolvimento da capacidade de resposta da organização. Tem como elementos cruciais: o ser humano, novos métodos de assimilação do conhecimento, visão sistêmica e partilha do conhecimento.

Em verdade, trata-se de um fenômeno que prima pelo aperfeiçoamento da mentalidade contínua voltada para a transformação, observando a importância central do ser humano como partícipe desse processo.

Disposta a diminuir o hiato entre as atuais práticas de aprendizagem organizacional e a realidade planetária, a tecnologia, que encontra em Chrys Argyris e Peter Senge dois grandes idealizadores, alerta para a necessidade do trabalho em equipe, desenvolvimento de habilidades, quebra de barreiras culturais, construção de identidade e objetivos comuns organizacionais, além da já mencionada consideração plena para com as pessoas da organização.

3.8.2 Balanced Scorecard (BSC)

Apesar de ter surgido para ser um sistema de avaliação de desempenho, o *Balanced Scorecard* se transformou numa abordagem direcionada a sistemas de gestão. As quatro perspectivas – financeira, do cliente, dos processos internos e do aprendizado e crescimento –, aliadas a uma visão perfeita da importância do raciocínio estratégico, são as molas que transformaram o BSC num modelo bem sucedido que não se prende a apenas uma visão específica da empresa.

Sua vantagem em relação a outros sistemas de avaliação de desempenho e/ou de gestão é ser capaz de identificar processos inteiramente novos que lhe trarão vantagens competitivas, e não apenas avaliar os já existentes. Por se moldar numa relação de causa e efeito e tendo sempre a estratégia como fator a ser implementado, a tecnologia não permite que a empresa caia na armadilha de acreditar possuir uma vantagem competitiva eterna, focalizando sempre a necessidade de melhorias. É considerada, por ocasião do fechamento desta obra, uma das mais recentes abordagens no campo das organizações.

3.8.3 Benchmarking

Benchmarking é uma abordagem extremamente flexível e aplicável a qualquer tipo e tamanho de organização.

Resumidamente, o objetivo é o desenvolvimento e crescimento organizacional com o aperfeiçoamento de processos, produtos e/ou serviços. Para tanto, propõe que sejam investigadas e analisadas as práticas das empresas consideradas as melhores. Durante tal esforço, o patrocinador do estudo precisa saber o que selecionar para ser objeto de sua investigação, o que investigar e, principalmente, como investigar, isso é, deve ser traçado um plano ou modelo de ação. O propósito é *aprender* com o melhor a *ser* o melhor e, depois, ajudar uma outra a ser ainda melhor e, em seguida, iniciar um novo ciclo que poderá ter outras empresas integrantes.

3.8.4 Coaching/Mentoring

Coaching foi inicialmente definido como "um processo pedagógico de ensinar as pessoas a pensar e refletir para buscar o conhecimento no fundo de si mesmas, e assim disse o pensador Sócrates" (CHIAVENATO, 2005). *Coaching,* também, pode ser definido como um "processo utilizado pela liderança quando se quer melhorar o comportamento no trabalho ou perfil do colaborador" (CAPRONI, 2003).

É importante salientar que *coaching* difere de treinamento, onde é comum que habilidades e competências pessoais, não específicas do treinamento que está sendo ministrado, não sejam levadas em consideração. Difere também da ação gerencial, ou seja, não acontece visando ao simples direcionamento e otimização de recursos para atingir um dado objetivo e difere de liderança por ser algo com um propósito bem mais amplo do que apenas estimular pessoas na organização. O *coaching* é muito mais e bem mais complexo que isso.

A ideia do *coaching* não é de supervisão, e sim de orientação por meio de "formulação de perguntas, fornecimento de informações ou partilha de filosofias e metodologias, observando o processo" (PORCHÉ; NIEDERER, 2002).

Note, simplificadamente, que ao *coach* (treinador, treinadora) não interessa dar a você o peixe, mas, sim, ensiná-lo a pescar. Em outras palavras, a ele ou ela interessa desenvolver as pessoas que com ele ou ela trabalham.

O *mentoring* seria quase o mesmo que *coaching*, mas indo mais além, bem mais além. Além de orientar, praticar junto e ensinar, o mentor tem a função de preparar as pessoas para novos e extraordinários saltos qualitativos. Está vinculada à competência do mentor em descobrir talentos e com eles cuidar com extrema profundidade desse crescimento pessoal e profissional. Vai, portanto, além do ensinamento específico com relação ao que seria um conjunto de atribuições para uma posição na organização.

As pessoas da organização envolvidas com os procedimentos de *coaching* e *mentoring* devem, por outro lado, interagir para que haja um efetivo entendimento e o desenvolvimento ocorra de forma plena e com ganhos excepcionais. Klein e Napier (2003) sugerem (e nós comentamos) cinco comportamentos às pessoas envolvidas e que proporcionarão uma relação ótima com *coaches* e *mentors* (mentores):

- *sinceridade*: isto significa dizer: peça sempre opinião ao *coach* e você terá sempre a verdade de forma direta. Mas se você não a pedir, a terá de qualquer maneira;
- *propósito*: entenda: ter um propósito não é como ter um propósito de ganhar um jogo de futebol, voleibol, tênis ou um campeonato de *surf*. É muito mais que isso. É um permanente jogo de reflexões sobre você, no qual ganhar ou perder uma partida qualquer fará parte das reflexões sobre você. Propósito é algo maior, muito maior;

- *vontade*: nunca desistir, nunca. Compromisso é mais do que doutrinação, não é apenas uma vontade a mais. O *coach* ou o mentor demonstrará o que está além da vontade;
- *rigor*: regras existem e devem ser obedecidas. Nos dias de hoje é comum que regras sejam ignoradas; faz parte da frequente quebra de paradigmas, mas há limites. O *coach/mentor* tem caminhos para mostrar os benefícios da obediência às regras; e
- *riscos*: correr riscos tem relação direta com a sua vontade de ver a sua equipe, o seu time, vencer. Mas, o risco "corre o risco" de levar sua equipe à derrota. Portanto, riscos têm limites; o difícil é saber exatamente o limite. E a universidade ajuda muito você a compreender a exata dimensão do risco num momento crucial de seu trabalho e de seu trabalho junto com a sua equipe ou sua unidade de trabalho.

Sem dúvida, essa é uma abordagem bastante interessante e aplicável nas empresas brasileiras. Aqui empreendedores têm uma excelente oportunidade de fazer uso de algo extremamente útil e que requer pouco pessoal, mas muita competência, para desenvolvê-la no âmbito da organização.

3.8.5 Empowerment

O *empowerment* focaliza a libertação da capacidade decisória das pessoas. Busca salientar como é importante aproveitar o capital intelectual de cada pessoa da organização. As empresas podem ter acesso às mesmas abordagens apontadas por tantos estudiosos e devem compreender que o maior ativo ainda está nas pessoas e, especificamente, essa abordagem tecnológica é centrada exclusivamente nas pessoas, na melhor compreensão que os gestores devem ter desse contingente que habita cada canto, cada mesa, cada cadeira no interior de cada organização.

Praticá-lo não se confunde com ausência de metas, missão ou regras. Envolve, sim, o estabelecimento de critérios que viabilizem sua eficácia, via pessoas da organização.

É comum falar que algumas coisas a universidade não ensina. E é verdade. O poder de percepção, de boa observação, deve ser desenvolvido por todos. A literatura, a aula, a troca de ideias no intervalo das aulas ajudam e muito. Mas, uma boa parte desse poder de entender, compreender as pessoas, depende, essencialmente, da disposição, da motivação de cada um. Não temos dúvida em afirmar que aplicar *empowerment* é a mais complexa de todas as abordagens ou, como habitualmente nos referimos, das tecnologias de gestão organizacional.

3.8.6 Gestão pela Qualidade Total (GQT)

A Gestão pela Qualidade Total oferece às empresas oportunidades significativas de ganhos competitivos, por intermédio da melhoria contínua dos processos organizacionais, à medida que é centrada nos desejos e expectativas dos clientes.

Seu surgimento no Brasil no fim da década de 80 do século passado ocorreu em função de fortes mudanças nas relações entre consumidores e empresas. Aqueles, agora, estão mais conscientes de suas reais necessidades e da certeza de que muitos dispõem dos meios para satisfazê-las, o que conduziu e conduz as empresas à preocupação constante em encantá-los para conquistá-los. A hoje conhecida GQT está enraizada nas empresas por todo o Brasil e a luta agora é incluir dentre os mais significativos atributos da GQT o do direito à cidadania, direito inalienável das pessoas que compõem cada empresa no nosso país.

3.8.7 Organização e Gestão Horizontal

A estrutura tradicional, convencional e piramidal, que permitia a visualização imediata da cadeia de comando, ficou como boa lembrança do século XX. O século XXI nos trouxe uma nova configuração e uma nova dinâmica. Coincidência ou não, a redução de níveis hierárquicos, que ajudou a gerar a estrutura e gestão horizontal e em rede, e a informática e os incríveis ganhos proporcionados pela tecnologia da informação permitiram o estabelecimento de uma gestão organizacional de forma horizontalizada (sem uma cadeia de comando visível e com exigências de competência pessoal de altíssimo grau direcionadas à coordenação, em função de seu caráter horizontal).

Certamente, a organização e a gestão horizontal aconteceram por obra da globalização, da concorrência, da necessária revisão dos custos, da logística, da manutenção e busca de novos consumidores. Ser excelente, enfim, é atender a esses pré-requisitos e para atender a esses pré-requisitos é fundamental a excelência profissional, que pode ser alcançada pela melhor e constante profissionalização de nossos executivos, empreendedores, empresários, jovens ou não.

É possível perceber que ao longo do livro mencionamos a gestão horizontal em, pelo menos, três capítulos. Cada momento como uma informação específica para a necessidade do texto. Contudo, é no último capítulo nossa contribuição maior, pois nele passamos a nossa convicção com relação ao futuro da conhecida e tradicional gestão hierárquica, nossa conhecida desde o início do século passado.

3.8.8 Reengenharia

Reengenharia é uma abordagem de, digamos, domínio público. Explodiu no Brasil em meio a profundas transformações políticas, com o retorno à democracia, por intermédio de seu símbolo maior: o voto, livre. Infelizmente, a sua ampla divulgação não concedeu às instituições de ensino a alternativa de passar ao estudante, aos executivos, empreendedores e empresários a sua verdadeira concepção e foi rotulada de sinônimo para demissão. E assim ficou rotulada, definitivamente.

Na verdade, nasceu em meio ao colapso do modelo convencional de divisão do trabalho herdado da época da Revolução Industrial e que não mais podia sustentar as necessidades de competitividade, otimização e maximização das atividades empresariais frente às transformações no mundo experimentadas a partir dos anos 90 do século XX.

A reengenharia propõe mudanças radicais na forma de se organizar e desenvolver o trabalho, primando sempre pelo rompimento com as estruturas tradicionais. Sua ação não é gradual, como na maioria absoluta das demais tecnologias. Ela é imediata e, por essa razão, não pode ser executada de maneira experimental. Se a sua aplicação não oferecer resultados positivos, o caos está instalado. O empresário ou futuro empresário deve ter isso em mente: enquanto outras tecnologias permitem acertos, ajustes, a reengenharia não oferece o tempo necessário para os conhecidos e sempre aplicados ajustes, acomodações de terreno.

3.8.9 Concluindo...

As abordagens das chamadas teorias originadas do pensamento administrativo chegaram até nossos dias com algumas características interessantes:

1º o movimento inicial permanece passados mais de 100 anos. Não podemos negar a presença em nossos diversos "Brasis", porque temos um país de dimensões continentais e o Brasil do Rio Grande do Sul é um e o do Rio Grande do Norte é outro. E ambos diferentes do Brasil do Centro-oeste e por aí vai. O taylorismo foi o movimento inicial que marcou o início efetivo da administração tentativamente científica. E como o taylorismo "falava de perto" em produção, esteve e está mais presente do que a abrangência da proposta fayolista e, num certo sentido, o estudo de Fayol teria sido muito mais importante que o de Taylor, mas prevaleceu o foco na zona de produtividade e, ainda hoje, temos algumas convicções da escola clássica, por exemplo, a de se pagar mais a quem produzir mais, pois esse é o único caminho para a satisfação do operariado. Produzindo mais, e ganhando mais, o operário seguirá com tranquilidade a sua trajetória profissional;

2º o movimento das relações humanas foi, digamos, revolucionário para a época. Havia um clamor público contra os favoráveis à administração científica de Taylor e seguidores, e os pesquisadores e cientistas sociais, em geral, buscavam meios e modos de reformular, alterar ou mesmo eliminar a dureza dos procedimentos da área produtiva. Foi revolucionário na época, mas deixou marcas importantes e dali partiram, por exemplo, os primeiros estudos de liderança, hoje, reconhecidamente, um aspecto diferenciador em empresas que buscam crescimento em suas competências essenciais (veja Capítulo 5). É fácil afirmar e comprovar a existência de uma literatura expressiva voltada quase exclusivamente para o comportamento humano até os anos 70, ou seja, a abordagem das relações humanas frutificou por mais de 50 anos com publicações de excelente nível e bastante compreensivas sobre a natureza humana nas organizações. Ainda hoje há obras importantes e não será difícil, pela sua quantidade e qualidade, encontrar o que se deseja em bibliotecas ou mesmo *sites* da Internet;

3º o estruturalismo foi um movimento cujo mérito foi o de alertar os estudiosos para a convergência possível entre o movimento clássico e o movimento revolucionário das relações humanas. A partir de Amitai Etzioni, criador da abordagem, a literatura pouco alterou a trajetória traçada por seu criador e avançou para o movimento que a seguir comentaremos. A inclusão de igrejas, prisões e hospitais nos estudos científicos passou de mero esforço de alguns para um incremento expressivo em publicações de toda ordem: livros, artigos e revistas especializadas.

No Brasil, escolas que só tinham o compromisso de oferecer aulas de administração para administradores passaram a oferecer aulas para os mais variados públicos e não apenas para os que tinham alguma formação em administração ou eram gerentes, chefes, supervisores. Nos dias de hoje temos um número incalculável de cursos para médicos, químicos, engenheiros, economistas – só para citar algumas profissões nas quais seria inimaginável algum tempo atrás olhar nos jornais e ver anúncios de cursos de administração customizados para esses profissionais;

4º a abordagem de sistemas abertos abriu um leque excepcional para qualquer tipo de organização no Brasil. Os idealizadores da abordagem foram muito bem-sucedidos na obra que originou esse movimento – que permanece inteiro e reconhecido em todo o mundo ocidental. O livro *Psicologia social das organizações* (KATZ; KAHN, 1987) abriu um novo mundo de análise e compreensão do todo organizacional com a inclusão das organizações como parte integrante do sistema social e não apenas como uma empresa que busca lucros num determinado segmento da sociedade. Você já sabe que é impossível dissociar organização de ambiente e tudo graças à contribuição de ambos psicólogos no final da década de 70 do século passado; e

5º por último, o movimento da abordagem contingencial, mais recente e presente em nossos dias. Ele nos permitiu compreender que há vários caminhos para o alcance da excelência nos negócios e não apenas um único como ocorria nos estudos anteriores. O argumento era apoiado no ambiente e nas turbulências, pouco frequentes nas sociedades estáveis, mas frequentes nas sociedades emergentes, como a nossa sociedade é identificada mundo afora. Portanto, as contingências, quase sempre não controladas, é que servem de entrada para o processamento e saídas para o ambiente e não um plano, com complexidades ou não, elaborado por profissionais de alto nível, mas que não considere a influência determinística das circunstâncias originadas do ambiente. Houve um movimento que esteve por se transformar numa outra abordagem, mas passou a ser considerado apenas como integrante da abordagem contingencial. Trata-se do movimento de alguns autores no sentido de qualificar a pós-contingência que, contudo, cuidava da própria contingência, sendo o pós-originado do eventual controle por parte de organizações que poderiam mesmo criar contingências ambientais, mas sob seu controle. Ou seja, tais contingências afetariam a organização, mas haveria um controle imediato de tais turbulências, de tais incertezas.

As pessoas que irão desenvolver ações empreendedoras ou como empresárias ou, ainda, atuar em consultorias ou nas funções executivas típicas, têm diante de si um número significativo de contribuições à prática nas organizações. O importante é considerar todas as abordagens (incluindo as contemporâneas que veremos a seguir) e compará-las, compulsá-las. É certo que o executivo e o consultor são aqueles que devem desenvolver tais estudos, cabendo aos empreendedores, empresários decidir. A decisão para ser adequadamente tomada deve estar alicerçada em conhecimento e não apenas em intuições. A intuição ajuda, mas depende do nosso estoque de conhecimento e de experiência. E aqui surge a figura feminina raramente considerada pela maioria esmagadora dos pensadores da administração. Fato que é apenas razoavelmente justificado para a primeira abordagem, quando a mulher não tinha conquistado os direitos naturais de um ser humano até a segunda ou terceira década do século XX. Contudo, os muitos movimentos, principalmente, o movimento das relações humanas, produziram notáveis estudiosas do sexo feminino e podemos citar Mary Parker Follett como um belo exemplo e, mais modernamente, Joan Woodward.

É sabido que a intuição feminina é mais aguçada do que a intuição masculina. São características que terminam por diferenciar os sexos, mas pouco exploradas na literatura que fala de teorizações, utilização de técnicas gerenciais modernas. Para a maioria dos autores só existe o executivo, o consultor, o empreendedor, o empresário. O argumento que afirma que, por exemplo, o executivo é uma palavra que serve para ambos os sexos não resiste a um primeiro comentário: então, por que não a executiva como palavra determinante para ambos os sexos?

Enfim voltando aos empreendedores e empresários: mais e mais o conhecimento é considerado estratégico para o sucesso empresarial. Hoje já temos um número bastante expressivo de empresários – e mesmo empreendedores, que se cercam de profissionais detentores do saber e, supostamente, em condições de enfrentar as incertezas de mercado e, por consequência, contornar dificuldades limitadoras de resultados operacionais mais favoráveis. É vital que empresários, sobretudo, reconheçam que hoje, mais do que num passado recente, saber o que acontece no mundo fora dos limites da empresa é atividade mandatória. É certo que estamos nos repetindo ao insistir nesse domínio quase pleno dos acontecimentos que podem ou não ser de interesse de uma dada empresa, mas é porque sabemos de empresários que permanecem com comportamentos difusos ou mesmo negativos quando executivos de sua empresa, por exemplo, solicitam a inclusão em programas de educação continuada, tais como os conhecidos MBA à moda brasileira, ou mesmo programas de desenvolvimento de menor duração. Esses pedidos refletem a demanda por incorporação progressiva de conhecimento.

O Capítulo seguinte mostrará as muitas abordagens contemporâneas, praticamente uma exigência para os profissionais de hoje, não importando suas posições na estrutura organizacional e é, claramente, uma continuação das abordagens que vimos aqui.

ESTUDO DE CASO – ABORDAGENS CONTEMPORÂNEAS

Maurício Wassima precisava ser um importante CEO *(Chief Executive Officer* e que em bom português seria, também, o mesmo que presidente, mas agindo diariamente, atuando dentro e fora da organização e com boa presença frente aos demais empresários). A empresa dele era quase centenária, tendo a sede em Florianópolis e filiais por todo o país. Atuava no ramo de confecção de alto padrão. Maurício Wassima tinha pouco mais de 40 anos e boa formação superior em Sociologia. Conversou, então, com Arnaldo Luiz, um outro amigo de mesma idade e, também, presidente muito considerado no meio de negócios. Ambos resolveram fazer um curso em nível de pós-graduação em Gestão Empresarial numa instituição de ensino de máxima reputação. Esse curso tinha uma característica interessante: o participante poderia escolher de oito a dez disciplinas e cursá-las, fazendo ao final das disciplinas todas uma análise de um caso que demonstrasse a assimilação do que fora absorvido ao longo do curso.

Você e seu grupo devem elaborar um estudo de caso que permita aos dois presidentes desenvolver alternativas, soluções originadas das disciplinas que ambos participaram. O interessante é que ambos participaram das mesmas disciplinas.

Nota: O caso apresentado é hipotético e qualquer semelhança com pessoas, empresas etc. será mera coincidência.

QUESTÕES PARA DEBATE — ABORDAGENS CONTEMPORÂNEAS

1. É provável que você ainda não tenha tido contato com as abordagens contemporâneas, mas qual chamou mais sua atenção e que acredita ser adequada à realidade brasileira?
2. A terceirização gerou um projeto de pesquisa que buscará entender o que realmente está acontecendo nas organizações. Pela leitura da nossa interpretação sobre o que coletamos, você acha que se justifica a realização de uma pesquisa? Sim ou não? Por quê?
3. Pelo resultado da pesquisa, você acha que o *empowerment* conquistou um espaço importante nas nossas empresas? Sim ou não? Por quê?
4. O que você acha melhor: questões fechadas ou questões abertas? A questão 1, que é aberta, permitiu comentários interessantes. Mas as questões fechadas puderam ser em maior número, por serem fechadas. Responda com argumentos, por favor.
5. O texto, ao final, fala da necessidade de as universidades, os centros de ensino, estarem mais próximos do campo de trabalho. Você considera que a pesquisa é uma forma de aproximação da universidade ao mercado e vice-versa? Se a pesquisa é suficiente para essa aproximação com a realidade, o que seria importante que a sua instituição de ensino realizasse nesse sentido? Por quê?

6. Sua experiência pessoal de leitura e contatos com colegas mostra que a gestão pela qualidade total chegou para ficar? Você tem conhecimento de programas de qualidade? E qual tem sido a resposta, até onde você sabe?
7. Você acredita que o resultado teria sido semelhante se a pesquisa tivesse sido aplicada nacionalmente? Sim ou não? Por quê?
8. As certificações que permitem inferir a existência de produtos e serviços de qualidade realmente produziram o efeito desejado? Ou seja, os produtos e serviços certificados são de qualidade? Dê sua opinião.
9. Agora que você deu respostas sobre a abordagem mais bem-sucedida no país até hoje, responda, então: o que é gestão pela qualidade total?
10. Zero defeito é apenas um símbolo do que se deseja com a aplicação das ferramentas da qualidade ou, efetivamente, o esforço é nesse sentido? Mais uma vez, apelamos para a sua sensibilidade, pois é provável que você ainda não tenha adquirido informações que o credenciem a dar uma resposta repleta de muitos argumentos.

Referências bibliográficas

ARAUJO, Luis César G. de. *Organização, sistemas e métodos*. São Paulo: Atlas, 2010. v. 2.

CAPRONI, Paula. Coaching for improvement: an essential role for team leaders and managers. *The Journal for Quality and Participation*, Cincinnati: AQP, Spring 2003.

CHIAVENATO, Idalberto. *Construção de talentos*: coaching e mentoring. Rio de Janeiro: Campus, 2005.

KATZ, Daniel; KAHN, Robert L. *Psicologia social das organizações*. São Paulo: Atlas, 1987.

KLEIN, Meron; NAPIER, Rod. *The courage of act*: 5 factors of courage to transform business. Palo Alto: Davies-Black, 2003.

PORCHÉ, Germaine; NIEDERER, Jed. *Coaching*: o apoio que faz as pessoas brilharem. Rio de Janeiro: Campus, 2002.

4

Áreas típicas das empresas

4.1 Preliminares

Ao se entender que a organização é estruturada por diversas áreas que juntas ditam a sua vida, não é difícil compreender que o bom funcionamento dessas áreas é fundamental. Para tanto, elas devem ser coordenadas e controladas, numa perfeita harmonia, sendo necessário que se entenda suas respectivas importâncias.

Note que finanças, *marketing*, operações e logística, organização, gestão de pessoas e tecnologia da informação são áreas comumente encontradas nas organizações e estudadas durante a graduação. Mas, não é de hoje que há uma grande dificuldade em se estabelecer a interface dos conteúdos de TGA com as disciplinas estratégicas da administração. Por isso, este capítulo foi elaborado.

Capítulo de extrema importância para consultor(a), executivo(a), empreendedor(a), empresário(a) enfim, qualquer pessoa ligada à área organizacional, no qual apresentaremos as áreas comumente encontradas nas organizações, explicando a necessidade das interações. O importante é entender que a divisão feita por áreas não significa que se trata de áreas que atuam de forma isolada, mas apenas uma maneira de facilitar a melhor assimilação. Portanto, prossiga a sua leitura e tire suas dúvidas.

4.2 Finanças

No auge das fusões do pós-guerra, em 1968, Joel Segall afirmou: "não há uma única hipótese que seja simultaneamente plausível e geral e que prometa explicar o atual movimento de fusões. Assim sendo, é correto dizer que não se sabe nada conhecido sobre fusões; não há quaisquer generalizações úteis" (SEGALL, 1968). Talvez fosse muito fácil definir dessa forma uma fusão. Talvez não importasse naquela época explicar o porquê das fusões, apenas era necessário que algo fosse dito, pois, qualquer que fosse este algo, a população acreditaria e continuaria sua trajetória, qualquer que fosse; mas é importante verificar como seria a interpretação nos dias de hoje para tal acontecimento. Como explicar as consequências e as situações que levam as empresas a se unirem?

É sabido que em alguns casos a fusão é feita para um melhor posicionamento no mercado, mas existem casos em que esta fusão é fruto de dificuldades financeiras de uma empresa que busca outra para sobreviver no mercado. Portanto, é importante percebermos que, como escreveram Brealey e Myers (1997): "podem existir algumas atividades para as quais seja suficiente ler um manual e passar de imediato à prática, mas a gestão financeira não é uma delas", ou seja, administrar finanças é raciocinar, buscar caminhos. Não basta saber todos os métodos se não sabemos como aplicá-los, seria como fazer uma prova de física decorando fórmulas, sem refletir sobre o porquê da utilização delas e o que significa o seu resultado. Porém, não estamos tratando de uma prova, mas da vida real. Imagine se o administrador financeiro de uma dada empresa (ou você mesmo exercendo tal função, como administrador ou empresário) não souber interpretar os dados fornecidos. Dessa forma pode-se chegar a uma conclusão baseada em números manipulados e gerar dificuldades para a empresa, podendo, num momento mais grave, decretar a sua falência. Pode até parecer exagero, mas é a mais pura realidade.

Para entendermos melhor essa importância, pense na frase de Braga (1995):

Cada empresa pode ser visualizada como um sistema que multiplica os recursos financeiros nela investidos. Nas empresas privadas os proprietários desejam que seu investimento produza retorno compatível com o risco assumido. Nas empresas públicas, o lucro reflete a eficiência gerencial e garante a melhoria e expansão dos serviços oferecidos à sociedade.

4.2.1 Atividades típicas

Agora que já percebemos a importância da gestão financeira é importante enfatizar a diferença entre suas funções e as funções contábeis, pelo fato que o uso da mesma terminologia traz questionamentos a algumas pessoas. Outras poucas pessoas imaginam que a contabilidade existe apenas para atender às exigências da legislação comercial e tributária. É importante saber que a contabilidade é um verdadeiro suporte para a administração financeira; portanto, sua existência não é fruto de tais exigências.

Para simplificarmos essa discussão, basta sabermos que a missão da contabilidade encerra-se com a preparação das demonstrações formais destinadas à divulgação externa, a saber: Balanço Patrimonial, Demonstração das Mutações do Patrimônio Líquido, Demonstração do Resultado e Demonstração das Origens e Aplicações de Recursos. Ou seja, a contabilidade se limita a trabalhos funcionais, em que, voltando ao exemplo da prova, é feita e cabe ao professor (função financeira) julgar os resultados. Em outras palavras, a contabilidade fornecerá dados objetivos que serão interpretados pela administração financeira. Gitman (2002) já dizia: finanças é a "arte e a ciência de administrar fundos".

Administração Financeira
(Interpretação)

Contabilidade
(Dados objetivos)

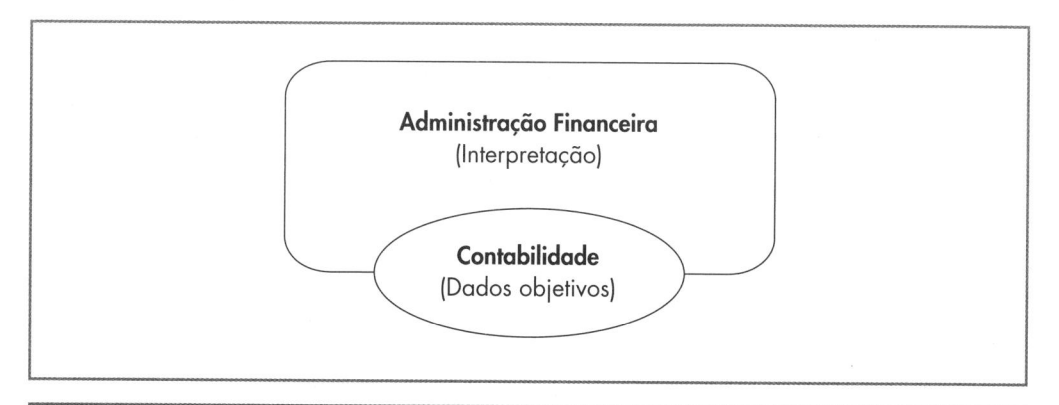

Figura 4.1 Relação entre a contabilidade e a administração financeira.

Você deve estar pensando: bom... tudo bem entendi que a contabilidade é um suporte de significativa importância para a função financeira, mas qual é a meta dessa função? Qual é o seu objetivo?

Refletindo sobre essas questões e recordando a frase de reflexão de nosso texto *preliminar*, percebemos que, sendo a empresa vista como uma forma de multiplicarmos nossos recursos financeiros, a sua meta, que coincide com o interesse de acionistas e proprietários, será aumentar o seu valor no mercado. Isso não quer dizer, como alguém poderia imaginar, maximização de lucros, pois tal busca supõe que ao maximizarmos o lucro estaremos satisfeitos e, possivelmente, deixando de lado questões importantes. É fundamental a compreensão de que o ideal é a maximização dos lucros, mas com o gerenciamento dos riscos; assim estaremos buscando um equilíbrio de interesses entre empresários e administradores da empresa projetando valor ótimo para a empresa no mercado.

Como já vimos, a contabilidade é fundamental para que o administrador financeiro analise a situação econômico-financeira da empresa, por exemplo, como o resultado atual foi alcançado, os efeitos de decisões tomadas anteriormente etc. Dessa forma podem ser tomadas novas decisões a fim de corrigir possíveis desvios e desenvolver novas estratégias para a empresa; ou seja, serve como um banco de dados, atividade fundamental do administrador financeiro para a tomada de decisões por parte do profissional que atua neste ramo; portanto, é fundamental que entendamos as funções exercidas por esta área. "A função financeira compreende um conjunto de atividades relacionadas com a gestão dos recursos financeiros movimentados por todas as áreas da empresa. Essa função é responsável pela obtenção dos recursos necessários e pela formulação de uma estratégia voltada para a otimização do uso desses recursos" (GITMAN, 2002).

Percebemos que a função financeira passa por todos os níveis e áreas da empresa a fim de que recursos financeiros sejam remanejados de forma a buscar a sua otimização. Mas, mais uma vez você pode estar se perguntando: como assim, buscar a sua otimização? Para responder a esssa pergunta, basta inverter a frase dizendo que: busca-se a otimização de recursos, onde estes serão usados, de maneira a gerar um maior valor para a empresa.

Porém, é importante destacar que essas funções são exercidas por diferentes pessoas quando considerado o porte da empresa, já que em empresas de pequeno porte ela se torna de responsabilidade do empresário-proprietário ou de um (ou mais) dos sócios, o que pode vir a gerar dificuldades para a empresa, à medida que, muitas vezes, essa função é levada a um segundo plano em que a preocupação é basicamente com a administração de recursos, por vezes, realmente escassos. Já nas empresas de maior porte essa função recebe uma melhor atenção, sendo desempenhada por executivos de alto nível: vice-presidentes ou diretores, diretores adjuntos, diretor-tesoureiro, o diretor de controle ou gerentes gerais ou *controllers* (controladores). Entenderemos melhor a função destes executivos por intermédio do perfil, a seguir.

4.2.2 *Perfil do profissional*

Percebemos, no decorrer deste capítulo, que em pequenas empresas quem comanda a função financeira, que na maioria dos casos não possui uma área específica para tal, é o próprio empresário, empreendedor ou um dos sócios; portanto, podemos concluir que ele desempenha o papel da tesouraria e da controladoria numa mesma unidade, à medida que, como Brealey e Myers (1997) já diziam, "numa pequena empresa, o diretor financeiro é provavelmente o único executivo financeiro, ou seja, é geralmente a pessoa mais diretamente responsável pela obtenção de financiamentos, gestão da tesouraria, relações com bancos e outras instituições financeiras e pela garantia de cumprimento de todas as obrigações para com os investidores que possuem títulos emitidos pela empresa. Contudo, as grandes empresas têm geralmente também um *controller*". Calma, sabemos que podemos ter dificultado um pouco o seu entendimento, contudo vejamos o que faz um tesoureiro e um *controller*, quais os seus papéis dentro da empresa. Assim, certamente, você entenderá melhor esta primeira parte.

Começando pelo tesoureiro, podemos defini-lo como uma pessoa responsável pelas atividades financeiras da empresa, tais como planejamento financeiro e decisões sobre investimentos de capital, além de manter relações externas com gerências superiores, por exemplo. É também seu papel a administração do caixa e das múltiplas atividades de crédito. Percebemos, portanto, que este cargo possui um enfoque mais direcionado a relacionamentos com outras empresas. Note que há enormes variações nas competências de empresa para empresa, principalmente, no Brasil. Também, o tesoureiro como o *controller*, logo a seguir, são cargos em que se verifica uma razoável variedade de atribuições.

O *controller* é a pessoa responsável pelas atividades contábeis da empresa, estando constantemente preocupado com a sua rentabilidade. Portanto, ele se preocupa com atividades como: administração tributária, informática, contabilidade de custos e financeiras. Além de desenvolver funções de assessoramento, à medida que mantém relações internas, envolvendo-se com todas as áreas e, por consequência, detém um enfoque mais interno. Seria uma espécie de inspetor dos assuntos financeiros, mas não pode ser confundido com o auditor interno.

Quadro 4.1	O tesoureiro e o *controller*.
Tesoureiro	***Controller***
– responsável pelas atividades financeiras da empresa;	– responsável pelas atividades contábeis da empresa;
– enfoque mais externo;	– enfoque mais interno;
– administração do caixa; e	– constantemente preocupado com a rentabilidade; e
– administração das múltiplas atividades de crédito.	– desenvolve funções de assessoramento.

Fonte: Gil (2001).

Agora fica a pergunta: será que você entendeu a diferença entre eles e suas semelhanças? Para tanto basta tentar responder a duas perguntas básicas:

- Onde as funções de tesoureiro e *controller* se confundem?
- Onde elas se distinguem?

Caso tenha dúvidas com estas questões, sugere-se uma releitura de suas descrições antes de prosseguir, tendo em vista que o importante, além de perceber as diferenças e similaridades entre a tesouraria e a controladoria, é perceber que, como descreveria Gitman (2002), os "administradores financeiros devem estar prontos a gerenciar as finanças de todos os tipos de empresas, financeiras ou não financeiras, privadas ou públicas, grandes ou pequenas, com ou sem fins lucrativos", não importando, portanto, ser ele o tesoureiro ou o *controller*.

Antes de termos uma visão de finanças na teoria das organizações, não podemos deixar de destacar as razões que fazem com que o trabalho de um gestor financeiro (qualquer responsável por uma decisão significativa de investimento ou de financiamento na empresa) seja interessante e constitua um desafio. São elas, descritas por Brealey e Myers (1997):

1. *a importância do Mercado de Capitais*: a primeira razão é o gestor financeiro ter de atuar como um intermediário, posicionando-se entre a atividade operacional da empresa e os mercados de capitais, onde os títulos emitidos pela empresa são negociados;
2. *compreensão do valor*: entender como funcionam os mercados de capitais corresponde a compreender como são avaliados os ativos financeiros;
3. *tempo e incerteza*: o gestor financeiro não pode deixar de fazer frente ao tempo e à incerteza. As empresas têm, frequentemente, a oportunidade de investir em ativos que não podem ser remunerados em curto prazo e que expõem a empresa e os acionistas a um risco considerável;
4. *compreender pessoas*: o gestor financeiro precisa da opinião e cooperação de muita gente. Uma ideia do diretor da fábrica, por exemplo, deve ser apresentada imparcialmente; portanto, os proponentes não devem ter quaisquer incentivos pessoais para estarem muito confiantes ou demasiado cautelosos.

Como pode ser constatado, o perfil do gestor financeiro – seja ele um gerente de altíssimo nível, diretor, presidente, empresário, empreendedor ou, então, um dos sócios do negócio – é de enorme responsabilidade e, embora ele não possa ser julgado como o maior responsável pelo sucesso ou pelo fracasso de um negócio, certamente, será um dos nomes que aparecerão na lista dos cinco maiores responsáveis, qualquer que seja o resultado financeiro obtido pela empresa.

4.2.3 Visão de finanças na teoria das organizações

Como percebemos ao longo deste capítulo, a existência da área financeira é comum em empresas de grande porte, enquanto as empresas de pequeno porte, muitas vezes, exercem a função financeira via departamento de contabilidade. Concluímos, portanto, que a necessidade de uma área específica para tal surge com o crescimento da empresa. Por exemplo: imagine que você deseja abrir uma marcenaria de "fundo de quintal". No caso, a sua mãe faz muito bem o acabamento, seu pai é um ótimo marceneiro onde ele trabalha, sua irmã se comunica muito bem, conseguindo até vender "gelo para esquimó". A você cabe a supervisão de todas essas atividades, além da prestação de contas. Fale sério: nesse caso seria preciso a criação de uma área financeira?

Continuando com o exemplo, digamos que a sua microempresa tenha um aumento considerável de demanda que não está sendo atendido devido à sua limitada disponibilidade de recursos. Portanto, você sente a necessidade de contratar um número expressivo de pessoas que possam acelerar esta produção, não perdendo pedidos que antes não poderiam ser atendidos e aumentando a empresa que tinha quatro pessoas em seu corpo social e agora tem mais de, digamos, trinta ou outro número expressivo. Cabe voltarmos à questão: neste caso, seria necessária a criação de uma área financeira? Será que com tantas obrigações (responsabilidades, mesmo) você poderia dar a atenção devida à área financeira de sua empresa? Você seria capaz de vencer este desafio? Você não acha que começaria a correr sérios riscos?

Com o exemplo ficou mais claro que à medida que o número de tarefas aumenta se torna difícil gerir financeiramente a empresa, já que essa atividade não se encerra na simples coleta e ordenamento de dados, como já vimos, e a interpretação desses dados é uma atividade que necessita de tempo, na maioria das vezes, não existente na vida de empresários de empresas consideradas pequenas, médias. Como se não bastasse o tempo necessário para desenvolver tal atividade, ela constitui um verdadeiro desafio, de acordo com as quatro razões descritas (BREALEY; MYERS, 1997) e que não podem ser desconsideradas.

A teoria das organizações é útil porque põe alerta, a luz vermelha piscando, avisando do perigo. Os estudiosos das organizações sempre imaginam a dinâmica delas de uma forma sistêmica, onde o todo é que importa. Nelas, uma ação danosa na área de mercado causa um dano, às vezes não imediato, pouco suportável pela empresa. Ou, então, uma ação danosa em *marketing* cria dificuldades na área agora em estudo.

O profissional ou o empresário fortemente envolvido tem de entender o caráter sistêmico da organização, as alternativas que as contingências repentinamente os colocam em posição de imediata decisão. Onde uma decisão equivocada coloca a empresa em situação caótica. Nesse caso, a mensagem é mais diretamente dirigida ao empreendedor, ao empresário que busca num curso de administração as melhores alternativas para o seu negócio e um passo mal dado...

A sugestão, a forte sugestão, é de uma aproximação dedicada à teoria das organizações, pois que mostra possibilidades, tendências, articulações possíveis em todas as áreas e, sem prejuízo das demais, dedica à área financeira extrema atenção. E desejando a especialização, basta aprofundar seus estudos com uma dedicação semelhante a *marketing* e produção, principalmente. Todas as áreas das organizações atuam de forma sistêmica, mas essas três não podem nunca estar dissociadas, quaisquer que sejam os motivos.

4.2.4 *Nova concepção*

Com o contexto de globalização em que vivemos não é difícil imaginar a importância de saber gerenciar os negócios, sob o ângulo dos "números", como se diz popularmente. Saber interpretar dados, números mesmo, num mundo onde as mudanças são velozes e ferozes é fundamental para a sobrevivência empresarial. Se, no passado, as mudanças eram gradativas e podíamos nos "dar ao luxo" de analisar calmamente os dados, pois eles não mudariam tão rapidamente, agora, com um mundo cheio de mudanças delicadas, isso se torna bastante complexo. Muitas vezes uma análise matinal de um dado pode não ter o mesmo valor ao final do dia.

Outro fato a se considerar nessa nova concepção de finanças é o número de companhias norte-americanas que tem investido em outros países, como o Brasil, por exemplo, enquanto empresas estrangeiras investem nos Estados Unidos. Esse fato, além de comprovar a mundialização dos negócios, mostra a premência de se conhecer o mais cedo possível as estratégias, os planos, as propostas, os objetivos declarados e os não declarados de quem investe no Brasil, nos Estados Unidos, ou daquelas empresas do Brasil que buscam novos mercados, mundo afora. E, como diz Gitman (2002), "essas necessidades criaram administradores financeiros capazes de administrar fluxo de caixa nomeados em diferentes moedas, além de protegê-los dos riscos político e cambial que naturalmente emergem das transações internacionais. Embora essas necessidades tornem as funções do administrador financeiro mais exigentes e complexas, podem propiciar carreiras mais recompensadoras e interessantes". E concordando com o autor consolidamos nossa proposta de uso de extrema competência nos negócios financeiros procurando conhecer outras áreas.

4.2.5 Finanças: área fundamental para empresas do século XXI

Como aprendemos, no perfil do profissional de finanças e na nova concepção de finanças: "os administradores financeiros desempenham uma infinidade de tarefas como orçamentos, previsões financeiras, administração do caixa, administração do crédito, análise de investimento e captação de fundos. Nos últimos anos, as mudanças no ambiente econômico e de regulações elevaram a importância e a complexidade das responsabilidades deles" (GITMAN, 2002). Ou seja, o fato de vivermos num ambiente globalizado e instável trouxe dificuldades para o gestor financeiro que geraram valor para a sua profissão. Se o diretor de finanças era visto como um simples dirigente de números rotineiros, percebemos que ele é muito mais. Ele é alguém que tem a obrigação, o dever, de interpretar dados, fazer julgamentos, tomar e sugerir decisões, algumas vitais para a sobrevivência da empresa e dos que nela trabalham.

Já em 1964, Arnold Sametz comentou: "conhecemos muito pouco acerca de como são tomadas as grandes decisões financeiras não rotineiras". Isto não é menos verdadeiro atualmente. "Sabemos bastante acerca do valor dos ativos, mas não sabemos muito sobre as decisões que fazem aumentar esse valor" (BREALEY; MYERS, 1997), isto é, os dados e como eles foram coletados estão à disposição de quem quiser ver, mas o importante é saber interpretá-los. Portanto, precisamos transformar esses dados em informações para que eles possam ser úteis e não apenas números burocráticos, sem utilização ótima para a empresa. Além do mais, interpretar é algo muito subjetivo e de difícil mensuração. Daí a nossa dificuldade na tomada de decisões de alcance estratégico.

4.2.6 Concluindo...

Neste segmento do capítulo visualizamos a influência das finanças empresariais nas fusões (com o propósito de justificar a complexidade da área) e demonstramos que a contabilidade serve como um verdadeiro suporte para a tomada de decisões dos principais gestores, principalmente, o gestor dessa área, já que, como vimos, a atividade típica mais relevante da administração financeira é remanejar recursos de forma a otimizá-los. Portanto, cabe ao gestor financeiro interpretar dados adotando uma postura ética e crítica, a fim de que sejam tomadas as decisões corretas para que cada empresa possa obter sucesso.

Em seguida tivemos a oportunidade de mostrar, com uma certa profundidade, os papéis do administrador, gestor financeiro. Papéis esses como: o gerenciamento de estudos de viabilidade financeira, a execução de projetos e sistemas, a realização de previsões financeiras, administração de caixa e de crédito e análise de investimentos, por intermédio do *controller* e do tesoureiro, e conseguimos descobrir as suas similaridades e peculiaridades.

Descobrimos então que a existência ou não existência da área financeira pode vir a ser fruto do porte da empresa, de sua disponibilidade de recursos e da sua presença no mercado. Porém, a nova concepção de finanças nos mostra que num mundo globalizado e permanentemente incerto, turbulento e instável é de extrema importância a existência de uma área que cuide da administração financeira da empresa, à medida que interpretar dados requer tempo, muita competência, perfeita visualização dos mercados nacionais e internacionais e a maturidade conquistada irá gerar melhores resultados, principalmente os relativos aos grandes números da empresa.

Enfim, chegamos ao século XXI, percebendo que é fundamental a existência de uma área financeira capaz de interpretar dados de modo a, em muitos casos, garantir a sobrevivência empresarial de alguém que saiba administrar bens e valores de maneira cuidadosa e comprometida, através de um contínuo aperfeiçoamento profissional.

E, para encerrar, deixamos alguns alertas para quem já exerce a ação empresarial, ou para quem se imagina não apenas uma pessoa assalariada, mas atuante em consultorias, também.

ESTUDO DE CASO – FINANÇAS

A empresa entrou num processo de rigorosa reestruturação organizacional. A direção superior confiava no seu pessoal de alto nível e criara uma equipe executiva, ou seja, uma equipe com poderes de decisão, cabendo ao diretor-presidente o poder de veto.

A equipe era formada por todos os gestores e eram 6 gerências, a saber: finanças, logística, gestão de pessoas, *marketing*, produção e tecnologia da informação. O estudo estava bem encaminhado e várias gerências já estavam com as propostas entregues. Roberto Torres, diretor-presidente, fez algumas restrições e a equipe fez os ajustes necessários. A personalidade do presidente era um forte subsídio, pois que era uma pessoa agradável, sempre disposto a ouvir os demais membros da direção superior. Vetar era quase uma impossibilidade, considerando seu estilo pessoal.

Chegara o dia de fechar a última gerência e Rodrigo, gestor financeiro, passou aos demais componentes a sua proposta de mudança. Na verdade, os gestores aprovavam o que cada um apresentava, sem maiores discussões. Os argumentos eram sempre: "sua proposta é muito boa, ademais você é o especialista e sabe o que é necessário para a sua unidade. Eu apoio." Os demais gestores, com alguma variação terminavam por concordar. E, como não poderia deixar de ser, Rodrigo conseguiu a aprovação para a sua proposta de uma novíssima gerência, moderna, presente em todos os momentos e que seria uma estrutura para durar "séculos". Na sua nova estrutura propunha a subordinação da auditoria financeira a ele, gestor. Na estrutura anterior, a auditoria financeira era subordinada ao diretor-presidente, mas parecia que isso o incomodava, talvez, por entender muito pouco da área financeira.

Na argumentação final Rodrigo foi enfático ao defender a sua nova estrutura, mas os demais membros o alertaram sobre a atual vinculação da auditoria ao diretor-presidente. Entretanto, Nilda, gestora de comunicação social, defendeu Rodrigo, dizendo que a estrutura proposta por ele era moderna e que sabia que em muitas empresas já funcionava assim. E aí todos olharam para ela que, em princípio, não teria conhecimento técnico para a defesa que fizera. Rodrigo, indicando o final da reunião, disse que falaria diretamente com o diretor-presidente. Todos concordaram e assim a reunião foi encerrada.

Na manhã seguinte, Rodrigo se preparava para despachar com o diretor-presidente quando se encontrou com um dos diretores, com quem, aliás, ele tinha um excelente relacionamento. Aí falou da sua proposta e enfatizou a questão da auditoria financeira. O diretor olhou e disse: "Bob (tratava-se do presidente Roberto) entende pouco de finanças, mas..."

O que você e seu grupo, se for o caso, acha que aconteceu na reunião entre o gestor e o diretor-presidente? E na sua opinião, qual deveria ser a posição do diretor-presidente? Aprovar, aprovar com alguma restrição, ou vetar a proposta? Note que você não encontrará a resposta de forma direta nesse livro. Talvez de forma indireta.

Nota: O caso apresentado é hipotético e qualquer semelhança com pessoas, empresas etc. será mera coincidência.

QUESTÕES PARA DEBATE – FINANÇAS

1. Você acha correto afirmar que a área de finanças é a mais importante de qualquer empresa, porque cuida da função mais relevante, ou seja: finanças? Sim ou não? Por quê?

2. A afirmação "podem existir algumas atividades para as quais seja suficiente ler um manual e passar de imediato à prática, mas a gestão financeira não é uma delas" tem qual significado para você?

3. Aponte as atividades típicas da área de finanças e qual seria a mais importante na sua opinião. E mais: como devem se comportar empresários, pessoas empreendedoras, consultores e pessoas em cargos executivos junto a tais atividades típicas? Use muitos argumentos, por favor.

4. *Controller* e tesoureiro: onde estão as diferenças entre uma posição e outra?

5. Destaque as razões do trabalho de um gestor financeiro (qualquer responsável por uma decisão significativa de investimento ou de financiamento na empresa) que o tornariam interessante e se constituíssem num desafio a ser vencido. (Brealey e Myers podem ajudar bastante.)

6. Por que motivos os profissionais ou titulares de empresas fortemente envolvidos têm de entender o caráter sistêmico da organização, as alternativas que as contingências repentinamente os colocam em posição de imediata decisão, incluindo o campo financeiro?

7. Como você definiria uma nova concepção para a área de finanças? Você pode se prender ao texto ou mesmo dar uma resposta baseada em eventual experiência pessoal.

8. O ambiente globalizado como o que vivemos hoje trouxe facilidades para o exercício da função financeira ou não? Sim ou não? Por quê?

9. Decisões estratégicas nas empresas exigem do gestor financeiro a capacidade de... (complemente)

10. E, você, como se sentiria no exercício de uma função financeira de um bom grau de complexidade, com exigências de conhecimento mais do que apenas de médios conhecimentos?

Referências bibliográficas

BRAGA, Roberto. *Fundamentos e técnicas de administração financeira*. São Paulo: Atlas, 1995.

BREALEY, Richard A.; MYERS, Stewart C. *Princípios de finanças empresariais*. 3. ed. Lisboa: McGraw-Hill, 1997.

GIL, Antonio Carlos. *Gestão de pessoas:* enfoque nos papéis profissionais. São Paulo: Atlas, 2001.

GITMAN, Lawrence J. *Princípios de administração financeira*. 7. ed. São Paulo: Harbra, 2002.

SAMETZ, A. W. Trends in the volume and composition of equity finance, *Journal of Finance*, São Paulo, Sept. 1964.

SEGALL, J. Merging for fun and profit. *Industrial Management Review*, Cambridge, Winter 1968.

4.3 Gestão de pessoas

Nesta seção será estudada a área de gestão de pessoas, em que se nota uma mudança profunda do perfil de seu profissional ao longo dos 30 últimos anos e muito mais dramaticamente no final da década passada. Para entender melhor essa mudança reflita sobre o trecho abaixo. E se questione se esse seria um texto equivocado.

Estudiosos concordam, com ligeiras alterações, que a reengenharia já transformou o processo de trabalho, pois trata do que outras tecnologias sequer mencionam: os processos. Agora é necessário transformar a estrutura social, ou seja, as pessoas que trabalham nas empresas para conseguir ações conjuntas capazes de um desempenho superior.

Difícil dizer se é ou não um texto equivocado. De fato, nós é que não paramos para pensar que tantas abordagens foram desenvolvidas e aplicadas a fim de se alcançar a tão desejada excelência empresarial e, no entanto, a gestão de pessoas só teve a atenção merecida em meados da década de 70, quando no Brasil surgiu uma nova ideologia, acompanhada de um novo rótulo para a, hoje, conhecida área de gestão de pessoas, com ênfase na necessidade de seus executivos serem portadores de uma formação que inclui o amplo conhecimento de toda a empresa e não de atributos específicos da área de gestão de pessoas.

Até o início da década de 70 a relação pessoas da organização/organização era trabalhada com objetivos meramente burocráticos dirigidos às exigências do empregador. Com o advento da legislação trabalhista e a criação do ministério do trabalho essa relação não foi alterada, mas apenas regulada de uma maneira tal que permitia às pessoas da organização meios e modos na busca de seus direitos, por um lado, e dava, também, direitos à empresa, por outro. A legislação trabalhista e a criação do ministério do trabalho provocaram a necessidade de melhor estruturação da unidade que cuidava dessa relação e aparece o departamento (ou mesmo divisão) de pessoal numa posição já de algum destaque na estrutura organizacional como um todo.

Com o surgimento do departamento de pessoal, atual área de gestão de pessoas, e sabida a sua importância, nada mais justo do que entender o seu papel dentro da organização por meio de suas atividades típicas.

4.3.1 Atividades típicas

A gestão de pessoas é considerada interdisciplinar por muitos autores, à medida que os assuntos por ela tratados são referentes a diferentes campos de conhecimento, além de afetar toda a organização, ou seja:

> Não há leis ou princípios universais para a gestão de gestão de pessoas... é contingencial, ou seja, depende da situação organizacional: [...] e não se compõe de técnicas rígidas e imutáveis, mas altamente flexíveis e adaptáveis, sujeitas a um dinâmico desenvolvimento. Um esquema bem-sucedido em uma organização em certa época pode não sê-lo em outra organização ou na mesma organização em época diferente, [...], a gestão de pessoas não é um fim em si mesma, mas um meio de alcançar a eficácia e a eficiência das organizações através das pessoas, permitindo condições favoráveis para que estas alcancem seus objetivos pessoais (CHIAVENATO, 2004).

Segundo Zouain (2003), a gestão de pessoas "compreende o processo gerencial de identificação e análise das necessidades organizacionais de gestão de pessoas e o consequente desenvolvimento de políticas, programas, sistemas e atividades que satisfaçam essas necessidades em curto, médio e longos prazos, tendo em vista assegurar a realização das estratégias do negócio, dos objetivos da empresa e de sua continuidade sob condições de mudanças". Em outras palavras, a preocupação é atender a demanda, sempre presente, de gestão de pessoas de forma que esta tenha condições de atingir os seus objetivos e sobreviver como área imprescindível.

É fácil afirmar que a área passa por uma fase de profunda transformação, a exemplo daquela na década de 70. Não basta, para citar apenas as funções tradicionalmente conhecidas, ser *expert* em recrutamento, seleção, treinamento, por exemplo. Os pré-requisitos para quem deseja se aprofundar, além de passar pelas atividades mencionadas, também exigirão conhecimento, não apenas técnico, sobre a visão que muitos estudiosos e interessados têm do trabalho. Simplificando, assim como outras áreas do saber, o trabalho – isso mesmo, o trabalho – está em profunda transição e em muitas sociedades já em rigorosa mutação. A literatura (e vídeos) sobre relações trabalhistas dos últimos anos do século que passou procurou deixar evidente que o emprego, como ainda conhecemos, está com os dias contados.

O Quadro 4.2 mostra um eficiente trabalho de Antonio Carlos Gil que nos apresenta uma classificação das atividades na gestão das pessoas e que nos incentivou a fazer alguns acréscimos no sentido de dar uma melhor caracterização de tais atividades e, ao mesmo tempo, mostrar a indiscutível necessidade de o(a) profissional de gestão de pessoas ser um profissional global na empresa onde atua.

Quadro 4.2 | Classificação das atividades de gestão de pessoas.

	Sistemas das Atividades de Gestão de Pessoas
Suprimento ou Agregação	Identificação das necessidades de pessoal Pesquisa de mercado de gestão de pessoas Recrutamento (inclui fontes recentes de recrutamento) Seleção
Aplicação	Análise e descrição de cargos (exigindo flexibilização e não "engessamento" dos cargos) Planejamento e alocação interna das pessoas da organização (inclui ação conjunta com as unidades envolvidas)
Compensação ou Manutenção	Salários Benefícios Carreiras Higiene e segurança no trabalho Relações trabalhistas (inclui sindicatos)
Desenvolvimento ou Capacitação	Treinamento e desenvolvimento das pessoas da organização Desenvolvimento e mudança organizacional (ambas incluem necessário envolvimento das unidades todas na formatação do treinamento e desenvolvimento)
Controle ou Monitoração	Avaliação de desempenho Banco de dados Sistemas de informações gerenciais (específicos e genéricos, ou seja, sistemas gerenciais globais) Auditoria de gestão de pessoas

Fonte: GIL (2001).

4.3.2 Perfil do profissional

Uma simples leitura dos tópicos anteriores, certamente, conduzirá a uma linha de pensamento bastante relacionado com o comportamento humano e suas inúmeras variações. Aquele chefe autoritário e que tratava o candidato à posição olhando-o da altura de um edifício de cem andares não tem mais lugar hoje em dia, ruiu junto com esse mesmo edifício. O estudo sistemático de administração mostrará as tendências de cada um, mas é inevitável uma notável compreensão do comportamento das pessoas no âmbito do trabalho e uma, mais do que razoável, noção das pessoas na vida social. "Aqui os problemas pessoais ficam do lado de fora da empresa!" Essa é uma frase conhecida e ainda muito utilizada em empresas no Brasil. Faz algum tempo que essa frase perdeu lógica, pois que todos somos seres indivisíveis e não há a menor possibilidade de os problemas de cada um serem devidamente compartimentados. Chegar na empresa e deixar o problema do lado de fora, podemos afirmar, é absolutamente impossível.

Aquele desejoso de se enveredar pelos caminhos da gestão de pessoas deve estar atento, em função das análises globais, sistêmicas agora exigidas, à correta formulação de políticas e do próprio planejamento da estrutura social da organização. Em outras palavras, ao traçar políticas e planejar a ação futura de gestão de pessoas, a empresa, via administração superior, terá de considerar fortemente o que acontece no mundo lá fora e isso inclui: outras empresas no Brasil, outras empresas fora de nossos soberanos limites territoriais, governo em seus três níveis, sindicatos, associações, organizações não governamentais e associações comunitárias. Como é possível perceber, a simplicidade cedeu lugar à complexidade e, por isso, ao profissional densamente envolvido na área é bom ter a exata dimensão do que o espera nesta área e seguir com o seu trabalho se sentir competente.

O perfil aqui traçado é, também, relevante para o empresário e/ou empreendedor, possibilidade que está sendo levantada ao longo de todo o livro, pois que é importante que compreenda as novas facetas da relação empresa com a sua estrutura social, com as pessoas. Não só nas organizações a relação entre as pessoas mudou; é certo que a relação interpessoal tomou caminhos, digamos, adequados. Foi-se o tempo em que o gerente, ou mesmo o empresário, tratava as pessoas da organização como moeda de fácil troca. Estamos vivendo novos dias. Ao longo dos demais Capítulos veremos que o empresário, mais do que o simples profissional, é um ser social e não dono ou sócio de um negócio. As empresas hoje são parte integrante de um amplo sistema social. Enfim, isso será visto mais à frente.

Ou, então, a melhor gestão de pessoas seria a "compatibilização de expectativas opostas, empenhando-se na consecução dos objetivos organizacionais, vale dizer, os interesses o patrão... e, ao mesmo tempo, na máxima satisfação das necessidades do empregado" (MESSEDER, 1988). Isso vale dizer que gerir pessoas vai exigir da administração superior o aprendizado de competências múltiplas e não a simples sensibilidade para as questões organizacionais que envolvam o seu corpo social. Ao empresário cabe entender, compreender o seu papel junto à sua estrutura social, admitindo a permanente complexidade dessa relação, por vezes, plena de expectativas opostas.

Um dado importante que deve ser considerado por profissionais e, sobretudo, pelos empresários é a cultura instalada na organização. Como sabemos, "cultura é a essência, aquilo que a empresa tem como ponto base de seu crescimento e sucesso empresarial. [...] São os valores pessoais dos fundadores, entronizados na essência da empresa" (PILARES, 1991). Isto significa dizer que é fundamental para o sucesso de qualquer negócio que haja forte conscientização no sentido de entender, aceitar que existe uma cultura organizacional e que foi consagrada pelos valores emprestados, não só por fundadores, mas pelos dirigentes que ainda detêm grande parcela de responsabilidade pelo todo organizacional.

4.3.3 Visão da Gestão de Pessoas na Teoria das Organizações

Nas preliminares mostramos a importância da gestão de pessoas nas empresas e, também, o caráter inexorável de se cuidar muito bem da relação pessoas/organização. O trecho fala em reengenharia, que é uma tecnologia recente (pouco mais de 10/15 anos no Brasil e no mundo) e fala, também, na premência de as organizações cuidarem de sua estrutura social para que sejam alcançados os benefícios propostos pelos estudos recentes rotulados de reengenharia. Isto quer dizer que a sugestão para a reengenharia vale para as demais tecnologias atuais e utilizadas no país, ou seja, a transformação e adequação das pessoas às tecnologias aplicadas.

A Teoria das Organizações, assim rotulada por muitos estudiosos, deu uma confortável posição para os profissionais especializados na área em tela. É a partir da década de 50/60 que os estudiosos começam a dedicar seus textos ao corpo funcional: conflitos, lideranças, habilidades, desenvolvimentos, avaliações, integração vertical, horizontal, estilos de gerenciamento são exemplos notáveis. Vamos somar a contribuição de estudiosos de todo o mundo mais as características próprias do Brasil e teremos uma área em crescimento e comparável a de outras sociedades mais bem desenvolvidas.

Nossa meta não está em passar apenas a preocupação relativamente às pessoas da organização e seus dirigentes. Como já mencionado em outros pontos do livro, também estamos endereçando nossos comentários, nossas propostas, conclusões e sugestões aos atuais e futuros empreendedores, empresários.

4.3.4 Nova concepção

As funções ditas convencionais, como recrutamento, seleção e treinamento, obviamente estão, também, em processo de transformação. No recrutamento, o uso da Internet alterou significativamente o chamamento para processos de seleção. Hoje, é muito fácil encontrar *sites* (sítios, em bom português) que são, na verdade, agências virtuais de emprego. Se existe o chamado sucesso empresarial conseguido por essas agências virtuais, é difícil afirmar, mas é uma forma simples e bastante simplificada para ser utilizada como fonte primeira de recrutamento e, certamente, ganhará espaço nos próximos tempos. E não só a Internet, mas a sua versão empresa, a intranet, é também fonte importante de recrutamento. Em tempos passados, a convocação interna para posições, em geral, aparecia em boletins internos, no jornal, em quadros de avisos e, curiosamente, nem todos tomavam conhecimento. Com a intranet, a convocação é colocada instantaneamente à disposição do quadro funcional (ou de uma boa parcela dele).

Os procedimentos relativos à seleção dos candidatos receberam incrementos tecnológicos importantes face, inclusive, às novas demandas globais que exigem profissionais de formação ampla e, não necessariamente, de formação apenas especializada.

Todos nós já ouvimos estórias estranhas relativas a processos de seleção. Um bom exemplo foi num processo de seleção e com os candidatos já arrumados em um círculo para a dinâmica de grupo. Entra o responsável por aquela fase do processo e antes de iniciá-la pergunta quem tinha lido algum jornal naquela manhã. Um número x de candidatos levanta a mão em sinal positivo. O responsável então se dirige àqueles que não se movimentaram e agradece a presença e diz que a empresa não gostaria de contratar jovens executivos que não lessem jornal. E ponto final. Outros exemplos, menos dramáticos, são o desprezo por perguntas técnicas em benefício de questionamentos gerais, culturais, políticos, sociais etc. E não é possível esquecer de questionamentos sobre a vida pessoal, cada vez mais frequentes. Ainda recentemente, uma jovem recebeu do entrevistador, repentinamente em meio a entrevista, um convite para um programa noturno realmente íntimo. Ela recusou e irritada ameaçou sair da sala e desistir da posição. Um segundo depois o entrevistador esboçou um largo sorriso e uma advertência: "moça, eu só queria saber se você saberia contornar situações difíceis como essa. Sua posição vai exigir contatos permanentes com a nossa clientela e nossos fornecedores, eu gostaria de saber como você agiria". A candidata abriu um largo sorriso e pediu para continuar. Confesso que não sabemos o resultado final desse processo seletivo, mas, para ser sincero, não acreditamos ser este episódio (ou o da leitura dos jornais) indicativo para se contratar ou não um candidato, porque esse é um processo tenso. Ainda mais a entrevista que é bastante tensa, em qualquer circunstância. Enfim, as mudanças são importantes e tudo indica que continuaremos a presenciar inovações as mais variadas e muitas guardando pouco sentido lógico.

Com relação ao treinamento, esta seção seria bastante extensa se esse fosse seu único tópico. As mudanças são gigantescas: o foco do treinamento, anteriormente, no indivíduo, passou para relações entre as pessoas da organização, equipes, grupos de trabalho e relações intergrupais. Os conteúdos num passado já remoto eram direcionados a técnicas e conceitos de administração para a busca por melhor desenvolvimento de habilidades pessoais e sabedores de alternativas para a resolução de conflitos. A maneira de as pessoas perceberem a organização e o universo em que atuam sofreu alteração substancial. Passou-se de um entendimento focado na unidade e desta para o resto da organização que interessava naquele dado momento para uma visão universalizada, entendo-se a unidade inserida na organização e a organização inserida num sistema social amplo, global.

Não é difícil admitir mudanças ainda mais dramáticas, pois a primeira década do século XXI nos reserva inovações no campo das tecnologias todas e a área da gestão das pessoas terá de ter respostas imediatas para a aprendizagem, o desenvolvimento e aperfeiçoamento e manutenção e atualização do conhecimento, do saber.

Para finalizar é importante enfatizar o fato de que a área que cuida da gestão das pessoas está em ritmo de transformação. Muito provavelmente, foi a área que sofreu mais de uma mudança drástica nos últimos 20/25 anos. E assistiremos nos próximos anos a uma outra mudança, qual seja, a de estabilização da área com um perfil claramente definido.

4.3.5 Gestão de pessoas: área fundamental para empresas do século XXI

É indiscutível o fato da gestão de pessoas ser fundamental para a sobrevivência da empresa, mas, também, é inegável o fato de as empresas estarem, cada vez mais, terceirizando as suas funções todas, e não apenas aquelas consideradas de simples rotina como a folha de pagamento, por exemplo. Um forte argumento é a tendência, bastante recente, de atuar junto às pessoas da organização, ou seja, fazer a gestão de pessoas. É, sem dúvida, uma nova trajetória, já mencionada anteriormente, mas que não se pode desprezar, ou seja: terceirizar as funções de recrutamento, seleção, treinamento e a avaliação. É uma simplificação que está longe de trazer amplos benefícios e é perigosa porque afasta as pessoas que "vivem" a organização de aspectos fundamentais para a sua existência. Acima de tudo, o empresário, o empreendedor tem de formular a equação perfeita, qual seja, como integrar de forma competente todas as funções – terceirizadas ou não – e, mais do que isso, dedicar extrema atenção ao que está terceirizado. É bom observar que as restrições às empresas voltadas à terceirização não são absolutas e sabemos que há empresas realmente eficientes e eficazes, o que não nos impede de sugerir a leitura de obras, artigos que tratam extensamente desse assunto. A leitura ampla vai demonstrar os cuidados que empresários, empreendedores, consultores e executivos devem ter ao combinar as ações de gestão das pessoas com as delegadas a outras empresas. Importante não esquecer que há uma nova alternativa que pretende dar ação definida e de resultados positivos: falamos da quarteirização, ou seja, empresas contratadas para controlar o que é realizado pelas empresas voltadas à terceirização.

4.3.6 Concluindo...

Assim como nas demais atividades apresentadas ao longo do presente capítulo, nosso propósito é fazer uma introdução das atividades típicas nas empresas aqui no Brasil, sem nenhuma preocupação de descer a detalhes que serão apresentados ao longo dos cursos de graduação e de extensão, quando é importante conhecer movimentos ditos "teóricos da administração".

E afirmamos categoricamente a relevância de gestão de pessoas no contexto das empresas. Impossível não entrarmos no chamado lugar comum, qual seja, o de afirmar como uma quantidade enorme de estudiosos que afirma que empresas são movidas à frente por pessoas capazes e dedicadas e para tanto é imprescindível uma excelente gestão das pessoas e das funções que ajustam as tendências e habilidades de cada um. Caso contrário, ou seja, caso a gestão e ajustes das pessoas não sejam realizados de forma competente, as pessoas não terão como movimentar a empresa para frente. E, para terminar, registramos uma citação importante, recolhida numa publicação de circulação diária.

As situações de ameaça que os homens (melhor, seres humanos, nossa pequena alteração) enfrentam hoje são bem diferentes das que ocorrem entre os animais. A insegurança financeira, o desemprego, a competitividade no trabalho e a instabilidade nas relações familiares são as principais fontes de estresse. Como nada indica que teremos uma sociedade mais segura no futuro, a tendência é que essas situações se acentuem. Aqueles que souberem hierarquizar valores e procurarem crescer espiritualmente em vez de investir toda energia no sucesso profissional e material saberão lidar melhor com essas situações e manter o equilíbrio emocional, orgânico e social (BASTOS, 2003).

O texto indica os cuidados que todos devemos ter em nossa vida pessoal e isso vale para aquele que estuda, para os profissionais de qualquer formação e para os empreendedores. Enfim, qualquer que seja a sua função pessoal, social e funcional nos dias de hoje. E demonstra o cuidado que se deve ter na gestão das pessoas das organizações, bastante diferente de alguns poucos anos atrás.

ESTUDO DE CASO – GESTÃO DE PESSOAS

Muitos atribuem à área de gestão de pessoas uma qualidade singular, qual seja, a de ser a fração organizacional que mais se sensibiliza com a estrutura social ou, pelo menos, deveria. A experiência de cada um de nós mostra empresas mais sensíveis, empresas menos sensíveis e, ocasionalmente, empresas de sensibilidade zero.

Nosso caso é hipotético, tendo alguma semelhança com uma situação que aconteceu numa empresa média na capital do Estado de São Paulo. O titular da gerência de contratos envia pedido de demissão do funcionário que cuidava dos contratos em 3 cidades do interior, próximas à capital. No pedido alegava que o funcionário não vinha trabalhando dentro das suas (do gerente) exigências. A gerente de gestão de pessoas, Mariana Memória, recebe o pedido e, em seguida, liga para Felipe, gerente solicitante, e pergunta o que aconteceu e ouve fatos e versões. Mariana acha estranha parte da argumentação e antes de desligar faz uma pergunta que deixou Felipe intrigado: há algum impedimento para que Marcos, o que está a caminho da demissão, seja posicionado em outra unidade? Felipe responde: "indiferente pra mim!!".

Mariana chama Marcos e conversa sobre a relação dele na unidade, com os companheiros e com o gerente. Ouve a resposta e resolve não demiti-lo (nota: ele não sabia do pedido de demissão) e o transfere para a gerência de relacionamento institucional. Isso não chega a ser uma promoção porque Marcos era assistente administrativo e continuaria no mesmo cargo.

Dias depois Mariana se encontra com Felipe, que questiona o que ela fizera com um funcionário que ele resolvera demitir. Ela explica que fazia tempo tinha ido a uma palestra de gestão de pessoas e o palestrante havia sido enfático com relação a intervenções da unidade de gestão de pessoas quando parecia haver outras saídas que não as dramáticas como, por exemplo, demissão por motivação discutível. E não só nessa palestra, mas em aulas mesmo nos cursos que fizera – todos direcionados à gestão de pessoas. Felipe se sentia desautorizado e Mariana explicou que ninguém sabia do pedido dele, nem mesmo o funcionário que seria demitido. E mais: falou da sua sensibilidade para o problema e considerou que os motivos não eram marcadamente para demissão, haveria outros caminhos e ninguém sairia machucado. Assim mesmo Felipe não gostou, dizendo-se magoado com a atitude profissional que a sua colega, gerente, tomara.

O que você e seu grupo, se for o caso, fariam se viessem a ter uma situação semelhante à que desenvolvemos? Tratem de "incorporar" Mariana Memória a apresentem os argumentos e a decisão a ser tomada.

Nota: O caso aqui é hipotético e qualquer semelhança com pessoas, empresas etc. terá sido mera coincidência. E já fora apresentado em uma obra anterior dos mesmos autores.

QUESTÕES PARA DEBATE – GESTÃO DE PESSOAS

1. Como seria atender uma demanda de gestão de pessoas de forma que esta tenha condições de atingir os seus objetivos e sobreviver como área imprescindível? Justifique longamente a sua resposta.
2. *"A reengenharia e outras iniciativas destinadas a dar forma aos negócios e às organizações já transformaram o processo de trabalho; agora é necessário transformar as pessoas que nelas trabalham para conseguir um conjunto capaz de desempenho superior."* Comente essa longa afirmação que mostra os novos caminhos da gestão de pessoas.
3. Identificação das necessidades de pessoal; pesquisa de mercado de gestão de pessoas; recrutamento (inclui fontes recentes de recrutamento); e seleção ainda pertencem a algum sistema de gestão de pessoas? Faça um comentário com detalhe.
4. "[...] compatibilização de expectativas opostas, empenhando-se na consecução dos objetivos organizacionais, vale dizer, os interesses o patrão... e, ao mesmo tempo, na máxima satisfação das necessidades do empregado." Comente essa afirmação de Messeder.
5. Por que a cultura organizacional é da maior importância para a gestão de pessoas numa organização? Justifique a sua resposta.
6. Você considera que a Internet trouxe algum benefício para a área de gestão de pessoas? Sim ou não? Quais benefícios, se for o caso?
7. A terceirização (*outsourcing*) deu uma nova configuração à área de gestão de pessoas? Comente essa nossa afirmação.
8. Como você percebe o futuro da área de gestão de pessoas, sua importância para a empresa, para as pessoas da organização e para o sucesso do negócio? Essa é uma posição pessoal sua e gostaríamos que você se estendesse nos seus argumentos.
9. Você se acha capaz de atuar em gestão de pessoas, melhor do que em qualquer outra área? Explique-nos os porquês de sua posição sobre a questão.
10. Como empresário ou como empreendedor qual será a sua relação com a área de gestão de pessoas: dará importância plena a ela? Dará um tratamento semelhante ao de outras áreas? Terceirizar o que for possível, até toda a área? Justifique longamente a sua resposta.

Referências bibliográficas

BASTOS, Maurício. In: Nogueira, Danielle. O poder da mente. Rio de Janeiro: *Jornal do Brasil*, Rio de Janeiro, 5 jan. 2003.

CHIAVENATO, Idalberto. *Gestão de pessoas*. 7. ed. São Paulo: Atlas, 2004.

GIL, Antonio Carlos. *Gestão de pessoas:* enfoque nos papéis profissionais. São Paulo: Atlas, 2001.

MESSEDER, José Eduardo Coelho. Em busca de um modelo integrado de planejamento e desenvolvimento de gestão de pessoas. *Cadernos EBAP*, nº 40, Rio de Janeiro: FGV, 1988.

PILARES, Vlamir. *Gestão de pessoas:* (des)considerações gerais. São Paulo: Nobel, 1991.

ZOUAIN, Deborah Moraes. *Notas de aulas*. Rio de Janeiro: Universidade Santa Úrsula, 2003.

4.4 *Marketing*

Para entender *marketing* de forma competente, é interessante voltar um pouco no tempo e imaginar a considerada Era da Produção (também conhecida como a Primeira Onda), quando a produção era artesanal e baseada na agricultura. Esse modo de produção gerava uma maior quantidade de pessoas dispostas a adquirir certos bens (demanda) do que o número de bens disponíveis no mercado (oferta). Com a Revolução Industrial, as primeiras indústrias foram criadas e a produção passou de artesanal para manufatureira, industrial e fabril. Esta, então, seria a Era de Vendas (mais conhecida como Segunda Onda). A demanda e oferta de serviços eram muito tênues na Era da Produção e mesmo na Era de Vendas.

Na Segunda Onda, com a quantidade de indústrias crescendo e a produção *idem*, à medida que se presencia uma época de produção em massa, em que existia uma ênfase fundamentalmente dirigida a vendas, foi gerado um excesso de oferta (1930). O pensamento era: o que fosse produzido seria vendido; então, quanto mais rápida a produção e quanto maior o seu volume, maior seria o retorno para a empresa. Mas eles estavam errados, pois se esqueceram (ou mal lembraram) dos seus consumidores. Não adianta produzir o melhor produto, se ele não satisfizer as necessidades e/ou desejos dos consumidores. Hoje, ainda tem de encantar o consumidor, além de satisfazer e atender desejos.

Mas, foi somente na chamada Terceira Onda (Era do *marketing*, a partir dos anos 50), quando os serviços se tornaram tão importantes quanto os próprios produtos, que começou a preocupação com a conquista e manutenção dos negócios em longo prazo, mantendo relações permanentes com os consumidores. Nessa época, o consumidor passou a ser visto com outros olhos pela empresa, mas não como nos dias de hoje. Na realidade, essa preocupação era ainda incipiente. Mas, também, é verdade que a empresa enxergou o seu valor e passou a produzir, "tentativamente", de acordo com seus desejos e necessidades, ou seja, descobriu-se a importância do *marketing*, que será mais bem percebida em suas atividades típicas.

4.4.1 Atividades típicas

Antes de entender a real importância do *marketing*, uma questão nebulosa deve ser desfeita. Se você acredita que *marketing* é, apenas, propaganda e vendas, é vital entender que essa é uma forma errônea de defini-lo, à medida que vendas e propaganda não traduzem o verdadeiro significado de um processo de *marketing*, apenas fazem parte dele, mostrando uma visão equivocada de *marketing*. Mas, como conceituar *marketing*?

A fim de esclarecer qualquer dúvida, antes de prosseguir, Theodore Levitt (1990) nos presenteia com uma importante e esclarecedora distinção entre vendas e *marketing*.

A venda enfoca as necessidades do vendedor; o marketing, *as do comprador. A venda está preocupada com as necessidades do vendedor de converter seu produto em dinheiro; o* marketing, *com a ideia de satisfazer às necessidades do consumidor por meio do produto e toda a gama de coisas associadas com a criação, a entrega e o consumo final.*

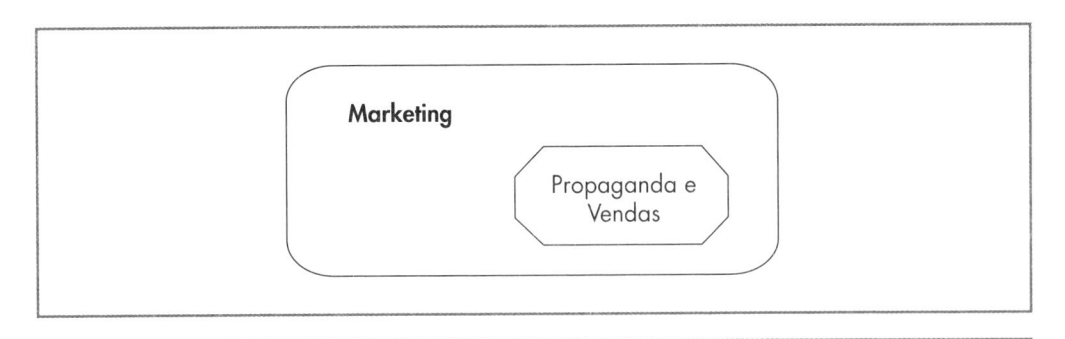

| Figura 4.2 | Propaganda e vendas: uma parte do *marketing*. |

Tendo distinguido *marketing* de vendas e propaganda, cabe a pergunta: mas, afinal, o que é *marketing*? Será que essa pergunta já foi respondida? Você tem razão, ainda não!

Entendemos que *marketing* é uma somatória de atividades estreitamente vinculadas ao desejo e consequente satisfação dos consumidores, via disponibilização objetiva/subjetiva de produtos e/ou serviços, conforme ações previstas em planejamentos de natureza estratégica ao mesmo tempo em que fornece insumos diferenciados para a própria organização que se transformarão em benefícios vários, incluindo os consumidores fiéis ou potenciais.

McCarthy e Perreault (1997) o definem como "um processo que fornece a direção necessária para a produção e ajuda a assegurar que bens e serviços adequados sejam fornecidos e encontrem seu caminho até os consumidores". Um ponto interessante levantado pelos autores é a preocupação com que bens/serviços cheguem ao público-alvo. Por exemplo: não adianta tentar vender a prancha mais sofisticada de *surf* para alguém que não pratica esportes. Da mesma forma, não adianta tentar vender gelo para esquimó. Portanto, é essencial que o *marketing* busque o maior ajustamento possível entre a demanda e a oferta, consideradas heterogêneas.

Philip Kotler (1998) o define como sendo "um processo social e gerencial através do qual indivíduos e grupos obtêm aquilo que desejam, que necessitam, criando e trocando produtos e valores uns com os outros". Destaca-se nesta definição a troca de valores entre indivíduos.

Portanto, é importante destacarmos que *marketing* é um processo e não apenas duas atividades – propaganda e vendas – como muitos pensam. Esse processo é guiado pelas necessidades dos consumidores e se faz através de troca de valores, ou seja, através da diferença entre os valores que o consumidor ganha comprando e usando um produto e os custos para obter esse produto, sendo guiado pelas carências percebidas dos consumidores.

Administração de *marketing* é, portanto, a "análise, planejamento, implementação e controle dos programas destinados a criar, desenvolver e manter trocas de benefício com os compradores-alvo a fim de atingir objetivos organizacionais" (KOTLER, 1974). Além de primordial para o sucesso organizacional, a gestão de *marketing* exige um grau de qualificação de seus profissionais, mais bem verificado em seu perfil, mais à frente.

Vale mencionar que "vivermos num mundo onde trabalhamos com clientes cada vez mais exigentes e as vendas da empresa decorrem de três grupos: consumidores novos, consumidores potenciais e consumidores leais, fiéis. Portanto, seria inteligente uma empresa mensurar a sua (e a dos clientes) satisfação regularmente, pois, por exemplo, um consumidor leal pode representar substancial volume de faturamento durante anos, e correr o risco de perdê-los, ao ignorar uma queixa ou demanda de pequeno valor, isso seria uma tolice. Além do mais, não é tarefa fácil conquistar um novo cliente ou mesmo consumidores potenciais. Isto requer todo um esforço de *marketing*" (GARCIA; ARAUJO, 2003). Essa relação entre o grau de qualificação dos profissionais (parágrafo anterior) e consumidores novos, fiéis e potenciais (este parágrafo) é necessária para marcar claramente a importância de ambos: profissionais qualificados e consumidores.

4.4.2 Perfil do profissional

É possível pensar em simples resposta, partindo de alguém que imagine conhecer *marketing*: é o profissional que cuida das vendas. É quem "sustenta" a empresa porque vende o produto que ela fabrica. O profissional de *marketing* é, na verdade, o vendedor. As respostas encontram guarida na chamada literatura leiga, qual seja, mídia em geral (rádio, televisão, jornais e revistas) que trataram de popularizar o termo. Para muitos "fazer *marketing*" é fazer algo para vender alguma coisa.

O perfil desejado para profissionais em *marketing* implica conhecimento muito mais amplo, como pode ser visto ao longo desta seção dedicada à atividade mercadológica. Implica conhecer o seu cliente, o produto, a volatilidade do mercado, a concorrência sob todos os ângulos possíveis.

Tanto quanto as demais especializações exigidas para o desempenho positivo em empresas, do profissional de *marketing* espera-se um pouco mais. Espera-se uma visão sistematizada de toda a organização, de todas as áreas e em adição, o que o torna um pouco diferente dos demais profissionais – bons conhecimentos de economia e, certamente, de microeconomia, mas também um bom conhecimento da macroeconomia. Com a mundialização dos mercados o profissional de *marketing* está sem alternativas: precisa conhecer, saber o que está acontecendo no seu mundo de vendas, pesquisas, publicidade, propaganda, encantamentos, fidelização e comparar com outras empresas no Brasil ou em qualquer outra parte do mundo.

Kotler (1998), autor dos mais conhecidos em todo mundo (ocidental, sem dúvida), diz que o profissional, mais especificamente, o gerente de altíssimo nível, o gestor "dirige a demanda criando produtos e serviços apropriados, buscando desenvolver um relacionamento com os consumidores através de fortes laços sociais e econômicos". E continua, estendendo seus comentários acerca da responsabilidade sobre atividades relativas a:

a) avaliação de oportunidades de mercado e da capacidade e recursos da empresa;

b) posicionamento do produto; e

c) determinação do *marketing mix*. Neste ponto, um rápido comentário e que, muito provavelmente, será longamente desenvolvido quando o assunto for especificamente tratado. O *marketing mix* é um conjunto de ferramentas por intermédio das quais se pode obter um melhor ajustamento entre a oferta que a empresa faz ao mercado e a demanda existente (ou não). Sendo ele composto por quatro subconjuntos de variáveis, bastante conhecidas como "os 4 Ps". E são:

- **P**roduto (características, qualidade, marca, *design*, embalagem etc.);
- **P**reço (preço básico, descontos, prazos de pagamento etc.);
- **P**raça (canais de distribuição, distribuição física, transporte, armazenagem etc.); e
- **P**romoção (venda pessoal, propaganda, promoção de vendas, publicidade, relações públicas etc.).

d) implementação e controle dos programas de *marketing*.

4.4.3 Visão de marketing na Teoria das Organizações

A Teoria das Organizações permitiu uma melhor adequação à própria organização. Katz e Kahn (1987) assombravam o mundo acadêmico com a abordagem dos sistemas abertos, pois consideravam o ambiente como, diríamos, parte integrante as organizações. Embora a questão ambiente/empresa já fosse um requisito organizacional, somente com esses dois psicólogos o ambiente foi consagrado como fundamental. É da obra de ambos que vêm os termos sistemas abertos, entrada (*input*), processamento (*throughput*) representado pelas organizações, saída (*output*) e retroalimentação (*feedback*), hoje, amplamente utilizados, conforme a Figura 4.3. A constatação da importância do ambiente e das entradas (*inputs*) e saídas (*outputs*) e, consequentemente, *feedback* deu aos estudiosos de *marketing* ferramentas ótimas de trabalho.

Ao longo do capítulo, será possível perceber o caráter imperioso do(a) profissional de qualquer área do saber. Ainda que não muito profundamente, o profissional deve conhecer as demais áreas, além daquela em que se especializou. Esse caráter mandatório teve um efeito notável na área em tela. A "descoberta" de que a empresa tem de atuar como um sistema e aberto ao ambiente afetou sensivelmente esse profissional que foi instado a sair de uma posição visivelmente fechada para uma posição, em princípio, pouco confortável que era a obrigatoriedade, por necessidade de sobrevivência, de conhecer um mundo novo, o mundo lá fora. Sem dúvida, a teoria das organizações foi essencial no novo guarda-roupa de *marketing*.

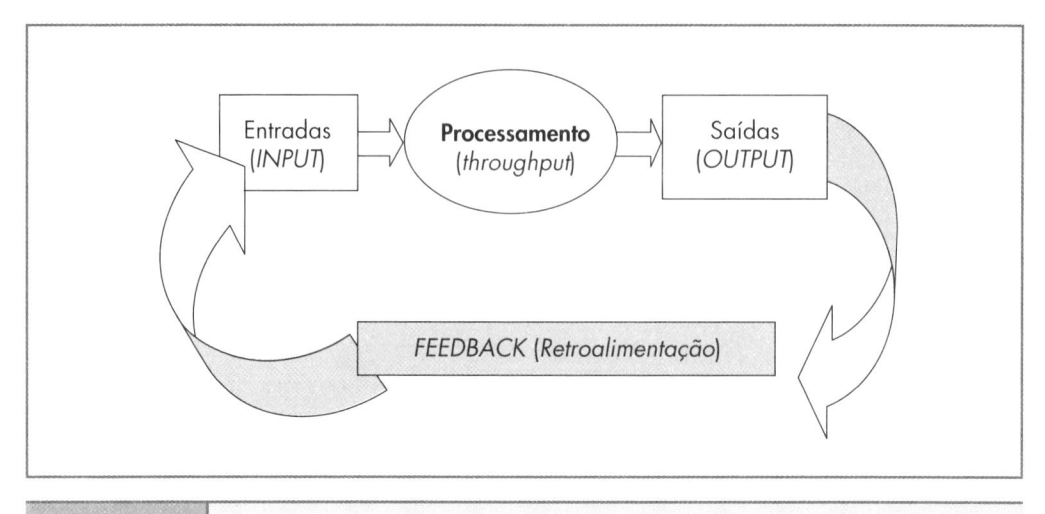

Figura 4.3 — O *feedback* na organização.

Interessante notar que as tecnologias de gestão organizacional surgem em número expressivo e não por acaso, não muito tempo depois da consolidação da abordagem conhecida como sistemas abertos e que, definitivamente, abriu espaço para a erroneamente chamada teoria da contingência. As tecnologias de gestão organizacional surgiram para servir de auxílio, um verdadeiro suporte, aos gestores das empresas. Tecnologias estas, mencionadas mais à frente, que em muito se relacionam com *marketing*. Mas você deve estar se perguntando: como assim? O que *marketing* tem a ver com tudo isso?

Como já vimos, e Las Casas (2009) reforça, "sempre que existir uma relação de troca, no sentido amplo, haverá a possibilidade de aplicação da tecnologia de *marketing*". Além do mais, "não somente as empresas que visam lucro aplicam as técnicas de *marketing*, mas várias outras o fazem. Por exemplo: na área política, em eleições, o produto (o candidato) procura projetar uma imagem de tranquilidade e competência. A comunicação é geralmente feita por intermédio da televisão, rádio, *outdoors*, comícios, esses os mais relevantes. Os votos dos candidatos podem ser recompensados com um retorno de uma boa administração (no caso, tomando o lugar do preço)".

Até agora nos fixamos nos profissionais, gerentes, gestores, executivos, em geral, mas nosso compromisso envolve também o empresário, o empreendedor. Muitos deles verdadeiros CEOs (*Chief Executive Officers*), responsáveis por assegurar que as energias e os esforços por toda a organização sejam orquestrados de forma que se atinjam os objetivos desejados. E tais empresários se transformam e acabam por ser reconhecidos como o chefe estrategista (*Chief Strategist*), segundo Jain (2000). Portanto, é vital que o empresário brasileiro tenha absoluta consciência de que é assim que ele é visto dentro da sua empresa. E, aqui, talvez mais do que em outros pontos desse capítulo, o empresário tem de estar muitíssimo atento aos procedimentos de vendas, propaganda, publicidade, pesquisa, distribuição e, sem dúvida, em tantos outros momentos ele, empresário, só terá "olhos e ouvidos" para as questões de mercado. E aí estará cometendo um erro que poderá ser fatal para o seu negócio. A atenção exclusiva num só segmento da empresa é ação perigosa e pode trazer danos. Um rápido exemplo: o empresário pode estar "ligado" no mercado e seu problema estar relacionado à produção ou à área financeira. Pode não estar entendendo por que o seu produto não vende, nos termos das previsões iniciais. E o problema não seria a venda, mas talvez, algum recurso tecnológico mais bem utilizado por uma outra empresa concorrente, trazendo vantagens para o consumidor.

Os estudos teóricos das organizações serão úteis ao (futuro) empresário, já que permitirão que ele pense de forma ampla, envolvendo todos ou quase todos os segmentos da organização.

4.4.4 Nova concepção

Além da função gerencial que "busca ajustar a oferta da organização a demandas específicas do mercado, utilizando um conjunto de princípios e técnicas" e um processo social: "pelo qual são reguladas a oferta e a demanda de bens e serviços para atender às necessidades sociais", *marketing* também é a orientação da administração superior que "reconhece que a tarefa primordial da organização é satisfazer o consumidor, atendendo suas necessidades, levando em conta seu bem-estar em longo prazo, respeitadas as exigências e limitações impostas pela sociedade e atendidas as necessidades de sobrevivência e continuidade da organização" (SAUERBRONN, 2000).

> *A década passada deu uma lição de humildade às empresas comerciais do mundo inteiro. As empresas domésticas aprenderam que não podem mais ignorar os mercados globais e os concorrentes. As empresas bem-sucedidas de setores maduros aprenderam que não podem ignorar os mercados, as tecnologias e as abordagens emergentes de administração. As companhias de todo tipo aprenderam que não podem permanecer fechadas em si mesmas, ignorando as necessidades dos consumidores e o meio ambiente (1998).*

Esta afirmativa de Kotler mostra uma concepção atual de *marketing* e, na verdade, podemos entender como uma nova visão, moderna atual e, sobretudo, realista e que aplicada neste mundo globalizado gerou a necessidade de harmonia entre o ambiente externo e a empresa. As empresas, mesmo as consideradas domésticas na visão do autor, não podem ignorar o ambiente externo em momento algum. Não se pode pensar como a antiga citação: "construa a melhor ratoeira e o mundo fará um caminho até sua porta", pois as necessidades dos consumidores não podem ser deixadas de lado, consumidores estes cada vez mais exigentes, diga-se de passagem.

Quanto ao constante avanço tecnológico, onde "a presença dos computadores na comercialização revolucionou o *marketing* a tal ponto, que hoje dois fatores têm sido mencionados com frequência: rapidez e flexibilidade" (LAS CASAS, 1997). Portanto, num mundo rápido e flexível as empresas precisam estar abertas a adaptações, flexibilizações, motivadas por mudanças constantes do ambiente. E esse ambiente pode estar muito próximo a empresa ou num ponto qualquer do... planeta.

4.4.5 Marketing: área fundamental para empresas do século XXI

Como já previa Webster Jr. (1992), "a administração mercadológica histórica, baseada no paradigma de maximização, deve ser criticamente examinada para os anos 90 (e até os primeiros anos do século 21). Um novo *marketing* irá focar a administração estratégica de parcerias, posicionando a empresa entre vendedores e consumidores numa rede de valor que objetiva fornecer serviços superiores aos consumidores", ou seja, o "novo *marketing*" não se focará em vendas com a premissa que é preciso produzir mais e mais rápido. Não é mais fato que quanto mais a empresa produz, mais a empresa vende. As empresas precisam superar as expectativas de seus consumidores. Já não basta fornecer um carro: o consumidor quer, sobretudo, serviço, garantias, além dos freios ABS, vidros elétricos, *airbag* etc.

Samara (1994) já dizia: "vivemos na era da informação, elemento fundamental para o sucesso empresarial e adaptação ao mercado, não só no sentido de obter e acumular as informações, mas sim de saber interpretá-las e utilizá-las adequadamente e de forma criativa". Portanto, é preciso saber utilizar as informações disponíveis com o propósito de atender cada vez melhor o consumidor. Afinal, se a informação é o ponto crucial para o sucesso empresarial, temos que desfrutá-las ao máximo sem deixar passar despercebida uma vírgula sequer.

É fato que as empresas de hoje lutam com uma série de problemas – econômicos, políticos e sociais – que oferecem oportunidades, como já mencionamos. Mas as principais tendências e forças que estão mudando a paisagem do *marketing* e desafiando sua estratégia são, ainda segundo Samara: "o crescimento do *marketing* sem fins lucrativos, a rápida globalização, a economia mundial em mutação e o apelo para ações de maior responsabilidade social". Sem dúvida, empresários e profissionais dos níveis superiores das organizações devem estar atentos às novas tendências, pois é certo que a marca hoje é determinante em muitos momentos para os procedimentos de decisão do consumidor. E sendo a marca, fator decisivo, é de se esperar ações concretas também relativas à responsabilidade social com o firme propósito de torná-la um reforço de imagem importante.

4.4.6 Concluindo...

Neste capítulo conhecemos brevemente *marketing* formado por três ondas históricas que marcaram as relações de troca de valores entre as pessoas. A partir de então descobrimos que *marketing* não é sinônimo de vendas e propaganda, pois *marketing* é um processo muito mais amplo, em que a empresa ganha e o consumidor ganha. Para tanto, é necessário que a empresa esteja orientada para as necessidades do consumidor tentando satisfazê-lo ou, melhor, encantá-lo. Estudamos as funções básicas dos profissionais de nível superior e seus deveres/ obrigações dentro da empresa. Para tanto, os profissionais da área possuem a sua disposição um *marketing mix*: produto, preço, praça e promoção que o subsidia em suas atividades.

Passamos, então, a entender que *marketing* está intimamente ligado à teoria das organizações à medida que se refere à troca de valores. E a partir da assertiva de Kotler verificamos a nova concepção de *marketing*, segundo a qual existe a necessidade de interação entre a empresa e o ambiente, sendo que aquela trabalha guiada pelas necessidades dos consumidores. E, para encerrar, o texto tem endereço certo para os atuais e futuros empresários, empreendedores. O alerta foi feito: não dedicar atenção demasiada a *marketing* por julgar que é ali que tudo se decide. Vendeu, parabéns pessoal de *marketing*. E se não vendeu, não vamos – para seguir a mesma linha de raciocínio – culpar a turma do *marketing*.

Enfim, chegamos ao século XXI e descobrimos a importância da era da informação, quando máquinas geram dados e informações novas a cada segundo. Informações essenciais não só para o profissional de *marketing*, mas também para atuais e futuros empresários. Enfim, para todos nós.

ESTUDO DE CASO – MARKETING

Pedro ainda não é gerente, mas aspira a ascender rapidamente. Na empresa, diz que o importante é o *marketing mix*, ou seja, diz ele: "vocês sabem, e eu não tenho de repetir toda hora; mas vou, anotem aí: é um conjunto de ferramentas por intermédio das quais vocês podem obter um perfeito equilíbrio entre o que a gente oferece e o que o consumidor deseja, quer comprar. Aqui entram, para vocês pensarem melhor, os 4 Ps que querem dizer: praça, preço, produto e promoção, em ordem alfabética para vocês não se confundirem". A reunião é aberta com Joarez Lirão, gerente de *marketing* dando as boas-vindas e, em seguida, montando grupos de trabalho, conforme a agenda predefinida. Pedro foi para o grupo que tratava da fidelização. Muitas discussões, muitas propostas e chega o dia da reunião plenária, ou seja, todos no anfiteatro do hotel. Chega a vez do grupo de Pedro e o relator do grupo adoecera. Pedro é chamado para falar das proposições do grupo. Começa a falar e diz: "aqui (apontando para o telão) deveria aparecer a nossa proposta, mas eu me permito dar uma nova orientação e delinear a minha proposta (e é enfático): fidelização é uma correta obediência aos 4 Ps. Fora disso é perda de tempo e perda de novos consumidores e manutenção dos atuais. Então, praça, isto é, canais ágeis de distribuição, distribuição física adequada, rapidez no transporte e armazenagem criteriosa. O preço, bom preço, resultaria por si só em fidelização. O produto, pouco a fazer e falar, porque o nosso produto é muito bom. E a promoção, tem um grupo tratando de promoção". E terminou dizendo que ele, ainda assim, achava que fidelização era tema para o pessoal que cuida da qualidade e não, nós, de *marketing*. Nós de *marketing* não temos tempo para pensar nas outras áreas. Isso é coisa de sala de aula. Ao final, houve alguma reação. Vitor era o mais irritado, porque estudara com Pedro e não gostava da postura sabe-tudo dele; na verdade, nem se falavam em sala de aula. Mas a argumentação de Pedro parecia muito pertinente e tudo parou por aí. A reunião plenária termina, todos se levantam e Sr. Lanco, vice-presidente de *marketing*, profissional altamente qualificado, chama Pedro para conversar. E ficam mais de duas horas numa pequena sala, onde muitos poderiam ver os dois conversando muito seriamente.

O que você (ou a opção indicada pelo docente) imagina que ambos tenham conversado? Considere que Pedro é muito jovem, formado há pouco tempo. Se você estivesse na posição dele, agiria da mesma forma, ou seja, dando ao especialista o papel que ele dá? E a fidelização? É função de quem naquela (ou qualquer outra) empresa? Apenas parte da resposta você poderá deduzir pela leitura de todo o texto.

Nota: O caso apresentado é hipotético e qualquer semelhança com pessoas, empresas etc. terá sido mera coincidência.

Questões para debate – Marketing

1. O que é *marketing*? (Evidentemente, você não precisa falar exaustivamente, mas nos dê uma boa ideia da área).
2. O que vem a ser "análise, planejamento, implementação e controle dos programas destinados a criar, desenvolver e manter trocas de benefício com os compradores-alvo a fim de atingir objetivos organizacionais", mencionada por Philip Kotler ao longo do texto apresentado?
3. Qual seria para você o perfil de um profissional de *marketing*? Você consegue imaginar um perfil diferente para um profissional de *marketing* de empresa de pequeno porte?
4. E a questão que não pode faltar: o que são os 4 Ps? Seja detalhista em sua resposta.
5. Você acha que a contribuição da Katz e Kahn no que se refere a sistemas abertos trouxe algum benefício à área de *marketing*? Sim ou não? Por quê?
6. Mercados globais e concorrentes fazem parte hoje do universo particular de *marketing*? Sim ou não? Por quê?
7. A informática trouxe benefícios à área de *marketing*, principalmente, no que diz respeito à rapidez e flexibilidade. Comente essa afirmação, concordando, discordando e informando os porquês.
8. Fosse você profissional de consultoria, como projetaria *marketing* para uma empresa brasileira até o final da primeira década século XXI? Dê detalhes.
9. Você acha que a marca é mesmo fundamental e, por essa razão, quando a marca é forte indica sucesso de *marketing* garantido? Sim ou não? Por quê?
10. Você acha que *marketing* é definitivamente uma área de especialização que você tem fortes tendências a segui-la profissionalmente? Sim ou não? Por quê?

Referências bibliográficas

GARCIA, Adriana Amadeu; ARAUJO, Luis César G. de. O cliente tem sempre razão: ficção ou realidade? *Cadernos EBAPE*, nº 128. Rio de Janeiro: Fundação Getulio Vargas, 2003.

JAIN, Subhash C. *Marketing planning & strategy*. 6. ed. Cincinnati: South-Western College Publishing, 2000.

KATZ, Daniel; KAHN, Robert L. *Psicologia social das organizações*. São Paulo: Atlas, 1987.

KOTLER, Philip. *Administração de marketing*: análise, planejamento e controle. Tradução: Meyer Stilman e Danilo A. Nogueira. São Paulo: Atlas, 1998.

LAS CASAS, Alexandre Luzzi. *Marketing*: conceitos, casos. 4. ed. São Paulo: Atlas, 2009.

LEVITT, Theodore. *A imaginação de* marketing. 2. ed. São Paulo: Atlas, 1990.

MCCARTHY, E. Jerome; PERREAULT JR., William D. *Marketing essencial*: uma abordagem gerencial e global. Tradução: Ailton Bomfim Brandão. São Paulo: Atlas, 1997.

SAMARA, Beatriz Santos. *Pesquisa de* marketing: conceitos e metodologia. São Paulo: Makron Books, 1994.

SAUERBRONN, João Felipe Rammelt. *Notas de aulas*. Rio de Janeiro: Universidade Santa Úrsula, 2000.

WEBSTER JR., Frederick. The changing role of marketing in corporation. *Journal of Marketing*, Cambridge, Oct. 1992.

4.5 Operações e logística

A área de operações e logística empresariais cresceu fortemente no Brasil nos últimos dez anos, apesar de ainda existirem muitas empresas que adotem a expressão Administração da Produção, Planejamento e Controle da Produção (PCP), entre outras semelhantes – e cabe destacar que estes rótulos não foram extintos, apenas começaram a ser vistos de uma forma diferenciada, provavelmente numa tentativa de adequação aos novos tempos. Pode-se até afirmar que foi a área que mais rapidamente cresceu nos últimos trinta anos. E para começarmos a entendê-la é interessante saber que "o termo logística deriva do termo francês *logistique*, que era o título dado a um oficial no exército de Napoleão que tinha por responsabilidade o alojamento das tropas e a obtenção de forragens para os cavalos e outros animais" (DIAS, 2002). Porém, da mesma forma que para entender melhor as outras áreas da organização optamos por uma rápida viagem no tempo, e, principalmente, por ser logística (maneira como nos referiremos a partir deste momento ao tema desta seção) não poderia ser diferente. Seria difícil compreender adequadamente do que estamos tratando sem ter conhecimento de sua história, ainda que de forma simplificada, desmembrada em três fases: antes da década de 50, entre as décadas de 50 e 70 e além da década de 70.

Antes da década de 50 existia uma certa tranquilidade com relação aos mercados. Além de serem restritos e locais, não existiam maiores preocupações com a satisfação dos clientes e a qualidade da prestação do serviço. A logística permanecia num estado de dormência, não havendo uma filosofia que a conduzisse. Contudo, a ausência de uma área específica que cuidasse da logística não significa dizer que as suas atribuições-chave, as mais relevantes, não existissem. Pelo contrário, elas sempre foram, num certo sentido, administradas pela empresa, porém tinham suas competências fragmentadas por diferentes áreas. Mas esta divisão das competências gerava conflitos no atingimento de objetivos e no cumprimento de responsabilidades, representando um obstáculo tanto para o processo de entrega de valor ao cliente, quanto para o ganho do que hoje denominamos vantagem competitiva.

Arch Shaw e Fred Clark, pioneiros nos estudos da Logística Empresarial, já identificavam a natureza da distribuição física, pois eles perceberam a diferença entre ela e a demanda no *marketing*, à medida que a distribuição estava "diretamente relacionada com o processo de suprimentos e produção para o bom atendimento do mercado" (LALONDE; DAWSON, 1969), ou seja, foi possível perceber que a distribuição física não tinha a mesma conotação para com a demanda de *marketing*, como se imaginava àquela época (antes de 1950, não se esqueçam).

Muitos pensam que a logística começou sua trajetória no ramo empresarial. Mas, na realidade, o início dessa trajetória se deu com a experiência militar na Segunda Guerra Mundial, assim como outras áreas da administração, que só vieram a ter influência nas organizações alguns anos depois. Por volta de 1945, transporte e armazenagem de produtos acabados já se encontravam sob a responsabilidade de um único gerente e a literatura contempla as indústrias alimentícias como pioneiras.

Com o final da Segunda Guerra Mundial, a posição dominante da indústria americana no mercado mundial e a demanda reprimida dos anos de depressão geraram um rápido crescimento para a economia dos EUA. O clima era propício para a venda e para a produção, o que gerava altos lucros e fazia com que certa ineficiência na distribuição de produtos fosse tolerada. O contrário do que ocorrerá no próximo período, quando Paul Converse (1954), conhecido professor de *marketing*, chamará a atenção para o fato de as companhias prestarem muito mais atenção às atividades direcionadas à compra e venda do que a uma competente distribuição física. Desta forma, Converse levantou uma questão relevante: a distribuição física não poderia mais ser colocada em segundo plano, onde era tratada como algo de importância limitada.

Ao contrário dos anos anteriores, o ambiente era propício a novidades no campo da administração, o que levou estudiosos de nossa temática a ser considerada como a época de sua decolagem, tanto nos aspectos chamados teóricos, como nos da boa prática organizacional. Você deve estar se perguntando o que queremos dizer com "um ambiente propício a novidades no campo da administração", certo? Portanto, com o propósito de apontar as condições econômicas e tecnológicas que propiciaram esta decolagem, vamos utilizar 4 condições-chave:

a) *alterações nos padrões e atitudes da demanda de consumidores*: é importante notar que durante a formação da logística empresarial, percebeu-se que houve transformações significativas relativamente às populações como, por exemplo, as migrações, sejam das áreas rurais para os centros urbanos, ou dos centros para os subúrbios. E essa foi, provavelmente, a razão maior que levou varejistas a seguirem as populações com pontos de venda adicionais. Mas não foram só as migrações, os consumidores passaram a procurar maior variedade de mercadorias, o que gerou uma proliferação dos produtos nos mercados. Estas transformações trouxeram impacto para a logística empresarial e, consequentemente, nos custos logísticos;

b) *pressão por custo nas indústrias*: após a Segunda Guerra, a economia cresceu de uma forma considerável, seguida de recessão e um período de prolongada pressão nos lucros, o que levou executivos a buscar meios de alcançar melhor produtividade. Uma nova logística oferecia essa oportunidade. A empresa podia entender a logística como a "última fronteira para redução de custos nas empresas americanas" (STEWART, 1965). Além do mais, até então poucas eram as empresas que sabiam avaliar os seus custos logísticos. "E quando analistas começaram suas pesquisas, esses custos se mostraram espantosos" (CHING, 2006);

c) *avanços da tecnologia de computadores (tecnologia da informação, mais à frente, em seção específica)*: com o decorrer do tempo a logística se tornou cada vez mais complexa. Não é difícil entender essa complexidade, basta entender mudanças como: a grande variedade dos tipos de transporte disponibilizados, a proliferação de variedade de produtos que gerou dificuldades quanto à gestão de estoques. Além do fato de a demanda dos consumidores por melhores níveis de atendimento, muitas vezes, resultar em maior cuidado e quantidade de bens no sistema de distribuição, ou seja, promoção de atendimento rápido, às vezes suficiente para encantar o consumidor. Uma forma de solucionar esses obstáculos para o desenvolvimento da logística era a utilização de novas tecnologias, como o computador que acabava de estrear no mundo dos negócios (notem: ainda estamos próximos aos anos 50). Ao mesmo tempo, houve incremento do uso de modelagem matemática, de forma que os problemas logísticos fossem solucionados com maior exatidão e eficácia. Não podemos negar que esses avanços tecnológicos foram de extrema importância para a administração à medida que, como diria Pozo (2001), "podiam auxiliar na identificação de economias significativas em áreas-problema da logística, que antes só eram possíveis por meio de métodos intuitivos"; e

d) *influências do trato com a logística militar (experiência militar)*: na invasão à Europa, mais de uma década antes de o mundo dos negócios interessar-se pelo assunto, os militares haviam executado aquela que foi chamada "a mais sofisticada e mais bem planejada operação logística da história". Esta operação "incluiu atividades como aquisição, estoque, definição de especificações, transporte e administração de estoques, a maior parte das quais está incluída na definição de logística" (BALLOU, 2001).

Enfim, após um período de certa letargia e de sua decolagem (auxiliada pelas transformações no macroambiente em que se encontrava a logística durante o período de sua formação), se chegou a um período denominado por Ching (2006) de semimaturidade em que, segundo o autor, "os princípios básicos amplamente definidos estavam proporcionando benefícios a empresas".

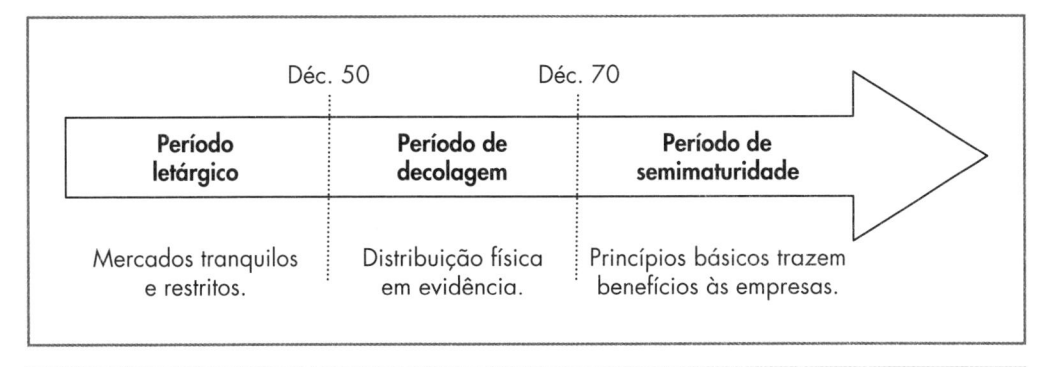

	Déc. 50	Déc. 70	
Período letárgico	Período de decolagem	Período de semimaturidade	
Mercados tranquilos e restritos.	Distribuição física em evidência.	Princípios básicos trazem benefícios às empresas.	

Figura 4.4 A evolução de operações e logística.

Um dos benefícios proporcionados pelos conceitos básicos de logística foi a redução nos tempos de *set-up* das máquinas, na década de 70, que deu início à flexibilidade dos sistemas de produção. Dessa forma a grande demanda por produtos pôde ser atendida. Porém, foi também nesse período que se verifica uma maior competição a nível mundial, onde houve a multiplicação da oferta de bens, ao mesmo tempo em que faltava matéria-prima de boa qualidade. Esta competição levou a atividade logística a um importante patamar, à medida que as empresas foram obrigadas a competir não só com bens de fabricação nacional, mas com as de fabricação fora de nossas fronteiras, também.

E faz pouco tempo que a logística tem à sua disposição uma maneira inteligente de gerir de forma a integrar as diversas áreas envolvidas nas suas atividades, fazendo com que custos sejam reduzidos e melhores serviços sejam oferecidos a seus consumidores. Nos referimos à logística integrada (do inglês, que também adotamos, *supply chain*, que nada mais é que "cadeia de suprimento", em que há a reunião das atividades típicas, possibilitando aperfeiçoamentos na gestão). Neste momento você deve estar se perguntando: o que são atividades típicas de logística, ou melhor, quais são elas? Portanto, vamos seguir a leitura e tudo se tornará claro e muito simples.

4.5.1 Atividades típicas

O que a logística faz? Ela é responsável pelo quê? Se essas perguntas estão rondando a sua mente, basta ter alguma calma que elas serão respondidas uma a uma.

Uma forma de entender a logística (a empresarial, nosso maior interesse) é através de Pozo (2001), que a define assim: "a logística empresarial trata de todas atividades de movimentação e armazenagem que facilitam o fluxo de produtos desde o ponto de aquisição da matéria-prima até o ponto de consumo final, assim como dos fluxos de informação que colocam os produtos em movimento, com o propósito de providenciar níveis de serviço adequados aos clientes a um custo razoável", ou seja, ela trata dos fluxos (processos) de produtos e de informação na conhecida área de produção, visando ao melhor serviço para o consumidor e, da mesma forma que as outras áreas, também, a um custo justo.

Complementando a definição do autor, Lambert, Stock e Vantine (1998) sugerem as 14 atividades que compõem o fluxo de um produto desde o ponto de origem até o ponto de consumo, a saber:

1) serviço ao cliente;
2) processamento de pedidos;
3) comunicações de distribuição;
4) controle de inventário;
5) previsão de demanda;
6) tráfego e transporte;
7) armazenagem e estocagem;
8) localização de fábrica e armazéns/depósitos;
9) movimentação de materiais;
10) suprimentos;
11) suporte de peças de reposição e serviço;
12) embalagem;
13) reaproveitamento e remoção de refugo; e
14) administração de devoluções.

Contudo, é importante lembrar que, originalmente, a real preocupação da logística era a distribuição física. Ching (2006) nos oferece um interessante comentário:

logística como o gerenciamento do fluxo físico de materiais que começa com a fonte de fornecimento no ponto de consumo. É mais do que uma simples preocupação com produtos acabados, o que era tradicional preocupação da distribuição física. Na realidade, a logística está preocupada com a fábrica e os locais de estocagem, níveis de estoques e sistemas de informação, bem como com seu transporte e armazenagem.

Neste momento é sabido por nós, e reforçado por Ronald Ballou (2001), que "a logística empresarial estuda como a administração pode prover melhor nível de rentabilidade nos serviços de distribuição aos clientes e consumidores, através de planejamento, organização e controle efetivos para as atividades de movimentação e armazenagem que visam a facilitar o fluxo dos produtos". O autor completa dizendo que cabe à logística "diminuir o hiato entre a produção e a demanda, de modo que os consumidores tenham bens e serviços quando e onde quiserem, e na condição física que desejarem". Um dos problemas enfrentados pela logística é o fato de os consumidores não residirem, se é que alguma vez o fizeram, próximos aos produtos e/ou serviços que lhes são disponibilizados. Logo, ela busca oferecer os melhores níveis de serviços a seus consumidores, ou melhor, "a logística tem como escopo principal prover o mercado e o cliente os serviços desejados, com elevado nível, ou seja, providenciar bens ou serviços adequados no momento certo, no local exato, nas condições estabelecidas e no menor custo possível" (POZO, 2001).

Esta busca por melhor servir ao consumidor depende de uma boa conceituação e implementação da logística, seja ela de suprimento ou de distribuição física. E para atender a este pré-requisito é necessário uma "correta representação e análise da rede, que é a representação físico-espacial dos pontos de origem e destino das mercadorias, bem como de seus fluxos e demais aspectos relevantes, de forma a possibilitar a visualização do sistema logístico no seu todo" (ALVARENGA; NOVAES, 1994). Portanto, é importante para esta representação e análise da rede saber que "isto é conseguido através da gestão adequada das atribuições-chave da logística – transportes, manutenção de estoques, processamento de pedido e de várias atividades de apoio adicionais" (BALLOU, 2001).

4.5.2 Perfil do profissional

Após conhecer a história da logística e perceber que o agrupamento de suas atribuições-chave proporcionou aperfeiçoamentos a níveis excelentes de gestão a partir do momento em que todas as atividades ligadas, desde a aquisição da matéria-prima até a entrega do produto acabado ao consumidor final, conseguiram oferecer os melhores níveis de serviços a estes consumidores, devemos nos perguntar como devem ser esses profissionais que cuidam para que tudo ocorra de maneira eficaz. Nota: aqui, como nos demais perfis, estamos imaginando a alternativa de alguém se interessar pelo cargo de executivo em empresas e não de ser uma pessoa que deseje ter o seu próprio negócio ou empreender, alternativas, também, muito prováveis. Nesse caso, apenas pedimos que leiam atentamente para a eventualidade de uma contratação do profissional que estamos, agora, projetando.

Se, atualmente, a logística "é tomada e considerada como perfeita quando há integração da administração de materiais em sua totalidade e distribuição física dos produtos e serviços com plena satisfação do cliente e dos acionistas" (POZO, 2001), como o profissional que cuida desta atividade pode alcançar a excelência desejada?

Harmon (1994) já dizia que: "um executivo qualificado aceitará de bom grado a visão às vezes revolucionária ainda que diferente da sua. Tais executivos compreendem que o principal papel do líder industrial sempre será o de revolucionário, alçando as suas empresas e indústrias a novos patamares jamais imaginados de melhorias inovadoras do serviço, dos produtos e dos processos". A verdade é que um executivo qualificado jamais poderá ignorar ideias colocadas por quem quer que seja e por piores que pareçam num primeiro momento. Estas ideias podem mudar, de maneira favorável, a realidade da empresa. Na verdade, continua o autor, "os melhores homens de iniciativa da indústria precisam se organizar a fim de forçar o legislativo e o executivo a promulgarem leis de vital importância". Como sempre, a união faz a força.

Mas não podemos esquecer que as empresas, constantemente, interagem com um macroambiente que as influencia. Portanto, o seu maior ou menor êxito dependerá do seu sucesso neste relacionamento e por isso devem lutar sempre pelo equilíbrio. Para tanto, cabe ressaltar que Ching, na obra aqui citada diz que "faltam profissionais que dominem e possuam habilidades para planejar, executar e analisar todas as atividades de forma integrada". O autor disse isso em 1999, e o quadro está alterado para melhor, mas mesmo assim, isso não se constitui tarefa fácil. Além do mais, esses profissionais precisam ter uma visão de rede logística para o futuro, convertendo as atuais operações em métodos adequados neste ainda novo século. Com isso, as ideias "revolucionárias" de hoje podem significar a sobrevivência da empresa no futuro e jamais poderão ser ignoradas.

Para que fique clara a missão do profissional de logística, podemos resgatar algumas palavras de Ballou (2001) e, de uma forma concisa, entender o que foi dito até o momento apenas num parágrafo que, hipoteticamente, busca a sua consolidação.

Logística empresarial associa estudo e administração dos fluxos de bens e serviços e da informação associada que os põe em movimento. Isto cria um hiato de tempo e espaço entre matérias-primas e produção e entre produção e consumo.

Vencer tempo e distância na movimentação de bens ou na entrega de serviços de forma eficaz e eficiente é a tarefa do profissional de logística. Ou seja, sua missão é colocar as mercadorias ou os serviços certos no lugar e no instante corretos e na condição desejada, ao menor custo possível.

E o perfil do profissional para esta atividade típica tem de ser, obrigatoriamente, possuidor do conhecimento exigido e, sobretudo, de habilidade para conduzir esse nível de integração, sistêmica em sua plenitude.

4.5.3 Visão de operações e logística na Teoria das Organizações

Sabemos que nem os países e nem as populações que os habitam são produtivas em percentual extremamente elevado. Também por esse aspecto, muitas vezes certa região detém uma vantagem sobre outra na produção de determinado bem (ou bens). Assim forma um sistema logístico eficiente tendendo a permitir que esta vantagem localizada seja explorada de modo a gerar uma atividade comercial entre regiões ou países que, certamente, compensará os custos logísticos necessários para uma consistente relação entre eles. Com base neste raciocínio é possível perceber como a logística é fundamental para uma empresa. Porém, será que sabemos como ela se encontra na estrutura organizacional? Concordamos que já sabemos quais as suas atividades típicas e o perfil do seu profissional. Mas será que seríamos capazes de visualizá-la dentro da Teoria das Organizações?

Sabendo o papel do profissional de logística, não é difícil imaginar como é sua atuação como intermediador entre *Marketing* e Finanças, buscando soluções que atendam ambas as áreas e a empresa permaneça sistêmica. O fato é que, se colocarmos finanças e *marketing* para "conversar" seria difícil chegar a uma solução concreta e pacífica para a empresa. Com a logística guiando esta discussão, esta tarefa passa de quase impossível solução para solucionável sem danos de qualquer ordem, ou seja, "o setor de logística fará, por assim dizer, a harmonização desses dois extremos, levando a uma solução de consenso" (ALVARENGA; NOVAES, 1994), já que, continuam os autores, "o setor de *marketing* da empresa reflete as aspirações do mercado consumidor. Essas aspirações precisam ser tornadas concretas de forma que o setor de logística possa executá-las dentro dos limites aceitáveis de prazo e de custos". É necessário, então, que a empresa possua uma área logística capaz de mediar esses interesses. Além do mais, não podemos esquecer (nunca, mesmo) e retornando a Ching (2006) "que, para uma empresa sobreviver em um ambiente turbulento, precisa oferecer resultados – em quantidade, variedade, qualidade, preços e prazos – compatíveis com as necessidades e expectativas dos clientes/consumidores. Nesse contexto, a logística pode tornar-se um diferencial competitivo para a empresa".

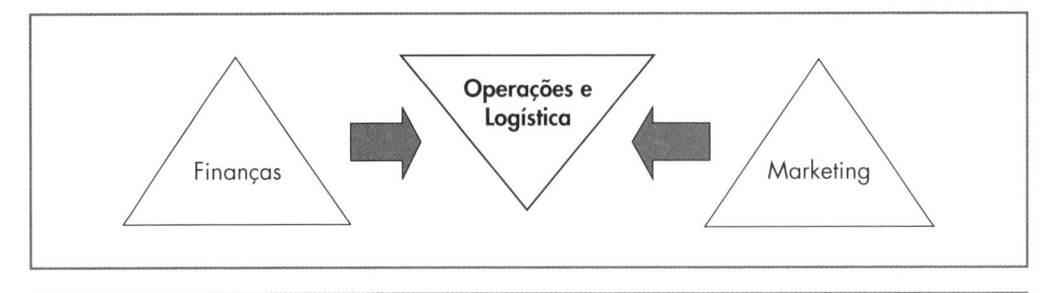

Figura 4.5 Operações e logística, o intermediador.

Desta forma é possível concluir que a logística é uma arma que, se mal administrada, pode "ferir" a própria empresa. Mas, se bem administrada, trará valores inestimáveis.

4.5.4 Nova concepção

E retornamos a Pozo (2001) que descreve esta nova concepção de logística e a sua missão:

a administração de materiais, o planejamento da produção, o suprimento e a distribuição física integram-se para formar este novo conceito de gerenciar os recursos fundamentais para atender aos desejos do cliente que é a Logística Empresarial. Ela é uma nova visão empresarial que direciona o desempenho das empresas, tendo como meta reduzir o lead time entre o pedido, a produção e a demanda.

Nas preliminares pudemos perceber que a logística, apesar de ser, hoje, uma importante ferramenta para os gestores, pouco representava há 20 anos. O agrupamento das atribuições-chave de logística, formando uma logística empresarial trouxe uma redução radical nos conflitos de interesses. Fator positivo para as empresas atuais que agem num ambiente de alta turbulência, face aos avanços tecnológicos, às frequentes mudanças de rumo na economia e na legislação e à pouca disponibilidade de recursos.

Essas seguidas transformações trazem mudanças no enfoque empresarial, pois "atualmente, a logística foca principalmente operações manufatureiras ou militares. À medida que a economia continue seu deslocamento da manufatura para serviços, haverá maiores oportunidades para adaptar os atuais princípios e conceitos logísticos para empresas que produzem e distribuem serviços ao invés de produtos tangíveis. Isto não apenas alargará o escopo da logística como também enriquecerá os conceitos nos quais ela se baseia" (BALLOU, 2001).

Portanto, novos enfoques em logística só gerarão resultados excelentes, à medida que ampliará sua ideologia. E vale dizer que Ballou estava certo em 2001 quanto ao alargamento da atividade logística e, hoje, já é uma realidade.

4.5.5 Operações e logística: área fundamental para empresas do século XXI

Não é difícil entender que a atividade, agora em descrição, constitui uma área fundamental para as empresas do século XXI. Basta recordar que, com a evolução natural do pensamento administrativo, suas atribuições, que já eram geridas de forma fragmentada pelas empresas, passaram a ter uma gestão integrada. Dessa forma, buscou-se oferecer melhores níveis de serviços a consumidores cada vez mais exigentes. Mas não eram o foco da logística o controle e a coordenação coletivas de todas as atividades logísticas. Somente nos últimos anos tal atividade passou a ser preocupação, gerando ganhos significativos para as empresas.

Vale o registro de uma excepcional colaboração de Ching (2006) ao considerar a logística uma área de importância vital e ser uma "função de estudar as formas de como a administração pode obter cada vez mais eficácia/eficiência em seus serviços de distribuição a seus clientes e consumidores, levando em consideração planejamento, organização e controle efetivos para as atividades de movimentação e armazenagem que visam a facilitar o fluxo dos produtos. Isto permite que as empresas tenham a possibilidade de reduzir custos e, consequentemente, aumentar sua competitividade diante dos concorrentes, nesta nova realidade de mercado globalizado, em que fatores como redução de custos são primordiais para a continuidade das empresas".

Neste ambiente de mundialização, altamente turbulento e competitivo, a redução de custos, sem reduzir a qualidade de produtos e serviços, é fator primordial para as empresas, exigindo maior agilidade por parte destas empresas. As decisões precisam ser tomadas após estudos rápidos e competentes e está evidente que o tempo é sempre curto e, com isso, não é possível esperar por soluções ideais que resolveriam por completo tal ou qual pendência.

Tanto quanto as demais atividades, a logística vai exigir talento e competência técnica. E isto vale, principalmente, para o executivo interessado em seguir esta trajetória. Mas, o (futuro) empresário ou empreendedor deve ter em mente que, embora não seja um especialista, precisa ser portador de competência política, saber decidir no momento certo, compulsadas todas as alternativas e, tal qual o executivo, o empresário ou o empreendedor, também, não tem o tempo que gostaria para decidir este ou aquele caminho, esta ou aquela pendência.

4.5.6 Concluindo...

Conhecemos a logística que passou por três fases durante a sua formação: letargia, decolagem e semimaturidade, sendo a sua decolagem propiciada pelas transformações no macroambiente em que se encontram as organizações. Foram elas: alterações nos padrões e atitudes da demanda de consumidores, pressão por custo nas indústrias, avanços na tecnologia da informação, também tratados especialmente neste capítulo, e internalização da experiência militar.

Depois verificamos que ela trata das atividades de movimentação e armazenagem que facilitam o fluxo de produtos desde a aquisição da matéria-prima até a entrega final do produto ao seu consumidor, visando a um melhor serviço e a um preço justo. E com a ajuda de Hong Yuh Ching a distinguimos da distribuição física.

Destacamos, então, que para conseguir uma boa implementação da logística, a fim de melhor servir ao seu público-alvo, é necessário uma correta representação e análise da rede (representação físico-espacial dos pontos de origem e destino das mercadorias e processos críticos nos vários fluxos e outros aspectos relevantes).

No perfil do profissional, além de mostrar como deveria agir um profissional diante de sugestões aparentemente impossíveis, destacou-se que faltam "profissionais que dominem e possuam habilidades para planejar, executar e analisar todas as atividades de forma integrada" (CHING, 2006). Afinal de contas, não é fácil ser intermediador entre *marketing* e finanças. E fazemos o alerta àqueles que têm fortes planos de empreender o próprio negócio.

Depois de apresentada a nova concepção de logística – que tem como objetivo reduzir o *lead time* entre o pedido, a produção e a demanda – e a sua mudança de enfoque para serviços, chegamos ao século XXI, em que a presente atividade em análise vem se tornando vital às empresas de médio e grande porte, à medida que é possível perceber os ganhos potenciais resultantes de uma revisão da gestão de suas atividades, modernizando e tornando-as compatíveis com a nova ordem dos negócios.

Estudo de Caso – Operações e Logística

Paulo Roberto, recém-formado e recém-contratado de uma grande empresa de São Paulo que atua no ramo de eletrodomésticos, foi posicionado no depósito. Num espaço muito curto de tempo foi guindado à gerência, face ao pedido de demissão do antigo gerente que pretendia abrir um negócio próprio na sua terra natal, Fortaleza, capital do Ceará.

Paulo Roberto tratou de reunir a equipe para passar sua maneira de trabalhar. Abriu a reunião dizendo que entendia o seu trabalho dentro do campo da logística e afirmou: "a logística trata de todas as atividades de armazenagem e movimentação com o propósito de atender bem aos clientes e a qualquer custo. Não importam os custos envolvidos, temos de atender bem e mais do que isso, muito bem mesmo".

Alguns mais antigos se entreolharam e uma funcionária, Arady, mais afoita fez uma colocação: "a qualquer custo? Isso quer dizer a qualquer custo, mesmo?". Paulo Roberto foi incisivo na resposta: "isso mesmo, a qualquer custo. Assim não haverá reclamações de clientes e, ademais, conviver com a clientela não é problema de logística e, se é, não é meu problema. Eu estou no meio da cadeia logística e deve ter alguém que cuide de reclamações e elogios. Faremos a nossa parte: armazenar bem e entregar mais do que bem. Previsão de demanda não é comigo por uma razão muito simples: eu não vendo nada. Recebo, armazeno e mando entregar. E já percebi que nossos motoristas, incluindo os das empresas terceirizadas, são bons e conhecem bem toda a nossa malha viária".

Arady, a tal jovem afoita, aluna universitária ainda no terceiro período, retornou com mais uma pergunta: "se nós estamos no meio da cadeia logística por que não, então, nos relacionarmos com nossos colegas de outras gerências que estão no início e as gerências que estão no final da cadeia? Faz sentido, aprendi isso em aula". O novo gerente não discordou, mas disse que aquilo que ela ouviu era em sala de aula e professores, no geral, falam de coisas que não têm como acontecer na prática: é a tal da teoria, encerrou Paulo Roberto.

Sugerimos que dois alunos (alunas) na exposição do caso (ou a opção indicada pelo docente) tenham percebido que Paulo Roberto tem boas ideias, mas falta algo. Imagine-se na posição da funcionária Arady, aluna de universidade, e diga-nos o que deveria se feito em seguida ao encerramento da reunião. Lembre-se de ter bons argumentos porque o novo gerente tem algum conhecimento, inegavelmente. Note que você terá amplas possibilidades de uma boa participação, se considerar as questões a seguir e reler ou relembrar nossa visão de logística na empresa.

Nota: O caso apresentado é hipotético e qualquer semelhança com pessoas, empresas etc. terá sido mera coincidência.

QUESTÕES PARA DEBATE – OPERAÇÕES E LOGÍSTICA

1. Qual a origem da palavra logística e onde foi utilizada inicialmente como alternativa estratégica?

2. Comente algumas (três ou quatro) das quatorze atividades que compõem o fluxo de um produto desde o ponto de origem até o ponto de consumo. E atenção: peça aos demais colegas que complementem as atividades restantes, não mencionadas anteriormente.

3. "A logística empresarial trata de todas atividades de movimentação e armazenagem que facilitam o fluxo de produtos desde o ponto de aquisição da matéria-prima até o ponto de consumo final, assim como dos fluxos de informação que colocam os produtos em movimento, com o propósito de providenciar níveis de serviço adequados aos clientes a um custo razoável" (POZO, 2001). É sua função abrir os comentários e, em seguida, os demais colegas devem complementar, fechando com a apreciação crítica de todos.

4. Você acha que a logística empresarial sempre foi uma preocupação permanente nas empresas, ou é algo recente? Sim ou não? Por quê?

5. A logística pode ser considerada como um possível diferencial competitivo? Ou sua ação não conduziria a ganhos de qualquer ordem? Justifique sua posição.

6. Qual o rótulo para a seguinte definição: representação físico-espacial dos pontos de origem e destino das mercadorias e processos críticos nos vários fluxos e outros aspectos relevantes?

7. Se você fosse uma pessoa empreendedora, ou mesmo titular de uma empresa de médio porte, tentaria ser um bom conhecedor de operações e logística por considerar a importante magnitude dessa área típica em empresas? Sim ou não? Por quê?

8. Sendo um profissional de consultoria você daria uma ênfase maior nas questões de logística, por considerá-la chave para a excelência organizacional? Sim ou não? Por quê?

9. O que você acha falta na logística para ser uma área imprescindível a qualquer empresa? Dê detalhes.

10. E você se acha em condições de ser um profissional de operações e logística? Sim ou não? Por quê?

Referências bibliográficas

ALVARENGA, Antonio Carlos; NOVAES, Antonio Galvão N. *Logística aplicada:* suprimento e distribuição física. 2. ed. São Paulo: Pioneira, 1994.

BALLOU, Ronald H. *Logística empresarial*: transportes, administração de materiais, distribuição física. São Paulo: Atlas, 2001.

CHING, Hong Yuh. *Gestão de estoques na cadeia de logística integrada* – supply chain. São Paulo: Atlas, 2006.

CONVERSE, Paul D. *The other half of marketing*. TWENTY-SIX BOSTON CONFERENCE ON DISTRIBUTION. Boston Trade Board, 1954.

DIAS, Luiz Antonio Rodrigues. *Os possíveis efeitos da modalidade de licitação pregão em um órgão representante da administração pública direta:* o exército brasileiro. 2002. (Dissertação) – Fundação Getulio Vargas, Rio de Janeiro.

HARMON, Roy L. *Reinventando a distribuição:* logística de distribuição classe mundial. Rio de Janeiro: Campus, 1994.

LALONDE, Bernard J.; DAWSON, L. M. *Pioneers in distribution.* Transportation and Distribution Management. New York: Macmillan, 1969.

LAMBERT, Douglas M.; STOCK, James R.; VANTINE, J. G. *Administração estratégica da logística.* São Paulo: Vantine Consultoria, 1998.

POZO, Hamilton. *Administração de recursos materiais e patrimoniais:* uma abordagem logística. São Paulo: Atlas, 2001.

STEWART, Wendell M. Physical distribution: key to improve volume and profits. *Journal of Marketing*, Cambridge, Jan. 1965.

4.6 Organização

Logicamente, você está imaginando o que este tópico está fazendo por aqui, já que todo o livro trata das organizações, aspectos ditos teóricos, práticos, pesquisas que justifiquem ou confirmem algumas hipóteses, nuanças, alternativas, caminhos, novos caminhos, estratégias, ótica dos empreendedores, dos empresários, consultores, executivos e assim em diante. E tem razão, mas o que pretendemos nesse tópico é apenas apontar algumas variáveis das áreas típicas das empresas. Tudo isso apenas para um primeiro contato. Os demais capítulos preencherão as exigências de entendimento teórico e prático fundamentais para a melhor formação profissional do executivo, do consultor ou do empreendedor/empresário.

Até o início da década de 90 ainda encontrávamos na maioria das empresas a conhecidíssima unidade de O&M (Organização e Métodos) ou, mais modernamente, OSM (Organização, Sistemas e Métodos). Suas atribuições cobriam desde o estudo completo de simples rotinas até a mais complexa estrutura organizacional, passando pela análise e elaboração de manuais, organogramas totais ou parciais, estudos integrados da distribuição do trabalho e outros estudos relativos à racionalização do trabalho ou que envolvessem a organização, como um todo. Era uma unidade (assessoria, departamento, gerência, superintendência, entre outras nomenclaturas) que tinha a responsabilidade ou de realizar esses estudos ou promovê-los junto às demais unidades objeto de estudos organizacionais. Mas, a mudança foi devastadora. A competitividade, a concorrência acirrada entre empresas e a busca crescente e incessante de novos clientes mudaram o quadro de ação da, hoje, função. É o que veremos, um pouco mais à frente.

4.6.1 Atividades típicas

E assim funcionava: a unidade X pedia à O&M um estudo sobre uma dada rotina ou a administração superior determinava estudos mais amplos, globais ou parciais, mas amplos de qualquer maneira.

As instituições de ensino em administração colocavam à disposição das empresas graduados com especialização em organização e métodos e a contratação em pouco tempo era uma possibilidade concreta. Mesmo no meio da década de 90 as contratações não eram tão prováveis, pois já era possível perceber mudanças graves na estrutura das organizações. Simplesmente, os anúncios que recrutavam analistas de O&M estavam desaparecendo e, naturalmente, isso acontecia porque as unidades de O&M estavam desaparecendo, em função do mencionado. O professorado já vinha alterando a forma de condução da disciplina em sala de aula e hoje, digamos, o público-alvo não é mais o futuro especialista nesta atividade, mas o aluno que pretenda seguir a carreira em qualquer área da empresa e repetimos: qualquer área da empresa.

Como dissemos anteriormente, a atividade de organização ainda é uma função importante, mas condenada ao desaparecimento como unidade (assessoria, departamento, gerência etc.), pois as novas abordagens alteraram bastante as atribuições dos profissionais de razoável nível organizacional.

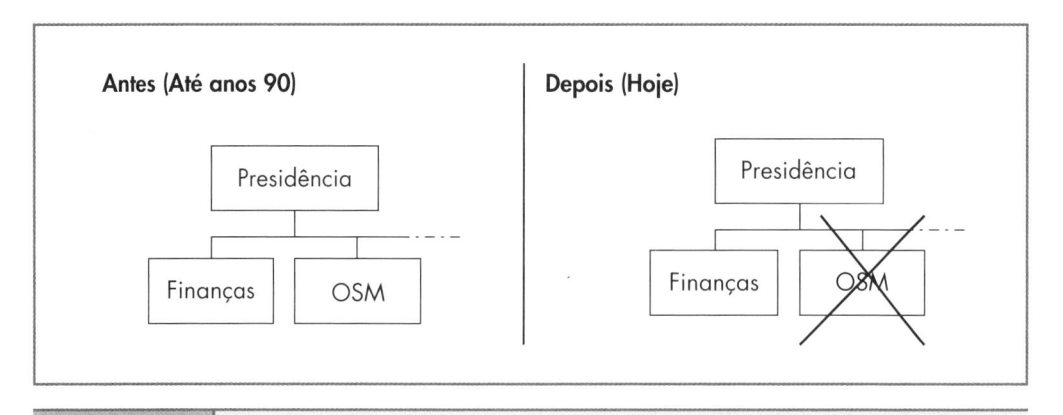

Figura 4.6 A extinção natural da área específica de Organização, Sistemas e Métodos (OSM).

Tais alterações, que serão mencionadas ao longo do livro, são significativas não só para quem deseja ocupar uma posição executiva, mas também àqueles que desejam empreender seu próprio negócio. E por quê? Pelo simples fato de ser exigido hoje de todo e qualquer profissional um conhecimento das muitas abordagens que conduzem a estruturação, reestruturação ou mesmo inovação. Em outras palavras, o gestor da área financeira não pode dizer, por exemplo: "minha área é finanças e organizar é com o pessoal da direção". Ou qualquer outro gestor, que fique claro: para ser gestor de qualquer área tem de conhecer o que antes foi específico de organização e métodos. Essa nossa afirmação é categórica.

E o que aconteceu com uma atividade de vida tão longa que, de repente, cede lugar ao quê? Essa é uma pergunta que, certamente, se faz com boa frequência. Houve a necessidade das empresas enfrentarem mais agilmente a concorrência, encantarem a sua clientela, responderem com determinação e competência às constantes turbulências e a tecnologia existente até o início da última década do século não era suficiente para atender tais demandas. Aliás, já havíamos mencionado algo semelhante. A unidade, praticamente, acabou, mas as atividades permanecem e são desenvolvidas por pessoas de alto nível ou, até mesmo pela pessoa empreendedora ou que tenha alguma empresa e que tenha formação adequada. Essas atividades são basicamente as seguintes:

- saber estabelecer um conjunto de etapas que conduzem às análises organizacionais de toda sorte, como as relacionadas a seguir. Sabemos que realizar estudos sem uma estratégia definida, sem uma sequência lógica das várias etapas, pode e, frequentemente, leva a verdadeiros desastres na organização;
- as relacionadas com a estrutura organizacional, tais como: organogramas, manuais de organização, de políticas, técnicas de estruturação (área geográfica, por mercado, contingência ambiental etc.), sistemas de informação gerencial;
- as de tecnologias de gestão organizacional que credenciam a estudos direcionados à gestão pela qualidade total, *empowerment*, gestão horizontal, gestão e organização reversa etc.;
- as de análise de processos críticos com a correta utilização das técnicas que os livros colocam à disposição dos profissionais;
- as de análise da distribuição integrada do trabalho e as técnicas respectivas;
- as de análise de *lay-out* e as técnicas respectivas;

- as de elaboração e análise de manuais de funcionamento (de rotinas, de serviços, formulários, procedimentos, instruções, normas e procedimentos, basicamente); e
- as de meios e modos de implantar, acompanhar, ajustar os movimentos de mudanças na organização.

4.6.2 Perfil do profissional

Considerando tudo o que foi escrito até agora, fica difícil traçar o perfil profissional do especialista em organização, visto que a especialidade quase que inexiste na organização, embora possa ser encontrada em quem se decidiu pelos caminhos da consultoria organizacional ou mesmo no empreendedor-empresário que, numa colocação absolutamente curta, tem de saber razoavelmente sobre tudo o que acontece na sua empresa. Pode e deve delegar, mas tem de saber tudo o que acontece na sua empresa.

O perfil do profissional devotado à área organizacional segue o perfil dos demais profissionais com a extensão para a obrigatoriedade de conhecer mais do que superficialmente as demais áreas da organização, justamente pelo fato de ele ser o centralizador de informações para, em seguida, projetar, formular as mudanças necessárias. Se a problemática envolve *marketing* e produção, ele, o consultor organizacional atuará no sentido de compatibilizar ambas as áreas e o interesse da empresa. Se for em outras áreas, seu trabalho será o de atuar nesse mesmo sentido.

Oliveira (2009) aponta algumas características de habilidade do consultor organizacional e permitimos nos estender com comentários adicionais:

- *deve abraçar inovações*: ou seja, ter a mente sempre preparada para novas alternativas que surgem, por vezes, repentinamente. Ou mesmo abraçar inovações das pessoas da organização em que está atuando naquele momento;
- *possuir pensamento estratégico, ser um agente de mudanças e ser intuitivo*: parecem óbvias, mas não acontecem com frequência. Os consultores preferem, em muitos casos, seguir fórmulas preestabelecidas a perder tempo com buscas intermináveis de soluções, alternativas. Razão e intuição devem seguir juntas. E para ser intuitivo é necessário ter um bom repertório profissional;
- *saber trabalhar em equipe*: é mandatório, sempre foi, mas nesta primeira década do século, é ainda mais, se é que isso é possível. Com a redução

da importância e do respeito absoluto pela cadeia hierárquica das organizações, o trabalho em equipe surge com força plena, na medida em que a gestão horizontal e em rede, ou seja, a gestão não hierárquica, por excelência, pressupõe que o consultor, antes um profissional solitário, tenha de ser, agora, um estimulador do trabalho em equipe, sendo ele, muitas vezes, apenas mais um membro do grupo, da equipe;

- *capacidade de resolução de conflitos*: as pessoas da organização têm, em geral, posições muito firmes. Com justificada razão ou não, mas têm posições fortes e lutam por ela (as posições), exigindo do consultor, mais do que dos profissionais regulares da empresa por ser figura transitória, de extrema habilidade no tratamento das questões com envolvimento do componente comportamental; e

- *visão abrangente com focos corretos de abordagem*: a visão abrangente a que nos referimos é a mesma visão exigida dos graduados em administração, quer seja o executivo da organização, quer seja o empresário ou empreendedor. Ser ótimo numa determinada área ou excelente no relacionamento, por exemplo, não garante sucesso pessoal, profissional. Ter visão abrangente implica conhecimento, leituras, cuidadosa formação acadêmica. É um dado importante, principalmente, para o consultor organizacional pois que, insistimos, sua passagem pelas empresas é geralmente curta.

É possível alguém achar que estamos traçando o perfil do *superman* ou *superwoman*, mas não é verdade. Principalmente, em se tratando de Brasil, nosso maior compromisso por todo o livro, onde a exigência de alta profissionalização, alto conhecimento das mais modernas tecnologias, é muito grande, pois o nosso relacionamento com os demais países, principalmente os considerados mais desenvolvidos, pede esse nível de competência; caso contrário, estaremos sempre em franca desvantagem e, portanto, correndo o risco de perder mercados importantes. Os empresários sabem da urgência em melhorias significativas que gerem excelente gestão empresarial, com vantagens competitivas permanentes e, melhor ainda, uma boa gestão das pessoas, razão maior do sucesso nos negócios.

4.6.3 *Visão da organização na Teoria das Organizações*

A permanente tentativa de estudiosos das organizações em explicar as versões e os fatos das empresas é perceptível no número crescente de publicações e mais, no número crescente de opções, cuja escolha dependerá da competência das pessoas envolvidas nas questões relevantes da empresa. E aqui reside o compromisso dos graduados em administração (executivo, consultor ou empreendedor/empresário): compreender, internalizar e atuar conhecendo os principais movimentos sugeridos ou comprovados pelos estudiosos das organizações.

O ato de organizar implica conhecer a organização de forma abrangente, como mencionado. E essa é uma das alterações significativas na moderna, atual visão das organizações.

Vamos citar apenas duas contribuições importantes: a primeira de Campos (2001), que propõe a organização inconformista numa obra de mesmo rótulo e acreditamos ser esta uma visão muito boa para as organizações na ótica dos estudiosos da Teoria das Organizações. Para o autor, a organização inconformista é "aquela que visa a construir capacidades individuais para o desenvolvimento de conhecimentos revolucionários que criem uma vantagem competitiva autossustentável para a organização no mercado em que atua". Campos acredita que mentes revolucionárias alcançarão resultados ótimos face aos frequentes inconformismos na organização. É certo que a Teoria das Organizações contribuiu para o que, hoje, convencionamos chamar de *organização tradicional*, mas vivemos atualmente num mundo que a cada dia torna sem efeito opções de sucesso empresarial aplicadas até pouquíssimo tempo. A organização inconformista é um claro exemplo de luta constante em busca de aperfeiçoamentos conducentes a ganhos empresariais extraordinários.

E a segunda contribuição nos foi dada por estudiosos que concluíram não existirem mais espaços para a manutenção da estrutura hierárquica ou verticalizada e desenvolveram a abordagem que se tornou conhecida pelo rótulo *Gestão e Organização Horizontal*. Na organização convencional, hierarquizada, temos unidades de trabalho que funcionam sob a orientação de um determinado comando (gerente, chefe, supervisor, superintendente) quase sempre obedecendo a um tipo de estruturação ou departamentalização, via de regra, por funções (ou seja, superintendência, departamento, gerência, divisão, seção e setor, são exemplos). Outra característica importante da organização convencional é o afunilamento, ou seja, na base da estrutura organizacional encontra-se um número proporcionalmente maior de unidades que os níveis superiores, mas, à medida que subimos rumo ao topo, nota-se a diminuição do número de unidades e de pessoas. Essa configuração mostra a concentração do poder nas mãos de poucos. Havendo o sucesso, tudo bem. Mas o surgimento de questões cruciais sem respostas leva esse número pequeno de pessoas a consequências dramáticas para um número expressivo de pessoas da organização.

Muito provavelmente, a necessidade de máxima rapidez em processos decisórios e, sobretudo, competência na tomada de decisões, levaram as organizações a buscar meios e modos de reduzir a distância entre os níveis hierárquicos.

Inicialmente, foi a conhecida abordagem do *downsizing,* que não chegou a ser traduzida, mas todos sabemos que significa *proceder a diminuições,* em bom "administrês", *cortar níveis, reduzir o quadro hierárquico.* Ainda assim a redução de níveis mantinha procedimentos hierárquicos que não ajudavam na tal celeridade exigida. E a gestão horizontal e em rede toma corpo e hoje já é uma realidade: há visível redução do "poder do chefe", em benefício da ação conjunta, da ação por equipes típicas (sem poder decisório), por equipes executivas, ou seja, aquelas equipes que têm o poder de decidir ou não.

Como parcialmente mencionado, a nova tecnologia origina-se nos Estados Unidos e um dos seus principais estudiosos é Frank Ostroff (1999). Ele apresenta dois bons exemplos de empresas norte-americanas que estão experimentando o desenho horizontal: o da divisão de serviços ao consumidor da Ford Motor Co. e o da Organização para Segurança e Saúde no Trabalho (OSHA). O autor, uma vez mais, insiste na flexibilidade que deve ser dada no desenho de estruturas horizontais. A flexibilização é hoje marca registrada dos consultores. Um organograma não é modelado para não mudar. A proposição de alguns, segundo a qual uma estrutura organizacional (e o organograma é apenas sua representação gráfica) vem para ficar, inexiste. Hoje, não faz sentido, não tem nem mesmo alguma lógica, cristalizar uma estrutura organizacional, o que nos levaria a concluir que seus gestores atuam num sistema fechado, tal qual há muitos e muitos anos. Devemos, realmente, assumir a inevitabilidade da flexibilização e mais de seu caráter horizontal. E isso significa dizer adeus às formulações simplistas, do tipo: "essa é a sua mesa, esse é seu chefe e é a quem você deve obedecer. Dúvidas, fale com ele". E lá estava uma nova pessoa da organização... treinada.

O autor encaminha algumas sugestões que podem ser seguidas por aqueles interessados em revitalizar a empresa, sejam eles um dos seus nobres executivos, consultores ou um de seus empreendedores ou empresários. E aproveitamos para estender nossos comentários a cada um dos onze itens:

- *processos críticos são fundamentais*: estudar apenas os processos críticos, aqueles que atravessam a organização de cima para baixo;
- *aponte proprietários(as) (owners) de processos*: ter propriedade de um processo crítico, pois que a propriedade tem um significado especial;
- *a base estrutural é formada por equipes*: é importante: times, equipes e não somente indivíduos fechados em unidades de trabalho;
- *o (quase) fim da hierarquia*: melhor, a redução da hierarquia a uma expressão mínima é uma possibilidade concreta e, parece, inevitável;

Nota: P&D quer dizer: pesquisa e desenvolvimento.

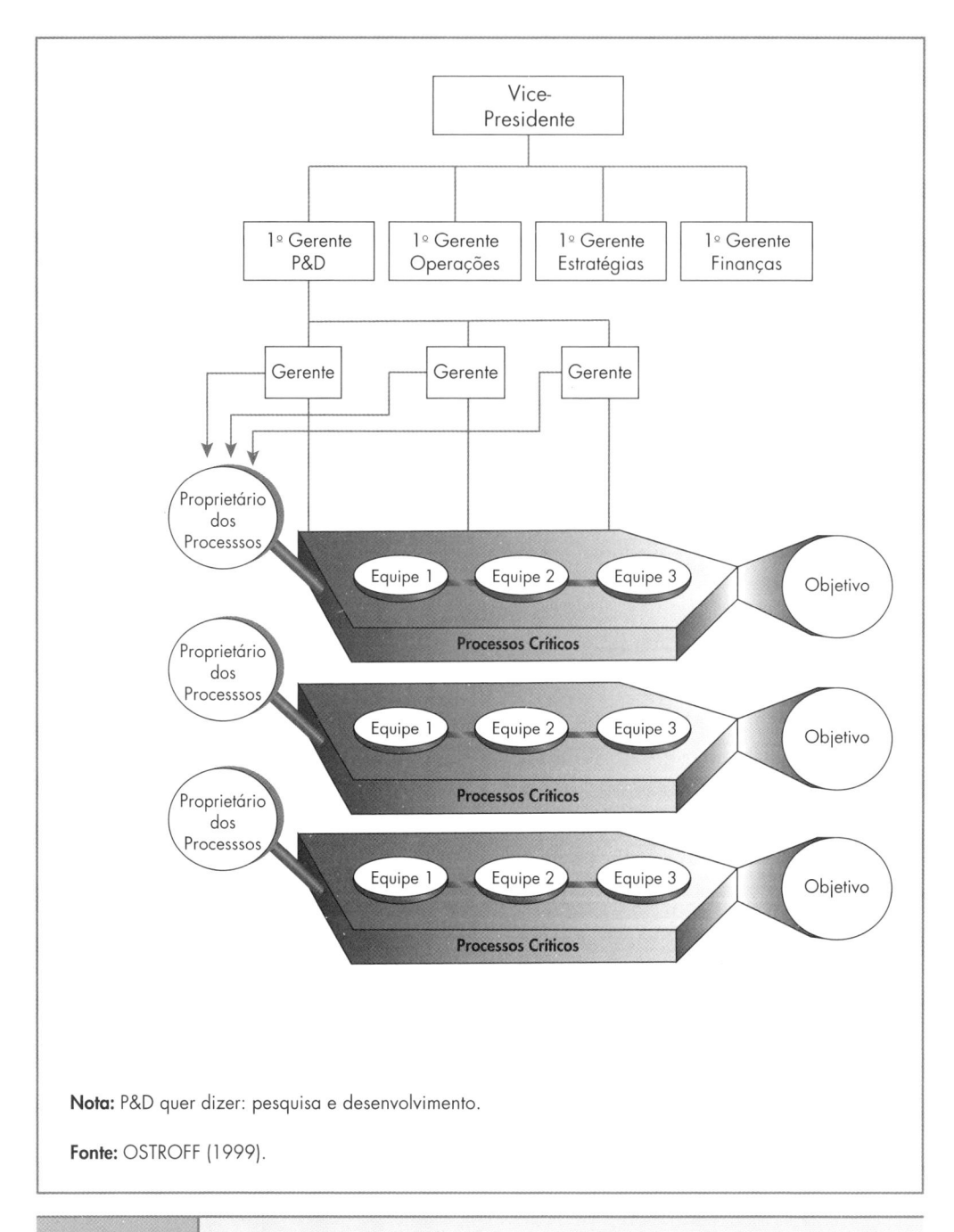

Fonte: OSTROFF (1999).

Figura 4.7 Estrutura horizontal em equipes com múltiplos processos.

- *a forte presença do* empowerment: presença mandatória em qualquer formulação direcionada à horizontalização;

- *ênfase em Tecnologia da Informação (TI)*: é, provavelmente, uma das grandes responsáveis pelo surgimento da estrutura de gestão horizontal e em rede;

- *profissionais mais a competência diversificada*: esse é um item que já está nas academias por todo o país;

- *pensar, ousar, enfrentar desafios, agir e intuir*: poderia parecer que são apenas palavras de efeito, verbalizadas para mexer com o *ego* de cada pessoa, mas não são;

- *metamorfose das funções específicas (ao encontro da diversificação)*: na verdade, uma organização não terá apenas processos complexos, atividades que exijam alto grau de discernimento;

- feedback *e mensuração das atividades e projetos*: na gestão horizontal e em rede há a sensível importância em se obter contínuos *feedbacks* para imediata avaliação e ajustes; e

- *o impossível é possível: transformações na cultura organizacional*: reconstrua e tente transformações na cultura organizacional estabelecida ao longo dos anos.

A gestão e organização horizontal é uma excelente contribuição aos estudos organizacionais, da mesma forma que a organização inconformista que desenvolvemos, ainda que de forma simplificada. Contudo, teremos ao longo do Capítulo 5 as proposições aqui sugeridas por Ostroff de forma extensa e com comentários que melhor esclareçam as pessoas desejosas de saber o futuro das estruturas organizacionais.

4.6.4 *Nova concepção*

Evidentemente, o item é uma clara extensão do anterior. Afortunadamente, a área de estudos e ações organizacionais cresce com incrível intimidade com os estudos ditos "teóricos" das organizações. E, por consequência, as empresas tendem a incorporar, rapidamente, novas concepções que vão surgindo e, num processo de seleção natural uma determinada concepção é adotada.

As pesquisas realizadas em empresas brasileiras – e neste livro faremos menções a, pelo menos, três delas – demonstram que a empresa brasileira já busca sintonia com os estudos desenvolvidos em outras sociedades, entenda-se mais desenvolvidas.

4.6.5 Organização: área fundamental para empresas do século XXI

É, sim, uma área fundamental, essencial mesmo, porque só a partir da compreensão do todo organizacional será possível competir nesse contexto de luta diuturna pelo mercado. Os estudos organizacionais eram desenvolvidos por uma única unidade. Hoje, esses mesmos estudos, e outros, têm de ser desenvolvidos por todos da estrutura superior e não apenas por um único gestor. O próprio empresário deve estar convencido dessa recente transformação nas empresas.

A literatura, a prática e textos disponibilizados na Internet são rigorosos ao afirmar a necessidade de constante preocupação com o todo da organização. A visão é obrigatoriamente abrangente, sistêmica, global. O século XX preparou o terreno e o século XXI consolidou o que vem sendo preconizado por estudiosos do planeta.

4.6.6 Concluindo...

Na realidade o conjunto convencional das atividades típicas passou a frequentar todas as unidades gerenciais das empresas. Hoje, é possível encontrar em cada gerência, qualquer gerência, várias funções, antes desenvolvidas apenas por O&M. E essa é uma exigência dos novos tempos. E mais, o gerente, qualquer gerente, tem de incorporar outras tecnologias que lhe permitirão novas abordagens a questões organizacionais. Assim, por exemplo, a conhecida tecnologia direcionada à gestão pela qualidade total é uma exigência e continuará sendo no decorrer da primeira década deste século.

Concluindo mesmo: as atividades da área de estudo denominada *organização* perderam vida própria, ou seja, não há mais uma unidade que cuide da organização da empresa, se você nos entende. Estejam certos futuros(as) gestores-executivos e gestores-empreendedores/empresários: cada gestor de qualquer área tem de ser possuidor de conhecimentos que o credenciem a estabelecer a melhor dinâmica organizacional para a área sob sua orientação. Ao empresário, a mais absoluta convicção para os dias de hoje: o profissional a ser candidato a uma posição de destaque na sua empresa deverá ser possuidor de conhecimentos mais do que superficiais dos meios e modos de estruturar e estabelecer as trajetórias de pessoas, de papéis, dos processos críticos e mais do que isso, da interação com as demais unidades que compõem toda a organização.

ESTUDO DE CASO – ORGANIZAÇÃO

Era noite de muito frio e uma boa turma da empresa estava reunida e as garrafas dos vinhos tintos alegravam ainda mais o ambiente. Marcelo abrira a discussão reclamando da rigidez das chefias, todas, dizia ele: afinal, insistia, "de que adianta passar uma tarde inteira aguardando minha querida chefe sair de uma reunião para assinar um papel autorizando alguma coisa que não precisa de autorização alguma?" Nádia foi defendendo a gerente, amiga de longa data: "saiba que Aída sabe comandar muito bem e tem mais: alguém tem de ser responsável pela unidade e tem de existir um gerente. Sinto muito!" Eclair, o mais experiente de todos, usou um argumento, e a noite turbulenta estava garantida: relâmpagos lá fora e relâmpagos ali dentro: "e por que tem de ser só um gerente a resolver qualquer coisa de cada unidade da organização? Por que o Marcelo tem de esperar uma eternidade (exagerou, é verdade) para sua querida chefe aparecer e assinar não sei o quê?" E prosseguiu: "as empresas hoje não podem depender dos gerentes. Imagine uma empresa com 20 gerentes e quase 300 funcionários. Pois bem, para tudo até o chefe chegar. Assim não há empresa que aguente num mundo como o de hoje. E tem mais: ..." Mas foi cortado por Gilberto: "concordo! E mais: temos de trabalhar em conjunto, em equipes". Houve um pequeno "agito" com a chegada do garçom e dos pratos. Mas, em pouco tempo, Rodrigo tomou a palavra: "olha, eu já li sobre esse negócio de não ter chefe. Pensam que é bom? Vai ser pior. Sabem por quê? Porque NÓS seremos chefes de NÓS mesmos, entendem? Mil tarefas, mil reuniões, todo mundo perguntando, você tendo de dar respostas, fazer relatórios e o seu chefe no bem-bom. Posso ser sincero? Tenho dúvidas? Tá ele ali na minha frente, meu superior hierárquico. Vou lá e ele, não eu, resolve"!!

Éclair estava um pouco sozinho, mas reconheceu a dificuldade desse tipo de organização estrutural e em rede não funcionar imediatamente: "em princípio, eu entendo. É difícil passar a ser chefe de você mesmo, mas vejo que não há alternativa para a empresa que pretende sobreviver nesse mundo que ficou, de repente, grande demais. Pensem comigo: como uma empresa vai depender de 20 pessoas se tem mais de 300 que podem de alguma forma dar um bom suporte? A hierarquia está com seus dias contados, eu garanto. Chefe vai ser bom para assinar férias, dar aumentos, pedir demissões etc.".

Nelson que chegara bem depois levantou um argumento importante: "nós estamos nessa discussão toda e somos apenas ótimos (sorrisos) funcionários. Pergunto: não seria bom saber a opinião dos donos do negócio, dos empresários que tocam a nossa empresa para frente? Será que eles não preferem falar com 20 gerentes a ter de falar com quase 300 ou mais pessoas?" Nádia, que estava quieta, voltou a falar: "sou amiga da Aída Porto e sei que ela anda cansada com tanta coisa prá fazer e um dia me disse que gostaria de mais gente trabalhando *com* ela e não *para* ela, entenderam? Então, eu acho que dá para encontrarmos uma solução intermediária. O que vocês acham?" Marcelo, entre uma colherada e outra da sobremesa, concordava com Nádia e, por extensão, com Éclair Gomes: "e, quem sabe a gente pode mudar alguma coisa. Vamos conversar, não agora, mas amanhã ou depois".

Será que você (ou a opção indicada pelo docente) consegue imaginar o que aconteceu nos dias seguintes? Imagine e nos explique. E saiba que esse Capítulo dará uma boa ajuda a você, mas há outros capítulos que tocam na questão das equipes e da hierarquia.

Nota: O caso descrito é hipotético e qualquer semelhança com pessoas, empresas etc. terá sido mera coincidência.

Questões para debate — Organização

1. Dê-nos algumas características da tradicional função de organização, sistemas e métodos. E faça comentários adicionais, se desejar.
2. Titular de empresa ou uma pessoa empreendedora tem de conhecer organização, sistemas e métodos para eventual aplicação na empresa? Sim ou não? Por quê?
3. Por que é difícil ter um especialista nos quadros da organização nas empresas de hoje? Justifique a sua resposta.
4. E por que não é difícil ter profissional de consultoria em organização?
5. E falando em profissionais de consultoria, quais seriam as habilidades necessárias ao pretendente à consultoria? Você concorda ou não com tais habilidades?
6. O que vem a ser organização inconformista? Qual a sua relevância para a empresa brasileira?
7. Nesse Capítulo apresentamos algumas características da gestão horizontal e gostaríamos da sua opinião a respeito e lembrando que no Capítulo 5 levantamos muitos argumentos sobre estrutura e gestão horizontal e em rede.
8. Um organograma não é modelado para não mudar. Comente a afirmação.
9. Por que a área de organização é fundamental para esses anos iniciais do século XXI?
10. Você acha que ser um profissional da área de ação organizacional exige mais do que um especialista de operações e logística, por exemplo?

Referências bibliográficas

CAMPOS, Celso. *A organização inconformista*. Rio de Janeiro: Fundação Getulio Vargas, 2001.

OLIVEIRA, Djalma de Pinho Rebouças de. *Sistemas, organização e métodos*: uma abordagem gerencial. 13. ed. São Paulo: Atlas, 2009.

OSTROFF, Frank. *The horizontal organization*. New York: Oxford University Press, 1999.

4.7 Tecnologia da Informação

Ao estudar a Tecnologia da Informação (também usaremos, aqui e ali, TI, sigla utilizada coloquialmente), a primeira palavra que vem à nossa mente é: "computador". E, poderíamos acrescentar: mais fortemente com o uso intensivo dos microcomputadores a partir do início da década de 90. Se no passado as informações eram tratadas e passadas de forma manual, seja através de relatórios ou planilhas, na velocidade que era possível, no nosso presente o grande volume dessas informações e a agilidade que lhes são exigidos quanto ao seu fluxo não mais possibilitam que tal trabalho, praticamente artesanal, seja exercido. Ademais, o tempo despendido nesta forma de trabalho é extenso, a probabilidade de algo sair errado é enorme e a mecanização deste processo impunha um rigoroso controle de qualidade sobre a informação circulante na organização. Mas, se no início funcionava dessa forma, é importante entender como se deu esta transição, a fim de melhor compreendê-la.

No começo, equipes de analistas e programadores eram responsáveis pelo desenvolvimento do sistema (simples, em geral, mas manipulava uma grande quantidade de dados). Eles formavam os Centros de Processamentos de Dados (CPDs). E o acesso a esses dados se fazia por meio de terminais ligados ao computador central ou pelos relatórios gerados pelos sistemas. Se por um lado era bom, por outro poderia vir a causar prejuízos, à medida que os dados poderiam ser facilmente manipulados pela equipe. Tanto que a grande maioria dessas unidades era subordinada diretamente à presidência e diretoria-executiva das empresas. Na verdade, tratava-se da dificuldade encontrada quando centralizamos demais algumas poucas tarefas. E como encontrar a solução deste obstáculo para o desenvolvimento organizacional?

A resposta foi simples: com a incrível expansão da microcomputação, os usuários passaram a ter acesso aos dados existentes nos computadores de grande porte. Com isso, e em pouco tempo, surgem os Centros de Informações, onde os usuários, dispondo de novas ferramentas, têm uma certa liberdade para criar seus próprios relatórios e pequenos sistemas, podendo libertar-se do poder, ultracentralizado, dos Centros de Processamento de Dados, os CPDs. Um fato interessante foi a gigantesca resistência dos chefes dos CPDs em ceder espaços, em ver a inexorável descentralização das atividades de uma unidade que foi centralizadora, por excelência, ao longo de décadas.

Porém, o grande volume de trocas, principalmente, de informação entre empresa e o seu macroambiente exigiam mais do que simples centros de informação (Figura 4.8). A Tecnologia da Informação era fator crucial de sucesso organizacional e não poderia ser tratado de forma tão simples. Ademais "a Tecnologia da

Informação não deve ser trabalhada e estudada de forma isolada. Sempre é necessário envolver e discutir as questões conceituais dos negócios e das atividades empresariais, que não podem ser organizadas e resolvidas simplesmente com os computadores e seus recursos de *software*, por mais tecnologia que detenham" (REZENDE; ABREU, 2001). E essa é a justificativa maior para a introdução de TI em nosso esforço acadêmico de melhor entendimento dessa relação importante: movimentos teóricos e empresas em ação.

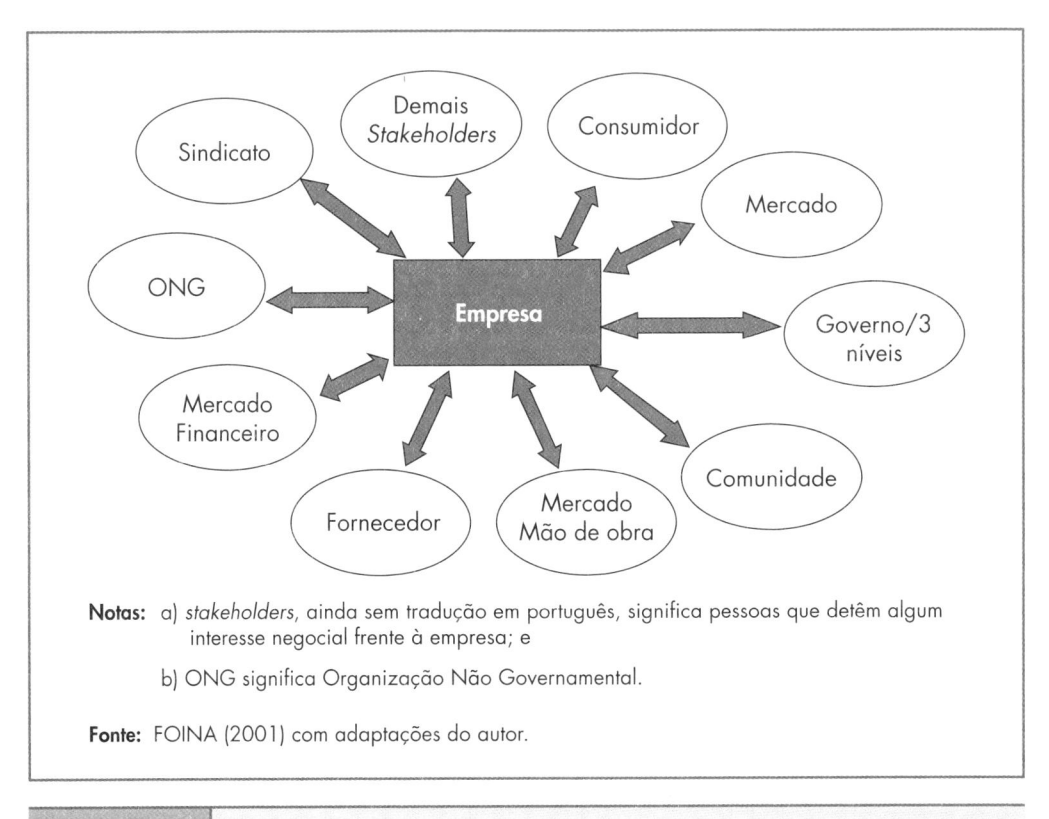

Notas: a) *stakeholders*, ainda sem tradução em português, significa pessoas que detêm algum interesse negocial frente à empresa; e

b) ONG significa Organização Não Governamental.

Fonte: FOINA (2001) com adaptações do autor.

Figura 4.8 A empresa e seus intervenientes.

Retornando: e foram criados os Centros (ou Núcleos) de Suporte (ou Atendimento) aos Usuários ou de Apoio ao Usuário, com seus analistas de suporte, de atendimento e consultores internos. Dessa forma os usuários poderiam tirar dúvidas e receber atendimento adequado sobre a melhor forma de dar andamento e encontrar uma dada solução no campo da informática. Aparentemente, toda a dinâmica das unidades de informática estaria devidamente ajustada e tudo aconteceria sem maiores dificuldades ou apenas com dificuldades naturais.

Agora, se você pensou que tudo isso seria o suficiente, cuidado, pois seria uma conclusão precipitada. A existência de centros de ajuda, de apoio exigia uma comunicação entre pessoas da organização que, na maioria das vezes, não se encontravam nem no mesmo prédio. Além do mais, o mundo requeria, e requer, agilidade no fluxo de informações e, quase sempre, esses atendimentos implicavam tratamento diferenciado, e o número de empresas capazes de desenvolver tais sistemas não supriam a demanda advinda do mercado. A solução para mais este obstáculo ao desenvolvimento de TI foi a criação de Centros de Desenvolvimento de Sistemas (CDS), formado por equipes de analistas e programadores capazes de desenvolver os sistemas de que as empresas necessitavam. E prosseguem Rezende e Abreu (2001), que foram os reais responsáveis pela disseminação da informática empresarial.

Inclusive, já é possível notar que – mesmo com a revolução da informática, onde processos se tornaram processos eletrônicos e cada vez é menor a presença humana –, ainda existem estruturas dentro da maioria das empresas, dedicadas à gestão da tecnologia da informação, devido à complexidade de suas concepções, manipulação e aplicação.

Há indicações da existência de uma forte tendência, qual seja, a desnecessidade de equipes próprias, mantidas pelas empresas, para dar apoio a seus usuários. Os sistemas serão extremamente simples e os especialistas só se farão necessários para a aquisição, instalação e manutenção do parque de equipamentos e sistemas. Portanto, esses recursos deverão ser oferecidos por empresas altamente especializadas, de forma que seus profissionais ajam como verdadeiros consultores, dando apoio de alto nível a seus usuários, para que estes usufruam da melhor forma as tecnologias disponíveis. Mas cabe uma atenção neste momento, pois como "a área de TI deve ter uma visão de longo prazo dos recursos de TI, a organização pode terceirizar a execução de atividades dessa área, mas não o que deve ser feito para suportar as operações da organização no longo prazo" (CORDENONSI, 2001).

Centro de Processamento de Dados (CPDs)	➡	Tecnologia da Informação (TI) Equipes próprias (*Help Desk*, Banco de Dados, *Service Desk*, Redes)

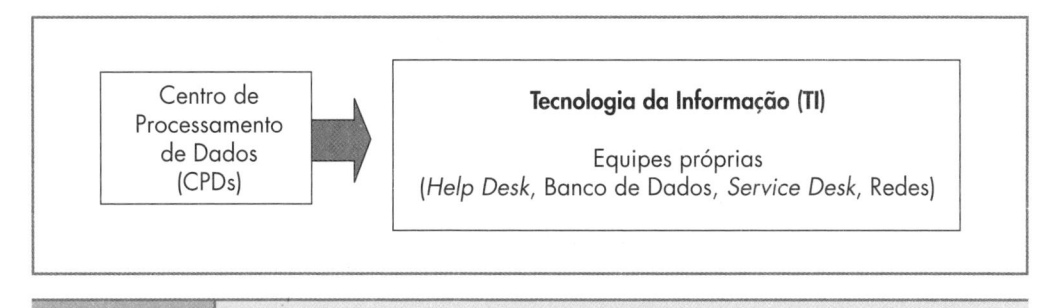

Figura 4.9 | Evolução da Tecnologia da Informação.

Porém, é interessante registrar o que Foina, aqui mencionado, diz: "apesar das grandes diferenças entre a administração dos antigos Centros de Processamento de Dados e a moderna Tecnologia da informação, alguns pontos mostraram-se imutáveis em todos esses anos. São eles:

- discrepância entre a tecnologia e a cultura tecnológica dos usuários;
- incapacidade das áreas de informática em atender às demandas de informações das empresas no ritmo e velocidades desejadas; e
- vertiginosa velocidade de obsolescência da tecnologia na área".

Agora é fácil compreender que

para atender à complexidade e às necessidades empresariais, atualmente não se pode desconsiderar a Tecnologia da Informação e seus recursos disponíveis, sendo muito difícil elaborar Sistemas de Informação essenciais da empresa sem envolver esta moderna tecnologia (REZENDE; ABREU, 2001).

4.7.1 Atividades típicas

Como percebemos ao longo de sua evolução, a Tecnologia da Informação se tornou essencial para a gestão e excelência empresarial. Mas o que é TI? O que engloba esta tecnologia? Será que se trata apenas de "computadores", como chegou a ser sugerido nas Preliminares?

Para Rezende e Abreu (2001), "pode-se conceituar a Tecnologia da Informação como recursos tecnológicos e computacionais para geração e uso da informação". Nesta mesma linha de raciocínio, mas com maior nível de detalhe, Foina (2001) a descreve como sendo "um conjunto de métodos e ferramentas, mecanizadas ou não, que se propõe a garantir a qualidade e pontualidade das informações dentro da malha empresarial". Portanto, podemos defini-la como um conjunto de ferramentas que buscam a melhor forma de se tratar as informações e manter o seu fluxo no tempo certo e exigido para a melhor dinâmica organizacional. Estas ferramentas não são, necessariamente, computadores. Na verdade, pelo fato dos computadores terem sido os precursores desta tecnologia no ramo empresarial, acabaram por serem confundidos, de forma errônea, ou seja, TI e computação seriam a mesma coisa. Mas como tratar as informações da melhor forma e manter o seu fluxo adequado aos processos críticos e não críticos?

Primeiramente, alguns cuidados devem ser tomados, a fim de que se atinja tal objetivo, que são, segundo o autor:

- *definir conceitualmente os termos e vocábulos usados na empresa*: entendemos que fiquem claras para todos os envolvidos as informações que estão sendo disponibilizadas. A escolha de vocábulos adequados é fundamental para que a informação seja tratada da maneira desejada;
- *estabelecer o conjunto de informações estratégicas e de forma que todos os envolvidos caminhem no sentido dos objetivos da empresa*: importante dizer que apesar de ser o principal ponto de atenção da Tecnologia da Informação, não se pode permitir uma desagregação conceitual dos demais termos e informações;
- *atribuir responsabilidades pelas informações*: a verdade é que cada informação estratégica deve ter um responsável por seu fornecimento dentro dos padrões de qualidade e pontualidade definidos pela empresa. Neste ponto percebemos a velha história: se tudo der certo muitos aparecerão, mas, em caso contrário, difícil dizer se o responsável será identificado. Portanto, faz-se importante o conhecimento do responsável por colocar a informação disponível e que seja, eventualmente, felicitado pelo sucesso e, também, criticado pelo insucesso;
- *identificar, otimizar e manter o fluxo de informações corporativas* (ou melhor) *mantê-lo sempre operante com agilidade e segurança, independentemente de pessoas ou de situações favoráveis*: o tempo não para e nenhum obstáculo pode interferir no fluxo das informações, porque pode causar danos consideráveis à organização;
- *mecanizar os processos manuais*: desta forma *a administração de um fluxo de informação será bastante facilitada*, à medida que *sistemas informatizados confiáveis gerarão as informações manipuladas*: o tratamento eletrônico que visa à transferência dos processos ditos convencionais obedece a uma rotina cuidadosa que implica em duplo controle dentro de um certo espaço de tempo. É certo que cada vez mais se necessita menos de duplo controle, mas ainda é um procedimento que só traz bons resultados, embora retarde, ligeiramente, o efetivo tratamento eletrônico; e
- *organizar o fluxo de informações para apoio às decisões gerenciais*: as informações *devem fluir de forma sumarizada para a alta administração*, à medida que elas *sustentarão a elaboração de novas diretrizes, metas e planos de ação*: inquestionavelmente, essa é uma grande conquista dos estudiosos da Tecnologia da Informação, qual seja, a de prover as unidades de gestão superior de dados e informações sistematizadas e de fácil assimilação para decisões de natureza estratégica, vitais mesmo.

Para tanto, as ferramentas disponíveis são, segundo Rezende e Abreu (2001):

- *hardware* e seus dispositivos e periféricos;
- *software* e seus recursos;
- sistemas de telecomunicações; e
- gestão de dados e informações.

É importante saber que nenhuma dessas ferramentas terá utilidade e funcionalidade sem uma competente gestão de pessoas, como qualquer outra atividade da organização. Essa afirmação faz sentido, pois conceitualmente não é comum encontrá-la como parte integrante de TI.

> Gerir a informação... como assim?

Figura 4.10 — Tecnologia da Informação: a nova revolução nas organizações.

Outra precaução a ser tomada e bem lembrada pelos autores é que "em muitas empresas a unidade de Tecnologia da Informação muitas vezes dá excessiva atenção para as tecnologias aplicadas à informática, tal como *hardware, software* e seus periféricos". Desta forma, Rezende e Abreu entendem que "muitas vezes, se esquecem de sua principal finalidade e utilidade, que é o desenvolvimento e a melhoria dos Sistemas de Informação, para auxiliar a empresa em seus negócios e processos. Portanto, é preciso que se saiba administrar a tecnologia da informação, sem perder de vista os objetivos maiores da empresa". E administrar, gerir não é simplesmente coletar, processar e distribuir informação. Para melhor administrar a informação é preciso assimilar, analisar e saber disseminá-la de maneira a ajudar na manutenção do equilíbrio da dinâmica da organização.

Antes de prosseguir é importante uma reflexão sobre o papel da gestão de TI. Em outras palavras, o que significa gerir a Tecnologia da Informação?

Para Kraemer, King, Dunkle e Lane (1993) a gestão de TI é um mecanismo que tem por propósito adequar as soluções de TI às motivações da empresa. E os autores nominaram quatro estágios da administração da TI: competência, serviço, estratégia e misto. Albertin e Moura (1995) dizem que "a gestão de informática [o mesmo que tecnologia da informação] é responsável por garantir o perfeito relacionamento da atividade com a organização e apoiar esta última na sua operacionalização e estratégia competitiva", ou seja, a gestão de TI busca a melhor relação entre a organização e os recursos tecnológicos disponíveis no mercado. Ademais, a informação é, hoje, um bem extremamente valioso em todo o mundo, e utilizá-la de forma adequada pode nos levar a oportunidades de negócios jamais imaginadas, já que, justamente, com base nas informações, que empreendedores, empresários, consultores e executivos de primeira linha tomarão suas decisões, que serão vitais para a continuação, para a sobrevivência e permanência das empresas. Da mesma forma, a sua má utilização pode ameaçar e determinar o encerramento de um negócio. E os jornais, a mídia, em geral, com frequência nos falam de desastres empresariais.

Se mesmo com essa explicação você continuar se perguntando o porquê de gerir TI, ou até mesmo se você ainda não está convencido desta exigência organizacional, ou acredita que seja importante o conhecimento de mais alguns argumentos a fim de poder convencer alguém disto, leia com atenção os três fatores definidos por Venkatraman (1997) que tornam a gestão da TI importante, e depois conhecerá o perfil do seu profissional.

- *existe um uso crescente da TI para integrar os processos de negócios com fornecedores e clientes*, a exemplo de supermercados, que através do sistema, no momento em que o código de barras do produto, ou seja, a sua descrição é transmitida para o sistema com a informação de que o produto está sendo vendido, seus fornecedores recebem esta informação, podendo saber perfeitamente quando haverá a necessidade de reposição, o que acaba por agilizar o processo de ressuprimento;
- *os executivos de negócios esperam um maior valor dos investimentos feitos em TI*: muitas vezes, ou com enorme frequência, os investimentos feitos em TI não são mensuráveis, daí a dificuldade em confirmar se eles, realmente, foram mais do que adequados ou não; e
- *existem mudanças fundamentais no mercado externo para produtos e serviços e TI*: é necessário que se acompanhe a evolução da TI. Não adianta pensar que basta fazer um investimento que ela progredirá naturalmente. O mundo de hoje, globalizado e altamente informatizado, exige que este investimento seja constante e jamais visto como custo.

Antes de conhecer o perfil do profissional de TI, Cordenonsi (2001) nos privilegia com uma bela definição do papel deste profissional, o que pode nos ajudar a entender o seu perfil.

Os executivos da área de TI possuem o papel de identificar os agentes de mudança para que seja possível a comunicação dos conceitos e alterações necessárias. Os agentes de mudança podem ser os profissionais da área de TI considerados como os formadores de opinião, líderes, coordenadores, que possam ajudar na atividade contínua de implementação do modelo de gestão de TI, pois ele segue a filosofia de ciclo de melhoria contínua, ou seja, continuamente os processos de TI que fazem parte do modelo devem ser revistos e modificados, de forma a se manter alinhado com as necessidades de negócios e de TI da organização.

4.7.2 Perfil do profissional

Agora que sabemos a importância de uma gestão de TI e conhecemos o seu papel, vamos identificar o melhor perfil para o profissional de TI. Quem será que deve compor o corpo social dessa área, agora, típica das empresas?

O mesmo autor nos conta que, "tradicionalmente, a área de TI é administrada por profissionais que seguiram uma carreira técnica e que, em muitos casos, encontram dificuldades em estabelecer processos, políticas, padrões, procedimentos, critérios e mecanismos de controle sobre os serviços que são executados". Na verdade estamos tratando de um técnico que passou a administrar esta área. E administrar, como é possível perceber, é uma ação de muita complexidade, o que sugere alguma dificuldade; certamente, pessoas para adquirirem competência técnica de gestão, necessitarão, logicamente, de formação acadêmica em instituição de ensino de excelência reconhecida. E os chamados cursos MBA (nenhuma relação com os MBAs mundo afora e que são cursos que conferem diploma, e não um certificado, como é o caso brasileiro) oferecem cursos com disciplinas que dão real suporte ao profissional específico de TI que deseja avançar no campo da gestão. A grade curricular apresenta, por exemplo disciplinas tais como: gestão de pessoas, capital intelectual, planejamento estratégico, gestão financeira, aspectos da negociação, tecnologias de gestão organizacional, *marketing* estratégico, capital intelectual, gestão de conhecimento e outras disciplinas, essas voltadas à TI como: banco de dados, gestão da informação, redes, segurança da informação e a importante técnica de informação e negócios.

É fácil pensar nessa dificuldade, quando imaginamos um técnico implementando um dado modelo de gestão de alguma complexidade. Um modelo, digamos, capaz de transformar a gestão da TI do modelo tradicional, essencialmente funcional e, certamente, com uma hierarquia bastante visível, em um modelo orientado a processos, de gestão horizontal e com pouca relevância hierárquica. A troca de modelos visaria a uma outra concepção de gestão da área que seria conducente a maior eficiência e eficácia na área sob sua gestão com reflexos sistêmicos e positivos por toda a empresa.

Para o (futuro/atual) empreendedor ou empresário o importante é a leitura do perfil sugerido para os titulares da unidade que cuida do melhor uso da informação na organização. Nós já sabemos que apenas o especialista, não é o suficiente para gerir com alto nível de excelência unidades que utilizam em 100% a tecnologia da informação. O que significa dizer que ter a informação é muito bom, mas de nada adiantará se essa informação não for adequadamente trabalhada em benefício de toda a organização.

4.7.3 Visão da Tecnologia da Informação na Teoria das Organizações

Como podemos perceber, principalmente através de sua evolução, a área de TI se encontra, num certo sentido, atomizada pela organização, de forma que o seu esforço e dedicação trazem resultado para todas as demais áreas organizacionais, e não apenas para ela mesma.

A tradicional área de Organização, Sistemas e Métodos (OSM), hoje em processo de extinção em muitas organizações, teve dificuldades de sobreviver quando se deparou com a TI. Com a TI todas as inter-relações (relacionamento entre funções operacionais e pessoas) organizacionais passaram a ser tratadas de maneira integrada, o que permitiu uma abordagem global e mais ampla para a empresa. Na verdade, o fato é que a introdução de sistemas, no lugar antes ocupado por pessoas, trouxe eficiência e eficácia ao tratamento do fluxo de informações; logo, benefícios para a organização. E a tradicional unidade de OSM perdeu presença, pois que a nova tecnologia (a da informação) chegou com "equipamento próprio".

Apesar de todos os benefícios fornecidos pela área de TI, algumas empresas ainda a enxergam como área funcional, segundo Venkatraman (1991), de forma que esta seja considerada como despesa administrativa, e não um investimento. É fácil concluir que o autor acredita que a implementação da TI na organização necessita dar extraordinário suporte ao grau de mudanças necessárias para que a organização se mantenha equilibrada e possa dar a dinâmica desejada aos seus negócios.

No Brasil, muitas organizações já estão realizando mudanças estruturais importantes, considerando a contribuição da Tecnologia da Informação, algumas se apoiam integralmente e outras parcialmente, mas nenhuma dessas mudanças se apoiaria fragilmente em TI. Tais mudanças estruturais – além de mudanças no modelo organizacional, ou seja, de uma estrutura hierárquica para estruturas menos rígidas, calcadas no trabalho em equipe – visam a muitas equipes. Equipes executivas que têm alto poder de decisão, diferentes das equipes convencionais que têm enorme poder de sugerir, aconselhar e ponto. Visam a mudanças que permitem buscar e encontrar vantagens competitivas que as coloquem em posição privilegiada nos mercados locais, regionais e globais. Nesses casos, a TI está sendo utilizada como meio para viabilizar a transformação organizacional. Isso caracteriza fortemente que as empresas brasileiras estão procurando fugir ao convencional e se mobilizando, se ajustando, às alterações originadas pela ação global de um número incrível de empresas, haja vista as possibilidades que surgiram com a explosão da Internet, hoje, no fechamento desta edição, com mais de 4 bilhões de páginas.

4.7.4 Nova concepção

Por mais que, após estudar TI um pouco mais a fundo, não seja difícil pensar na sua nova concepção, optamos por percebê-la através do estudo de Rockart, Earl e Ross (1996), onde eles analisaram as mudanças nos negócios e na tecnologia em algumas organizações para prever o futuro papel da organização de TI. Foi identificado que as mudanças estavam ocorrendo a nível operacional, o que tinha um impacto substancial na organização da TI.

Novas metodologias de desenvolvimento e manutenção de sistemas, novas alternativas como a Internet e outras redes, novas organizações no ramo de negócios de TI e *outsourcing* (terceirização, no Brasil) estavam impactando a organização de TI e tornando a gestão da TI mais complexa.

Os autores descreveram oito pontos fundamentais. São eles: alinhamento estratégico; relacionamentos eficazes; implementação de novos sistemas; criação e gerenciamento da infraestrutura; reeducação da gestão de pessoas da área de TI; gerenciamento das parcerias com os fornecedores; manutenção de um alto desempenho; e remodelagem e gerenciamento por meio de políticas, padrões e critérios bem definidos. Esses oito itens estabelecem uma relação entre TI e os negócios da empresa, de forma que o gestor de TI deverá procurar fazer o melhor. Desta forma, identificaram que um dos papéis fundamentais da organização de TI é garantir que os executivos de negócios entendam o potencial da TI e saibam como usá-la eficientemente para dar suporte à implementação das estratégias de negócios.

Portanto, notamos mais uma vez a importância da TI, a sua evolução e a dificuldade de acompanhá-la durante a sua transição. Percebemos, também, como ela influencia a organização como um todo; a dificuldade de implementá-la; e, principalmente, de administrá-la. Enfim, podemos verificar a sua nova concepção, onde, como diria McLuhan (1971): "[...] todos aqueles que estão envolvidos na automação insistem em que ela é tanto um modo de pensar quanto um modo de fazer. A sincronização instantânea de operações numerosas acaba com o velho padrão mecânico do arranjo das operações em sequência linear".

E há aqueles que acreditam que no futuro será difícil distingui-la, devendo ser atomizada por toda organização, podendo chegar a desaparecer como unidade da estrutura organizacional.

E nestes novos ambientes "a riqueza é o *know-how*, isto é, aquele conjunto de conhecimentos que permite criar valor agregado em bases competitivas, e a mais-valia não é determinada pelo esforço físico e pelo trabalho mecânico, mas pelo esforço mental e criativo" (SAVOIA, 1999). E aqui poderíamos nos alongar discorrendo sobre os autores que tratam da gestão do conhecimento, como nova matéria dos estudos ditos teóricos. Mas, esse tema, importantíssimo será tratado no Capítulo 5.

4.7.5 Tecnologia da Informação: área fundamental para empresas do século XXI

Estamos em pleno século XXI e as demandas são cada vez maiores e imediatas. A complexidade dos mercados é de tal grandeza que preços competitivos (o que significa custos baixos e sob controle) e alta qualidade se tornaram requisitos básicos a quem deseja sobreviver. Desta forma a Tecnologia da Informação é atividade rigorosamente fundamental para o sucesso empresarial. O (futuro) executivo ou o (futuro) empresário tem de se dar conta da inevitabilidade da inserção definitiva de TI na empresa e agindo por toda a empresa. TI é parte integrante do sistema empresa. E isso significa dizer que o titular dessa unidade tem assento garantido nas reuniões decisivas, tais como: estabelecimento e revisões de estratégias, fusões e aquisições, reestruturações organizacionais parciais e globais, utilização de tecnologias que atinjam toda a organização e outras propostas e ações de igual relevância.

Moore (1996) fala em busca pelo "espaço da informação" e pelo "ambiente de oportunidades" quando menciona o que ele convencionou chamar de ecossistema negocial, o que em outras palavras quer dizer a busca e/ou a manutenção por mercados, dando uma certa prevalência à procura por mercados potenciais. E nessa busca surge o espaço da informação como essencial para a incursão em ambientes criadores de oportunidades para crescimento dos negócios empresariais.

Nesta mesma linha de raciocínio, Motta (2002) acredita que "se o Governo Central do Brasil participasse estrategicamente da construção e implantação de um modelo de desenvolvimento de tecnologia da informação baseado no código aberto (*open-source*) e nas formas de organização do trabalho e da produção de suas comunidades, certamente o futuro do país poderia ser o de tornar-se independente tecnologicamente de outros países. Esta independência tecnológica, certamente refletiria em melhores negócios, na produção de produtos e serviços de melhor qualidade e, em consequente, *superavit* na Balança Comercial e de Serviços".

Motta ainda acredita que "[...] a melhoria da vida econômica se dará em conjunto com a melhoria do nível de informação, de educação, de instrução e de comunicação da população e tudo isso se transformará em melhoria do nível de produção e do consumo internos", o que é verdade. Mas é uma proposta um tanto quanto ousada, pois implementar a TI não é tarefa fácil, principalmente, a nível nacional, pois vai requerer um esforço e capacidade de controle e, sobretudo, extrema competência técnica que fica difícil afirmar que o sucesso seria alcançado plenamente. Conseguir pessoas adequadas para tal esforço pode ser uma tarefa que demandará um longo tempo e não se pode afirmar, repetindo, que os objetivos serão alcançados. Hoje, no Brasil, a evolução de TI é rápida e vem conseguindo resultados muito bons, mas, infelizmente, demorou algum tempo em face da conhecida reserva de mercado que adiou nosso ingresso na modernidade computacional.

4.7.6 *Concluindo...*

Conhecemos um pouco mais da Tecnologia da Informação (TI) marcada por sua evolução desde os famosos Centros de Processamentos de Dados (CPDs) até a moderna TI. E verificamos que alguns pontos mantiveram-se imutáveis durante todos esses anos. E com a ajuda de autores como Rezende e Abreu (2001) percebemos a expressiva importância da área em tela.

Nós a conceituamos como sendo um conjunto de ferramentas que buscam a melhor forma de tratar as informações e manter o seu fluxo no tempo certo. E chamamos a atenção para o fato de que ela não pode ser confundida com "computadores". Em outras palavras, queremos evitar que se faça uma relação única e direta, isto é, que computador e TI são a mesma coisa. Enfim, verificamos que alguns cuidados devem ser tomados, a fim de que se atinjam os seus objetivos.

Passamos, então, a entender "o fato de que qualquer solução deve considerar as vertentes de tecnologia, a cultura empresarial e as necessidades da gestão das pessoas envolvidas" (FOINA, 2001). Tendo "*hardware* e seus dispositivos e periféricos; *software* e seus recursos; sistemas de telecomunicações; e gestão de dados e informações" (REZENDE; ABREU, 2001). Isso sem esquecer o papel fundamental das pessoas da organização neste complexo processo de crescimento e amadurecimento, o que nos fez refletir melhor sobre o que virá a ser a gestão da TI.

Tendo conhecimento claro do que significa gestão da TI e qual a sua importância para a empresa, partimos para o perfil de seus profissionais. Foi, então, que percebemos o porquê da dificuldade de uma boa gestão, pois se trata de uma gestão complexa nas mãos de técnicos, muitas vezes sem a devida formação, justificada por ser uma área nova na empresa brasileira.

Com a visão da Tecnologia da Informação na Teoria das Organizações, aprendemos que, atualmente, ela se encontra atomizada na organização, sugerindo que em breve será difícil distingui-la. Neste momento, também foi feita uma breve comparação com a área de Organização, Sistemas e Métodos (OSM), em franco processo de esquecimento sob a forma de unidade, mas ainda muito presente (e ficará ainda por muito tempo) com os seus atributos maiores (organogramas, manuais, fluxogramas etc.).

A fim de se enfatizar a sua nova concepção, passamos a conhecer o estudo de Rockart, Earl e Ross (1996). E chegamos ao século XXI quando a "Tecnologia da informação se torna parceria estratégica para as empresas que desejam situar-se entre as vencedoras em seus respectivos nichos de mercado" (FOINA, 2001). Portanto, essencial para cada um de nós, aqui incluídos (futuros) executivos, consultores e (futuros) empreendedores e empresários.

ESTUDO DE CASO – TECNOLOGIA DA INFORMAÇÃO

Hoje temos a conhecida Tecnologia da Informação que passou, além de congregar todo o conhecimento originado do tratamento eletrônico de dados, a subsidiar toda a organização e com a vantagem de não inibir a criatividade do próximo. Mas, é difícil dizer se foi o caso da empresa onde atua Eduardo Paulino, a AGSM que presta serviços a mais de 100 empresas em todo o nordeste brasileiro, com sede em Natal. Eduardo, que é primeiro gerente, com irritante frequência pede que Paulo Robertole, analista, vá a essa ou àquela unidade e cheque os porquês de alterações nos procedimentos estabelecidos. E com a mesma frequência, Paulo retorna dizendo que a alteração fazia sentido, tinha lógica porque as pessoas estavam encontrando meios e modos mais adequados de atender a tal ou qual sistemática. Eduardo insistia desconhecendo o que os livros sugerem, ou seja, a Tecnologia da Informação não deve ser trabalhada de forma isolada.

E nas reuniões, Marta, também analista é quem mais reage porque considera Eduardo muito democrático, mas só quando todos concordam com ele. Eduardo quer baixar novos procedimentos e Marta reage dizendo que as demais gerências de toda a empresa devem participar. E, complementa, dizendo que aprendeu num curso avançado de excelência empresarial que a ação conjunta é fundamental, pois que muitas cabeças pensam melhor do que apenas uma. E que essa é a ação que as empresas modernas estão tomando, inclusive, reduzindo o poder da hierarquia, da verticalização. Eduardo, então, disse: "Quando as pessoas envolvidas têm conhecimento técnico, são de nível próximo, em suma, sabem do que estão falando. No nosso caso específico quem sabe mais ou sabe por igual o que sabemos? Quem domina TI como nós dominamos? TI não é igual a gestão de pessoas com suas técnicas, simples de recrutamento, seleção, avaliações convencionais ou as mais recentes do tipo da avaliação de 360 graus".

Seria interessante que, ao analisar os argumentos do gerente Eduardo, você justificasse a sua conclusão, incluindo alguns porquês de natureza técnica, ou seja, admitindo que você concorde com ele, quais as razões técnicas, e não comportamentais. Não concordando, quais as justificativas técnicas para a sua posição.

Não discordaríamos se você (ou o grupo, se essa for a opção indicada pelo docente) centrasse a sua análise sob o ângulo da pessoa em cargo executivo ou mesmo sob o ângulo da consultoria.

Nota: O caso descrito é hipotético e qualquer semelhança com pessoas, empresas etc. terá sido mera coincidência.

QUESTÕES PARA DEBATE – TECNOLOGIA DA INFORMAÇÃO

1. O que TI significa para você? Justifique a sua resposta.
2. Como tudo começou e como chegamos ao estágio atual? Você não precisa ser detalhista, mostre apenas a passagem do estágio anterior para o estágio atual.
3. Apesar das grandes diferenças entre a administração dos antigos Centros de Processamento de Dados e a moderna TI, alguns pontos mostraram-se imutáveis em todos esses anos. Perguntamos: quais são esses pontos? Justifique a sua resposta.
4. Que cuidados devem ser tomados ao atingir os objetivos da TI? Mencione dois ou três e os demais colegas irão falar sobre os restantes. Explique cada um desses cuidados.
5. *Hardware* e seus dispositivos e periféricos; *software* e seus recursos; sistemas de telecomunicações; e gestão de dados e informações são ferramentas de quê? E por quê?
6. Dê três fatores que tornam a gestão de TI realmente importante. Explique cada um deles.

7. Você acha que terá condições de abraçar a área de TI, tornando-se um especialista? Sim ou não? Por quê?

8. Você poderá ser (ou pode ser) comandante de um negócio ou uma pessoa empreendedora. Então, coloque seu ponto de vista com relação ao nível de conhecimento que você deveria ter sobre TI.

9. Você acha correto entender TI como despesa, e não como investimento? Sim ou não? Por quê?

10. Qual será o futuro próximo de TI nas empresas brasileiras (pequenas, médias e de grande porte)? Justifique a sua resposta.

Referências bibliográficas

ALBERTIN, A. L.; MOURA, R. M. Administração de informática e seus fatores críticos de sucesso no setor bancário privado nacional. *RAE – Revista de Administração de Empresas*, 1995.

CORDENONSI, Jorge Luís. *Um modelo de administração da Tecnologia da Informação*: um estudo no setor bancário privado brasileiro. 2001. Tese. FGV, São Paulo.

FOINA, Paulo Rogério. *Tecnologia da Informação*: planejamento e gestão. São Paulo: Atlas, 2001.

KRAEMER, K. L.; KING, J. L.; DUNKLE, D. E.; LANE, J. P. *Managing information systems*: change and control in organizational computing. San Francisco: Jossey-Bass, 1993.

McLUHAN, H. Marshall. *O meio é a mensagem*. São Paulo: Cultrix, 1971.

MOORE, James F. *The death of competition*. Londres: Harper Collins, 1996.

MOTTA, Luiz Carlos do Carmo. *Um modelo exploratório, baseado nas comunidades Linux, para desenvolvimento da Tecnologia da Informação no Brasil*. 2002. Dissertação. FGV, Rio de Janeiro.

REZENDE, Denis Alcides.; ABREU, Aline França de. *Tecnologia da Informação*: aplicada a sistemas de informação empresariais. 2. ed. São Paulo: Atlas, 2001.

ROCKART, J. F.; EARL, M. J.; ROSS, J. W. Eight imperatives for the new IT Organization. *Sloan Management Review*, Cambridge, 1996.

SAVOIA, Rita. Naisbitt: as megatendências. In: DE MASI, Domenico (Org.) *A sociedade pós-industrial*. 2. ed. São Paulo: SENAC, 1999.

VENKATRAMAN, N. IT – Induced business reconfiguration. In: SCOTT-MORTON, M. S. *The corporation of the 1990s*: information technology and organizational transformation. New York: Oxford University Press, 1991.

_____. Beyond outsourcing: managing IT resources as a Value Center. *Sloan Management Review*, 1997.

5

Mundo dos negócios: meios e modos para a conquista da excelência nas organizações

5.1 Preliminares

Este é o capítulo que encerra o nosso compromisso em apresentar um texto que seja norteador das primeiras investidas às pessoas interessadas numa formação superior interessada em ter informações sobre as organizações no mundo e, mais especificamente, no Brasil. Não nos fixaremos nem na área executiva, trajetória típica de estudos das organizações, nem na pessoa do empreendedor, nem na pessoa do empresariado e nem na consultoria. Com certeza, você já tem condições de fazer as suas ilações sobre como situar profissionais ou dirigentes nos vários contextos aqui sugeridos.

Até o início da década de 90 do século passado, a excelência nas organizações não representava uma legítima preocupação dos empresários e dirigentes, pois que havia uma certa estabilidade no mundo dos negócios; algumas inovações importantes, geradoras de mais emprego e mais riqueza, em todos os sentidos; outras inovações que tiveram vida útil não muito longa; algumas empresas crescendo e ocupando espaços existentes e, portanto, sem criar maiores dificuldades àquelas que já estavam estabelecidas. E assim seguia o mundo, aqui incluído o mundo dos negócios.

O novo século trouxe consigo – e rapidamente – novos caminhos, novas propostas, novas ações, muitas inovações e muitas empresas, agora, disputando espaços e disputando consumidores. As empresárias, as empreendedoras, as executivas e as consultoras, já em número importante percebem, juntamente, com os empresários, empreendedores, executivos e consultores têm, de repente, de refazer seu ciclo pessoal e funcional, procurando atualizações de toda ordem e, também, atualizar as empresas, envolvidas que estavam em questões de competitividade e sobrevivência. E chega a Tecnologia da Informação (TI) que não é mais reconhecida apenas como um equipamento que dava rapidez a rotinas que resultavam apenas em fornecer dados de natureza quantificada, mas chega para atuar de forma integrada e ocupando cada centímetro quadrado do espaço físico/organizacional. Em pouco tempo cada pessoa da organização tinha o computador à sua disposição na sua mesa de trabalho e as possibilidades de utilização da máquina superavam limites e limites e limites. O pessoal de TI sabe que a área cresce de forma exponencial em serviços dentro de cada empresa, não mais importando o tamanho ou a presença da empresa no mercado local, regional ou global.

Nesse nosso último capítulo tentamos direcionar vocês a esse novo mundo com novas demandas, sendo algumas originadas de variáveis plenamente conhecidas, mas que permaneceram quietas e sem alterações significativas ao longo de muitas décadas. Faremos considerações sobre os motivos pelos quais temos essas demandas no mundo dos negócios, a começar pelas novas demandas na competição e na luta pela sobrevivência, ou seja, na luta para ser o melhor entre os melhores ou estar muito próximo às lideranças ou ... competir para sobreviver, que passou a ser a prioridade das prioridades. Comentaremos, também, as questões demandadas e ligadas às competências e, em especial, às competências essenciais, ou seja, aquelas em que a empresa tem de realmente se diferenciar nos negócios. Os autores que tratam da temática reconhecem a sua relevância e procuram traduzir nos textos esse reconhecimento, ao mesmo tempo em que oferecem soluções originadas de princípios técnicos bastante atuais. E trataremos das estratégias que permitem a muitas empresas alcançar resultados de excelência, considerando-se que essas empresas teriam conseguido internalizar as novas demandas exigidas pelos novos tempos. Para elaborar estratégias que conduzam a empresa a competir e sobreviver, temos de ter um quadro funcional de qualidade e aqui surge a liderança como fator fundamental para que estratégias sejam alcançadas e resultados aconteçam. A seção sobre liderança traz aspectos interessantes e sugerimos que sejam realmente lidos, analisados e internalizados.

Em prosseguimento, comentaremos nossas inquietações sobre a responsabilidade social e, na seção seguinte, sobre a ética empresarial e sua transparência e que foram tratadas em seções separadas para melhor esclarecer as pessoas mais interessadas numa leitura distante dos grandes dilemas mais objetivos dos negócios das empresas. A responsabilidade social, cidadania empresarial, ética e sua transparência crescem de importância no cenário brasileiro. E hoje já é possível encontrar consumidores que consideram o grau de envolvimento de organizações em movimentos sociais como essencial na sua decisão de comprar, ou negociar com esta ou aquela empresa. E, certamente, essa demanda, mais do que transforma o que aconteceu no passado, quando tínhamos uma responsabilidade social semelhante apenas a boas ações filantrópicas, ou seja, apenas um cheque e estaria encerrada a "participação" social da empresa.

E fechando o capítulo, as seguidas propostas de graves mudanças nas formulações estruturais – que contrariam princípios convencionais da montagem das estruturas organizacionais centradas apenas na hierarquia – com a inserção de dinâmicas horizontais, via formação de equipes decisórias, e em rede com a Tecnologia da Informação dando o suporte mencionado. Temos, então, a estrutura e gestão horizontal e em rede que resultará numa gestão global que incluirá a estrutura hierárquica, verticalizada, mas com uma importância bem menor do que quando da sua criação no início do século passado. Aqui a demanda é transformadora, mais do que ajustadora de quadros anteriores.

Quadro 5.1 | Mundo dos negócios e as novas demandas.

- Competitividade/sobrevivência;
- Estratégias;
- Liderança;
- Responsabilidade Social;
- Ética Empresarial e transparência; e
- Estrutura Horizontal em redes *versus* Estrutura Clássica, hierárquica.

5.2 Competitividade/sobrevivência

A busca pela competitividade e sobrevivência tem feito suas vítimas. A luta incessante pela excelência organizacional já causou nessa primeira década do século XXI grandes estragos financeiros e, muito provavelmente, aconteceram pela urgência em ganhos de mercado. Haja vista o volume expressivo de atingidos pelos sucessivos *recalls* (chamada de produto para revisão e acertos que podem gerar danos pessoais graves) das montadoras por todo o mundo. Como explicar *recalls* que exigem de uma dada montadora gastos financeiros na ordem de 2 bilhões de dólares? Ou de montantes financeiros não tão drásticos? Muito provavelmente as imediatas demandas por produção e comercialização acabam por gerar danos graves em nome da excelência. Certamente esses danos são originados não por todas as pessoas da organização, mas de um pequeno grupamento. No caso das montadoras, os *recalls* são para aspectos específicos e, em muitos casos, geradores de perdas de vidas, razão maior desses chamamentos. É preciso maior cuidado e uma ação mais rigorosa das autoridades públicas. Não podemos nos esquecer que esses chamamentos acontecem por falha da organização e não vemos nenhum mérito das empresas que dão farta publicidade (ou propaganda mesmo) ao seu zelo para com o consumidor. Convidamos você a ler com atenção o que se segue para que num futuro próximo esses chamamentos desapareçam.

Nadler et al. (1994) mostram no Quadro 5.2 as fontes de maior pressão que resultaram na mudança dramática exigida das empresas (no caso, as empresas americanas) que pretendiam prosseguir na plenitude de suas atividades. Evidentemente, faremos a extensão do quadro para a empresa brasileira, traçando paralelos e acrescentando forças e seus componentes de mudança para fechar, então, o quadro.

No caso brasileiro, as mudanças tecnológicas foram dramáticas, pois até 1990 o país amargava uma discutível proteção à indústria brasileira que mais servia a estagnação do que ao desenvolvimento. Todos lembram de Fernando Collor, então Presidente da República, dizendo que nossos veículos eram verdadeiras carroças. Passados mais de dez anos fica difícil não concordar com o ex-presidente. Essa frase simboliza uma época em que as alternativas tecnológicas eram poucas e, mesmo assim, o Brasil pouco tinha de verdadeiros esforços de transferências tecnológicas. A última década do século XX foi importante, pois trouxe a chamada abertura tecnológica e pode-se, então, retomar o desenvolvimento tecnológico.

Hoje, a tecnologia, no seu mais amplo espectro, tem papel preponderante e é responsável pela modernização de nossos produtos e serviços e, por consequência, pela redução de custos e por preços finais mais convidativos. Mas, o alerta que vale para sociedades mais avançadas, vale para a nossa sociedade face às seguidas mudanças que ameaçam posições e os investimentos. O desenvolvimento tecnológico nos permite afirmar que a inovação está presente e é responsável por um quadro que conhecemos de permanentes substituições de produtos por outros mais adequados ou mais necessários também, às crescentes exigências, principalmente, de consumidores ávidos por testar, experimentar as novidades que surgem, agora, com alguma frequência. No passado, as novidades surgiam após longos períodos de estudo, provas e muitas simulações. E havia tempo suficiente para alguma adaptação e fazer, ao menos, prevalecer a competitividade. Hoje, nesta primeira década de um novo século, as empresas que sobrevivem o fazem porque souberam prever as mudanças tecnológicas e tiveram capacidade para reagir a tantos desafios. Os autores, ao se referirem à sociedade americana, afirmam que as empresas souberam se adaptar, ser flexíveis, ser sensíveis e foram rápidas nos seus processos decisórios. É o que as empresas no Brasil têm de fazer imediatamente para serem competitivas, não apenas no mercado nacional, mas no mercado mundial.

Quadro 5.2 Forças que contribuem para aumentar a pressão sobre as organizações.

Força	Componente da mudança
Tecnologia	O crescente índice de mudança ameaça as posições e investimentos existentes.
Competição	Um número crescente de competidores eficientes está surgindo nas principais indústrias.
Excesso de oferta	A capacidade de ofertar a maioria dos produtos e serviços é superior à demanda.
Globalismo	A competição ocorre hoje em escala global.
Expectativas do cliente	Tendo mais escolhas, os clientes esperam mais valor, qualidade e serviço.
Participação do governo	Os governos passaram a apoiar mais as indústrias de seus países.
Propriedade	As modificações nos padrões de propriedade empresarial estão levando à maior expressão das exigências dos proprietários.
Dinâmica da força de trabalho	Modificações na constituição da força de trabalho – inclusive sexo, raça, nível educacional e distribuição etária – estão criando uma força de trabalho radicalmente diferente do passado.

Fonte: NADLER (1994).

Enquanto outros países souberam entender a nova ordem mundial, a da plena conectividade, o Brasil levou algum tempo para perceber a necessidade de adaptação a essa nova realidade. Muitos lembram da explosão da abordagem da gestão pela qualidade total no início da década de 90 e, por consequência, com a explosão semelhante das normas estabelecidas pela ISO série 9000, que permitiu a um número impressionante de empresas brasileiras fazer adequações e tornar seus produtos competitivos em boa parte do mundo. Lógico que essa adoção das normas da série ISO 9000 levou algum tempo, pois a assimilação de novos procedimentos sempre demanda algum tempo e poderíamos afirmar que o país se tornou efetivamente competitivo a partir da segunda metade da década de 90 e os resultados começam a aparecer. É certo afirmar que a qualidade do produto brasileiro tem hoje uma avaliação diferente e positiva, e que a tendência seja de avaliações cada vez mais positivas. É, também, certo afirmar que ser competitivo ainda depende fortemente da variação cambial, uma problemática difícil e só terá solução quando a nossa economia conseguir um equilíbrio tal que não sejam necessárias variações cambiais danosas às empresas exportadoras e às empresas importadoras.

Mas, ser competitivo implica não somente na atenção primorosa às questões de cunho tecnológico e nas específicas sobre competição, como aponta o Quadro 5.2, mas também nas demais levantadas, como a de excesso da oferta, fenômeno mais fortemente visualizado nas sociedades mais desenvolvidas, com a oferta sendo muito maior do que a demanda. Esse fenômeno ainda não é percebido no Brasil, pois o consumo é crescente, porque o país cresce econômica e socialmente – devagar, é bem verdade, mas cresce – e em mais uma ou duas décadas é provável que a oferta seja superior à demanda e aí teríamos uma nova luta pela sobrevivência à semelhança das sociedades mais desenvolvidas, como mencionamos. E aqui entra o comentário que fizemos e afirmar que todo o quadro proposto pelos autores citados tem relação direta com a competitividade. O globalismo surgiu um pouco antes da passagem de um século para outro e vai fixar uma nova realidade mundial antes mesmo do final da sua primeira década. O território de interesse, de ação das empresas é o planeta, é o mundo que conhecemos. Uma empresa brasileira, ou belga, ou chilena projeta o seu interesse e, raramente, se fixará dentro dos limites de seu próprio país. Queremos aqui citar as empresas que lutam por sobreviver, que competem em busca de resultados financeiros ótimos, e não as que se formam aqui e acolá em busca apenas do suficiente para satisfazer as poucas demandas da família. Para elas, o globalismo pode agir contra – na medida em que um pequeno negócio pode, em momentos, se transformar em alvo de empresas maiores. Um exemplo, que já pertence ao século XXI, é o de laboratórios de análises clínicas – antes pertencentes a pessoal ligado à área da saúde – que passou a ser alvo de empresas maiores, não necessariamente ligadas à medicina. E o que temos hoje é o desaparecimento lento dos laboratórios à moda antiga, que continuam atendendo a sociedade. Mas basta lembrarmos das quitandas e mercearias – que eram bastantes para a família brasileira nos anos 50 e parte dos anos 60 – e entenderemos o futuro desses laboratórios. Se pensarmos um pouco mais, notaremos que outros pequenos negócios, suficientes para pequenos empresários, sejam objeto de interesse por grandes empresas. Apenas para fechar esse tópico: os cinemas, que outrora eram o nosso melhor programa, hoje continuam sendo um excelente programa, mas no interior de um *shopping center* e; isso quer dizer que você vai a um cinema num *shopping center* e, portanto, vai se defrontar com os apelos para compra de uma TV ou de uma simples sandália. O chamado "cinema de rua" cedeu lugar ou a várias denominações religiosas, ou ao comércio de um modo geral (supermercado, prédios comerciais etc). A globalização trouxe um novo mundo para os negócios. E competir e sobreviver tem agora novas dinâmicas. Você, eventualmente, com o seu pequeno negócio deve ter em mente a seguinte pergunta: a quem pode interessar o meu negócio? E a partir daí pensar em como sobreviver e como competir, imaginando haver ou não interessados com maior poder econômico.

Passando pelo empresariado, chegamos à clientela, a população consumidora que nas sociedades mais avançadas sabe o que fazer para obter o melhor produto, o melhor serviço. Portanto, mais valor, melhor preço, qualidade e melhor serviço. Há associações que oferecem proteção e ampla defesa. Não era diferente 10, 20 anos atrás e não é diferente hoje. A população consumidora das sociedades mais avançadas tem ampla proteção e as empresas sabem disso, daí os extraordinários cuidados que têm na produção, diferenciações de seus produtos e garantia da qualidade. Ainda assim, há exceções graves e a insatisfação passa das associações de proteção para as páginas dos jornais e televisão e para a internet e, nesse caso, a insatisfação ultrapassa as fronteiras do país e o mundo toma conhecimento. E, não em poucas oportunidades, afeta o negócio da matriz naquele país e nos "braços" espalhados por todo o mundo. Mais uma vez a questão da sobrevivência e da competitividade aparece com força. Imagine uma empresa numa sociedade desenvolvida ter de responder a demandas judiciais de associações de proteção ao consumidor e que, em função da luta jurídica, passa às manchetes dos jornais e/ou da programação dos canais de TV chegando, por exemplo, ao Brasil onde, eventualmente, haveria negócios dessa mesma empresa. Como fazer nesse caso? Difícil dizer. Nos casos conhecidos, o *task force* (força-tarefa) da comunicação dessa empresa imediatamente tenta tornar aquele evento prejudicial ao seu negócio como sendo algo local e, portanto, a empresa, se espraiada mundo afora, não estaria sendo afetada. Não temos a resposta, mas, certamente, de alguma forma a empresa tem prejuízos, inclusive, porque a concorrência saberá, de forma inteligente, explorar esse mau momento. Afinal, se está lutando, acima de tudo, por sobrevivência, sendo competitivo. No Brasil, a chamada defesa do consumidor tomou corpo após a aprovação do seu código e, em pouco tempo, estaremos no mesmo patamar dos países de economia mais forte. E as empresas têm de se preparar mais e mais para satisfazer e encantar seus consumidores.

A participação de governo, mencionada no Quadro 5.2, tem papel relevante nas sociedades, em geral. No caso brasileiro, por um lado, a ajuda de natureza financeira tem sido motivo de frequentes reivindicações por parte dos pequenos e médios empresários. E por outro lado, o governo, em seus vários níveis, tem sido implacável na arrecadação de tributos originados da venda de produtos ou da prestação de serviços. Há situações em que se percebe o interesse do governo em dar alguma proteção. Mas, ainda assim, as reivindicações são muitas e é difícil afirmar se há ou não maior interesse do governo em prestar algum auxílio aos nossos empresários. Porém, poderíamos afirmar que há disposição para os mais variados apoios, como há disposição para a máquina arrecadadora aumentar a sua receita.

O item propriedade, no caso brasileiro, não tem uma importância dada pelos autores de uma outra sociedade, diferente da nossa. No caso específico e no caso brasileiro não poderíamos afirmar que há uma maior exigência dos empresários, proprietários das áreas onde se fixam os seus negócios. O que existe é um crescimento da empresa brasileira em que pese as muitas dificuldades do empreendedorismo e do empresariado brasileiro. E esse crescimento tem sido maior nos pequenos empreendimentos que têm a expectativa de, em algum tempo, fazer o seu negócio crescer e expandir, tornando-se pessoas proprietárias do espaço outrora contratado sob a forma de aluguel ou semelhante.

A dinâmica da força de trabalho tem no Brasil alterações importantes, principalmente na sua constituição onde sexo e nível educacional vêm dando contornos diferentes e positivos à força de trabalho. Na questão do sexo temos o aumento, cada vez mais importante, do sexo feminino. A mulher, indiscutivelmente, vem demonstrando grande força profissional, porque busca e conquista espaços – inicialmente, na sala de aula, em cursos de administração e economia –, para ficarmos apenas nas empresas de negócios. Em sala de aula, o número de alunas é cada vez maior, e a proporção para com o sexo masculino não é mais na ordem de dez alunos para uma aluna. Depois, na empresa, os espaços estão sendo ocupados por mulheres bem preparadas e conscientes de seu papel, ou seja, têm de ser melhores do que os homens nas mesmas posições. O preconceito existe e não se pode negar que tem influências sérias. Mas, ninguém pode negar que a presença da mulher cresce, e aqui não pretendemos colocar em discussão se elas ganham pouco em relação aos homens nos mesmos cargos. Nosso propósito é confirmar que sua presença é cada vez mais visível, e isso demonstra que o preconceito está perdendo força e, como todo preconceito, precisará de muito tempo para a sua eliminação do seio de nossa sociedade. E ganharemos todos.

Todos os itens que compõem o quadro apresentado pelos autores tiveram o seu desenvolvimento dirigido à nossa sociedade e é claro que não podemos deixar de lado a contribuição de outras sociedades, razão pela qual estamos, inclusive, citando e trabalhando em cima de uma obra originada de uma outra cultura. O que é mais relevante neste momento de nosso texto é confirmar a cada vez maior importância de a empresa brasileira buscar meios e modos de sobreviver e competir. O nosso esforço é muito superior ao esforço exigido de sociedades mais avançadas, porque dispõem de mecanismos tais que podem ser acionados imediatamente. No Brasil, infelizmente, ainda temos de "matar um leão por dia" apenas para sobreviver e, em seguida, atentar para algumas questões que estamos colocando neste Capítulo, para poder competir e vencer. Sobreviver, competir e vencer. Essa é nossa estrada e assim será por muito tempo.

5.3 Estratégias

Estratégia (GHEMAWAT, 2000) é um termo criado pelos gregos (*strategos*), e que para eles significava um *magistrado* ou *comandante-chefe militar* ou *general*, como conhecemos hoje. E, curiosamente, o termo e seu significado ficaram por longo tempo como uma ação tipicamente militar, como outros termos e técnicas incorporados pelos estudiosos da administração (logística, quartel-general, organograma e outros).

Na verdade, a palavra *estratégia* tem hoje um número expressivo de definições e conceituações e a origem dessa pequena explosão está na "descoberta" por muitos que consideram que a ação estratégica, quando aplicada de forma competente, produz ganhos extraordinários. Ansoff (1990) considera que a estratégia não é única, nem é a que vai determinar o sucesso de uma ação organizacional qualquer. É para o autor "um dos vários conjuntos de regras de decisão para orientar o comportamento de uma organização". E dá exemplos, dos quais destacamos: "estratégia seria um conjunto de regras para o desenvolvimento da relação com seu ambiente *externo*: quais produtos e tecnologia a empresa irá desenvolver, *onde* e *para quem* os produtos serão vendidos, e *como* a empresa obterá vantagens sobre seus concorrentes". Essa seria uma estratégia de negócio. Ou, então, "o conjunto de regras conduzidas pela empresa no seu dia a dia". E aqui teríamos uma estratégia direcionada às políticas operacionais. Ainda assim teríamos uma clara relação com o negócio da empresa. Portanto, ambos conjuntos de regras estariam incluídos neste nosso capítulo sobre como entender, conviver e vencer no mundo dos negócios.

Ainda segundo o autor, uma estratégia de negócio não deve resultar numa ação imediata de qualquer natureza. Deve resultar, sim, num processo de busca ao "focalizar a atenção em áreas definidas pela estratégia e, em seguida, excluir as possibilidades não identificadas que sejam incompatíveis com a estratégia". No caso brasileiro esse processo de busca que visa a selecionar as ótimas possibilidades de sucesso é prejudicado ou, melhor, dificultado pelas naturais dificuldades de um país em crescimento, onde as informações carecem da confiabilidade necessária a uma empresa que procura caminhos de amplo sucesso, pois que, além da busca de resultados operacionais, tem compromissos com a sua estrutura social. Por vezes, confunde-se o desejo de resultados empresariais positivos e que se estenderão a todos dessa dada empresa com desejos de resultados excepcionais apenas para os seus proprietários, investidores ou os seus grandes acionistas. No Brasil, ainda lutamos por credibilidades em informações originadas de muitas fontes, e não somente as governamentais.

Seria interessante conhecer a posição de um famoso autor de obras no campo das estratégias. Porter (1999) diz que estratégia é "criar uma posição exclusiva e valiosa, envolvendo um diferente conjunto de atividades". E ele considera que, se houvesse apenas uma posição ideal, não haveria necessidade de estratégias e mais: a elaboração de estratégias não teria a característica que tem hoje, qual seja, a de servir de forte munição à empresa que deseja realmente sobreviver e ser competitiva. E com base em quais informações será possível estabelecer a melhor estratégia. Porter, ainda, formula as seguintes perguntas que devem ser feitas na definição – ou redefinição, da estratégia adequada. E, acreditamos que dá uma contribuição importante que, se adicionada ao que mencionamos, nos permitirá prosseguir e passar uma visão adequada da estratégia nos negócios suficiente para o prosseguimento em sua formação:

a) quais são os nossos produtos ou serviços mais diferenciados?
b) quais são os nossos produtos mais rentáveis?
c) quais são os nossos clientes (consumidores) mais satisfeitos?
d) quais são os clientes (consumidores), canais ou ocasiões de compra mais rentáveis?
e) quais são as atividades da nossa cadeia de valores mais diferenciadas e mais eficazes?

E nós acrescentaríamos:

f) quais são os nossos clientes (consumidores) mais insatisfeitos?
g) quais são os resultados de nossa ação de garantia da qualidade?
h) quais são os segmentos que não atingimos e poderíamos atingir?
i) quais são nossos *stakeholders* (empresas e pessoas que detêm algum interesse na empresa) e o que pensam de nossos produtos e serviços?
j) quais são as pessoas da organização que melhor simbolizam nossa melhor imagem frente aos nossos clientes?

Porter dá uma excelente contribuição, mas deixou de lado outras perguntas, também decisivas, pois que ainda se referem ao ambiente externo, essencial para formulações de estratégias de negócios, mas deixam o ambiente interno ligeiramente afastado de tais formulações. Estendemos, digamos, o *check list* (lista de checagem) para novas questões ambientais (*f, g, h* e *i*), mas incluímos a que questiona o ambiente interno (*j*) dando importância à estrutura social e àqueles que, com sua competência e presença, adicionam algo mais à empresa e ao negócio, ainda que não seja, muitas vezes, possível mensurar a importância dessas pessoas. Mas, acreditamos fortemente que parte, ou em momentos, grande parte da estrutura social contribui enormemente para estratégias conducentes a diferenciações de mercado e ótimos resultados.

No campo das competências gerais das empresas, é vital concentrar esforços nas competências essenciais (*core competences* ou *key competences,* em inglês), pois que são as que oferecerão resultados mais relacionados aos resultados finais. Portanto, a dedicação extrema às competências todas da organização produz resultados de excelência, mas, talvez, fosse mais recomendável um foco naquilo de que a empresa mais necessita para dar a dinâmica que deseja aos seus negócios.

Motta (2001) entende que estratégia "é o conjunto de decisões fixadas em um plano ou emergentes do processo organizacional que integra a missão, objetivos e sequência de ações administrativas num todo interdependente". E Motta, também, acredita que os princípios básicos das estratégias militares, portanto, se devem à velocidade das mudanças de toda sorte, hoje, muito mais percebida do que duas décadas passadas. As mudanças no ambiente raramente são controladas pelas organizações ou facilmente conhecidas algum tempo antes, ou seja, a tempo de serem feitos os ajustes e acertos necessários a qualquer plano ou ações cotidianas. Em nosso entendimento uma conceituação de estratégia deve ter uma referência objetiva à organização e ao ambiente que interessa. Assim, teríamos que estratégia é uma somatória de planos e ações integradas que, considerando as frequentes variações ambientais, visa a assegurar vantagens competitivas contínuas, geradoras de estímulos internos à sua estrutura social e de diferenciações excelentes de seus produtos e/ou serviços, atingindo plenamente o segmento de mercado desejado.

5.4 Modelo de ação estratégica

A elaboração e aplicação de um modelo de ação estratégica é importante para dar um norte à implementação de qualquer esforço que envolva a empresa, parcial ou totalmente, na tentativa de incorporar ganhos frente à concorrência.

| Quadro 5.3 | Modelo de ação estratégica. |

	Modelo de Ação Estratégica
1	Conhecer bem o ideário da empresa;
2	Saber bem as metas e objetivos de curto, médio e longo prazo da empresa;
3	Conhecer bem o ambiente e suas tendências no que interessa à empresa;
4	Avaliar as incertezas (ameaças) e as certezas (boas oportunidades) ambientais;
5	Identificar as vantagens e desvantagens da empresa frente ao ambiente;
6	Buscar meios e modos de adaptação da empresa às turbulências originadas do ambiente: incluem-se meios e modos das competências das pessoas da organização que poderão estar envolvidas em todos os momentos do planejamento e da ação estratégica;
7	Dar clareza à estratégia dos negócios;
8	Dar clareza de forma fundamentada a cada área estratégica da empresa;
9	Compatibilizar cada área estratégica com os negócios da empresa;
10	Formular a estratégia;
11	Sensibilizar e ganhar aceitação; e
12	Comunicar à estrutura social.

1. *conhecer bem o ideário da empresa*: tem um significado bem mais denso do que se possa imaginar. Não é incomum encontrar profissionais mais preocupados em estabelecer a estratégia propriamente dita e aí... projetam a estratégia equivocada. E projetar estratégia com equívocos pode acarretar dificuldades as mais diversas. Então, conhecer a missão, o ideário mesmo será um proveitoso subsídio que permitirá um bom início e um bom prognóstico da estratégia a ser projetada;

2. *saber bem as metas e objetivos de curto, médio e longo prazo da empresa*: isso não quer dizer que saber das muitas metas e os tantos objetivos garantam um bom plano estratégico, mas não saber o que se pretende fazer de forma objetiva é garantia de insucessos, tal qual a etapa desse modelo. E nós insistimos ao afirmar que fazer um bom plano estratégico não é montar em dados, números, resultados financeiros anteriores, projeções variadas de números e mais números. Também é fazer tudo isso, mas sabendo onde a empresa está e para onde quer ir;

3. *conhecer bem o ambiente e suas tendências no que interessa à empresa*: a pessoa da organização que se torna responsável pela elaboração de um plano estratégico dará passos importantes, se considerar esse item um dos mais importantes, porque é um dos mais importantes mesmo. No Brasil, e estamos repetindo essa observação, as turbulências ambientais são muitas. Repetindo um famoso político brasileiro, mas colocando a sua fala em nosso contexto: "o ambiente externo é como uma nuvem; você olha a nuvem está de um jeito e você olha daqui mais alguns poucos minutos e ela estará com um outro desenho". E é isso mesmo. O ambiente se modifica com incrível facilidade, diferentemente de sociedades mais desenvolvidas, onde o caráter estável da economia torna simples o esforço de projeção das ações organizacionais;

4. *avaliar as incertezas (ameaças) e as certezas (boas oportunidades) ambientais*: embora a literatura nos últimos trinta anos venha insistindo na relação empresa/ambiente, seria difícil afirmar que essa relação é cuidadosamente praticada. Há exemplos de insucesso motivados pela pouca disposição em considerar como vital essa relação.

    Dar importância ao ambiente é vital; entender o ambiente é difícil. As incertezas e as certezas, as ameaças e as oportunidades surgem de contingências, portanto, de momentos não necessariamente esperados, imaginados. E, por isso, os envolvidos nas formulações estratégicas têm de estar atentos às atuais turbulências e, da mesma forma, às possíveis turbulências dentro do tempo a ser projetado para as estratégias. E, adicionalmente, é bom insistir no fato de o ambiente externo não ser composto unicamente pelos vários concorrentes. É natural, bastante mesmo, que uma primeira consideração seja feita com relação à concorrência, mas temos que concordar que entendê-la é vital para o sucesso de um plano estratégico, mas não só. As ameaças e oportunidades derivam, como estamos vendo, da concorrência e, também, do governo (todos os níveis), consumidores, consumidores potenciais, comunidades, investidores, acionistas e demais interessados (do inglês *stakeholders*). E fica claro que esse item de nosso modelo é crucial e exigirá que os envolvidos sejam portadores de uma enorme bagagem de conhecimentos acadêmicos e práticos;

5. *identificar as vantagens e desvantagens da empresa frente ao ambiente*: bastante semelhante à etapa anterior, na formulação, mas muito diferente na ação. Aqui os envolvidos têm de identificar as vantagens e desvantagens da empresa frente aos concorrentes, consumidores, potenciais consumidores e demais *stakeholders* e preparar sua ação estratégica calcada nos valores positivos e mantendo-os. E ter cuidados excepcionais com as desvantagens

frente ao ambiente como um todo. E é bom deixar claro que as vantagens e/ou desvantagens se referem à empresa e não a um aspecto particular como a área de *marketing*, ou a área de logística, ou a área financeira. O correto é identificar os *quês* e *porquês* da relação empresa/ambiente. Dar preponderância a uma dada área só se justificará em circunstâncias especiais. Fora disso é a empresa como um todo que entrará nessa busca das coisas boas e das não tão boas;

6. *buscar meios e modos de adaptação da empresa às turbulências originadas do ambiente; incluem meios e modos das competências das pessoas da organização que poderão estar envolvidas em todos os momentos do planejamento e da ação estratégica*: a questão das competências pessoais ultrapassa os limites das preocupações internas, da competência frente a programas, projetos, atividades as mais variadas e chega até as competências exigidas para a correta confrontação com as variações ambientais. É comum encontrarmos pessoas que afirmam que se consideram em condições de fazer tal ou qual atividade, mas quando têm de estabelecer relacionamentos envolvendo vários atores externos e outras organizações se consideram pouco capazes de abrir seus raciocínios, ou seja, têm condições de fazer análises micro e pouca facilidade para estudos macros. Em sala de aula é muito comum ouvir estudantes relatarem suas dificuldades nesse sentido e é perceptível nas aulas de macro ou microeconomia, principalmente;

7. *dar clareza à estratégia dos negócios*: não raras vezes nos defrontamos com projeções estratégicas elaboradas em textos quase que dirigidos a uns poucos, resultando daí entendimentos errôneos e ausência de um melhor entendimento. O correto é ser humilde, ou seja, mesmo podendo elaborar textos numa linguagem rebuscada, com muitos termos em inglês ou em outro idioma de algum domínio das pessoas da empresa, registre as proposições de natureza estratégica numa linguagem simples e de fácil compreensão. Ser claro deriva do ser humilde;

8. *dar clareza de forma fundamentada a cada área estratégica da empresa*: essa é uma evidente extensão do item anterior, mas vale pelo reforço de que desejamos dar nossa firme sugestão no sentido de tornar simples, sem ser simplório, as muitas proposições de cunho estratégico. Fundamentar é essencial, ou seja, é mandatório. Já não é mais possível ter textos não fundamentados, calcados em famosos "eu acho que", "eu penso que". Gente competente justifica, junta dados, traz exemplos e argumenta, argumenta e argumenta. E assim tem de ser, principalmente, nas formulações estratégicas que, se bem planejadas e implementadas, garantem a excelência do negócio. E note que falamos de dar clareza bem funda-

mentada a cada área estratégica e não à área de *marketing* ou finanças, via de regra, as áreas "mais votadas";

9. *compatibilizar cada área estratégica com os negócios da empresa*: você pode imaginar que estamos cometendo algum erro ao apresentar esta etapa, pois que é claro que a estratégia estará relacionada com os negócios da empresa. Também achamos, mas há sempre um mas. Muitas vezes o entusiasmo, a vontade forte, as consideradas evidentes oportunidades fazem com que o formulador ou os formuladores acabem por produzir um documento que não é compatível com esta ou aquela área estratégica. E mais: quando as estratégias ocorrem em organizações corporativas os cuidados têm de ser ainda maiores. Nesse caso, os negócios da empresa são na realidade, negócios das empresas que, juntas, formam a corporação. Daí a forte recomendação nesta etapa de a compatibilidade ser uma presença na mente das pessoas envolvidas na formulação do documento que apresentarão a quem de direito;

10. *formular a estratégia*: sabemos todos que a estratégia resulta de uma somatória de ações integradas para assegurar uma vantagem competitiva e que essa somatória tem de ter sustentabilidade. E essa tem sido a nossa maneira de apresentar e desenvolver o modelo. Formular estratégia(s) implica atender corretamente às etapas todas de nosso modelo.

    Formular implica em discutir, compreender, convencer, argumentar, perder e ganhar batalhas rumo à melhor estratégia e não implica apenas sentar e digitar um texto bem escrito. É bom dizer que formular a(s) estratégia(s) inadequada(s) e conseguir aprová-la(s) é o mais perigoso passo no sentido da falência dos negócios. O jovem profissional, principalmente, o executivo, tem uma característica muito boa, mas que pode trazer algum prejuízo. Nos referimos à impetuosidade, coragem, agressividade (funcional, é claro) geradoras quase sempre de excelentes resultados, mas nem sempre. E isso justifica nossa sugestão de nesse momento colocar-se o ímpeto de lado e agir de maneira corajosa, mas cautelosa;

11. *sensibilizar e ganhar aceitação*: você deve estar pensando: mas qualquer proposta deve levar o seu idealizador a sensibilizar pessoas, buscando a concordância e isso inclui propostas de estratégias das empresas. O que desejamos é fazer esse registro como um reforço a mais no sentido de ver chegar a bons resultados um esforço de natureza técnica e que é um esforço que demandará algum tempo. Estabelecer estratégias corretas que conduzem a vantagens competitivas e, em seguida, a excelência nos negócios exigem dos formuladores ações típicas de negociadores. Porém, os negociadores vão se sentar à mesa de outras pessoas da mesmíssima

organização. Mas, cremos que estamos sendo entendidos. Sensibilizar é mostrar com clareza os objetivos a serem alcançados, a natureza do esforço, o que será exigido de cada um. Sensibilizar é quebrar eventuais discordâncias que permaneceram após a formulação de toda a ação estratégica e sensibilizar é, em outras palavras, buscar aceitação consciente e não porque as pessoas foram convencidas a aceitar. É, sobretudo, um esforço político que vai envolver, além da competência técnica, muita habilidade;

12. *comunicar à estrutura social*: há organizações em que persiste a disposição de muitos dirigentes em transmitir à estrutura social como um todo as decisões superiores como, por exemplo, ações e decisões de cunho estratégico. E há organizações em que essa consideração sequer é mencionada. Nas organizações mais abertas, a comunicação deve ser feita de forma a atingir toda a estrutura e com a utilização das linguagens adequadas, variando na mesma medida em que variam os níveis funcionais. Em etapas anteriores, pedimos que a linguagem seja sempre de acordo com as pessoas envolvidas e aqui, logicamente, insistimos uma vez mais no uso adequado de termos e mesmo, eventualmente, de textos que sejam distribuídos como, por exemplo, os comunicados, jornal interno e avisos afixados em refeitórios, salas de convivência, associações de funcionários e assim por diante.

Nossa intenção é deixar à sua disposição um modelo que possa ser aplicado, não na sua totalidade, mas que seja um modelo ajustável às circunstâncias da empresa. Um modelo que, à semelhança de tantos outros, sirva como um norte para dinâmicas de toda natureza. A estratégia é um instrumento forte no cotidiano e vital para uma presença diferenciada no mercado. E mais: decisiva nos processos de luta por vantagens competitivas e crescentes.

5.5 Liderança

Para suportar as inúmeras pressões que surgem de todos os lados, as empresas têm de encontrar alternativas para permanecerem sobrevivendo, competindo. Para tanto, têm na formulação de estratégias uma excepcional alternativa de ganhos e de notáveis diferenciações no mercado. Contudo, as estratégias, meios, modos, táticas, dinâmicas e ações de um modo geral são elaboradas, imaginadas, sugeridas, aplicadas, adaptadas, readaptadas por pessoas da organização, ocupantes das mais variadas posições, desde posições de mero apoio, passando pelas várias posições gerenciais até o topo da organização, onde haverá dirigentes profissionais,

CEOs (*Chief Executive Officers*), empresários e empreendedores. De uma forma ou de outra, tais posições exigem algum tipo de liderança e é sobre isso que iremos levantar algumas propostas nossas e de autores que contribuem para o melhor de estudos e pesquisas.

Antes mesmo de apontarmos nossas ideias e proposições, seria interessante citar Maxwell (2003a), um dos autores que oferecem a sua contribuição, e estendemos com alguns comentários e outras proposições. Ele considera que dez habilidades são importantes num processo de mudança no qual você seria o grande "maestro" ou "maestrina". Essas dez habilidades são dirigidas, principalmente, à pessoa em cargo executivo ou gerência superior. Cabem, também, à pessoa empreendedora, porque está sempre próxima às pessoas da organização, todas, poderíamos dizer. E são estas as dez *habilidades*:

- *habilidade 1: incorpore a sabedoria do pensar grande (pensar além de si mesmo)* – sabemos que não é mais possível pensar apenas nas possibilidades que conduzam a acertos, mas que não haja nenhum risco envolvido. Na realidade o risco faz parte do pensar grande, pensar além. O risco em processos de mudança, em processos de tomada de decisão pode vir pelo ambiente interno e ambiente externo. Com frequência o risco, via ambiente interno, tem origem no próprio objeto da tomada de decisões, ou seja, com as pessoas mais diretamente envolvidas. Do ambiente externo, riscos incluem: questões políticas, legais, de natureza ambiental e questões sociais (HELDMAN, 2003). Pensar grande implica pensar em ambos os ambientes, mas concordamos que os riscos derivados do ambiente externo exigirão uma avaliação que será tanto melhor elaborada quanto maior for o saber de pensar além, pensar à frente dos acontecimentos;

- *habilidade 2: desenvolva o potencial do pensamento focado (concentração e clareza)* – anteriormente, ao longo do Primeiro Capítulo insistimos na ação focada, ou seja, concentração e absoluta clareza em seu esforço de seguir num processo de mudança quando em ação conjunta, em equipe e, portanto, junto às pessoas da organização. Pensamento focado reduzirá as incertezas e servirá de estímulo àqueles envolvidos numa dada ação. Focar é concentrar, é pensar transparente, é pensar positivo e, como diz o próprio autor, numa outra obra (MAXWELL, 2003b), pensamentos e atitudes positivas entre pessoas podem não garantir o sucesso da equipe, mas atitudes negativas garantem o fracasso;

- *habilidade 3: descubra o prazer do pensamento criativo (quebrar as limitações)* – quebrar e fazer conexões é onde a maioria dos esforços de criatividade resulta positivamente (MAUZY; HARRIMAN, 2003). O ato criativo conduz a inovações e a resposta do mercado às inovações serão inevitavelmente incertas nesse mundo absolutamente conectado. Haverá sempre sucessos e insucessos (CHAKRAVORTI, 2003). Então, o ato criativo deve ser envolvido por algumas cautelas.

O grande Picasso disse que o ato de criação é o primeiro e o mais importante ato de destruição. Na empresa poderíamos dizer que um ato de destruição não quer dizer destruição da empresa, mas destruição de algumas certezas e convicções absolutas. Criar é quebrar paradigmas, é alterar padrões, é encontrar outras soluções, não necessariamente, as soluções impossíveis, mas criar é, também, promover soluções visíveis, simples. Daquelas soluções que a gente pensa assim: como é que eu não pensei nisso, tão simples?!! Acreditamos que o pensamento direcionado à criação pode até destruir como disse o imortal Picasso, mas tem o sentido da vitória, com certeza. Envolvido(a) com pessoas na organização, antes de se legitimar como um(a) grande líder, desenvolva em você mesmo(a) essa habilidade, descubra o prazer do ato criativo;

- *habilidade 4*: *libere o poder do pensamento estratégico (construa uma sólida formação para as coisas que pensa)* – pensar estrategicamente significa não pensar em resultados imediatos, significa estabelecer as linhas gerais de ação de forma integrada considerando as variações ditadas pelo ambiente externo. Liberar o poder do pensamento estratégico tende a gerar uma busca criteriosa, cuidadosa e, muitas vezes, inovadoras. E a tendência será o armazenamento de informações que agregam valor e permitem arquiteturas estratégicas. Diferentemente daqueles que agem de forma rápida, emitindo respostas rápidas e imaginando o melhor resultado possível e que, com frequência, ficam em posição delicada quando as estratégias são desdobradas em ações e resultam negativas para as diferenciações de mercado que as empresas procuram sempre. Portanto, você saberá que está na trajetória correta quando perceber que não está buscando resultados imediatos, mas está medindo todas as consequências possíveis, incluindo, mas evitando, obviamente, o desastre total;

- *habilidade 5*: *sinta a energia do pensamento das coisas que são possíveis (entusiasmo e esperança são as palavras de ordem)* – planejamento e acaso, equipes e indivíduos (MIRVIS; AYAS; ROTH, 2003). Grandes ideias e ideias singulares, ambições quase impossíveis e o realismo de cada dia, sendo corajoso e sendo humilde, através do caos e da organização. Talvez nós possamos dizer que é paixão para vencer. Alguém perguntaria: e daí? O que tudo isso quer dizer? Quer dizer que o pensamento viaja, vai desde ações planejadas até as ocorrências casuais. Pensamos coisas grandes, ideias gigantescas e ideias simples, desejos, vontades, sonhos, mas retornamos ao planeta Terra e sentimos a realidade de nosso dia a dia.

Entusiasmo e esperanças são palavras que devem nortear os nossos momentos em nossas posições funcionais e não apenas em momentos sociais, como às sextas à noite, sábados e domingos. E, fundamental, é você ter consciência que entusiasmo e esperanças são importantes, também, na empresa e mais: se for o caso, saber e insistir que o mesmo aconteça com as pessoas da organização que estejam sob sua subordinação, ou seja, que elas também sonhem e pensem ações possíveis e impossíveis;

- *habilidade 6: abrace as lições do pensamento reflexivo (sempre retornando ao passado, buscando perspectivas para o futuro)* – uma habilidade fácil de ser explicitada, mas difícil de ser internalizada em função das incríveis alterações que vivenciamos a cada dia. O pensamento reflexivo exige constantes visitas ao passado. O pensamento reflexivo exige uma certa tranquilidade ambiental para que as idas e vindas aos vários passados ocorram de forma natural. Mas, não é o que acontece e a evolução do pensamento, que pede contínua reflexão, tem de suportar e ultrapassar as contingências do cotidiano;

- *habilidade 7: questione a aceitação do pensamento popular (como lidar com as frequentes rejeições por apresentar sugestões não normais, esperadas)* – as propostas, sugestões que aparecem no campo das normalidades não suscitam rejeições de qualquer ordem, são, repetindo, normais e, por isso, não merecem comentários diferenciados entre as pessoas envolvidas numa dada situação. Mas as sugestões que fogem ao que as pessoas esperam levantam questionamentos que acabam, muitas vezes, demonstrando plena discordância e eles são carregados de negatividade. E não importa a qualidade da sugestão, importa o seu caráter dito excêntrico, diferente ou inaplicável naquela situação ou naquela empresa. E se você estiver numa posição gerencial, ou mesmo se for uma pessoa empreendedora, desejará forçar a aceitação do que elas tanto acreditam. E aqui seria importante essa pessoa considerar os quatro elementos que alguns consideram vitais para vencer no ambiente de trabalho (MARKS, 2003) e são:
  - *empatia*: ou seja, você sentir o que uma pessoa sentiria numa determinada situação e imaginar alternativas. Assim, ao projetar uma sugestão, você terá condições de pensar nas reações das pessoas próximas a você;
  - *engajamento*: empenhar-se nas atividades sobre sua responsabilidade e nas que não são de sua responsabilidade. Essa é a proposta maior do engajamento, uma palavra conhecida e largamente utilizada nas organizações não governamentais e organizações de objetivos sociais. E na empresa o engajamento é sinônimo de ação compartilhada

(veja habilidade 8, a seguir) e de possível aceitação em propostas e sugestões de toda ordem. E é certo que o engajamento torna o que a pessoa faz, crível. E é nosso entendimento que a credibilidade faz a diferença. É a consistência entre palavras e ações. As pessoas ouvem palavras e olham as ações e aí se mede a congruência e se reforça o engajamento desejado. E se há consonância, um julgamento positivo é feito e o engajamento se confirma (KOUZES; POSNER, 2003);

- *energia*: energia, energia e energia. Essa é uma palavra responsável pelo sucesso de muitas pessoas, não importando a posição na empresa. Demonstrar empenho, disposição sempre é prova contundente de interesse nas ações que estão levando adiante;

- *imposição (enforcement)*: é o elemento mais complexo, se você deseja seguir os quatro elementos. Impor a presença não significa exigir nada nem comportamento algum; apenas exige firmeza nas ações, nas atitudes e na demonstração de saber, de ser competente. Sem comportamento agressivo, mas com atitudes centradas não será tão difícil contornar as desconfianças e incertezas de tantos outros com relação a você, mais uma vez, não importando a sua posição na empresa, se em função gerencial ou envolvida diretamente em empreendimento. Mas não se esqueça o conselho de Owen (2003): "o bravo adora acelerar a sua carreira. São bem-sucedidos rapidamente e, também, fracassam rapidamente". Portanto, guarde as sábias palavras do autor, sabendo que se impor não significa atitudes "heroicas" de subir na carreira ou ganhar mercados de qualquer maneira. Porque ações guerreiras podem resultar em vitórias e em derrotas;

- *habilidade 8: encoraje o pensamento compartilhado (divida com outras cabeças o que você pensa)* – você já notou que vimos "batendo na tecla" da ação conjunta, do entendimento entre todos, da aproximação entre posições superiores e subordinados de um modo geral. Esta é uma obra dirigida não somente às pessoas que almejam um cargo executivo, mas também, em consultoria; a quem deseja ser titular de empreendimentos ou agir empresarialmente e também aos homens e às mulheres na empresa. Aqui, repetimos o encorajamento em prol do pensamento compartilhado, considerando-o válido em todas as circunstâncias. Logicamente, deveremos considerar os vários posicionamentos de cada pessoa, pois sempre haverá graus de compartilhamento, dependendo até mesmo das posições funcionais, o que é natural. De qualquer maneira, dividir com outras pessoas sempre fará bem, sempre resultará positivo;

- *habilidade 9*: *experimente a satisfação do pensamento não egoísta (considere as sugestões nas suas jornadas)* – é muito fácil considerar as suas sugestões, mas não é fácil aceitar a sugestão do próximo. Pode não ser verdade para muitos que estão lendo este Capítulo, mas é certo que um bom número de leitores(as) terá dificuldade em aceitar uma sugestão de alguém. E perguntará a si mesmo: por que não pensei isso aí? Mas, garantimos que saber compartilhar seu pensamento (habilidade 8) levará à consideração e aceitação, se for o caso, de sugestões de outros. Com certeza, uma habilidade estará "imbricada" com uma ou mais habilidades;

- *habilidade 10*: *tenha a alegria do retorno do positivo (sempre focar seu pensamento nos resultados positivos e potencializar, então, o seu pensamento)* – a última habilidade é carregada de positividade. Focar pensamentos é altamente aconselhável, ter cautelas, retornar a pensamentos, rever os focos, projetar possíveis focos faz parte do dia a dia, mas retornar ao que resultou em algo positivo terminará por potencializar o hoje e agora e haverá possibilidade de a ação projetada trazer mais resultados positivos.

Quadro 5.4	Habilidades importantes num processo de mudança.
1 – Pensar grande	6 – Lidar com rejeições
2 – Concentração e clareza	7 – Aprender com o passado
3 – Quebrar as limitações	8 – Pensamento compartilhado
4 – Pensar estrategicamente	9 – Pensamento não egoísta
5 – Entusiasmo e esperança	10 – Potencializar pensamentos

Ainda não definimos nem conceituamos o líder nas empresas, porque entendemos que mapear as habilidades é um passo necessário e fundamental para, a partir daí, desdobrar propostas que consideramos rigorosamente relevantes para a conquista, que tem de ser incessante, da excelência organizacional, ou seja, da excelência plena.

O *Dicionário Aurélio* registra líder como "o indivíduo que chefia, comanda, e/ou orienta em qualquer tipo de ação, empresa ou linha de ideias". Poderíamos dizer que essa seria uma definição que o tempo mostrou merecer pequenas correções. Hoje, entendemos que chefiar não implica liderar. Em outras palavras, líder pode ser alguém na organização e não necessariamente chefe de uma unidade X qualquer. Não sendo chefe, não é quem comanda, mas pode ser quem orienta e, para orientar, não precisa ser chefe. Drucker (*apud* HAIM, 2003) dá destaque a algumas características que observou em líderes, resumindo-as em quatro bastante simples e que nós nos permitimos comentar uma a uma, por julgarmos serem merecedoras de comentários que explicitem os meios e os modos de serem exercidas, desenvolvidas por pessoas que lideram pessoas nas organizações, sejam pessoas executivas, em consultoria, sejam pessoas empreendedoras ou com o seu próprio negócio. São elas:

1. *líder é alguém capaz de fazer com que os outros o sigam, sendo principalmente este o tipo de habilidade que melhor o descreve*: essa capacidade não tem relação com capacidade divina, suprema, puro magnetismo pessoal ou de ter seguidores apaixonados. Seria uma capacidade própria, originada de sua competência pessoal e de sua habilidade, logicamente;

2. *líder eficaz não é alguém que se adore ou se admire. Seus colaboradores fazem aquilo que lhes convém fazer. A qualidade da liderança não se mede pela popularidade de que gozam, mas pelos resultados que ele, líder, consegue produzir*: teríamos aqui o líder competente que permite o cumprimento de tarefas por parte de seus comandados, porque sabe que os resultados serão positivos;

3. *líderes estão em grande evidência. É por isso que conseguem dar exemplo*: de repente, líderes aparecem por todos os lados e "fazem a diferença", como se diz no popular. A literatura privilegia a pessoa do líder e a forma de liderança exercida; e

4. *a liderança não é uma questão de classificação, de privilégios, de títulos ou de dinheiro. É uma questão de responsabilidade*: acreditamos que essa é uma tendência forte na conceituação da pessoa líder: ser responsável, ou seja, executar o seu trabalho passando a certeza da responsabilidade e competência, porque é uma pessoa responsável. Dificilmente, surgirá e permanecerá líder se não numa composição de responsabilidade, competência e de habilidade no relacionamento com as pessoas sob sua orientação.

Quadro 5.5	Características de líderes (Drucker).

- Capacidade de fazer com que os outros o sigam
- Conseguir resultados, independentemente da popularidade de que gozam
- Ser exemplo
- Ser responsável

Reddin, Gardner, Karloff (apud LACOMBE; HEILBORN, 2008) acreditam que o líder que é realmente líder faz, segundo os seguintes estudiosos:

W. J. Reddin:

- *defende valores que representam a vontade coletiva, do contrário, não seria capaz de mobilizar os liderados à ação*: contudo, isso não impede que defenda valores nos quais acredita, mas o fato é que será reconhecido na medida em que lute pela vontade das pessoas sob sua orientação e, também, acredite nos valores em que o grupo acredita. Caso contrário, terá uma luta interna, consigo mesmo, que prejudicará sua ação como condutor de pessoas no trabalho;
- *busca e define o consenso em uma causa comum*: é um processo lento e que exige ponderações permanentemente, pois é comum na busca por consensos a existência de múltiplas interpretações e versões de uma dada situação. Buscar e definir consensos é uma tarefa que exigirá um exercício cauteloso das habilidades do líder, como vimos;
- *cria o espírito de equipe*: essa é uma tarefa que vai exigir conhecimento da natureza humana. Criar – e completamos, manter o espírito de equipe – é, provavelmente, o exercício diário que mais solicita da liderança gestos e atitudes que não contrariem desejos próximos. Criar (e manter) uma equipe unida é muito mais do que estabelecer tarefas igualmente, fazer reuniões ou mesmo reuniões sociais, sorrir etc. Criar e manter o espírito de equipe não quer dizer ter uma equipe feliz. É promover a relação respeitosa, a relação de trabalho, buscar comprometimento, não importando se as circunstâncias são favoráveis ou não. É lutar pela equipe nos muitos momentos de alguma inquietação interna ou provocada por atores externos;
- *promove a dedicação dos liderados*: não é tarefa fácil, com certeza, porque depende de habilidade da liderança e, mais do que isso, depende da sua disposição em estar próximo dos liderados para que estes, então, demonstrem o respeito e consideração;
- *promove a lealdade à organização e aos seus valores*: se a promoção da lealdade à organização e aos valores faz parte de um esforço integrado das lideranças todas, temos uma organização imbatível, crescente, com reais possibilidades de estabelecer vantagens competitivas indiscutíveis. Não se pode afirmar que a organização se torna insuperável porque há lealdades presentes, mas é possível afirmar que essa deve ser uma organização com forte tendência à excelência. Imaginemos uma pessoa empreendedora agindo como líder e conseguindo internalizar em cada

pessoa o espírito da lealdade e podemos imaginar uma empresa destinada ao sucesso. O exemplo, também, caberia num(a) empresário(a), muito provavelmente, já distante da imagem de uma pessoa corajosa, audaciosa empreendedora, mas ainda à frente de seu negócio. As revistas especializadas contam estórias de empresários que conseguiram esse relacionamento, essa união com o corpo social. E não são estórias que terminam em situações dramáticas;

- *cria orgulho pela equipe, pela organização e pelos seus objetivos*: essa é uma forma objetiva de se lutar na busca da lealdade e da incorporação de valores nas pessoas. O esforço da liderança, via equipes, resultará favorável se bem conduzido, conquistará verdadeiros aliados e terá contribuído para a lealdade de muitos ou de todos pela organização; e

- *gera confiança quanto aos resultados a serem obtidos*: a liderança positiva que gera bons resultados, que sabe interpretar resultados e mostrar onde houve maior ou menor competência, onde houve erros e onde houve acertos muito certamente ganhará o respeito de sua equipe e a confiança na conquista dos resultados projetados. No caso da pessoa empreendedora ou de alguém que tenha o seu negócio, gerar tal confiança é um passo positivo para a obtenção de bons resultados, pois que são alvos de permanente atenção e tensão. São os principais nomes e em muitos casos os únicos nomes na estrutura de comando.

Quadro 5.6	Características de líderes (W. J. Reddin).

- Representam a vontade coletiva
- Buscam e definem o consenso
- Criam o espírito de equipe
- Promovem a dedicação dos liderados
- Promovem a lealdade à organização e aos seus valores
- Criam orgulho pela equipe, pela organização e pelos seus objetivos
- Geram confiança quanto aos resultados a serem obtidos

John Gardner:

- *estabelece os objetivos*: a liderança não pode divagar quando se trata de conhecer o destino final de uma ou mais atividades. Marcada a trilha, o objetivo é uma decorrência natural, mas esquecido em várias ocasiões. E nada pior para os liderados que não sabem qual trilha seguir, para onde ir ou para onde irão, após uma determinação que não tem nenhum endereço, ou seja, uma ordem qualquer, mas sem que se saiba o porquê e para quê. Em suma, estabelecer objetivos é função vital. Se o líder não souber estabelecer objetivos, que consulte o grupo; ainda assim será melhor do que deixar o grupamento sem saber da destinação de suas ações;

- *motiva os liderados*: certamente, o autor quis dizer: entusiasme os liderados, pois pessoas não motivam outras pessoas, portanto, líderes não motivam liderados. A motivação está em cada um de nós, e podemos aumentar ou reduzir nossa motivação dependendo, entre outras coisas, de pessoas estimularem outras pessoas e elas, então, se motivarem. E é o que se deseja das lideranças: estimular para criar nas pessoas as motivações desejadas e necessárias;

- *cria, mantém e administra uma equipe de bom nível*: tudo isso implica cuidados das lideranças ao juntar pessoas, ao agrupá-las e daí trabalhar no sentido de criar uma equipe produtiva e leal. E manter tais equipes é tarefa de todo o dia. Entender susceptibilidades, mitigar conflitos, reduzir diferenças individuais, dar "injeções" de ânimo, oferecer ajuda quando é possível ajudar, enfim, entender e compreender pessoas e procurar caminhos que, sem prejudicar a organização, tragam tranquilidade e conforto para muitos;

- *explicar as razões do que deve ser feito*: reside aqui uma das maiores inquietações dos estudiosos, qual seja, a de líderes disponibilizarem os motivos, as razões do que deve ser trabalhado pelos liderados. Não é incomum determinações serem passadas, sem os porquês, sem as razões que originaram tal ação. O que os estudiosos querem é a liderança presente em todos os momentos, inclusive, naquele em que razões devem ser dadas, sejam quais forem os trabalhos a serem realizados com "final feliz" ou não;

- *serve de símbolo para os liderados*: uma somatória de atributos confere o *status* de uma boa liderança. Mas o que muitos almejam é servirem de símbolo para os liderados, serem reconhecidos como uma pessoa superior, pois o possuidor de tantos atributos é eleito, ainda que de forma não explicitada, como um exemplo de profissionalismo e de companheirismo. Sem dúvida, um desejo de muitos, mas alcançado por poucos, em função ainda da pouca disposição de muitos líderes em dividir vitórias, compartilhar um pouco mais os seus desejos, inquietações, suas dúvidas e certezas;

- *representa externamente a equipe*: quando o líder é empreendedor ou empresário a representação externa se dará fora dos limites da empresa e esse será um trabalho que surgirá naturalmente. Contudo, quando a liderança é exercida por alguém de um dos segmentos internos, a função será nobre se bem representada, porque os membros da equipe se sentirão recompensados por estarem sendo positivamente observados por pessoas de outras unidades. A liderança servirá de disseminadora dos trabalhos de cada um de seus liderados e os comentários surgirão naturalmente. E a probabilidade é grande de a equipe crescer ainda mais; e

- *renova os sistemas complexos que recebem a ação das lideranças*: uma clara conexão com o item anterior e outros, porque uma boa representação externa, por exemplo, traz ânimo contínuo ao grupo e serve para renovar, reciclar competências, comportamentos, melhorar relacionamentos e ativar desejos de toda sorte.

Quadro 5.7	Características de líderes (John Gardner).
	– Estabelecem os objetivos
	– Motivam os liderados
	– Criam, mantêm e administram uma equipe de bom nível
	– Explicam as razões do que deve ser feito
	– Servem de símbolo para os liderados
	– Representam externamente a equipe
	– Renovam os sistemas complexos que lideram

Bengt Karlöf:

- *fornece diretrizes para o que deve ser feito*: a exemplo do que Gardner disse no primeiro item (estabelece os objetivos), lideranças devem dar diretrizes e não somente informar do objetivo a ser alcançado. Isso porque os liderados querem ser liderados, mas com competência, ou seja, tendo o seu condutor à frente do grupo mostrando caminhos, fixando e, eventualmente, discutindo as diretrizes. Tudo isso conforta e dá a tranquilidade desejada. Então, quem estiver exercendo a função de liderança deve ter em mente que liderados atuarão melhor se souberem para onde estão sendo dirigidos e com que propósito;
- *faz com que as pessoas cooperem*: quem exerce a liderança deve ter a habilidade de conquistar a confiança, via clara demonstração de serie-

dade e competência e de um desejo de atuar conjuntamente com seus liderados, tornando-os companheiros de uma luta e não meros soldados numa batalha qualquer. As pessoas irão cooperar atendidas as sugestões que apontamos. Não haverá cooperação, se não houver estímulos nesse sentido. Pedir, apenas pedir, cooperação é um passo pequeno e que ajudará muito pouco no sentido de, efetivamente, conquistar o apoio de seus liderados; e

- *fornece a energia necessária para alcançar as metas fixadas*: fornecer a energia necessária implica uma ação primeira da pessoa que lidera; ser possuidor dessa energia e passar para o grupo esse sentimento, a certeza de que tudo resultará positivo. Ele ou ela só poderá fornecer a energia armazenada consigo; caso contrário, seu convite ao cumprimento das metas fixadas será entendido como mais uma ação burocrática, sem qualquer outro significado mais importante. Portanto, vocês, líderes em potencial, incluam na listinha de compromissos com o sucesso: a energia que você vai fornecer às pessoas sob sua liderança está armazenada em você. Então, faça a distribuição de forma equitativa.

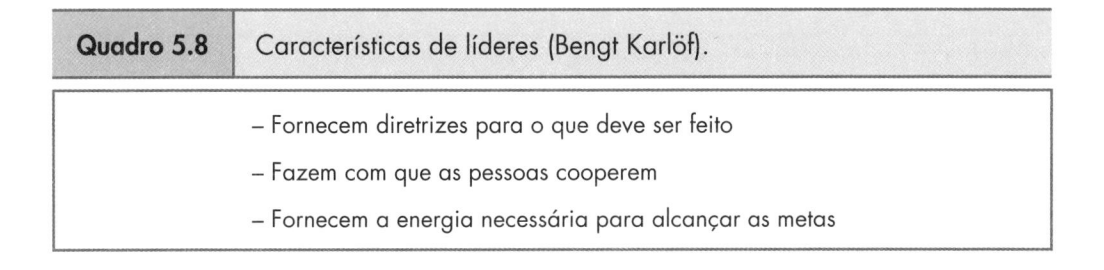

Quadro 5.8	Características de líderes (Bengt Karlöf).
	– Fornecem diretrizes para o que deve ser feito
	– Fazem com que as pessoas cooperem
	– Fornecem a energia necessária para alcançar as metas

Nanus (2000) dá à liderança um papel extraordinário nas empresas, pois considera que "líderes assumem o controle, fazem com que as coisas aconteçam, sonham e depois traduzem esses sonhos em realidade. As pessoas que são (verdadeiramente) líderes atraem o compromisso voluntário dos seguidores, os energiza e transformam e dotam as empresas com maior potencial de sobrevivência, crescimento e excelência [...] líderes são conhecidos por suas habilidades para solucionar problemas, por serem capazes de projetar e construir instituições, empresas; são os arquitetos e arquitetas do futuro da organização". O autor dá uma formidável contribuição ao nosso texto, porque, num certo sentido, reitera o que mencionamos em termos das habilidades que devem ser incorporadas no dia a dia das lideranças para que a empresa sobreviva, competindo e alcançando a excelência. E marca a diferença entre líder e um cargo executivo, gerente, por exemplo. Gerente mostra a sua competência no encaminhamento das coisas da organização; e líder conduz as pessoas para que as "coisas" da empresa aconteçam. Gerente, por exemplo, mostra a sua competência, porque estudou e acumulou experiências vivenciadas aqui e ali. E realizará. Se somarmos a competência desejada do gerente à competência, também desejada de líderes, teremos(a) verdadeiro(a) profissional e desejado(a) por muitas empresas.

Bennis (1996) faz distinções importantes entre executivos (gerentes, basicamente) e líderes e nos permitimos estender com comentários adicionais, mas calcados na realidade brasileira:

Quadro 5.9 | Distinção entre líderes e gerentes.

Líderes	Gerentes
– Inova	– Administra
– É o original	– É uma cópia
– Foco: pessoas	– Foco: sistemas e estrutura
– Inspira confiança	– Confia no controle
– Visão de longo alcance	– Visão de curto alcance

a) *gerente administra; líder inova*: nossas instituições de ensino voltadas ao ensino da administração já consideram a inovação como parte integrante do ato de administrar. Já nos primeiros períodos é visível a preocupação da maioria dos docentes em aliar a tradicional figura de líderes e a tradicional figura de gerente numa nova figura da organização: o exercício de uma nova gerência. Mas, longe de discordar do autor, o que desejamos é enfatizar o que deve ser uma preocupação da pessoa em formação, ou buscando ocupar um cargo executivo ou de consultoria, ou mesmo comandando empreendimentos ou querendo abrir a sua empresa, qual seja, a de incorporar a sua competência técnica fortes ingredientes de compreensão das pessoas sob sua orientação mais direta. Evitamos a palavra "subordinação", porque o líder que é líder não está focado na subordinação, sendo ela apenas uma configuração hierárquica de valor relativo quando se trata de trabalho em conjunto;

b) *gerente é uma cópia; líder é o original*: a frase leva a perplexidades, mas é fácil explicar, imaginamos. O autor não disse, mas nós afirmamos, que gerente seria uma cópia porque espera-se dele ou de qualquer outro, essencialmente, o mesmo, ou seja, competência técnica e ponto. E líder tem várias facetas ou várias possibilidades de ser líder. Não há, ao contrário do cargo de gerente, um papel definido, claro, transparente. A liderança terá de encontrar formulações que permitam sua ação na gradação que achar mais conveniente ou no que for a melhor alternativa, embora não seja, eventualmente, a mais conveniente;

c) *gerente focaliza os sistemas e a estrutura; líder focaliza as pessoas*: dependendo da sua posição funcional, realmente, essa será uma diferença. Mas, se a liderança estiver com uma pessoa empreendedora ou mesmo com alguém comandando o seu negócio, é certo que focalizará a organização como um todo. E isso quer dizer que a liderança deve estar preparada para entender, compreender os sistemas e, consequentemente, a estrutura da sua organização. E nós diríamos mais: a pessoa empreendedora tem de estar muito mais preparada do que quem tem um negócio. Isso porque a pessoa que comanda a sua empresa terá uma bateria de profissionais à sua volta e poderá, com tranquilidade, liderar, porque haverá pessoas que cuidam da parte objetiva do negócio. A pessoa empreendedora durante um bom tempo estará só, ou quase só, e terá de entender, compreender os aspectos objetivos de seu negócio e compreender e liderar os aspectos subjetivos, ou seja, as pessoas da organização;

d) *gerente confia no controle; líder inspira a confiança*: em outras palavras, gerente estaria centrado, focado no controle, no acompanhamento, na execução e líder, independentemente da sua posição inspiraria confiança em todo o seu grupo. O ideal, como dissemos e reforçamos agora, é o gerente estar imbuído de sua ação como líder, mas nem sempre isso é possível. E, somente o treinamento, o aperfeiçoamento e a disposição pessoal conduzem pessoas a papéis efetivos de liderança; e

e) *gerente tem uma visão de curto alcance; líder tem uma perspectiva de longo alcance*: objetivamente: ainda é verdade que gerentes no Brasil têm uma visão limitada dos eventos e fenômenos organizacionais. Esse número diminui a cada dia, porque o país cresce, também, a cada dia e há convicção de gerentes estarem assumindo o papel de líderes legítimos porque estarão investidos, inicialmente, dos quatro elementos básicos para uma pessoa se tornar líder e, também, de habilidades e características de liderança. Essa é uma condição *sine qua non* para o Brasil crescer e é o que está acontecendo: o país cresce, ainda que não na velocidade esperada.

Quadro 5.10	Tipos de liderança e sua configuração gráfica.
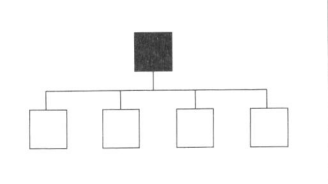	**Liderança tradicional** é o que mostra o gráfico. No retângulo escuro, a liderança que comanda. Pode ser entendido até mesmo como autoridade hierárquica, embora a intenção seja mostrar a forma de liderar que, neste caso, foi ao longo dos tempos a única forma de liderança a ser exercida nas empresas.
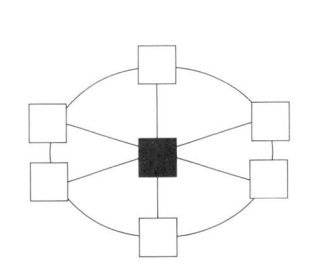	**Liderança participativa:** aqui temos a liderança na figura central. Desaparece a nitidez da figura da autoridade da liderança tradicional, mas a autoridade persiste. Há o chamamento para a participação nos vários processos que conduzirão a decisões, mas a destinação das propostas é uma só: para a(o) líder, como o gráfico induz a todos nós. Mesmo assim, as decisões tendem a ser mais adequadas, face à permissão para a participação plena da equipe ou do grupo envolvido. A liderança participativa é recente no mundo dos negócios – não mais do que 50/60 anos – e vem sendo adotada com enorme frequência em empresas, em sociedades consideradas mais avançadas do que a nossa, mas estamos crescendo, com certeza absoluta.
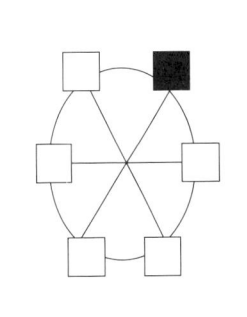	**Liderança compartilhada:** movimento recente e de aplicação crescente mundo afora. Nesta configuração podemos perceber a liderança sem uma autoridade visível, explícita. A eventual liderança por um só membro (sendo autoridade ou não) não o torna poderoso. Nesse caso é bastante provável que seja um verdadeiro *coach* (treinador(a) – veja o Capítulo 3), mas ele continua sendo como os outros demais membros: mais um membro da equipe. A liderança compartilhada exige enorme espírito de compreensão por parte de todos e exige inequívoca competência de seus membros.

Fonte: HICKMAN (1994).

Vale citar as conclusões de Haim (2003) originadas de um estudo sobre gerentes e líderes. Diz a autora: "Pôde-se concluir, também, que não existe um estilo ideal de gestão que esteja mais próximo da liderança ou da gerência e, sim um estilo mais adequado à situação existente [...] gerente exercendo o papel de prover consistência nas dimensões chaves e líderes através da prática de influência intencional, buscando alcançar com motivação os objetivos traçados, são dois lados imprescindíveis às organizações modernas." Nosso esforço é no sentido de transformar a pessoa em cargo executivo (gerente, em nosso exemplo) em executivo(a) e líder, porque não conseguimos visualizar para um futuro muito próximo gestores, de um modo geral, apenas com os atributos convencionais e ditados pela literatura clássica. Mas a leitura do texto de Marie Haim traz algumas implicações que exigem um cuidado especial como, por exemplo, o fato de papéis de líderes e gerentes não serem consequência de decisões internas da organização mas, na maioria das vezes, resultado de ações contingenciais derivadas internamente ou do meio ambiente, ocasião em que o controle da situação (da contingência) não está nas mãos dos gestores da organização.

O Quadro 5.10 é uma simplificação para permitir que você mesmo pense em situações organizacionais tais que pediriam um posicionamento seu imediato com relação a seus possíveis meios e modos de conduzir um determinado projeto, por exemplo.

Esses três tipos de liderança aparecem em todo o texto deste Capítulo e lendo-o você saberá compor o tipo de liderança mais adequado à sua personalidade, à sua competência e às demandas de quem e do que tiver de sofrer a sua liderança.

5.6 Responsabilidade social

Indiscutivelmente, a evolução das abordagens consideradas teóricas resultou na abertura das organizações para o ambiente e, por consequência, resultou numa integração organização/sociedade gerando daí textos e mais textos considerando a organização um sistema social amplo. Num primeiro momento, as organizações se percebiam integrantes de um sistema social próximo, regional mesmo. Com o tempo ficou transparente a necessidade de as organizações atuarem num sistema muito mais amplo e dar valor a essa integração. Hoje, as organizações, em sua maioria, se consideram parte integrante e perseguem essa integração, seja de forma visível, seja por meio de ações pouco divulgadas.

Melo Neto e Fróes (1999) consideravam que a responsabilidade social de uma organização consistia na sua "decisão de participar mais diretamente das ações comunitárias na região em que está presente e minorar possíveis danos ambientais decorrentes do tipo de atividade que exerce". É bastante provável que hoje a citação de ambos os autores sofreria algum acréscimo. As ações comunitárias permanecem, mas as ações sociais bem mais amplas surgiram na plenitude e as questões ambientais se juntaram a outras questões, também sociais. Logicamente, as empresas que causam danos ambientais, em maior ou menor grau, procuram compensar sua ação danosa, aplicando recursos de qualquer ordem na minimização dessas ações por muitos chamadas de organizações predatórias. Há, sem dúvida, um crescimento na compreensão da responsabilidade social da empresa à medida que se soma à responsabilidade social, uma notória extensão à cidadania empresarial. Então, note que a responsabilidade social e as questões ligadas à cidadania estão cada vez mais presentes nas organizações e, curiosamente, não mais assumem uma única postura, que era a da responsabilidade social alcançada por meio de ações apenas filantrópicas, ou seja, contribuir financeiramente para uma dada causa ou uma distribuição financeira equânime entre várias instituições.

Os autores ainda apontam (e comentamos) os vetores da responsabilidade social das empresas e nós estaremos propondo a inclusão dos dois últimos:

- *apoio ao desenvolvimento da comunidade onde atua*: hoje, a presença da empresa nas comunidades próximas à sua área geográfica é uma realidade inconteste. A contribuição vai desde a simples contribuição financeira até o envolvimento expressivo de pessoal das empresas, seja por desejo individual, seja por ação planejada à sua implementação dentro da própria comunidade;

- *preservação do meio ambiente*: o meio ambiente é tema presente na mídia, em geral. Todos nós vemos e ouvimos a cada dia matérias de cunho ambiental, ou de eventos nacionais ou de eventos que, por sua relevância, mereceram atenção das agências internacionais de informação. A *ISO (International Organization for Standardization)*, reconhecida mundialmente pela excelência das normas que sugere para uma dinâmica adequada de cada empresa dentro de cada segmento dos negócios, divulgou as normas da série 14000, específicas para o meio ambiente. E muitas outras organizações surgiram com o mesmo objetivo e outras, basicamente, ONGs (Organizações Não Governamentais) com objetivos semelhantes, mas atraindo a atenção pública para danos à natureza e forçando, politicamente ou não, um posicionamento favorável a permanente e extremos cuidados ambientais (veja Ética Empresarial e Transparência, a seguir);

- *investimento no bem-estar das pessoas da organização e seus dependentes e num ambiente de trabalho agradável*: a cidadania empresarial marcou presença ao dar continuidade a proposições originadas no Brasil pela vitoriosa abordagem da Gestão pela Qualidade Total. Aumenta, expressivamente, o número de empresas no Brasil com ações e preocupações com as pessoas das organizações e familiares. Esses investimentos não se prendem a festas de Natal, Dia das Crianças, Páscoa e a essas datas festivas ou de cunho religioso se somam a alfabetização de adultos, aulas de corte e costura, escolinhas de esporte, tratamento ambulatorial e dentário, entre outros, sempre envolvendo familiares;

- *comunicações transparentes*: o Princípio da Comunicação Motivadora (HIAM, 2003) "é qualquer comunicação que tem o propósito de estimular as pessoas da organização no engajamento de determinada ação". Engajamento significa compromisso emocional e focado e significa, também, envolvimento intelectual. Alto engajamento é sempre uma combinação de emoções e envolvimento intelectual. E essa deve ser a política da empresa socialmente responsável como a sua, de pessoas que compõem a organização, agindo assim estará dando credibilidade ao seu esforço de reduzir a lacuna existente entre classes sociais. Comunicações transparentes, visíveis, não geram diretamente nenhuma ação social, mas têm grande influência motivadora, resultando em ações sociais mais dignas, mais completas na sua intenção de atingir os objetivos colimados. Motivação alta é motivação alta em qualquer lugar do mundo (BRUCE, 2003). A frase pode ser considerada lugar comum, mas é bom mencioná-la mais uma vez para que fique rigorosamente claro a nossa concordância com a frase e que, considerando alguns comportamentos ainda vigentes em muitas empresas, deve ser repetida com alguma frequência até que o bom senso seja o vencedor;

- *elaboração do balanço social*: a cidadania empresarial, ou seja, a forte presença da empresa na vida plena das pessoas da organização e não apenas nas questões relacionadas a empregabilidade. A exemplo do balanço financeiro, o balanço social aponta as ações sociais mais diretamente relacionadas ao quadro funcional e familiares e ações mais amplas, envolvendo a comunidade ou a sociedade como um todo. E aqui, nesse balanço, mede-se o grau de cidadania e a verdadeira dimensão e importância social das empresas; e

- *ética*: a empresa socialmente responsável tem na ética uma exigência, digamos, mandatória. E para ser ética basta atuar com base ou no senso comum do que é ética ou nos códigos de ética existentes na maioria, se não na totalidade, dos negócios no Brasil. A relação entre responsabilidade social e ética é total, porque existem compromissos de qualquer negócio com seus clientes, consumidores, fornecedores e demais *stakeholders* (interessados de alguma forma no negócio) que transitam pelos caminhos da ética e da responsabilidade social. (veja Ética Empresarial e Transparência, a seguir).

Quadro 5.11	Vetores da responsabilidade social das empresas.
	– Apoio ao desenvolvimento da comunidade onde atua – Preservação do meio ambiente – Investimento no bem-estar do seu pessoal e dependentes – Comunicações transparentes – Elaboração do balanço social – Ética

Podemos imaginar alguém perguntando: como uma pessoa empreendedora ou um pequeno empresário pode ter uma ação social responsável se, por vezes, a contribuição financeira pode ainda não ser suficiente para atender de forma minimamente razoável a esta ou aquela demanda de uma comunidade? A resposta é simples: se a, ainda, pequena empresa ceder uma das suas salas (ou a única que tem) em horário que não perturbe o funcionamento regular do negócio e, portanto, a custo (quase) zero, já estará entrando no mundo das empresas socialmente responsáveis, e, se nessa sala disponibilizada a uma comunidade estiver presente um funcionário seu sendo alfabetizado, por exemplo, estará aberto o caminho para a cidadania empresarial.

Para encerrar é importante salientar que os ganhos são inúmeros quando uma empresa resolve atuar de uma forma socialmente responsável: sua imagem cresce positivamente, fidelidade por parte de seus clientes e consumidores, simpatia pública originada ou da comunidade ou da sociedade, alguma vantagem competitiva e, acima de tudo, o prazer de sua estrutura social, incluindo empresários, empresárias, empreendedores, empreendedoras, muitos acionistas e outras pessoas ou empresas que, de uma forma ou de outra, mantenham alguma relação no mundo dos negócios.

5.7 Ética empresarial e transparência

Antes de compreender o significado de ética empresarial é interessante entender o que é *ética*. Segundo o *Dicionário Priberam da Língua Portuguesa* (2010), ética é a "ciência da moral (conjunto de regras de comportamento consideradas como universalmente válidas); disciplina filosófica que tem por objeto de estudo os julgamentos de valor na medida em que estes se relacionam com a distinção entre o bem e o mal". Portanto, de modo muito simples e resumido, podemos afirmar que é "ético aquele que podendo escolher livremente, elege o bem e não o mal e age assim de modo constante" (WHITAKER, 2002). Lógico que caberia uma discussão sobre o que é *o bem* e o que é *o mal*. De forma simplificada, o bem é a ação que não prejudica o próximo e que tem uma argumentação forte, convincente. O mal, por vezes, tem apenas a intenção de prejudicar apenas pelo prazer de prejudicar. De qualquer maneira, é uma avaliação difícil de ser feita no âmbito das relações sociais, mas não tão difícil no âmbito das organizações.

Contudo, é importante salientar que a posição de Whitaker não se aplica somente à nossa vida pessoal. Pelo contrário, "a mesma cobrança ética que colocamos na sociedade, na clareza das relações pessoais, devemos cobrar no relacionamento negocial" (BLAGEVITCH, 2002). Ou seja, não basta que uma empresa desenvolva o seu quadro de executivos; é necessário que todo este desenvolvimento, enriquecimento pessoal e profissional tenha um tratamento ético, pois uma empresa que não é ética para com sua equipe não será ética para com seus clientes. Pouco provável, sem dúvida. Como não existe meia democracia, não existe ninguém meio ético. Ou se é ou não se é.

E os estudiosos sugerem que cada empresa estabeleça o seu código de ética como forma de criar um clima organizacional tendo o código como pilar central da conduta das pessoas na organização. O código seria, então, uma carta pública não de intenções, mas de compromissos de todos envolvidos na organização: a estrutura social como um todo, acionistas, investidores e, por extensão, fornecedores que não seriam, digamos, obrigados a seguir os princípios éticos estabelecidos, mas sabem que a sua infringência pode resultar em dano empresarial, ou seja, perda do fornecimento.

Vale mencionar que códigos de ética não devem ter o propósito de apontar problemas éticos específicos, apenas e tão somente, balizar condutas, estabelecer limites de forma ampla, sem descer a detalhes, a especificidades. Assim, colocar o princípio da verdade como exemplo de instrumento para dar legitimidade ao código permitirá que cada pessoa da organização trabalhe essa verdade da melhor forma possível. O código não diz o que é a verdade, mas diz que a mentira não é uma ação aceitável. E sabemos que no espectro verdade-mentira há um longo caminho a ser percorrido.

Os principais tópicos que fazem parte da maioria dos códigos de ética dizem respeito a: denúncias, sigilos de contratos, campanhas publicitárias, industriais, comerciais, informacionais, patrimônio da empresa, assédios profissional e sexual, comportamentos funcionalmente inadequados, uso de drogas, em geral interna e externamente.

No entanto, não basta um bom código ético, de conduta. Vale atender ao sugerido por Aguilar (1996) e teremos o código ideal:

1. A liderança da empresa tem de deixar claro e para todas as pessoas da organização quais são as suas intenções e preocupações ao estabelecer o código que trata da ética empresarial.

2. Como consequência, tem que dedicar tempo e recursos de diversas naturezas, para conseguir a compreensão plena e geral das questões éticas para a organização.

3. Consumada a necessária compreensão, será possível transferir a responsabilidade sobre o tema da ética para os níveis de supervisão, gerência e operação, nos quais as atitudes e comportamentos desejados devem assumir o curso normal entre as demais atividades da empresa.

Neste momento vale uma ressalva, pois é comum que se faça uma ligação direta entre a imagem das organizações e a prática efetiva de valores, como a integridade, honestidade, transparência. No entanto, muitas são as pessoas em posição executiva-superior, em consultorias, dirigindo o seu próprio negócio ou empreendendo; enfim, pessoas que acreditam ser a ética empresarial sinônimo de dispêndio de recursos de toda ordem: financeiros, humanos, materiais. Mas serão mesmo?

A resposta é não. Ética empresarial em nada se relaciona com despesas no seu pior significado, qual seja, o de gastos, apenas gastos sem retorno de qualquer espécie. Por mais que a ética tenha o seu preço (e tem, é verdade), nunca poderá estar conectada à receita da organização. Ter parceiros é ação estratégica de qualquer empresa que visa à excelência empresarial. Sem parceiros, o sucesso empresarial ainda é possível, mas a um custo muito alto. E ter conduta ética ótima, transparente, garante parceiros com conduta ética semelhante e, por consequência, a competitividade e a sobrevivência ganham contornos fortes e altamente positivos.

Uma organização jamais irá sobreviver sozinha; sendo assim, ela precisa, além de contar com parceiros ótimos, se preocupar com o meio ambiente em que atua e tornando esse ambiente, de certa forma, um parceiro perfeito, não sob a forma de uma outra empresa, mas sob a forma de prestígio e reconhecimento da sociedade como um todo. Em outras palavras: essa relação socialmente responsável com o meio ambiente inclui as condições mínimas de educação, saúde e outras naturais obrigações daqueles que têm, por mérito, privilégios do viver com alguma fartura, além da boa saúde e bela educação.

Note que, no momento em que você perceber que estes pontos mencionados acima não se transformam em despesas e sim em investimentos para o futuro da empresa, concluirá que todos já são vencedores: empresas, governo e sociedade.

Ética e responsabilidade social caminham lado a lado e nada disso é para ser considerado um sonho difícil de ser realizado. Não, mesmo!!!

5.8 Estrutura e gestão horizontal e em rede *versus* estrutura hierárquica clássica

"Saiba a diferença entre o que mudará e o que não mudará e preste atenção ao primeiro" (CHEYFITZ, 2003). É possível imaginar que o autor da frase se referia ao organograma que representa uma estrutura organizacional hierárquica e chamava a atenção para essa característica interessante do gráfico que tende a representar com traços verticais e horizontais a hierarquia e assim nos fazer entender como ocorrerá a dinâmica da organização?

A organização hierárquica é a apresentada por intermédio do organograma de desenho em forma de pirâmide, piramidal, portanto, e conhecido ao longo dos tempos como organograma clássico, tradicional, hierárquico, militar e outras nomenclaturas. Ou apenas e tão somente por "organograma".

Em seu conteúdo temos superintendências, departamentos, gerências, divisões, seções etc. E temos, inclusive, unidades sem nenhuma nomenclatura como, por exemplo, comunicação social e planejamento estratégico. Eventualmente, surgem alguns cargos, via de regra, diferenciados e únicos, como consultor organizacional, jurídico, auditor etc. Esse desenho, que representa a organização, origina-se da lógica funcional que já atravessou um século inteiro. Assim, temos hoje, e ainda e por mais algum tempo, os departamentos de gestão de pessoas, gerência de *marketing*, gerência de operações e logística etc. O que mais impressiona é o fato de pouco ou quase nada ter se alterado ao longo de mais de um século. Quando nos referimos *a quase nada se alterou* é quase nada mesmo, pois o que tivemos foram desenhos que adicionavam muito pouco à técnica e não seria exagero afirmar que nada mudou. E teríamos uma estrutura organizacional que nada mudou em 100 anos. Sugerimos uma rápida leitura nos livros de Taylor e Fayol, figuras emblemáticas da administração como ciência, e já citados nos capítulos iniciais e você perceberá algumas muitas coincidências ainda hoje com um bom número de empresas. E isso confirma nossa afirmação: pouca mudança na dinâmica e é certo com alguns bons incrementos aqui e ali, mas pouca mudança.

Whitaker (1993) admite que "esse tipo de organização é mais usual por causa da influência da cultura e dos modos de agir dominantes. Imita-se, quase naturalmente, a estruturação piramidal (hierárquica, acrescentamos) da riqueza e do poder na sociedade em que vivemos". E prossegue dizendo que nas negociações entre empresas, nas negociações dentro da mesma empresa geograficamente descentralizada e nos encontros profissionais o que temos sempre são as posições funcionais indicativas do poder constituído, gerentes, superintendentes etc. Ou seja, poder *versus* poder. E, completa, todos se veem nessa circunstância de assim se estruturar.

Mas, já há "concorrência" de uma outra forma de se agrupar "pessoas e papéis", que embora ainda respeite as composições clássicas, sugere uma nova dinâmica, mais de acordo com os nossos tempos, maior velocidade, rapidez no relacionamento entre pessoas e extrema facilidade na comunicação. Nos referimos à estrutura e gestão horizontal e em rede.

Temos, contudo, de abrir um parênteses antes de seguirmos com essa nova fórmula de estruturação e dinâmica das organizações modernas, qual seja, a de esclarecer o fato de ser uma proposta relativamente recente e que só agora toma corpo não só em sociedades mais avançadas, mas também na empresa brasileira. A literatura vem registrando uma série de rótulos, nomenclaturas que podem confundir a pessoa interessada em conhecer o que há de mais recente nas publicações e na prática das empresas mundo afora. Estrutura e gestão horizontal, estrutura horizontal em rede, *network* (rede, em português) ou *networking*, *network organization* (organização em rede) e redes organizacionais têm uma mesma concepção, o mesmo sentido de estrutura e gestão horizontal e em rede, rótulo escolhido por nós neste último capítulo. A esse número excessivo de rótulos Alstyne (2003) dá a sua contribuição: uma verdadeira floresta terminológica, onde alguém pode chegar e plantar a sua árvore. E foi o que fizemos em nossa primeira abordagem a essa temática (ARAUJO, 2010).

Para muitos, a estrutura e gestão horizontal e em rede surge num primeiro momento como sendo a necessidade de as empresas reduzirem sua força de trabalho. E, de fato, aconteceram várias reduções de força de trabalho em muitas empresas, principalmente, aquelas que tinham presença global. Mas, na verdade, o que temos é uma visão equivocada. Temos, sim, a tecnologia do *downsizing* e não um propósito claro de tornar a hierarquia apenas um detalhe, tornando a dinâmica da empresa horizontalizada, mais do que verticalizada. E, também, é certo que a expressivamente crescente utilização da informática aproximou, ainda que não fisicamente, todo o corpo funcional. As máquinas em rede promoveram uma proximidade funcional jamais vista. Hoje, temos as equipes e as equipes virtuais, pessoas que não se conhecem, que são de um mesmo país, de uma mesma cidade, mas nada impede que formem uma equipe virtual com componentes de Santiago do Chile, Los Angeles, Lisboa, Zurich, São Paulo, Tóquio, Sydney etc. E sabemos que é possível fazer alterações de procedimentos, ajustes estratégicos, respostas a demandas urgentes em alguns poucos segundos, minutos talvez. E atingindo todos os níveis hierárquicos ou não. Ou atingindo os "braços" internacionais em qualquer ponto do mundo dentro do mesmo minuto. Isso quer dizer que a movimentação da informação obedece aos dois sentidos: vertical e horizontal em qualquer ponto do planeta (ou mesmo fora dele, o que é verdade – pergunte ao pessoal da NASA). Assim sendo, surgiu um fato novo que tende a alterar a maneira pela qual os subordinados se dirigem aos seus superiores, ou seja, a hierarquia como conhecida ao longo de todo século passado. E não somente os entusiastas da estrutura e gestão horizontal e em rede, mas há outros movimentos no sentido de não considerar o comando hierárquico como única alternativa de se conduzir pessoas e papéis na organização. Antes de prosseguir, vamos colocar algo em nossas mentes: o propósito maior da instalação de uma estrutura organizacional era o de se buscar a estabilidade (o organograma hierárquico era feito para não mudar nunca). Isso no século passado. No século XXI, uma estrutura organizacional é elaborada para enfrentar mudanças frequentes, quebras de paradigmas. A estrutura hierárquica era baseada em meios de comunicação pelos quais toda informação passava ou era arquivada junto ao chefe. E a comunicação era originada por documentos internos, os mais variados, mas sempre escritos e que tinham certo tempo até chegar ao seu destino. Modernamente, a informação pode chegar via *fax*, via *e-mail*, pela Intranet, pela Internet e por documentos internos que demandam algum tempo até chegar ao destinatário. Os demais citados chegam em alguns poucos minutos e com um detalhe: os meios modernos permitem a democracia da informação desejada por Manville e Ober (2003) quando manifestam seus interesses nos valores democráticos. Um *e-mail* pode ser destinado a quantas pessoas se desejar e todas receberão a informação dentro do mesmo minuto. Portanto, as dinâmicas têm de ser muito diferentes e antagônicas em alguns momentos. A estrutura hierárquica, verticalizada tem de ceder lugar a outros desenhos representativos dessas dramáticas mudanças.

Entendemos, também, que tal alteração necessitará de alterações culturais, sem as quais pouco se poderá fazer no sentido da modernização desejada e imprescindível. No campo das relações de trabalho a nova estruturação tende a romper com as relações culturalmente aceitas no âmbito interno e, principalmente, com as relações hierárquicas, embora possam conviver com a horizontalidade, ainda que não como em outros tempos. Isso porque há uma certeza na gestão horizontal, qual seja, a de mais poder para as pessoas, maior e melhor convivência entre um número muito mais diversificado de pessoas da organização. O exemplo é simples: o relacionamento mais próximo se dará não apenas com o colega da mesa ao lado, mas o colega da mesa num dos pontos onde a empresa tem presença física. Na organização em rede o poder é coletivo, ao contrário da organização hierárquica, em que ele é concentrado.

Você, com justa razão, deseja uma definição para essa nova concepção de estruturação e de gestão de empresas ainda não apresentada e que só ajudará na melhor compreensão desse muito recente artifício técnico que vem transformando as empresas em todo o mundo. Mas foi proposital a intenção de deixá-lo(a) perceber as diferenças e os porquês da nova configuração e, agora sim, partir para a definição e, em seguida, colocar os meios e modos de sua utilização. Estrutura e gestão horizontal e em rede é uma fórmula que combina elementos estruturais e de processos numa dinâmica que implica a adoção imediata e integrada das tecnologias de informação e de equipes executivas e permanentes de trabalho de ação horizontalizada, sem prejuízo do comando hierárquico, verticalizado, mas com presença ativa, forte, determinista e decisiva. Um gráfico demonstrativo da estrutura horizontal terá como pano de fundo a estrutura hierárquica, vertical, o que confirmará nossa (e de outros autores) definição que não despreza a hierarquia, mas retira parte apreciável de seu poder que não é mais absoluto.

A seguir, o esboço para um modelo que estabelecerá as linhas de ação propostas por Ostroff (1999) e que apresentamos anteriormente em nosso trabalho sobre tecnologias de gestão organizacional em 2001. Mas, os anos passam, a velocidade das transformações e adaptações é incrível e vamos, então, estender a você algumas sugestões, após uma necessária e completa revisão e que surgiram a partir de leituras e de estudos mais recentes e, também, junto a alunos de graduação, de MBAs, versão brasileira do mestrado e doutorado, nas amplas discussões em salas de aulas (e fora, também) em boa parte do Brasil.

- *processos críticos são fundamentais*: estudar apenas os processos críticos, aqueles que atravessam a organização de cima para baixo, para os lados, diagonalmente, e não dar atenção excessiva aos processos que iniciam e acabam nessa mesma unidade. Tarefas isoladas não devem fazer parte de preocupações maiores, pois que pouco alteram os procedimentos, quaisquer que sejam eles – convencionais/verticais ou na nova concepção (horizontal);
- *aponte proprietários(as) (owners) de processos*: ser proprietário de um processo crítico, pois que complexo tem um significado especial. Isso quer dizer que o proprietário será o gestor de um processo importante, porque traz alterações, contribui, agrega fatos, dados positivos. Contrariamente ao que muitos imaginam, o proprietário de um processo não tem de ser um chefe ou gerente. Tem de ser competente para deslanchar o estudo e ser hábil na relação com os demais membros da equipe. E aqui reside uma das diferenças entre a estruturação horizontal e a vertical. O proprietário de um processo não deve ter poder hierárquico, até porque, na estrutura e gestão horizontal e em rede, o poder é atomizado na equipe e nas demais equipes. Falando no popular: "ninguém manda em ninguém" e por uma razão muito simples: o proprietário não é eterno, o senso de propriedade acaba quando o processo prescinde de uma personagem forte tratando de

sua problemática. Ou muda o proprietário, se a necessidade pede outro profissional com outras características, diferentes das do atual *owner*;

- *a base estrutural é formada por equipes*: é importante: times, equipes e não somente indivíduos fechados em unidades de trabalho. É possível asseverar que a primeira década do século XXI será marcada, nos estudos e práticas organizacionais, por um sensível esforço no sentido de demonstrar, evidenciar as significativas vantagens em se modelar uma organização com uma forte base estrutural em cima de equipes. Essa é uma característica que define uma gestão horizontal e em rede. A *performance* será bem melhor do que aquela dada pela estrutura vertical, pelo menos na velocidade exigida em nossos dias;

- *o (quase) fim da hierarquia*: melhor, a redução da hierarquia a uma expressão mínima é uma possibilidade concreta e, parece, inevitável. A redução da importância da hierarquia é, como já dissemos, uma consequência natural da presença de uma formulação estrutural que privilegia a agilidade e a qualidade do trabalho e que depende de cada membro de cada equipe e não de um gerente, às vezes, um único gerente;

- *a forte presença do* empowerment: presença mandatória em qualquer formulação direcionada à horizontalização de poder às pessoas da organização que atuam em equipes. Mas não é o poder de mandar, típico do chefe, gerente, mas o poder de fazer, resolver, argumentar e decidir e esse é o poder que interessa às empresas. E aqui reside uma linha de ação de grande significado e que não pode ser aplicada parcialmente, porque colocará a gestão horizontal em risco;

- *ênfase em Tecnologia da Informação (TI)*: é, provavelmente, uma das grandes responsáveis pelo surgimento da estrutura e gestão horizontal e em rede. Com o crescimento exponencial da microcomputação abriu-se o espaço para uma nova configuração organizacional. Era difícil imaginar todas as pessoas da organização com uma máquina à sua frente e, praticamente, com acesso a informações de toda a organização, apenas respeitando tarefas alocadas a si por um manual qualquer ou determinadas por um gerente de boas intenções e de baixa criatividade. Com os micros foram criadas redes formais e informais e gigantescas. E daí para a formalização e melhor adequação foi muito pouco tempo. A explosão da microcomputação é sentida em apenas uma década e grandes saltos qualitativos são esperados em breve e teremos uma estrutura e gestão horizontal e em rede, e em rede de muita sofisticação;

- *profissionais e a competência diversificada*: esse é um item que já está nas instituições de ensino por todo o país. A ênfase na competência se inclui não somente numa especialização, mas nas múltiplas atividades da organização, promovendo a competência múltipla, via desenvolvimento das pessoas, descoberta de talentos e via procura e descoberta de profissionais que querem a excelência de seu esforço pessoal e funcional. Assim, a gestão horizontal terá a sua lógica, qual seja, a de independer de uma estrutura estática por criar, ter um corpo funcional capaz de atuar nos mais variados e complexos processos críticos e atividades de complexidade da empresa. Essa linha de ação guarda relação muito próxima com o sucesso de empreendedorismo: a pessoa empreendedora, ao buscar parcerias, compartilhando seu trabalho; profissionais remunerados ou associados têm de estar conscientes de que há novas exigências do mundo dos negócios, o que inclui diversificação profissional. Não há mais espaço para os apenas especializados numa área de negócios;

- *pensar, ousar, enfrentar desafios, agir e intuir*: poderia parecer que são apenas palavras de efeito, verbalizadas para mexer com o *ego* de cada pessoa. Na verdade, a existência de uma nova modelagem exige que seus gestores, *juniors* ou *seniors,* sejam hábeis e pensem em ações diferenciadoras, de certa ousadia e que sejam, também, hábeis, no enfrentamento de desafios, hoje frequentes, e que demandam respostas rápidas e que resultem positivas. Vale dizer que intuição é o caminho pelo qual traduzimos nossas experiências em julgamentos e decisões (KLEIN, 2003). Não seriam adivinhações que surgiriam ao acaso e, por isso, resultariam positivas;

- *metamorfose das funções específicas (ao encontro da diversificação)*: na verdade, uma organização não terá apenas processos complexos, atividades que exijam alto grau de discernimento. Haverá, certamente, um número expressivo de processos e tarefas específicas. E isso se repetirá ao longo da estrutura organizacional. O propósito aqui é o de promover o trabalho em parceria. Ou seja, dentro das possibilidades desenvolver um esforço de gerir as pessoas focadas em tarefas específicas no sentido do trabalho em equipe e, por essa via, buscar talentos que consigam se desligar do trabalho essencialmente individual num esforço coletivo;

- feedback *e mensuração das atividades e projetos*: na gestão horizontal e em rede há a sensível importância em se obter contínuos *feedbacks* para imediata avaliação e ajustes. Na gestão horizontalizada é factível fazer a retroalimentação, passar a todos os dados e as informações coletadas, receber os comentários de acertos e realizar adaptações num tempo infinitamente menor caso tivéssemos a estrutura hierárquica típica;

- *o impossível é possível*: *transformações na cultura organizacional*: reconstrua e tente transformações na cultura organizacional estabelecida ao longo dos anos. E muitas situações a cultura da organização está tão sólida que será praticamente impossível conseguir um bom resultado no curto prazo.

Há marcas culturais fortes e que são encontradas em quase todas as organizações. As questões ligadas ao sexo feminino servem como exemplos do que ocorre em todo o mundo ocidental, mas com raízes ainda muito mais fortes no Oriente. Ao longo desse livro procuramos mostrar a inquestionável e crescente presença da mulher nas empresas brasileiras e, mais do que isso, com forte presença na alta administração em posição diretiva. E quando o tema é empreendedorismo, a presença feminina é bem expressiva. No Oriente, a submissão da mulher é um dado rigorosamente da cultura de países e, logicamente, atinge (no mesmo sentido) a cultura das organizações. No Ocidente, e mais especificamente no Brasil, há dados culturais que, em certas situações, inibem a ação da mulher, mas tais situações estão sendo muito minimizadas face aos ganhos em eficiência e eficácia que o sexo feminino traz às organizações. Mas o que isso tem a ver com a nova estruturação e gestão horizontal e em rede? Muito a falar e escrever. Esse novo modelo de dinâmica organizacional tem o mérito de mostrar talentos, antes esquecidos, sentados numa mesa qualquer. Equipes, grupos de estudos, poder às pessoas para decidir, projetos e problemas a serem discutidos e decididos não apenas pelo todo poderoso gerente, mas por mais pessoas que trocam de posições à medida que surgem profissionais de maior competência para um dado tópico.

Qualquer nova forma de atuar que atinja o todo organizacional entra em choque com os padrões culturais estabelecidos, sendo fácil imaginar uma nova forma de atuar que altera profundamente o *status quo* de um grupo de pessoas, antes únicas em seus comandos. E a gestão horizontal chegou para ser um dilema àqueles que gostam de comandar e, por vezes, só querem comandar:

- *prover uma sistemática de supervisão "comunitária"*: a estruturação proposta dá uma reviravolta na supervisão tradicional. Na gestão verticalizada há a supervisão desempenhada pelo supervisor da área funcional. A *expertise* é aproveitada não só para fazer, mas, também, para orientar, supervisionar. E ali fica o supervisor fazendo o que sabe fazer há muito tempo. Na gestão horizontal, num número excepcional de ocasiões a supervisão é plena, queremos dizer: o supervisor supervisionar tudo, melhor, é capaz de emprestar sua competência em qualquer ponto de um determinado trabalho que exija conhecimento dos processos essenciais (*core process*), seja ele em finanças, *marketing*, operações e logística, gestão de pessoas etc. Equipes são formadas para executar trabalhos completos, desde o seu início até o seu arquivamento. Evidentemente, em trabalhos dessa natureza são criadas equipes que são uma miniempresa e, portanto, as competências são várias e você pode imaginar os requisitos para uma ação de supervisão;

- *nova medição de* performances: nas organizações verticalizadas as medidas de *performances* são realizadas de acordo com o estabelecido pelas várias áreas funcionais. Assim, *marketing* mede a conformidade com que a gerência, direção da área estabeleceu. O mesmo com a área econômica e demais áreas funcionais. Na nova versão, moderna para os nossos tempos, a medição é uniforme, no sentido em que é única, porque não específica de uma determinada área e, sim, vai medir a ação de forma global. É diferente, muito diferente de avaliações de resultado por área funcional, mas que para as empresas é muito mais enriquecedora, pois mede a empresa como um todo e não por segmentos internos; e

- *formação e adequação profissional para a estrutura e gestão horizontal e em rede*: com certeza, é possível você perceber que o novo modelo (horizontal) é muito diferente e mais desafiante que o modelo hierárquico, convencional e largamente utilizado há mais de 100 anos. Também, é possível perceber suas possibilidades (caso escolha a trajetória de ser executivo) de aparecer e ter o seu talento reconhecido (no caso brasileiro os pré-requisitos são um pouco mais amplos que os de outra sociedade). Precisamos de uma formação profissional e de uma adequação profissional que implica rigoroso desenvolvimento das pessoas que irão integrar uma organização que vai dar importância apenas relativa à estrutura hierárquica verticalizada e um valor excepcional à nova estruturação e dinâmica propostas. A formação é um imperativo dada a agressiva transformação da dinâmica organizacional, na qual as novas premissas para o sucesso incluem uma incrível disposição para o trabalho em equipe, uma perfeita compreensão do comportamento das pessoas à sua volta, uma habilidade excepcional dos líderes frente aos demais profissionais, agir adequadamente e entender claramente o que vem a ser compartilhamento de ideias e saber que o argumento não é contra ninguém, mas a favor do trabalho que todos estão realizando naquele momento e por mais algum tempo.

Quadro 5.12 | Esboço do modelo de Ostroff.

– Processos críticos são fundamentais	– Formação e adequação profissional para a estrutura horizontal e em rede
– Base estrutural formada por equipes	
– A forte presença do *Empowerment*	– Aponta proprietários(as) de processos
– Profissionais e competências diversificadas	– O (quase) fim da hierarquia
– Metamorfose das funções específicas	– Ênfase em Tecnologia da Informação
– *Feedback* e mensuração das atividades e projetos	– Pensar, ousar, enfrentar desafios, agir e intuir
– Prover uma sistemática de supervisão "comunitária"	– Transformações na cultura organizacional
	– Nova medição de *performances*

Essas são nossas sugestões para a composição de um modelo de uma estrutura que viabilize um esforço conjunto das pessoas que juntas formam a organização. É um modelo que atende as demandas de uma organização que deseja ser competitiva, que quer se diferenciar positivamente das demais empresas concorrentes, que deseja ter canais amplos abertos ao seu público consumidor e, portanto, busca a fidelização, que é a sua garantia de sucesso contínuo nos negócios.

A estrutura e gestão horizontal e em rede veio para ficar e podemos perguntar: e quanto tempo temos a mais para sua plena aceitação? Muito provavelmente, muito pouco tempo, porque são oferecidas garantias de excelência organizacional, desde que atendidas uma boa parte, se não a totalidade desse Quadro que esboçamos.

5.9 Concluindo...

Procuramos fechar nosso compromisso editorial focalizando o que consideramos essencial para os primeiros tempos no campo acadêmico e no campo de trabalho. Assim competitividade e a sobrevivência, estratégias, lideranças, responsabilidade social e ética empresarial, novas conformações estruturais foram desenvolvidas e comentadas com a pretensão de abrir as portas do conhecimento.

Começamos com afirmações que visam a deixar bastante claro que a luta não é apenas o ser competitivo; se essa fosse a única consideração, teríamos algumas empresas em situação dramática. A competição leva à competição selvagem, aquela em que o objetivo é competir liquidando o próximo, e sabemos que liquidar o próximo é um passo para ser atingido, mais à frente, por essa mesma competitividade que é predatória e na qual não haverá vencedores finais, só vencedores circunstanciais. A luta por sobreviver dará a tranquilidade necessária para a detecção dos níveis corretos, técnicos direcionados à competitividade, via condutas éticas, sobretudo.

A formulação de estratégias se encaixa perfeitamente na questão da competividade/sobrevivência porque resultará em projeções que visem a fixar parâmetros ótimos de ação, além de outras incursões no mundo dos negócios. Estratégias não dão certo quando não são ajustadas a cada espaço temporal. Elas não são formuladas para não serem alteradas, são formuladas para balizar ações projetadas para um determinado período. As ações em execução podem e devem ser analisadas e adaptadas sempre que necessário ou dentro de períodos regulares.

A liderança é a nossa certeza com relação aos ganhos competitivos e níveis elevados de sucesso nos negócios. São as pessoas da organização que colocam as empresas na trajetória correta, alterando-a quando a demanda implica acertos que vão gerar ações positivas frente a contingências, por vezes, inadequadas para a busca da excelência empresarial.

O mundo dos negócios conta hoje com compromissos antes inimagináveis e o envolvimento das empresas é cada vez mais acentuado nas ações sociais de toda ordem. Hoje reconhecemos existirem no Brasil empresas, muitas empresas, com forte responsabilidade social e frequente incremento nas questões voltadas à cidadania empresarial. E tudo isso com condutas éticas e verdadeira transparência de suas atividades. Ética e responsabilidade social caminham lado a lado, porque uma sugere a outra. E até justificamos a separação de ambas em seções distintas apenas com o propósito de natureza pedagógica. Mas, veja você, que falamos de ambas dentro do mesmo parágrafo.

Encerramos incentivando estudos de novas estruturas organizacionais. Ao longo de nossa obra, por várias vezes, nos referimos à estrutura e gestão horizontal e em rede como a mais lógica ação a ser empreendida pelas organizações no Brasil. O fato de a estrutura hierárquica, verticalizada, existir há mais de cem anos mais do que justifica uma nova composição estrutural.

Estudo de Caso

Fabiana vira na internet um programa de entrevista em um canal de TV a cabo e ficara muito impressionada com um entrevistado que falava em inglês, mas não era nem americano, nem inglês, ou seja, não era nativo da língua inglesa e queria contar isso para alguém da empresa. Chegou e encontrou Mariângela que, por um desses acasos, também tinha assistido desde o primeiro minuto a tal entrevista. As duas trocaram ideias e foram para os seus postos de trabalho. A hora do almoço estava chegando e foram chamadas pelo consultor sênior, Rogério Salt (vale dizer que estamos falando de uma empresa de consultoria organizacional, atuante em nível nacional), para uma conversa sobre um cliente novo, de uma empresa do ramo de seguros, uma empresa não tão nova. Rogério, tratado por todos ou quase todos por Mr. Salt disse, então, que precisava de ambas na elaboração do projeto, mas queria trocar ideias e foi falando: "nosso novo cliente quer uma empresa enxuta, moderníssima, com gerentes fortes, competentes e que trabalhem na busca de muitos lucros, sempre". As duas interromperam e Mariângela falou primeiro: "Mr. Salt há um errinho aí, no que você está falando. Nós não podemos projetar uma nova estrutura organizacional pensando no lucro, no maior lucro. Isso é uma insanidade (aí, exagerou). Nenhum empresário, dirigente, até mesmo investidor pode pensar em 'apenas' ter o maior lucro do mundo." Rogério, o Mr. Salt, o consultor, fez cara de surpresa e veio a pergunta que qualquer um faria: "e vocês são contra o lucro numa empresa privada?" Fabiana disse que não era bem assim. "É que ontem assistimos, cada uma na sua casa, a uma entrevista muito boa, e o entrevistado disse que o que as empresas têm de fazer nesse novo mundo dos negócios é so-bre-vi-ver, percebe Rogério? Sobreviver é a grande saída. Esse é o caminho da excelência empresarial, esteja certo. Se a empresa pensa no lucro, vira obsessão funcional e tudo vai ser carreado para o lucro e tudo o mais fica abandonado, deixado de lado. Note que não é uma questão de troca de palavras. É troca de atitudes. Se a empresa se decidir pela sobrevivência, terá uma nova postura em tudo da organização. Os cuidados serão disseminados por todos os lados. As lideranças dessa empresa têm de perceber que o esforço não pode ser centrado em *marketing* e finanças, característica das empresas obcecadas pelo lucro. O caminho pro desastre é por aí. Nós, aqui na empresa, conhecemos clientes nossos que faliram com pedidos na carteira. Aceitaram pedidos rapidinho e a produção não produzia e isso se acumulou por não sei quantos meses e ...faliu a empresa. Nessa empresa faltou quem tivesse coragem de chegar na administração superior e dizer exatamente isso: sobreviver."

Rogério entendeu e imaginava como abordar o cliente com essa alteração quase filosófica. Convidou as duas para irem à reunião que nem seria para fechar o contrato, que já estava garantido. Era para dar contornos ao projeto que iriam desenvolver.

Mariângela disse que trabalharia uma agenda para a reunião. Disse que faria, logicamente, um projeto, depois iria fazer algo à parte sobre estratégias da empresa e, por consequência, sugerir algum comportamento das lideranças. Perguntou ao consultor como era a estrutura organizacional e ele disse que era hierárquica, convencional. E aí interrompeu Mariângela: "Mas nós ainda não temos informações mais detalhadas e não seremos loucos de começar a traçar o futuro da empresa, sem nem ter começado o estudo, não é mesmo?" Fabiana e Mariângela, agora as duas ao mesmo tempo: "não se preocupe, a gente só quer conversar. Na verdade, queremos testar o modelo do moço entrevistado ontem. O que ele disse faz sentido, não sei se fará sentido aqui no Brasil. Vamos ver". E chegaram o dia e a hora da reunião.

Você (ou o grupo, se essa for a opção indicada pelo docente) tem a tarefa de trabalhar no sentido de ver a equipe de consultores convencer os dirigentes a sobreviver e não a querer enriquecer. Acreditamos que há argumentos no capítulo que subsidiem a opinião de vocês. Também em outros capítulos há argumentos que darão uma sensível ajuda.

Nota: Este caso já esteve presente em outra obra nossa. Considerando a importância do caso para a melhor assimilação das aulas práticas e técnicas, estamos propondo-no novamente.

QUESTÕES PARA DEBATE

1. Competitividade e sobrevivência são duas palavras fortes no ensino, pesquisa e prática da administração e você, muito provavelmente, tem uma opinião sobre ambas palavras nos dias de hoje. Fale-nos sobre isso. Fale, pergunte, levante outras questões.

2. Tecnologia, competição, excesso de oferta, globalização, expectativas do cliente, participação do governo, propriedade, dinâmica da força de trabalho são forças que pedem componentes de mudança para o alcance da excelência. Seria interessante que você comentasse esse quadro originado de uma citação de Nadler et al. Escolha duas ou três forças e peça a outros colegas que fechem o quadro.

3. O que é estratégia? Essa é uma pergunta que muitos fazem, e gostaríamos que você desse a sua definição. Inclua ou não o ambiente (externo), mas justifique por quê.

4. Que perguntas você faria para compor a sua ação estratégica? Por exemplo, quais são os nossos produtos ou serviços mais diferenciados? Faça um pequeno exercício mental, objetivo, com alguma empresa que você conhece bem. Se não for o caso, imagine a instituição de ensino que você tanto conhece (a sua mesmo) e faça o exercício.

5. O que são *stakeholders*? (note que a palavra aparece algumas vezes ao longo de todo o texto, mas sempre com uma explicação entre parênteses)

6. Neste capítulo sugerimos um modelo de ação estratégica e gostaríamos da sua opinião sobre os três primeiros itens que compõem o modelo. São eles: conhecer bem o ideário da empresa; saber bem as metas e objetivos de curto, médio e longo prazo da empresa; e conhecer bem o ambiente e suas tendências no que interessa à empresa.

7. Liderar é saber ser hábil, ou seja, é deter habilidades tais que permitam vencer etapas, alcançar objetivos, estimular e perceber as pessoas motivadas. Dê-nos algumas habilidades rigorosamente necessárias para líderes atuarem com eficiência e eficácia.

8. Empatia, engajamento, energia, imposição (*enforcement*) são quatro elementos para vencer com reconhecimento no ambiente de trabalho. Descreva cada um deles e informe qual seria, no seu julgamento, o mais importante.

9. No livro você encontrou destaques para a responsabilidade social. Gostaríamos que você falasse livremente sobre essa temática mas, naturalmente, relembrando algumas passagens que você julgou importantes. Dê mesmo sua opinião e o que você acha que vai acontecer nos próximos tempos: o número de empresas socialmente responsáveis aumentará, diminuirá ou tende a ser, como os mais incrédulos afirmam, pura estratégia de *marketing*?

10. Conquistar a excelência nesse novo mundo dos negócios significa a busca incessante por meios e modos que resultem positivos e façam com que a empresa sobreviva e seja reconhecida como aquela que assegura a empregabilidade de forma justa, produz qualidade, é socialmente responsável e alcança resultados financeiros satisfatórios e éticos. Perguntamos: é isso mesmo ou está faltando algo?

Referências bibliográficas

AGUILAR, Francis Joseph. *A ética nas empresas:* maximizando resultados através de uma conduta ética nos negócios. Rio de Janeiro: Jorge Zahar, 1996.

ALSTYNE, Marshall Van. *The state of network organization:* a survey in three frameworks, Cambridge: MIT, 2003.

ANSOFF, Igor. *A nova estratégia empresarial.* São Paulo: Atlas, 1990.

ARAUJO, Luis César G. de. *Organização, sistemas e métodos e as tecnologias de gestão organizacional.* São Paulo: Atlas, 2010. v. 2.

BENNIS, Warren. *A formação do líder.* São Paulo: Atlas, 1996.

BLAGEVITCH, Francisco Ricardo. *Ética não é produto, mas vende*. 8 fev. 2002. In: *Ética empresarial*. Disponível em: <http://www.eticaempresarial.com.br/site/pg.asp?pagina=detalhe_artigo&codigo=57&tit_pagina=ARTIGOS&nomeart=s&nomecat=n>. Acesso em: 12 fev. 2010.

BRUCE, Anne. *Building a high morale work place*. New York: McGraw-Hill, 2003.

CHAKRAVORTI, Bhaskar. *The slow pace of fast change*. Boston: Harvard Business School Press, 2003.

CHEYFITZ, Kirk. *Thinking inside the box*. New York: Free Press, 2003.

GHEMAWAT, Pankaj. *A estratégia e o cenário dos negócios*: textos e casos. Porto Alegre: Bookman, 2000.

HAIM, Marie. *Diferenças principais entre líderes e gerentes em seus respectivos papéis*. Rio de Janeiro: FGV, 2003.

HELDMAN, Kim. *Project management*: jump start. Alameda: Sybex, 2003.

HIAM, Alexander. *Motivational management*. New York: AMACOM, 2003.

HICKMAN, Craig R. *The organization game,* Englewood Cliffs: Prentice-Hall, 1994.

KLEIN, Gary. *Intuition at work*. New York: Double Day, 2003.

KOUZES, James M.; POSNER, Banny Z. *Credibility*. San Francisco: Jossey-Bass, 2003.

LACOMBE, Francisco José Masset; HEILBORN, Gilberto Luiz José. *Administração:* princípios e tendências. São Paulo: Saraiva, 2008.

MANVILLE, Brook; OBER, Josiah. *A company of citizens*, Boston, Harvard Business School Publishing Corporation, 2003.

MARKS, Mitchell Lee. *Charging back up the hill.* San Francisco: Jossey-Bass, 2003.

MAUZY, Jeff; HARRIMAN, Richard. *Creative Inc.* Boston: Harvard Business School Press, 2003.

MAXWELL, John C. *Attitude 101*. Nashville: Maxwell Motivation, 2003a.

_____. *Thinking for a change.* New York: Warner Business Book, 2003b.

MIRVIS, Philip; AYAS, Karen; ROTH, George. *To the desert and back.* San Francisco: Jossey-Bass, 2003.

MOTTA, Paulo Roberto. *Gestão contemporânea:* a ciência e a arte de ser dirigente. Rio de Janeiro: Record, 2001.

NADLER, David A. et al. *Arquitetura organizacional*: a chave para a mudança empresarial. Rio de Janeiro: Campus, 1994.

NANUS, Burt. *Liderança para o terceiro setor*: estratégias de sucesso para organizações sem fins lucrativos. São Paulo: Futura, 2000.

OSTROFF, Frank. *The horizontal organization*. New York: Oxford University Press, 1999.

OWEN, Jô. *Management Stripped Bare*. New York: Amacon, 2003.

PORTER, Michael E. *Competição*: estratégias competitivas essenciais. Rio de Janeiro: Campus, 1999.

WHITAKER, Francisco. *Rede:* uma estrutura alternativa de organização. IN: PROCURANDO ENTENDER – TEXTOS PARA DISCUSSÃO, 14ª série. Câmara Municipal de São Paulo: Gabinete do Vereador Chico Whitaker, abr. 1993.

WHITAKER, Maria do Carmo. *Por que as empresas estão implantando códigos de ética?* 12 nov. 2002. In: Ética Empresarial. Disponível em: <http://www.eticaempresarial.com.br/site/pg.asp?pagina=detalhe_artigo&codigo=71&tit_pagina=ARTIGOS&nomeart=s&nomecat=n>. Acesso em: 11 fev. 2010.

Bibliografia

AGUILAR, Francis Joseph. *A ética nas empresas:* maximizando resultados através de uma conduta ética nos negócios. Rio de Janeiro: Zahar, 1996.

ALBERTIN, A. L.; MOURA, R. M. Administração de informática e seus fatores críticos de sucesso no setor bancário privado nacional. *RAE – Revista de Administração de Empresas*, 1995.

ALSTYNE, Marshall Van. *The state of network organization:* a survey in three frameworks, Cambridge: MIT, 2003.

ALVARENGA, Antonio Carlos; NOVAES, Antonio Galvão. *Logística aplicada*: suprimento e distribuição física. 2. ed. São Paulo: Pioneira, 1994.

ANSOFF, Igor. *A nova estratégia empresarial*. São Paulo: Atlas, 1990.

ARAUJO, Luis César G. de. *Organização, sistemas e métodos e as tecnologias de gestão organizacional*. São Paulo: Atlas, 2010. v. 2.

BALLOU, Ronald H. *Logística Empresarial:* transportes, administração de materiais, distribuição física. São Paulo: Atlas, 2001.

BARBOZA, Luiz Carlos. Fala do diretor técnico. In: *Fatores condicionantes e taxas de sobrevivência e mortalidade das micro e pequenas empresas no Brasil 2003-2005*. Brasília: Sebrae, ago. 2007. Disponível em: < http://www.biblioteca.sebrae.com.br/bds/-BDS.nsf/8F5BDE79736CB99483257447006CBAD3/$File/NT00037936.pdf>. Acesso em: 21 jan. 2010.

BASTOS, Maurício. In: NOGUEIRA, Danielle. O poder da mente. *Jornal do Brasil*, Rio de Janeiro, 5 jan. 2003.

BENNIS, Warren. *A formação do líder*. São Paulo: Atlas, 1996.

BLAGEVITCH, Francisco Ricardo. Ética não é produto, mas vende. 8 fev. 2002. In: *Ética empresarial*. Disponível em: <http://www.eticaempresarial.com.br/site/pg.asp?-pagina=detalhe_artigo&codigo=57&tit_pagina=ARTIGOS&nomeart=s&nomecat=n>. Acesso em: 12 fev. 2010.

BRAGA, Roberto. *Fundamentos e técnicas de administração financeira*. São Paulo: Atlas, 1995.

BRASIL é país de empreendedor por necessidade. *Jornal O Globo*, Rio de Janeiro: O Globo, 01 mar 2010.

BREALEY, Richard A.; MYERS, Stewart C. *Princípios de finanças empresariais*. 3. ed. Lisboa: McGraw-Hill, 1997.

BRUCE, Anne. *Building a high morale work place*. New York: McGraw-Hill, 2003.

CAMPOS, Celso. *A organização inconformista*. Rio de Janeiro: FGV, 2001.

CAPRONI, Paula. Coaching for improvement: an essential role for team leaders and managers, *The Journal for Quality and Participation*, Cincinnati: AQP, Spring 2003.

CHAKRAVORTI, Bhaskar. *The slow pace of fast change*. Boston: Harvard Business School Press, 2003.

CHEYFITZ, Kirk. *Thinking inside the box*. New York: Free Press, 2003.

CHIAVENATO, Idalberto. *Administração nos novos tempos*. São Paulo: Campus, 2010.

_____. *Construção de talentos:* coaching e mentoring. Rio de Janeiro: Campus, 2005.

_____. *Gestão de pessoas*. 7. ed. São Paulo: Atlas, 2004.

CHING, Hong Yuh. *Gestão de estoques na cadeia de logística integrada* – supply chain. São Paulo: Atlas, 2006.

CLEMENTE, Ademir (Org.). *Projetos empresariais e públicos*. São Paulo: Atlas, 2008.

CONVERSE, Paul D. The other half of marketing. TWENTY-SIX BOSTON CONFERENCE ON DISTRIBUTION. Boston Trade Board, 1954.

CORDENONSI, Jorge Luís. *Um modelo de administração da tecnologia da informação:* um estudo no setor bancário privado brasileiro. 2001. Tese. FGV, São Paulo.

CURY, Antonio. *O&M:* uma visão holística, perspectiva comportamental e abordagem contingencial. São Paulo: Atlas, 2005.

DIAS, Luiz Antonio Rodrigues. *Os possíveis efeitos da modalidade de licitação pregão em um órgão representante da administração pública direta:* o exército brasileiro. 2002. Dissertação, Fundação Getulio Vargas, Rio de Janeiro.

DOLABELA, Fernando. *O segredo de Luísa*. São Paulo: Cultura Editores Associados, 1999.

DONALDSON, Lex. The ethernal hand: organizational and economics and management theory. *Academy of Management Review,* 1999.

DORNELAS, José Carlos Assis. *Empreendedorismo:* transformando ideias em negócios. 3. ed. São Paulo: Campus, 2000.

DRUCKER, Peter F. *Inovação e espírito empreendedor:* prática e princípios. 6. ed. São Paulo: Pioneira, 1987.

E-COMMERCE. O empreendedor: características que transformam um empreendedor em vencedor. In: *eCommerceOrg: tudo sobre comércio eletrônico*. Disponível em: <http://www.e-commerce.org.br/empreendedor.php>. Acesso em: 26 jan. 2010.

ETZIONI, Amitai. *Organizações modernas*. 3. ed. São Paulo: Pioneira, 1973.

FALKENBERG, J.; HAUENG, A. C.; MEYER, C.; STENSAKER, I. *Excessive change*: unintended consequences of strategic change. Whashington, DC: Academy of Management Meetings, 2001.

FAYOL, H. *Administração industrial e geral*. 10. ed. São Paulo: Atlas, 1994.

FOINA, Paulo Rogério. *Tecnologia da Informação:* planejamento e gestão. São Paulo: Atlas, 2001.

FURTADO, M. A. *Fugindo do quintal:* empreendedores e incubadoras de empresas de base tecnológica no Brasil. 1995. Tese (Doutorado em Administração) – Escola de Administração e Economia de São Paulo. São Paulo: Fundação Getulio Vargas.

GARCIA, Adriana Amadeu; ARAUJO, Luis César G. de. O cliente tem sempre razão: ficção ou realidade? *Cadernos EBAPE*, nº 128, Rio de Janeiro: Fundação Getulio Vargas, 2003.

GIL, Antonio Carlos. *Gestão de pessoas:* enfoque nos papéis profissionais. São Paulo: Atlas, 2001.

GITMAN, Lawrence J. *Princípios de administração financeira*. 7. ed. São Paulo: Harbra, 2002.

HAIM, Marie. *Diferenças principais entre líderes e gerentes em seus respectivos papéis*. Rio de Janeiro: FGV, 2003.

HARMON, Roy L. *Reinventando a distribuição:* logística de distribuição classe mundial. Rio de Janeiro: Campus, 1994.

HELDMAN, Kim. *Project management:* jump start. Alameda: Sybex, 2003.

HIAM, Alexander. *Motivational management*. New York: Amacom, 2003.

HICKMAN, Craig R. *The organization game*. Englewood Cliffs: Prentice Hall, 1994.

HICKS, Greg. *Leader schock*. New York: McGraw-Hill, 2003.

HILL, Linda A. *Becoming a manager*. Boston: Harvard Business School Press, 2003.

HINDERY JR., Leo. *The biggest game of all*. New York: The Free Press, 2003.

HOBBES, Thomas. *Leviatã ou matéria:* forma e poder de um Estado eclesiástico e civil. Texto integral. São Paulo: Martin Claret, 2002. (Coleção A obra-prima de cada autor. Série ouro.)

HOOPES, James. *False profhets*. Cambridge: Persus Publishing, 2003.

INCUBADORAS de empresas apoiam o empreendedorismo. 11 ago. 2008. Disponível em: <http://www.feib.com.br/home/index.php?option=com_content&view=article&id==25&Itemid=28>. Acesso em: 26 jan. 2010.

INGEBRETSEN, Mark. *Why companies fail*. New York: Crown Business, 2003.

INICIANDO um Pequeno Grande Negócio (IPGN). In: SEBRAE. Disponível em: <http://ipgn.iea.com.br/ipgn/>. Acesso em: 30 jun. 2003.

JAIN, Subhash C. *Marketing planning & strategy*. 6. ed. Cincinnati: South-Western College Publishing, 2000.

JORNAL DO BRASIL. Empresas revelam o perfil do estagiário ideal. *Jornal do Brasil*, Rio de Janeiro, 15 set. 2008.

KATZ, Daniel; KAHN, Robert L. *Psicologia social das organizações*. São Paulo: Atlas, 1987.

KLEIN, Gary. *Intuition at work*. New York: Double Day, 2003.

KLEIN, Meron; NAPIER, Rod. *The courage of act;* 5 factors of courage to transform business. Palo Alto: Davies-Black, 2003.

KOTLER, Philip. *Administração de marketing:* análise, planejamento e controle. Tradução: Meyer Stilman e Danilo A. Nogueira. São Paulo: Atlas, 1998.

_____; ARMSTRONG, Gary. *Princípios de marketing*. 7. ed. Tradução: Vera Whately. Rio de Janeiro: Prentice Hall do Brasil, 1998.

KOUZES, James M.; POSNER, Banny Z. *Credibility*. San Francisco: Jossey-Bass, 2003.

KRAEMER, K. L.; KING, J. L.; DUNKLE, D. E.; LANE, J. P. *Managing information systems*: change and control in organizational computing. San Francisco: Jossey-Bass Publishers, 1989.

LACOMBE, Francisco José Masset; HEILBORN, Gilberto Luiz José. *Administração:* princípios e tendências. São Paulo: Saraiva, 2008.

LALONDE, Bernard J.; DAWSON, L. M. *Pioneers in distribution*. Transportation and Distribution Management. New York: Macmillan, 1969.

LAMBERT, Douglas M.; STOCK, James R.; VANTINE, J. G. *Administração estratégica da logística*. São Paulo: Vantine Consultoria, 1998.

LAS CASAS, Alexandre Luzzi. *Marketing*: conceitos, casos. 4. ed. São Paulo: Atlas, 2009.

LEVITT, Theodore. *A imaginação de marketing*. 2. ed. São Paulo: Atlas, 1990.

MANVILLE, Brook; OBER, Josiah. *A company of citizens*. Boston: Harvard Business School, 2003.

MAQUIAVEL, Nicolau. *O príncipe*. Centauro, 2001.

MARKS, Mitchell Lee. *Charging back up the hill*. San Francisco: Jossey-Bass, 2003.

MARX, Karl. *O capital*: crítica da economia política. São Paulo: Civilização brasileira, 2008. v. 6.

MAUZY, Jeff; HARRIMAN, Richard. *Creative Inc*. Boston: Harvard Business School Press, 2003.

MAXIMIANO, Antonio Cesar Amaru. *Introdução à administração*. 5. ed. revista e ampliada. São Paulo: Atlas, 2000.

_____. *Teoria geral da administração:* da revolução urbana à revolução digital. São Paulo: Atlas, 2006.

MAXWELL, John C *Thinking for a change*. New York: Warner Business Book, 2003.

_____. *Attitude 101*. Nashville: Maxwell Motivation, 2003.

MCCARTHY, E. Jerome; PERREAULT JR., William D. *Marketing essencial:* uma abordagem gerencial e global. Tradução: Ailton Bomfim Brandão. São Paulo: Atlas, 1997.

McLUHAN, H. Marshall. *O meio é a mensagem.* São Paulo: Cultrix, 1971.

MEGGINSON, Leon C.; MOSLEY, Donald C.; PIETRI JR., Paul H. *Administração:* conceitos e aplicações. 4. ed. São Paulo: Harbra, 1998.

MESSEDER, José Eduardo Coelho. Em busca de um modelo integrado de planejamento e desenvolvimento de gestão de pessoas. *Cadernos EBAP*, nº 40, Rio de Janeiro: FGV, 1988.

MICROSOFT Office Visio 2003. *Ilustrar processos empresariais com fluxogramas do Visio.* Disponível em: <http://office.microsoft.com/pt-br/visio/HA010744131046.aspx>. Acesso em: 8 mar. 2010.

MINTZBERG, Henry. *The structuring of organizations.* Englewood Cliffs: Prentice-Hall, 1979.

MIRVIS, Philip; AYAS, Karen; ROTH, George. *To the desert and back.* San Francisco: Jossey-Bass, 2003.

MONTESQUIEU, Charles. *Cartas persas.* Tradução de Mário Barreto. Itatiaia, 1960. (Clássicos Itatiaia).

_____. *Do espírito das leis.* Texto integral. Martin Claret, 2002. (Coleção A obra-prima de cada autor. Série ouro).

MOORE, James F. *The Death of competition.* Harper Collins, 1996.

MOTTA, Fernando C. Prestes; VASCONCELOS, Isabella F. Gouveia de. *Teoria Geral da Administração.* São Paulo: Pioneira Thomson Learning, 2004.

MOTTA, Luiz Carlos do Carmo. *Um modelo exploratório, baseado nas comunidades Linux, para desenvolvimento da Tecnologia da Informação no Brasil.* 2002. Dissertação. FGV, Rio de Janeiro.

MOTTA, Paulo Roberto. *Gestão contemporânea:* a ciência e a arte de ser dirigente. Rio de Janeiro: Record, 2001.

MUNSTERBERG, Hugo. Psychology of industrial efficiency. In: *Classics in the history of psychology.* Toronto: York University, 1913.

NAIDITCH, Suzana; FURTADO, José Maria. *Como se faz gente que...* São Paulo: Exame, 23 ago. 2000.

NASCIMENTO, Kleber T. A revolução conceptual da administração: implicações para a formulação dos papéis e funções essenciais de um executivo. *Revista de Administração Pública*, Rio de Janeiro: FGV, abr./jun. 1977.

NOVO, Edith Luiza Rademaker. *Incubadoras de empresas de base tecnológica:* análise comparativa genesis, PUC Rio e o Centro de Estudos e Sistemas Avançados do Recife. 2003. Dissertação (Mestrado) – Universidade Estácio de Sá, Rio de Janeiro.

OLIVEIRA, Djalma de Pinho Rebouças de. *Sistemas, organização e métodos:* uma abordagem gerencial. 13. ed. São Paulo: Atlas, 2009.

OSTROFF, Frank. *The horizontal organization.* New York: Oxford University Press, 1999.

OWEN, Jô. *Management stripped bare.* New York: Amacon, 2003.

PESSANHA, José Américo Motta. *Diálogos:* Platão. 5. ed. São Paulo: Nova Cultural, 1991.

PILARES, Vlamir. *Gestão de pessoas:* (des)considerações gerais. São Paulo: Nobel, 1991.

PINCHOT III, Gifford. *Intrapreneuring:* por que você não precisa deixar a empresa para tornar-se um empreendedor. São Paulo: Harbra, 1989.

PORCHÉ, Germaine; NIEDERER, Jed. *Coaching:* o apoio que faz as pessoas brilharem. Rio de Janeiro: Campus, 2002.

PORTER, Michael E. *Competição*: estratégias competitivas essenciais. Rio de Janeiro: Campus, 1999.

POUILLON, J. *Uma tentative de definição*. In: POUILLON et al. *Problemas do estruturalismo*. Rio de Janeiro: Zahar, 1968.

POZO, Hamilton. *Administração de recursos materiais e patrimoniais:* uma abordagem logística. São Paulo: Atlas, 2001.

REZENDE, Denis Alcides; ABREU, Aline França de. *Tecnologia da Informação:* aplicada a sistemas de informação empresariais. 2. ed. São Paulo: Atlas, 2001.

ROCKART, J. F.; EARL, M. J.; ROSS, J. W. Eight imperatives for the new IT Organization. *Sloan Management Review,* Cambridge, 1996.

ROUSSEAU, Jean-Jacques. *Do contrato social*. Texto integral. Martin Claret, 2002. (Coleção A obra-prima de cada autor.)

SAMARA, Beatriz Santos. *Pesquisa de marketing*: conceitos e metodologia. São Paulo: Makron Books, 1994.

SAMETZ, A. W. Trends in the volume and composition of equity finance, *Journal of Finance*, São Paulo: Sept. 1964.

SAUERBRONN, João Felipe Rammelt. *Notas de aulas*. Rio de Janeiro: Universidade Santa Úrsula, 2000.

SAVOIA, Rita. Naisbitt: as megatendências. In: DE MASI, Domenico (Org.). *A sociedade pós-industrial*. 2. ed. São Paulo: SENAC, 1999.

SCHUMPETER, Joseph A. The theory of economic development. Massachusetts: Harvard University Press: Cambridge: Transaction 1983.

SEGALL, J. Merging for fun and profit. *Industrial Management Review*, Cambridge, Winter 1968.

SIMON, Herbert A. *Administrative behavior:* a study of decision-making processes in administrative organization. New York: Macmillan, 1947.

SMITH, Adam. *A riqueza das nações*. Tradução de Getulio Schanoski Jr. São Paulo: Madras, 2009.

SOUSA, Eduardo Bezerra de. *A superação da burocracia*. Notas de aulas. Rio de Janeiro: Universidade Santa Úrsula, 1999.

STEWART, Wendell M. Physical distribution: key to improve volume and profits. *Journal of Marketing*, Cambridge, jan. 1965.

STONER, James A. F.; FREEMAN, R. Edward. *Administração*. 5. ed. Tradução: Alves Calado. Rio de Janeiro: LTC, 1999.

TAYLOR, Frederick Winslow. *Princípios de administração científica*. 8. ed. São Paulo: Atlas, 1990.

THIRY-CHERQUES, Hermano Roberto. *Modelagem de projetos*. São Paulo: Atlas, 2005.

VARGAS, Ricardo Viana. *Análise de valor agregado em projetos*. Rio de Janeiro: Brasport, 2002.

VENKATRAMAN, N. Beyond outsourcing: Managing IT resources as a value center. *Sloan Management Review*, 1997.

_____. IT – Induced Business Reconfiguration. In: SCOTT-MORTON, M. S. *The corporation of the 1990s: information technology and organizational transformation*. New York: Oxford University Press, 1991.

WEBSTER JR., Frederick. The changing role of marketing in corporation. *Journal of Marketing*, Cambridge, Oct. 1992.

WHITAKER, Francisco. Rede: uma estrutura alternativa de organização. In: *Procurando entender*: textos para discussão, 14ª série. Câmara Municipal de São Paulo: Gabinete do Vereador Chico Whitaker, abril 1993.

WHITAKER, Maria do Carmo. Por que as empresas estão implantando códigos de ética? 12 nov. 2002. In: *Ética empresarial*. Disponível em: <http://www.eticaempresarial.com.br/site/pg.asp?pagina=detalhe_artigo&codigo=71&tit_pagina=ARTIGOS&nomeart=s&nomecat=n>. Acesso em: 11 fev. 2010.

ZOUAIN, Deborah Moraes. *Notas de aulas*. Rio de Janeiro: Universidade Santa Úrsula, 2003.

Índice remissivo

A

Abordagem sistêmica, 137
Adaptar, 242
Administrador, 49
Afiliação, 119
Agregação, 179
Ambiente, 9
Ambiente externo, 149
Análise, 57
Arrojo, 20
Arte, 46
Atitudes, 54
Autoconfiança, 20

B

Balanço social, 271
Burocracia, 131

C

Calculista, 20
Capacitação, 179
Carlitos, 99
CEO (*Chief Executive Officer*), 6
CHA (Conhecimentos, Habilidades e Atitudes), 54
Cidadania empresarial, 240
Ciência, 46
Clientes, 189
Clima Organizacional, 119
Coach, 90
Código aberto (*open-source*), 233
Compatibilizar, 253
Competência diversificada, 279
Competências, 54
Competência técnica, 207
Compreender pessoas, 170
Comprometimento, 21
Compromisso, 5
Concepção, 116
Conhecimento, 8, 14, 54
Consultoria, 4
Contabilidade, 167
Contingências, 161
Controlar, 51
Controller, 169
Cooperativas, 31
Coordenação, 57
Criação e gerenciamento, 232
Cultura, 275

D

Demanda, 190
Desenho horizontal, 217

Diferenciação, 151
Dimensão, 137
Dirigir, 51
Disfunções, 132
Divisão do trabalho 63, 98
Divulgação, 57

E

Efetividade, 48
Eficácia, 48
Eficiência, 48
Empatia, 257
Empreendedor(a), 17
Empresa júnior, 30
Energia, 258
Engajamento, 257
Entropia, 141
Equifinalidade, 143
Equilíbrio, 133
Equipes, 129
Estrutura, 130
Estrutura social, 254
Etapas, 213
Ética, 9
Exigente, 21
Experiência, 8

F

Fatores motivacionais, 119
Feedback, 142
Ferramentas, 72
Flexibilização, 217
Flexíveis, 242
Foco (nos negócios), 13
Função, 103
Função gerencial, 193
Fusões, 173

G

Gerenciamento, 173
Gestão horizontal, 217
Gestor, 49, 53-54, 173
Globalismo, 244
Grupo experimental, 116
Grupos informais, 115-116

H

Habilidades, 54
Harmonização, 205
Higiênicos, 119
Homeostase, 142
Homo economicus, 116
Humanistas, 134

I

Ideário, 250
Imposição (*enforcement*), 258
Incentivos salariais, 98
Incubadoras, 32
Indivíduos, 114
Iniciador, 21
Inovações, 214
Inovador, 21
Input, 140
Interação, 132
Intuição, 162

L

Laissez-faire, 121
Líder, 121
Liderança, 120
Liderar, 51

M

Magistério, 28
Maiêutica, 85
Manuais, 59
Marketing mix, 195
Mentor, 156
Metamorfose, 219
Monitoração, 179
Movimentos, 97
Mudança radical, 151
Mundialização, 172

N

Negociador, 21
Network, 33
Neutralidade, 8

O

O&M (Organização e Métodos), 211
Operários, 100
Organizar, 50
OSM (Organização, Sistemas e Métodos), 211
Otimismo, 21
Output, 141

P

Paradigmas, 21
Pensamento, 109
Persistência, 21
Pesquisa, 66
Pioneiros, 115
Planejar, 50
Plano, 29
Plano de negócios, 29
Plano empresarial, 29
Poder do chefe, 217
Posicionamento, 190
Processo de integrar, 149
Processos críticos, 217
Processos decisórios, 242
Produção, 96
Produtividade, 94
Professor universitário, 28
Projetos, 68
Propósito, 156
Psicólogos, 115

R

Racionalidade administrativa, 131
Racionalização, 129
Recompensa, 120
Responsabilidade social, 240
Rigor, 157
Riscos, 157

S

Scientific management, 96
Sensibilizar, 253
Sinceridade, 156
Sistema do mérito, 131
Sistema fechado, 133
Sistemas abertos, 142
Sistema Taylor, 105
Subsistema, 140
Supply chain, 201

T

Técnica, 46
Tempos, 97
Tempos Modernos, 99
Teoria das decisões, 122
Teorias X e Y, 119
Território de interesse, 244
Tipo ideal de burocracia, 131
Transformação, 178
Transparência, 240
Treinador, 156
Treinadora, 156
Treinamento, 58
Três necessidades, 119
Turbulências, 51

V

Viabilidade, 173
Visão ambiental, 52
Visão empresarial, 52
Visão interativa, 53
Vontade, 157

Índice onomástico

A

ABREU, Aline França de, 224-228, 234
AGUILAR, Francis Joseph, 273
ALBERTIN, A. L., 228
ALSTYNE, Marshall Van, 276
ALVARENGA, Antonio Carlos, 203, 205
ANSOFF, Igor, 247
ARAUJO, Luis César G. de, 10, 154, 190, 276
ARGYRIS, Chrys, 154
AYAS, Karen, 256

B

BALLOU, Ronald H., 201, 203-204, 207
BARBOZA, Luiz Carlos, 19
BARNARD, Chester, 115
BASTOS, Mauricio, 184
BELL, XXXXXXX, 124
BENNIS, Warren, 266
BERTALANFFY, Ludwig Von, 138
BLAGEVITCH, Francisco Ricardo, 273
BRAGA, Roberto, 166
BREALEY, Richard A., 166, 169-171, 173, 176
BRUCE, Anne, 271
BURNS, Tom, 147

C

CAMPOS, Celso, 216
CAPRONI, Paula, 156
CASSON, 19
CHAKRAVORTI, Bhaskar, 256
CHEYFITZ, Kirk, 275
CHIAVENATO, Idalberto, 124, 156, 178
CHING, Hong Yuh, 200-202, 204-205, 207-208
CLEMENTE, Ademir, 69
CONVERSE, Paul D., 199
CORDENONSI, Jorge Luís, 225, 229
CURY, Antonio, 57-58, 73, 75

D

DAWSON, L. M., 199
DESCARTES, René, 88, 92
DIAS, Luiz Antonio Rodrigues, 198
DOLABELA, Fernando, 18-19
DONALDSON, Lex, 150
DORNELAS, José Carlos Assis, 18, 23, 32
DRUCKER, Peter F., 22, 259
DUNKLE, D. E., 228

E

EARL, M. J., 232, 235
EMERY, Fred, 140
ETZIONI, Amitai, 130, 133-134
EVERALDO, 135

F

FALKENBERG, J., 11

FAYOL, H., 102-103, 105, 107, 109, 112-113, 159, 275
FOINA, Paulo Rogério, 226, 234-235
FOLLETT, Mary Parker, 115, 138, 162
FORD, Henry, 100, 116
FREEMAN, R. Edward, 130, 139, 144, 150
FRENCH, 124
FRÓES, 269
FURTADO, José Maria, 32
FURTADO, M. A., 36

G

GARCIA, Adriana Amadeu, 190
GARDNER, John, 261
GHEMAWAT, Pankaj, 247
GIL, Antonio Carlos, 169
GITMAN, Lawrence J., 149, 167-168, 170, 172-173
GOULDNER, Alvin, 132, 136

H

HAIM, Marie, 259, 268-269
HARMON, Roy L., 204
HARRIMAN, Richard, 255
HAUENG, A. C.,
HEILBORN, Gilberto Luiz José, 103, 114, 133, 261
HELDMAN, Kim, 255
HERZBERG, Frederick, 119
HIAM, Alexander, 271
HICKS, Greg, 15
HILL, Linda A., 16
HOBBES, Thomas, 87, 89, 92
HOOPES, James, 100

I

INGEBRETSEN, Mark, 27

J

JAIN, Subhash C., 192
JAY, 154

K

KAHN, Robert L., 140, 146, 160, 191, 197
KARLÖF, Bengt, 261, 264-265
KATZ, Daniel, 140, 146, 160, 191, 197
KEELING, Ralf, 68
KING, J. L., 228
KLEIN, Gary, 156

KLEIN, Meron, 280
KOTLER, Philip, 189-190, 193, 195, 197
KOUZES, James M., 258
KRAEMER, K. L., 228

L

LACOMBE, Francisco José Masset, 46, 103, 114, 133, 261
LALONDE, Bernard J., 199
LAMBERT, Douglas M., 202
LANE, J. P., 228
LAS CASAS, Alexandre Luzzi, 192, 194
LEVITT, Theodore, 188
LIPPIT, 121
LOCKE, John, 89
LORSCH, 149, 154

M

MANVILLE, Brook, 227
MAQUIAVEL, Nicolau, 87, 92, 100
MARKS, Mitchell Lee, 257
MARX, Karl, 90-92
MASLOW, Abraham, 118-119
MAUZY, Jeff, 255
MAXIMIANO, Antonio Cesar Amaru, 95, 115, 131, 138
MAXWELL, John C., 255
MAYO, George Elton, 115-116
McCARTHY, E. Jerome, 189
McCLELLAND, David, 119
McGREGOR, Douglas, 119
McLUHAN, H. Marshall, 232
MEGGINSON, Leon C., 96, 102-103, 105, 109, 114, 130, 140, 144
MELO NETO, 269
MERTON, Robert, 136
MESSEDER, José Eduardo Coelho, 180, 186
MINTZBERG, Henry, 150
MIRVIS, Philip, 256
MONTESQUIEU, Charles, 89, 92
MOORE, James F., 233
MOSLEY, Donald C., 96, 102-103, 105, 109, 114, 130, 140, 144
MOTTA, Fernando C. Prestes, 116, 249
MOTTA, Luiz Carlos do Carmo, 233
MOTTA, Paulo Roberto, 139, 148, 150
MOURA, R. M., 228
MUNSTERBERG, Hugo, 115
MYERS, Stewart C., 166, 169-171, 173, 176

N

NADLER, David A., 242
NAIDITCH, Suzana, 36
NANUS, Burt, 265
NAPIER, Rod., 156
NASCIMENTO, Kleber T., 26
NIEDERER, Jed, 156
NOVAES, Antonio Galvão N., 203, 205

O

OBER, Josiah, 277
OLIVEIRA, Djalma de Pinho Rebouças de, 5, 10, 57, 59, 73, 75-76, 214
OSTROFF, Frank, 217, 278
OWEN, Jô, 258

P

PARSONS, Talcott, 140
PERREAULT JR., William D., 189
PESSANHA, José Américo Motta, 86
PIETRI JR., Paul H., 96, 102-103, 105, 109, 114, 130, 140, 144
PILARES, Vlamir,, 181
PINCHOT III, Gifford, 20
PORCHÉ, Germaine, 156
PORTER, Michael E., 248
POSNER, Banny Z., 258
POUILLON, J., 146
POZO, Hamilton, 200, 202-204, 206, 210

R

REDDIN, W. J., 261
REZENDE, Denis Alcides, 224-228, 234
ROCKART, J. F., 232, 235
ROSS, J. W., 17, 35, 232, 235
ROTH, George, 256
ROUSSEAU, Jean-Jacques, 89, 91

S

SAMARA, Beatriz Santos, 194
SAUERBRONN, João Felipe Rammelt, 193
SAVOIA, Rita, 233
SCHUMPETER, Joseph A., 18, 23
SEGALL, J., 166
SELZNICK, Philip, 132, 136
SENGE, Peter, 154
SIMON, Herbert A., 122
SMITH, Adam, 89-90, 92, 101
SOUSA, Eduardo Bezerra de, 131
STALKER, 147
STEWART, Wendell M., 200
STOCK, James R., 202
STONER, James A. F., 130, 139, 144, 150

T

TAYLOR, Frederick Winslow, 95-96, 100-103, 107, 109, 112-113, 116, 133, 146, 159, 275
THIRY-CHERQUES, Hermano Roberto, 69
TIMMONS, Jeffry, 36
TRIST, Eric, 140

V

VANTINE, J. G., 130-131, 133, 137
VARGAS, Ricardo Viana, 68-69
VASCONCELOS, Isabella F. Gouveia de, 116, 139
VENKATRAMAN, N., 229, 231

W

WEBER, Max, 130-131, 133, 137
WEBSTER JR., Frederick, 194
WHITAKER, Francisco, 275
WHITAKER, Maria do Carmo, 273
WHITE, 121
WOODWARD, Joan, 147-148, 162

Z

ZÍLIO, 35
ZOUAIN, Deborah Moraes, 178

Formato	17 x 24 cm
Tipografia	Charter 11/14
Papel	Offset Sun Paper 90 g/m² (miolo)
	Supremo 250 g/m² (capa)
Número de páginas	320
Impressão	Yangraf